国家社科基金
后期资助项目
GUOJIA SHEKE JIJIN HOUQI ZIZHU XIANGMU

中国贫困治理的
宏观结构与历史演进

The Macro-structure and Historical Evolution of
Poverty Governance in China

文建龙　著

社会科学文献出版社
SOCIAL SCIENCES ACADEMIC PRESS (CHINA)

国家社科基金后期资助项目
出版说明

后期资助项目是国家社科基金设立的一类重要项目，旨在鼓励广大社科研究者潜心治学，支持基础研究多出优秀成果。它是经过严格评审，从接近完成的科研成果中遴选立项的。为扩大后期资助项目的影响，更好地推动学术发展，促进成果转化，全国哲学社会科学工作办公室按照"统一设计、统一标识、统一版式、形成系列"的总体要求，组织出版国家社科基金后期资助项目成果。

全国哲学社会科学工作办公室

目　录

绪　论

一　选题背景、研究目的和意义

（一）选题背景

中国共产党与世界上其他许多政党有着非常不一样的地方，那就是中国共产党以实现共产主义为最终奋斗目标，以全心全意为人民服务为根本宗旨。这样，消除贫困、实现共同富裕，就成了中国共产党与生俱来的崇高使命。在中国共产党领导全国各族人民求富强、谋复兴的建设时期，有一个贯穿始终的问题，就是中国的贫困治理问题。

在新中国刚成立时的 1949 年，中国的人均国民收入只有 27 美元，不到整个亚洲平均 44 美元的 2/3，不到印度 57 美元的一半。① 但是到中国共产党成立 100 周年之后的今天，中国的变化之大，可谓天翻地覆，日新月异。1952 年，中国国内生产总值为 679 亿元，人均国内生产总值为 119 元，但是到 2020 年，中国国内生产总值达 1015986 亿元，人均国内生产总值 72000元。1956 年，全国居民人均可支配收入为 98 元，居民人均消费支出为 88元，但是到 2020 年，全国居民人均可支配收入达 32189 元，居民人均消费支出为 21210 元。到 2020 年底，中国区域性整体贫困的问题得到解决。中国在减贫事业上取得的巨大成就创造了世界人权保障新奇迹，对全球减贫贡献率超过 70%。②

中国共产党为什么能取得如此大的成就？原因是多方面的，如中国共产党的正确领导、坚持走中国特色社会主义道路、坚持科学发展观。除了上述

---

① 范小建主编《中国农村扶贫开发纲要（2011—2020 年）干部辅导读本》，中国财政经济出版社，2012，第 19 页。

② 中华人民共和国国务院新闻办公室：《中国共产党尊重和保障人权的伟大实践》，国务院新闻办公室网站，2021 年 6 月 24 日，最近访问日期：2021 年 9 月 10 日。

原因，这一巨大成就的取得还应归结于中国共产党始终如一、坚持不懈地开展贫困治理。

事实上，中国的贫困治理在世界范围内堪称独具特色。这种特色突出体现在贫困治理的宏观结构上，即中国共产党首先走出了社会保障"托底"的贫困治理的路子，在经过30多年的努力探索中，又于20世纪80年代中期探索出了扶贫开发"提升"的贫困治理新路子。从此，社会保障"托底"和扶贫开发"提升"，犹如车之双轮，鸟之两翼，在中国贫困治理中发挥出了巨大作用，呈现了中国特色。尤其是扶贫开发"提升"这一贫困治理模式，在改革开放以来显得越来越重要，其成效也越来越突出。从宏观上看，这是一种二元的贫困治理结构。① 不仅如此，中国贫困治理的宏观二元结构内部，还存在重心转移。② 综观当今世界，西方发达国家在贫困治理方面基本上只是走社会保障"托底"的路子，至于扶贫开发，则很难认定它们是确实有并经常性地存在的。这可能与西方发达国家农村贫困人口相对少有关，但更主要的，应该是制度使然。因为，资本主义制度里并不存在共同富裕的价值追求，资产阶级不可能把实现共同富裕作为自己的职责。

中国贫困治理方面的研究成果虽然很多，但仍然存在缺憾。总体来看，国内研究社会保障和扶贫开发的学者都不少，但是到目前为止，探讨中国贫困治理宏观结构的学术著作很少。正是基于上述原因和背景，笔者选定"中国贫困治理的宏观结构与历史演进"作为研究课题。

（二）研究目的

本研究的目的是从宏观结构和历史发展脉络两方面对新中国的贫困治理作有益探讨。新中国成立一直到改革开放之前，鉴于社会主义建设经验不足以及其他方面的原因，党和国家在贫困治理问题上主要关注社会保障建设。党的十一届三中全会之后，中国共产党解放思想，实事求是，在短短的几年后，即20世纪80年代中期，就已经探索出了中国贫困治理的另

---

① 这里二元的贫困治理结构是指社会保障"托底"和扶贫开发"提升"。社会保障"托底"是指依靠建立社会保障制度保障贫困人口的最低的基本生活需求，扶贫开发"提升"则是指通过提高贫困人口的素质，调动他们的生产积极性，充分利用当地资源，因地制宜地发展生产，提高贫困人口的收入和改善他们的生活，不断使他们富裕起来。

② 请参看本书第五章第四节中"三 中国贫困治理主体结构内部存在贫困治理重心的转移"的内容。

一种行之有效的办法——扶贫开发。从此，中国共产党在贫困治理上坚持"两条腿"走路：社会保障"托底"，扶贫开发"提升"。所谓"社会保障'托底'"，就是要通过社会保障建设，保障贫困人口的基本生存和生活需求，使他们的生活水平不再下滑；所谓"扶贫开发'提升'"，就是通过积极调动贫困地区和贫困人口的生产积极性，充分利用当地资源，因地制宜发展生产，在此基础上改善和提高他们的生活水平。到 20 世纪 80 年代中期，中国贫困治理的宏观结构已经发生了质的改变：由社会保障"托底"的"一元"走向了既重视社会保障"托底"又重视扶贫开发"提升"的"二元"。但是这种情况，学术界很少有人注意，所以目前无人深入探讨中国贫困治理的宏观结构问题。笔者撰写此书，就是要抛砖引玉，期待更多的人探究中国贫困治理的结构问题。

（三）研究意义

本研究契合中国特色社会主义建设和实现中华民族伟大复兴的时代需要，展现新中国成立 70 多年来贫困治理的宏观结构和历史演进脉络，这既是对新中国贫困治理实践经验的历史总结，也是对新中国贫困治理宏观结构形成和演进的学术阐释，因此它不仅有史料价值，还有理论价值和实践价值。

（1）史料价值。本研究对新中国贫困治理的历史发展脉络分阶段依次进行了探讨。由于这是在忠于客观事实基础上展开的科学研究，所用资料准确客观，经得起实践检验，因此它会有一定的史料价值。

（2）理论价值。本研究对中国贫困治理的宏观结构做了深入剖析，深入探讨了它的主体结构由"一元"到"二元"的演进及其实质，得出了有说服力的科学结论。其理论价值在于成果为深入研究中国贫困治理提供了新视角；创新性的观点和结论对学界进一步深入研究中国贫困治理能起到抛砖引玉的作用。

（3）实践价值。本研究成果对中国贫困治理的主要特征和宝贵经验作了概括与总结，能为当前中国贫困治理实践提供参考和借鉴。

二　相关文献综述

（一）国外文献综述

世界在进入近代之前，尼罗河流域、希腊、两河流域、印度等地虽然出现过辉煌文明，但是由于战乱等原因，这些文明都中断了，留下来的可信的文字记载很有限。后来虽有文艺复兴运动，但总体来看，在世界进入近代以前，各地的学术成就很有限。以 1640 年英国资产阶级革命为界，世界进入近代历史时期。从此时开始一直到 1917 年俄国十月革命前夕，是世界资本主义产生、发展并逐步形成世界体系进而向帝国主义过渡的时期。这一时期，资本主义制度不仅得以确立，而且有了极大发展。到 19 世纪末，英、法、德、美、俄、日等国家进入帝国主义阶段；无产阶级反对资产阶级的斗争以及亚、非、拉美人民反对殖民压迫的斗争蓬勃兴起。资本主义国家的科技事业和学术研究迅速发展，为世界科技发展和学术繁荣做出了贡献。但是资本主义私有制不可避免地要制造和产生大量贫困人口，为维护自身的利益和统治地位，资产阶级也不得不关注贫困问题。

从世界范围来看，关注贫困和贫困治理问题是很早就有的事情。古希腊柏拉图和亚里士多德的思想中就包含社会福利思想。基督教产生后，基督教教义中关于慈爱和行善的思想对欧洲社会保障制度的产生和发展有重要影响。文艺复兴运动兴起后，人文主义得到弘扬，它为现代社会保障制度的出现奠定了重要基础。17 世纪末，欧洲兴起启蒙运动，"天赋人权"等积极的社会思想在某种意义上构成了西方社会保障思想的基础内容。1601 年，英国颁布了《伊丽莎白济贫法》，标志着英国济贫制度已经确立起来。此后，不少西方国家借鉴英国的做法，也建立起了自己的社会保障制度。毫无疑问，西方国家建立社会保障制度的行动，其实就是一种贫困治理活动。

西方社会保障制度建立在一系列社会保障思想和理念之上。近代以来至 19 世纪中期，西方国家社会保障思想主要有自由主义社会保障思想、空想社会主义社会保障思想和马克思主义社会保障思想。自由主义社会保障思想的代表人物有亚当·斯密、大卫·李嘉图等。他们一方面主张社会财富的增长必须服务于人类繁荣与幸福的需要，关注改善普通劳动者的生活状况，另一方面又主张自由放任政策，甚至还主张废除济贫法制度。空想社会主义社会保障思想的代表人物是圣西门、傅立叶和欧文。他们对工业化初期西欧国家社会问题的关注、对改变社会制度以及对社会福利等方面的探讨，对 19 世纪前期西欧国家济贫法制度的改善以及工厂法的实施产生了直接影响。马克思主义社会保障思想的代表人物是马克思和恩格斯。他们始终关注无产阶级贫困问题，提出了无产阶级贫困化理论，认为无产阶级贫困根源于不合理的资本主义私有制度，因此主张消灭资本主义制度，建立公有制，实现共产主义。马克思提出了社会保障基金扣除理论，恩格斯提出了一系列与社会福利相关的重要主张。此后，即 19 世纪末至第二次世界大战结束这段历史时期产生了新历史学派社会保障思想、激进自由主义社会保障思想、费边社会主义社会保障思想、新古典学派社会保障思想、凯恩斯学派社会保障思想、瑞典学派社会保障思想、社会民主主义社会保障思想。第二次世界大战结束以来产生了社会市场经济社会保障思想、新自由主义社会保障思想、中间道路社会保障思想等。① 毫无疑问，这些形形色色的社会保障思想都对贫困治理有着一定的指导作用。

真正严格意义上的对贫困和贫困治理展开科学研究，一般认为最早的是英国学者查理·布什和西博姆·朗特里。前者于 1899 年首次提出了"贫困线"（poverty line）概念，并将伦敦贫困人口区分为"勉强糊口"（having no surplus）型贫困和"饥寒交迫"（at all time more or less in want）型贫困。后者于 1901 年提出了"基本贫困"（primary poverty）和"次贫困"（secondary poverty）的概念，并认为几乎三成的英国城镇人口都处于贫困状态。查理·布什和西博姆·朗特里都认为，正常的家庭生活建立在一定的物质和服务之上，缺乏必要的物质和服务，就是贫困。② 此后，西方学者提出了绝对贫困（absolute poverty）、相对贫困（relative poverty）的概念。西博姆·朗特里提出的贫困属于绝对贫困，与之相对应的相对贫困则主要强调不同群体的收入差距，认为相对贫困主要是指与高收入群体相对而言所产生的被剥夺感。

在西方学界对贫困和贫困问题进行探讨的过程中出现了很多反贫困理论，这些都与贫困治理相关，也可以认为是贫困治理理论，如马尔萨斯抑制人口增长理论、马克思主义反贫困理论、西方收入再分配理论、涓滴效应理论、赋权理论等。马尔萨斯抑制人口增长理论认为，贫困人口不加节制地生育使他们更加贫困，应依靠抑制人口增长去解决贫困问题。马

---

① 丁建定：《西方国家社会保障制度史》，高等教育出版社，2010，第 63~102 页。
② 刘俊英：《项目制贫困治理：理论与实践》，中国经济出版社，2019，第 65~66 页。

克思主义反贫困理论认为，资本主义社会无产阶级贫困化根源于资本主义私有制，要解决无产阶级的贫困问题，只有推翻资本主义，实现共产主义。西方收入再分配理论流派很多，包括功利主义的再分配理论、自由主义分配正义论的收入再分配理论、机会平等主义的收入再分配理论、福利经济学的收入再分配理论等，它们都强调收入再分配，企图通过收入再分配实现社会公平正义。涓滴效应理论认为，在经济发展过程中不必给予贫困阶层和贫困地区特别的优待，而应由优先发展起来的群体或地区通过消费、就业等惠及贫困阶层和贫困地区，带动其发展和富裕。赋权理论认为弱势群体之所以处于弱势，在于其缺乏生活能力、表达自我价值的能力、与他人合作的能力和控制公共生活各领域的能力，因此，要改善其弱势状况，就必须赋予他们各种正面或积极的权利。此外还有其他一些反贫困理论，如阿玛蒂亚·森提出能力贫困理论，认为弱势群体的贫困源于他们的能力不足，应该从增强弱势群体的能力入手解决其贫困问题。[①]

总体来看，国外关于贫困和贫困治理的理论还是比较丰富的，它们对于世界各国的贫困治理工作具有一定的参考和借鉴意义。

其实，国外很少有学者关注中国的贫困和贫困治理问题，因此也没有此方面有价值的研究成果。诚然，一些发达国家的学者以及某些带有官方或大财团背景的基金会成员，他们确实很关注中国问题，有人甚至还是"中国问题"专家，然而他们的关注点多集中于中国政治、经济、外交、军事等领域的重大问题，中国的贫困和贫困治理在他们的眼里其实并不重要。国外一些学者，由于文化背景、意识形态、政治立场、研究视角等原因，他们关于中国问题的研究也很难做到客观公正。这是我们需要特别注意的。

（二）国内文献综述

中华文明作为世界上唯一没有中断过的文明，孕育了极为丰富和珍贵的思想文化遗产。国内关于贫困以及贫困治理的思想，可以追溯到遥远的古代。

[①]　文建龙：《中国共产党与中国扶贫事业：改革开放以来扶贫重心转移的路径与动因》，社会科学文献出版社，2018，第 7～12 页。

《礼记·礼运》在陈述中华民族"先王""后圣"开拓进取时说："昔者先王未有宫室，冬则居营窟，夏则居橧巢"，"后圣有作，然后修火之利"，"以亨以炙，以为醴酪，治其麻丝，以为布帛，以养生送死，以事鬼神上帝，皆从其朔"。这里所说的"养生送死"，其实就是一种福利原则。这说明，在遥远的古代，中华民族就已经在探讨社会福利问题了。《礼记·礼运》里还描述过"大同"社会的情形，说"大同"社会是"老有所终，壮有所用，幼有所长，矜寡孤独废疾者，皆有所养"的社会。直到今天，"老有所终，壮有所用，幼有所长，矜寡孤独废疾者，皆有所养"依然是我们追求的目标，可见中华民族很早就关注贫困及贫困治理问题。事实上，自先秦开始，中国关于社会福利的记载就比比皆是。中国历代统治者为了维护自身利益虽然进行残酷统治，但是对社会福利还是较为重视的，提出过很多福利思想，实施过很多福利措施。关于此，在先秦诸子的著作以及后来的二十五史里，都有大量记载。

其实，自先秦一直到民国时期，中国历朝历代都有政治家、思想家关注国家治理问题，他们在治理国家的实践中，认识到治理国家其实是治理人民，而治理人民，最根本的是不能使他们处于饥饿状态。因此他们重视民生，从重视民生中寻找国家治理的有效途径。所以，他们的治国思想包含了大量的贫困治理思想，有的则完全可以等同于贫困治理思想。从西周时代周公旦开始一直到民国时期，具有民本思想和民生情怀的政治家和思想家可谓层出不穷。他们提出的有利于人民富裕的主张和措施都属于贫困治理方面的思想成就。

诚然，国内关于贫困治理的文献远不止前面所提到的这些，还有其他方面的文献，如荒政书。中国幅员辽阔，历史上，灾荒频繁发生，导致了很多临时性的贫困。对于这样的贫困，中国有很丰富的举措加以应对。这些应对举措集中体现在历朝历代的荒政书籍里。李文海、夏明方 2005 年 8 月在"清代荒灾与中国社会"国际学术研讨会上提交的计划出版的《中国荒政全书》总目，包括存目 41 种在内，共 236 种。① 事实上，这还不是最终的确切数字。这些荒政书籍主要探讨如何救荒救灾，把它们看成探讨社会保障问题的文献，也是没有问题的。这些荒政书籍，其实就是关于国

① 李文海、夏明方、朱浒主编《中国荒政书集成》第 1 册，天津古籍出版社，2010，序言。

家贫困治理的重要文献，具有很高的学术价值。

民国时期，政府颁布了《社会救济法》《非常时期救济难民办法大纲》等几十个社会救济法规，以及《矿工待遇规则》《工厂法》等几十个社会福利法规。① 这说明，国民政府虽然面临严重的内忧外患，但是仍然重视贫困治理工作。国民政府时期，国家行政不统一，国内存在大大小小的军阀，加之外有日本帝国主义入侵等现实原因，国民政府不可能在贫困治理方面大有作为。不过，民国时期也有学者关注和研究贫困问题。民国时期，马君武著有《失业人及贫民救济政策》（商务印书馆，1925 年），顾诗灵著有《中国的贫穷与农民问题》（上海群众图书公司），柯象峰编著有《中国贫穷问题》（正中书局，1935 年）、《社会救济》（正中书局，1944 年），陈凌云著有《现代各国社会救济》（商务印书馆，1937 年），陈续先编著有《社会救济行政》（正中书局，1943 年）；杨山水翻译了日本河上肇的《救贫丛谈》（商务印书馆，1926 年），黄尊三翻译了《救济制度纲要》（内务部编译处）；吴文晖在调查研究的基础上撰写了《南京棚户家庭调查》（1933 年）。② 现在看来，这些都是非常珍贵的贫困治理方面的文献。目前国内研究贫困和贫困治理问题的学者很少关注民国学者的文献，其实，这些文献即使是在今天，依然具有一定的学习、参考和研究价值。

新中国成立后，中国人民从此当家作主。改革开放后，中国共产党高度关注民生，从 20 世纪 80 年代中期开始，在全国范围内开展大规模、有计划、有步骤的扶贫开发，与此相关的学术研究也开始多起来。自 80 年代中期以来，国内学术界发表了大量贫困、扶贫及贫困治理方面的论文，出版了多部扶贫方面的学术著作，尤其是进入 21 世纪以来，这方面的著作不论从数量还是从质量上看，都有可喜的提升。截至 2022 年 3 月 30 日，在中国知网上以"扶贫"为关键词就搜索到硕士学位论文 4994 篇，博士学位论文 141 篇，学术期刊文章则达到 5.89 万篇。截至 2022 年 3 月

---

① 彭秀良、郝文忠主编的《民国时期社会法规汇编》（河北教育出版社，2014）里所汇编的社会救济法规就达 32 个，社会福利法规 33 个，社会保险法规 3 个。

② 民国时期的这些关于贫困和社会救济问题的著作均是笔者从全国图书馆文献缩微复制中心制作的《民国时期贫穷与社会救济问题丛编》里看到的，部分没有明确标示出版年。

30 日，在中国知网上以"贫困"为关键词搜索到硕士学位论文 3968 篇，博士学位论文 324 篇，学术期刊文章则达到 8.88 万多篇。事实上，不少学术成果的篇名中不含"扶贫"或"贫困"，但是其内容却是研究和探讨"扶贫"或"贫困"的。如果再把这些研究成果也计算在内，可以想见，国内研究"扶贫"和"贫困"这类主题的学术成果，确实多得惊人。有关扶贫的学术论文，早在 20 世纪 80 年代就已经出现了。进入 20 世纪 90 年代以后，国内此类论文日渐增多。有关贫困和反贫困、扶贫等的学术著作也日益增多，迄今为止已经很难精确统计到底出版了多少种。而且这些学术著作所涉及的内容相当广泛。

　　早在 20 世纪 90 年代，康晓光、朱凤岐等人就已经对中国贫困和反贫困理论进行了研究①，此后，围绕贫困和反贫困、扶贫或扶贫开发的研究成果增长很快。叶明德、刘长茂探讨了反贫困与人口问题②，朱光磊探讨了中国的贫富差距与政府控制③，罗绒占堆探讨了西藏的贫困与反贫困问题④，国务院扶贫办外资项目管理中心和亚洲开发银行的专家对中国农村扶贫方式进行了探讨⑤，张岩松对中国农村反贫困进行了研究⑥，李兴江对中国农村扶贫开发实践与创新进行了研究⑦，孙同全对扶贫小额信贷与公益信托制度进行了研究⑧，王曙光等人探讨了社会参与、农村合作医疗与反贫困问题⑨，田小红从管理的角度，考察了中国贫困管理的历史、发展与转型⑩，杨国涛探讨了中国西部农村贫困的演进与分布情况⑪，杜建安、王义高从挂职扶贫的角度探讨了中国式消除贫困的制度创新问题⑫，

---

①　康晓光：《中国贫困与反贫困理论》，广西人民出版社，1995；朱凤岐等：《中国反贫困研究》，中国计划出版社，1996。

②　叶明德、刘长茂：《反贫困与人口问题》，杭州大学出版社，1998。

③　朱光磊：《中国的贫富差距与政府控制》，上海三联书店，2002。

④　罗绒占堆：《西藏的贫困与反贫困问题研究》，中国藏学出版社，2002。

⑤　国务院扶贫办外资项目管理中心、亚洲开发银行编《中国农村扶贫方式研究》，中国农业出版社，2002。

⑥　张岩松：《发展与中国农村反贫困》，中国财政经济出版社，2004。

⑦　李兴江：《中国农村扶贫开发的伟大实践与创新》，中国社会科学出版社，2005。

⑧　孙同全：《扶贫小额信贷与公益信托制度研究》，经济科学出版社，2006。

⑨　王曙光等：《社会参与、农村合作医疗与反贫困》，人民出版社，2008。

⑩　田小红：《中国贫困管理：历史、发展与转型》，中国社会出版社，2009。

⑪　杨国涛：《中国西部农村贫困演进与分布研究》，中国财政经济出版社，2009。

⑫　杜建安、王义高：《挂职扶贫：中国式消除贫困的制度创新》，经济科学出版社，2010。

贺寨平等人对城市贫困人口的社会支持网络进行了研究①，王兆峰对民族地区旅游扶贫进行了研究②，贡保草、杨维军对西部民族地区反贫困问题进行了研究③，陈晨将农民工流动子女作为研究对象对教育反贫困进行了反思④，范明林对城市贫困家庭治理政策进行了研究⑤，许源源从定点部门与 NGO 的视角对中国农村扶贫瞄准做了研究⑥，王三秀等人对政府反贫困规范重构问题进行了研究⑦，莫光辉对农民创业与贫困治理问题进行了研究⑧，王灵桂、侯波对中国共产党贫困治理实践探索及其世界意义进行了研究⑨，张瑞敏对中国共产党反贫困实践做了研究⑩，陈云探讨了城市贫困精准治理体系的建构问题⑪，文建龙对习近平关于扶贫的重要论述进行概括，提出并研究了新时代反贫困思想⑫。事实上，这类关于扶贫或反贫困的研究著作还有很多，此处不再赘述。

不过，真正探讨中国贫困治理结构的学术论文或学术著作，基本上阙如。

以下几位学者的著作对笔者从事本研究有过启发。一是郑功成的《论中国特色的社会保障道路》以及郑功成与他人合著的《中国社会保障制度变迁与评估》⑬，二是宋士云等人的《新中国社会保障制度结构与变迁》⑭，三是胡晓义主编的《安国之策——实现人人享有基本社会保障》以及《走向和谐：中国社会保障发展 60 年》⑮。笔者的《中国共产党与中国扶

① 贺寨平等：《城市贫困人口的社会支持网络研究》，中国社会出版社，2011。
② 王兆峰：《民族地区旅游扶贫研究》，中国社会科学出版社，2011。
③ 贡保草、杨维军：《西部民族地区反贫困问题研究》，甘肃科学技术出版社，2012。
④ 陈晨：《教育贫困反思：关于农民工流动子女的研究》，知识产权出版社，2012。
⑤ 范明林：《城市贫困家庭治理政策研究》，广西师范大学出版社，2012。
⑥ 许源源：《中国农村扶贫瞄准：定点部门与 NGO 的视角》，中国社会科学出版社，2012。
⑦ 王三秀、李冠阳、王昶：《中国政府反贫困规范重构》，中国社会科学出版社，2013。
⑧ 莫光辉：《农民创业与贫困治理》，社会科学文献出版社，2015。
⑨ 王灵桂、侯波：《中国共产党贫困治理的实践探索与世界意义》，中国社会科学出版社，2019。
⑩ 张瑞敏：《中国共产党反贫困实践研究（1978—2018）》，人民出版社，2019。
⑪ 陈云：《城市贫困精准治理体系的建构》，科学出版社，2019。
⑫ 文建龙：《新时代反贫困思想研究》，社会科学文献出版社，2020。
⑬ 郑功成：《论中国特色的社会保障道路》，中国劳动社会保障出版社，2009；郑功成等：《中国社会保障制度变迁与评估》，中国人民大学出版社，2002。
⑭ 宋士云等：《新中国社会保障制度结构与变迁》，中国社会科学出版社，2011。
⑮ 胡晓义主编《安国之策——实现人人享有基本社会保障》，中国劳动社会保障出版社，2011；胡晓义主编《走向和谐：中国社会保障发展 60 年》，中国劳动社会保障出版社，2009。

贫事业：改革开放以来扶贫重心转移的路径与动因》① 对本研究提出和分析中国贫困治理的二元结构也起到了重要作用。

三　研究方法与创新之处

（一）研究方法

（1）辩证分析法。本研究用马克思主义立场、观点、方法探讨中国贫困治理的宏观结构与历史演进问题，通过辩证分析，全面准确地把握中国贫困治理的宏观结构，并在此基础上梳理中国贫困治理的历史演进过程。

（2）文献研究法。本研究通过对中国贫困治理方面的文献进行研究，把握中国贫困治理的宏观结构和历史发展脉络。

（3）比较研究法。本研究通过比较，分析不同时期中国贫困治理的具体举措，深刻把握它们之间继承、演进与发展的逻辑关系。

（4）科学归纳法。本研究通过对中国贫困治理方面的文献进行系统梳理、归纳，概括中国贫困治理的基本原则和主要维度，厘清其战略目标和阶段性目标，归纳其宏观结构及其演进特点等。

（二）创新之处

（1）视角创新。目前学界探讨中国贫困治理多从历史角度进行梳理与研究，很少对其结构及演进特点进行论述。本成果既分析中国贫困治理的结构，还梳理其发展演进脉络。本成果视角新颖、视野宏大，就是得益于研究视角的创新。

（2）内容创新。目前学界对中国社会保障和扶贫开发研究较多，但很少有人把二者统一于"中国贫困治理"这一主旨中展开研究，更难见到既分析研究对象的宏观结构又梳其历史发展脉络的贫困治理方面的学术专著面世。本成果关于中国贫困治理的基本原则和主要维度、战略目标及阶段性目标、宏观结构及其演进特点等的分析和阐述都是创新性的内容。这是本成果内容创新的重要体现。

（3）观点创新。本成果有不少创新性的观点和见解，如对中国贫困治理两个主要维度的概括以及对它们形成原因的解释，对中国共产党贫困治

---

① 文建龙：《中国共产党与中国扶贫事业：改革开放以来扶贫重心转移的路径与动因》，社会科学文献出版社，2018。

理战略目标和阶段性目标的概括和阐释，对中国贫困治理宏观结构的剖析以及对其演进特点的概括和阐述，这些都属于新观点和新见解。

四　框架结构和行文思路

本研究的最终成果是一部有着清晰学术框架结构和行文思路的、严肃的学术专著。

（一）框架结构

要了解中国的贫困治理状况，有必要弄清楚中国贫困治理的宏观结构，也有必要弄清楚中国贫困治理的历史发展脉络。

本书包括绪论和第一至第十章。绪论、第一章和第二章构成本书的总论部分；第三至第五章是阐述中国贫困治理的宏观结构的部分；第六至第九章是阐述中国贫困治理的历史演进的部分；第十章是本书的结论部分。

绪论、第一章和第二章，构成本书的总论部分。绪论是本书的一个引子，也可以称为"引言"。第一章"中外贫困治理思想概述"，在界定贫困和贫困治理概念的基础上，梳理了中国古代至民国时期的贫困治理思想、西方近代以来的贫困治理思想，以及中国化的马克思主义贫困治理思想。第二章"新中国成立以来党和国家领导人关于贫困和贫困治理的论述"，阐述了新中国的领导人关于贫困和贫困治理的主要观点。即贫困不仅仅是指物质贫困，还包括物质贫困以外的与人民权利状况相关的丰富内容；贫困治理是中国共产党和人民政府义不容辞的责任；新中国贫困治理是为了巩固政权、改善民生、实现理想。

第三至第五章阐述了中国贫困治理的宏观结构，即对中国贫困治理的总体框架结构及其形成、特征等进行了分析和探讨。第三章"中国贫困治理的基本原则和主要维度"，从坚持中国共产党的领导、坚持以人民为中心和坚持大力发展社会生产力三个方面阐述了中国贫困治理的基本原则，认为社会保障和扶贫开发是中国贫困治理的两个主要维度，同时分析了这两个维度不同时的原因。第四章"中国贫困治理的战略目标及阶段性目标"，在对中国共产党国家建设目标的多种表述进行梳理的基础上，概括和分析了中国贫困治理的战略目标和阶段性目标；第五章"中国贫困治理的宏观结构及其演进特点"，概括和分析了中国贫困治理的主体结构和辅助结构，探讨了中国贫困治理主体结构的演进脉络及其实质，归纳了中国贫困治理主体结构的主要特点。

第六至第九章，对中国贫困治理的历史演进进行了较为全面的梳理。第六章"社会主义革命时期中国的贫困治理"，在概括社会主义革命时期中国的贫困状况的基础上，阐述了这一时期中国贫困治理的社会保障维度以及所取得的的成就；第七章"社会主义建设时期中国的贫困治理"，探讨了社会主义建设时期中国社会保障制度的变迁以及国家贫困治理方面的状况，同时对该时期中国贫困治理的得失进行了评析；第八章"中国特色社会主义现代化建设时期的贫困治理"，既探讨了中国特色社会主义现代化建设时期的社会保障制度改革与成就，也探讨了这一时期的扶贫实践与成就；第九章"中国特色社会主义进入新时代以来的贫困治理"，阐述了新时代中国城乡居民社会保障体系的全面完善与贫困缓解的情况，以及该时期中国精准扶贫政策的实施及其取得的巨大成就。

第十章"中国贫困治理的主要特征与宝贵经验"是本书的结论部分，归纳了中国贫困治理的主要特征，总结了中国贫困治理的宝贵经验。

（二）行文思路

本书的行文思路：在界定贫困与贫困治理概念、分析中国贫困治理的目的和阐述新中国成立以来党和国家领导人关于贫困和贫困治理的论述的基础上，重点分析和阐述中国贫困治理的宏观结构及其历史发展脉络。分析和阐述中国贫困治理的宏观结构，是为了说明中国贫困治理的基本架构。梳理与描述中国贫困治理的历史发展脉络，是为了展现中国共产党贫困治理的历史风貌。在本书的最后部分，归纳了中国贫困治理的主要特征，总结了中国贫困治理的宝贵经验。

第一章　中外贫困治理思想概述

中国贫困治理作为一种社会实践活动，需要在一定的思想指导下进行。中国贫困治理是在马克思主义指导下展开并深入推进的。但中国贫困治理的思想渊源，则可以追溯到中国古代一直到民国时期的贫困治理思想，也可以追溯到近代西方的贫困治理思想。也就是说，中国共产党开展贫困治理，是在吸取中国古代以来贫困治理思想和近代以来西方的贫困治理思想基础上，用中国化的马克思主义的贫困治理思想来指导自己的贫困治理实践的。

第一节　贫困与贫困治理概念的界定

一　贫困概念的界定

在人类创造的词汇中，"贫困"无疑是一个比较常见的词语。但"贫困"不仅仅是一个常见的词语，它还是一个被广泛使用的"仁者见仁，智者见智"的学术概念。社会学、经济学、政治学、管理学等领域经常用到或提到这个学术概念。鉴于贫困这个概念对概括和描述人们的生存生活状态有着不同寻常的意义，而人们对它又往往会"仁者见仁，智者见智"，因此，在对新中国贫困治理展开研究之前，有必要将贫困的定义和内涵做出界定。

（一）贫困的定义

贫困作为困扰人们生存和发展的一种社会现象，自从有人类历史以来就一直存在。但是一直以来，人们对它的认识是比较有限的。到目前为止，虽然世界各国都面临贫困问题的困扰，但一直没有一个为学术界所公认的关于贫困的定义。之所以会这样，在于贫困是一个相当难以准确把握的概念，因为"它不具备确定性""它随着时间和空间以及人们的思想观念的变化而变化"①。

贫困作为社会现象和社会问题，与人类的生存与发展休戚相关。古往今来，人类社会留下了大量关于贫困的文字记载，这说明人类社会一直都在关注贫困问题。一般认为，对贫困开展专门的科学研究，只是最近100多年的事情。学术界认为，英国的布什和朗特里最早从社会保障和社会救助的角度研究了人类贫困问题，对后世学术界产生了深远影响。1899年，朗特里认为，家庭的总收入不足以维持家庭人口最基本的生存活动需要就是贫困。② 这是从经济收入的角度给贫困所下的定义。后来，很多学者都对贫困下过定义，但这些定义与朗特里的定义并无本质意义上的区别。③

学术界对贫困的认识是随着时代的发展进步而不断深入的。在20世纪70年代以前，学术界大致上从经济层面来定义贫困，度量贫困所使用的标准是家庭收入或支出。这种从经济层面，即从家庭和个人的经济状况来定义贫困的做法，影响很大。直到现在，该做法依旧受到高度重视。但是随着时代的发展和进步，这种做法越来越显示出它的弊端。人们认为，人不能像动物那样仅仅满足于吃饱肚子，人还应该有区别于动物的更高的追求，如精神上、文化上的需求和能力上的提升等。显然，按照收入状况来定义贫困存在不少难以解决的问题。不过，尽管如此，按照收入状况来定义贫困的做法由于其着眼点是人们最基本的生存生活需要，所以仍然为世界各国所采用。20世纪70~90年代，学术界对贫困的认识又向前迈进了一步。在此期间，有的学者开始以新的视角探讨贫困问题。如阿马蒂亚·森，他在70~90年代发表了多部贫困方面的著作，如《论经济不平等》（1973年）、《贫困计量的序数方法》（1976年）、《贫困与饥荒》（1981年）、《资源、价值与发展》（1984年）、《饥饿与公共行为》（1989年）、《以自由看待发展》（1999年）等。阿马蒂亚·森首次从权利视角来

① 樊怀玉、郭志仪等：《贫困论：贫困与反贫困的理论与实践》，民族出版社，2002，第41页。

② 樊怀玉、郭志仪等：《贫困论：贫困与反贫困的理论与实践》，民族出版社，2002，第41页。

③ 很多学者对贫困的定义说明了这一点。比如，S. G. 史密斯（S. G. Smith）认为贫困是指生活必需品的缺乏。R. C 德克斯特（R. C Dexter）认为贫穷是指收入较少而无力供养自身及家庭的一种低落的生活程度。

看待贫困问题，提出了能力贫困（capability poverty）的概念，认为要用一个人的能力来判断其个人处境。① 在阿马蒂亚·森那里，贫困不仅是指人的收入的低下，更是指人的能力遭到剥夺的状态。对基本能力的剥夺表现为过早死亡、严重的营养不良、慢性流行病、大量的文盲以及其他方面的失败。② 影响能力剥夺的因素包括收入水平、公共政策、社会制度安排、经济不平等（不同于收入的不平等的是，这里的经济不平等还包括失业、缺乏医疗和教育条件等内容）和民主程度等。阿马蒂亚·森对贫困研究的贡献在于，他把贫困的概念从收入贫困（或经济贫困、物质贫困）扩展到了能力贫困，将对贫困的解释从经济因素扩展到政治、法律、文化、制度因素等方面。90 年代以来，学者们将脆弱性、无话语权、社会排挤等概念引入贫困研究领域，提出了权利贫困的概念，认为一个人如果被排斥在主流经济、政治以及公民、文化的活动之外，那么他在权利享有方面是不足的，在这种情况下，即便拥有足够的收入和能力，他依然可能陷入贫困的境地。③

那么，我们到底应该怎么定义贫困这个概念？诚如前文所述，单纯从经济收入的角度给贫困下定义显然不合适。《中国大百科全书》（第二版）作为当今中国权威的工具书，它给贫困所下的定义是这样的：在一定环境下，居民长期无法获得足够的收入来维持一种生理上要求的、社会文化可接受的和社会公认的基本生活水准的状态。④ 应该说，这个定义比很多学者所给出的贫困定义要准确周详。但是如果仔细推敲，该定义也有值得商榷的地方。因为，它仍然主要是从经济收入的角度所给出的定义，没有揭示出贫困的本质特征。

德国学者克劳斯认为，定义主要是指四种情况：一是揭示事物、属性、关系等的本质的定义；二是用别的概念揭示一个概念的内涵的定义；三是揭示一定科学中概念已有意义的定义，即阐明该概念在科学中用于何

---

① 〔印〕阿马蒂亚·森：《以自由看待发展》，任赜、于真译，中国人民大学出版社，2002，第 85 页。

② 〔印〕阿马蒂亚·森：《以自由看待发展》，任赜、于真译，中国人民大学出版社，2002，第 15 页。

③ 参见文建龙《权利贫困论》，安徽人民出版社，2010，第 34~40 页。

④ 《中国大百科全书》总编委会编《中国大百科全书》（第 2 版）第 17 册，中国大百科全书出版社，2009，第 334 页。

种意义；四是揭示新引入的概念应有意义的定义。[①] 也就是说，人们在给概念下定义时，主要可以有四种做法：一是可以用揭示事物、属性、关系等的本质的方式来给概念下定义；二是以用别的概念揭示一个概念的内涵的方式来下定义；三是可以通过阐明该概念在科学中用于何种意义的方式来下定义；四是用揭示新引入的概念应有意义的方法来作为定义。但是，克劳斯又认为，给概念下定义必须遵循一些古典规则。第一条规则：定义必须是通过最近的属概念（genus proximum）和种差（differentia spezifica）揭示被定义概念的内涵。第二条规则：被定义概念的外延必须与定义概念的外延相符。第三条规则：定义不应包含循环，即处于逻辑等式左边的被定义的概念不应以任何形式出现在等式的右边，也就是说，等式右边不能有要求等式左边的概念来下定义的概念。第四条规则：定义不能是否定的。第五条规则：定义不能包含矛盾。第六条规则：定义应该是明确的，其中应该避免任何譬喻的或模棱两可的说法。[②] 依据克劳斯的观点，我们不难发现学者们给贫困这个概念所下定义的不足或存在的问题——不少学者没有遵循下定义的规则。而"正确地构造定义，要求遵守一系列规则。对于这些规则，过去的逻辑学家，从亚里士多德的时代起，意见基本上是一致的"[③]。不按照构造定义的规则来给贫困下定义，自然会有问题。

笔者认为，给贫困这个概念下定义，应该考虑多方面的因素。从综合性的角度来讲，在揭示贫困概念本质和造成贫困的根本原因的基础上给出其定义，这样也许会更科学，因为贫困本身就是具有高度综合性特征的概念和社会现象。陷于贫困中的人缺乏经济来源、缺吃少穿、难以维持最基本的生理需要，这其实只是贫困的最常见和最外在的具体表现，这种表现背后，其实还有一些表现，如贫困者缺少文化和技术、缺少健康的社会支撑网络、缺乏满足自身正常生理需求所应该具备的能力、在事关自身权利方面缺乏话语权，等等。而这些表现往往最能揭示人们贫困的本质和根源。因此，要给贫困下一个相对科学的定义，应该考虑上述各种综合性的

---

① 〔德〕克劳斯：《形式逻辑导论》，金培文、康宏逵译，上海译文出版社，1981，第219～220页。

② 〔德〕克劳斯：《形式逻辑导论》，金培文、康宏逵译，上海译文出版社，1981，第225～228页。

③ 〔德〕克劳斯：《形式逻辑导论》，金培文、康宏逵译，上海译文出版社，1981，第225页。

因素。基于上述考虑，笔者认为，贫困是人类社会自古以来就存在的社会现象，是指处在一定社会制度和自然、历史环境下的人们由于个人在文化和技术、能力、社会支撑网络以及话语权等方面的明显不足或缺乏而陷入难以持续生存的艰难状态。这种状态最直接的表现就是人们的经济收入低、生活和生存难以为继。

（二）贫困的内涵

与弄清楚贫困的定义相联系，我们还要把握贫困这一概念的内涵。要把握贫困概念的内涵，首先必须重视学界先驱们关于贫困的观点，其次要随着时代的发展进步与时俱进地认识贫困概念的含义。自英国的布什和朗特里开始研究贫困迄今 100 多年来，人们在贫困问题上形成了一些共识，如关于贫困的类型划分，人们已经接受了贫困可以分为绝对贫困和相对贫困的观点；其他如认为贫困还可以划分为生产性贫困和社会性贫困、历史性贫困和地域性贫困、物质性贫困和文化性贫困、单一性贫困和社会性贫困、群体性贫困和个体性贫困等，这些划分对于人们进一步认识贫困和贫困问题，具有积极意义。100 多年来，学界形成了许多关于贫困的理论，如贫困的经济学理论，它从经济学的视角解释和分析贫困问题，形成了自己关于贫困问题的理论观点；贫困的人口学理论，它从人口学角度解释贫困的产生及其持续的原因；贫困的社会学理论，它从社会分层的意义上解释贫困问题，也从社会结构和社会制度上寻找贫困的病因；贫困的政治学理论，它从考察富裕与贫穷、穷人和富人的关系出发，建立社会政治经济模型来揭示贫困的根源；马克思主义贫困学说认为无产阶级贫困化是资本主义制度的必然产物，无产阶级要摆脱贫困，就必须消灭资本主义制度，建立社会主义制度和实现共产主义。这些理论对于人们认识贫困有着积极的意义。但是，要把握贫困的内涵，还得从贫困本身入手，即从贫困的现象、贫困的本质、贫困的根源、贫困的危害、贫困的治理等方面来把握贫困的内涵。大致上说，如果能够从上述多个方面去考察贫困，就可以比较科学、全面、深刻地把握贫困的内涵。

笔者认为，贫困这一概念的基本内涵主要有如下四个方面：第一，贫困首先意味着人们在物质享有上的不足或短缺，生存、生活无法持续得到保障；第二，贫困不仅意味着人们在物质享有上的不足或短缺，还意味着人们在文化、政治、社会等方面权利的享有上存在不足或短缺；第三，贫困还意味着人们在生存生活能力上的明显不足；第四，贫困也意味着人们所处的社会制度不合理和不公正，需要继续完善。

二 贫困治理概念的界定

（一）治理的定义

在探讨贫困治理的概念之前，有必要对"治理"这个概念作点介绍。"治"字在中国古代典籍里很常见。从"治"字的结构来看，从水，从台（胎的本字），意思是从源头开始整治、疏通，后来就衍生出很多意思，它们主要包括：①整理，如治水、治河；②惩办，如治罪、处治；③医疗，如治病、治疗、医治；④消除危害，如治蝗、治蚜虫；⑤从事研究，如治学、治史；⑥安定或安定的状态，如治世、治安、天下大治；⑦地方政府所在地（古时有此用法，现在基本不用了），如府治、治所；⑧中国姓氏。上述"治"字的意思，从①到⑦，无不包含"理"的意思。在中国，"理"的原初意思是雕琢玉石。《说文解字》说：理，治玉也。说的就是雕琢玉石的意思。这是它的本义。以此为基点，"理"衍生出了很多意思，如"治理""管理""整理""处理""办理""理妆""温习""辨别""辨白""区分""理睬""理会""申诉""修缮""操理""道理""义理""事理""纹理"等。从"理"的原初意思来看，它本身就有"治"的意思。因此，"治"和"理"合用为"治理"的情形也就很常见了。这在中国古代典籍里能找到大量的例子。如《荀子·君道》里说："明分职，序事业，材技官能，莫不治理，则公道达而私门塞矣，公义明而私事息矣。"意思是说，明确名分职责，根据轻重缓急的次序来安排工作，安排有技术的人做事，任用有才能的人当官，没有什么得不到治理，那么为公家效劳的道路就畅通了，而谋私的门径就被堵住了，为公的原则昌明了，而谋私的事情就止息了。又如《孔子家语·贤君》中说："吾欲使官府治理。为之奈何？"可见，中国古代典籍里的"治理"，事实上与我们今天所谈论的"治理"意义差别并不大。今天我们一般认为，从处理国家事务的层面上看，"治理"是"统治""管理"的意思。从处理一般性事务的层面上看，"治理"是"处理""整修"的意思。

概而言之，中国语汇当中的"治理"不论它作何解释，核心都包含了这样的意思：使不好的状态变好、使不正常的东西或事物变正常、使有害的东西或事物变得无害和有益。

英语中的 governance 与中国的"治理"一词相对应，它的原意主要是控制、指导或操纵，常与政府（government）交叉使用。也就是说，西方认为的治理，经常是与政府行政事务相关的，"治理"一词长期以来主要被应用于与国家的公共事务相关的管理活动和政治活动中。就这点来说，与中国此词的用法事实上差别并不大。20 世纪 80 年代以来，随着全球化的凸显及其进程的加快，一些国际组织开始关注和深入探讨世界的治理问题。世界银行、经济合作与发展组织、联合国等机构都发表了探讨治理问题的文件。如世界银行发表了《撒哈拉以南非洲问题的报告》（1989 年），其中就提到了"危机治理"（crisis governance），并且明确指出治理就是"为了发展而在一个国家的经济与社会资源的管理中运用权力的方式"①。此后又发表了题为《治理与发展》（1992 年）的年度报告，用大量篇幅探讨了治理与发展问题。1992 年，联合国成立全球治理委员会并出版了《全球治理》杂志。1996 年，经济合作与发展组织发布了《促进参与式发展和良好治理的项目评估》报告。同年，联合国开发计划署发表了题为《人类可持续发展的治理、管理的发展和治理的分工》的年度报告。如今，探讨治理的学术著作和论文如雨后春笋般面世，治理问题成了学术界较为热门的话题。随着时代的发展进步，"治理"一词被赋予了不少新的含义。在 21 世纪到来之际，有学者就认为："过去 15 年来，它（指治理——笔者注）在许多语境中大行其道，以至成为一个可以指涉任何事物或毫无意义的'时髦词语'。"② 之所以会出现这种情况，主要原因在于国际社会中不同的行为主体都从自身的角度出发，在不同层面上提出了"治理"的概念。务实的学者通常将治理视为一种改革国家能力、国家与社会关系的新途径，他们已经将"治理"一词应用于政治、经济、文化、社会等各个领域。目前，我们很难找到一个为人们所普遍认可的关于"治理"的定义。不过，西方不少学者就治理问题所发表的观点还是有一定学术参考价值的。如罗西瑙（J. N. Rosenau）在其《没有政府的治理》和《21 世纪的治理》等论著中认为，"治理"较统治宽泛，它是"一系列活动领域里的

---

① 周言：《以西方为中心的"全球治理论"》，《光明日报》2001 年 2 月 27 日。

② 〔美〕鲍勃·杰索普、漆燕：《治理的兴起及其失败的风险：以经济发展为例》，《国际社会科学杂志》（中文版）1999 年第 3 期。

管理机制，它们虽未得到正式授权，却能有效发挥作用。与统治不同，治理指的是一种由共同的目标支持的活动，这些管理活动的主体未必是政府，也无须依据国家的强制力量来实现"①。与他的看法相似，库伊曼（J. Kooiman）和范·弗丽埃特（M. Van Vliet）认为："治理的概念是，它所要创造的结构和秩序不能由外部强加；它之发挥作用，是要依靠多种进行统治的以及互相发生影响的行为者的互动。"② 平心而论，如果严格按照下定义的做法，我们实在很难认同他们关于治理的论述称得上治理的概念。这说明，西方学界关于治理的概念的探讨也还处在不断深入的过程中。英国学者罗兹在《新治理：没有政府的管理》（1996 年）中概括了六种治理，区分了作为最小国家的管理活动的治理、作为公司管理的治理、作为新公共管理的治理、作为善治的治理、作为社会控制体系的治理以及作为自组织网络的治理。格里·斯托克（Gerry Stoker）在《作为理论的治理：五个论点》等文章中，梳理了各种治理的概念，探讨了理解治理的五个维度。③ 事实上，上述学者关于"治理"的观点到底是否科学，还有待实践的检验和时间的考验。联合国作为权威的国际组织，它关于治理的观点为全世界所重视。联合国全球治理委员会在《我们的全球伙伴关系》（1995 年）的报告中，认为治理是各种公共的或私人的个人和机构管理其共同事务的诸多方式的总和，是使相互冲突的或不同的利益得以调和并且采取联合行动的持续的过程。④

　　要给"治理"下一个定义，就要指出"治理"的核心内涵及其目标和发展趋势，因为这样也许更恰当。否则，我们就很难准确给出"治理"的定义。基于上述考虑，笔者认为，"治理"是指各种公共或私人机构组织中的人们为了实现其共同利益，通过自身的努力，采取各种正当的方

---

① 俞可平主编《治理与善治》，社会科学文献出版社，2000，第 2 页。
② 俞可平主编《治理与善治》，社会科学文献出版社，2000，第 2 页。
③ 格里·斯托克认为，治理意味着一系列来自政府但又不限于政府的社会公共机构和行为者；治理意味着在社会和经济问题寻求解决方案的过程中存在界限和责任方面的模糊性；治理明确肯定了在涉及集体行为的各个社会公共机构之间存在权力依赖；治理意味着参与者最终将形成一个自组的网络；治理意味着办好事情的能力并不仅限于政府的权力，不限于政府发号施令或运用权威。参见〔英〕格里·斯托克、华夏风《作为理论的治理：五个论点》，《国际社会科学》（中文版）1999 年第 2 期。
④ 俞可平：《治理和善治引论》，《马克思主义与现实》1999 年第 5 期。

式，使对象事物由坏变好、由不正常变正常、由有害变无害甚至有益的社会实践活动。

（二）贫困治理的定义及其内涵

对治理的定义作了界定之后，再来探讨贫困治理的定义和含义就比较简单了。笔者认为，所谓贫困治理，是指各种公共或私人机构组织中的人们通过自身的努力，采取各种正当方式，消除或抑制导致人们陷入贫困的各种因素，从而达到使其摆脱贫困状态的社会实践活动。

从贫困治理的定义出发探讨其含义，应该是相对科学的做法。因为，定义本身就是指对于一种事物的本质特征或一个概念的内涵和外延的确切而简要的说明。因此，通过分析某个概念的定义，比较容易找到该概念的内涵。贫困治理到底包含了哪些含义呢？首先，就主体而言，贫困治理一般是群体性的社会实践活动。个人只有在与其他个体组成某种集体之后，针对大家所面临的贫困问题而开展的社会实践活动，才称得上真正的贫困治理。贫困治理是一项非常复杂的系统工程，单独的个人的力量往往是不够的。其次，就对象来说，贫困治理的对象主要是那些处于社会较底层、生活困难的人群，即社会弱势群体。但贫困治理的对象也不完全就是社会弱势群体。在某种特定情况下，遇到天灾人祸或其他不可抗的因素，有的过去一直处于社会中上层、生活相对优越的人也有可能面临没吃没穿的尴尬境地，如那些遭受地震、海啸灾害的人们，不论他们过去生活多么优越，都有可能在短期内陷入贫困境地。把这部分人归入弱势群体，显然有些不合适，但是在灾难面前他们却属于需要救济的临时性的贫困人口。当然，这些人相对于那些长期处于贫困中的人来说，可能有更强的生存、生活、生产能力，有更坚固的社会关系和社会支撑网络，有更扎实的知识技能等，他们不太可能长期处于贫困境地而不能自拔。只要临时性的贫困问题能够较好地得到解决，他们就又能够逐渐甚至较快地摆脱贫困。再次，就手段来说，贫困治理的手段是多种多样的。只要是正当的、合法的旨在解决人们贫困问题的手段，都应该属于贫困治理手段的范畴。比如在中国，除了扶贫开发以外，像农村生产救灾救济、城市社会福利救济、盲人聋哑人事业、残疾人福利事业等，都是贫困治理的重要手段。当然，这里面的每一种手段又包含了许多更为具体的手段。就拿中国的扶贫开发来说，具体的手段就有很多。例如，自20世纪80年代以来，中国政府采取过的或还在沿用的扶贫手段有：落实"三西"农业建设项目、以工代赈计划、科技扶贫、温饱工程、贫困地区义务教育工程、商洛地区的小额贷款信贷扶贫、移民扶贫、残疾人扶贫、社会扶贫、东西扶贫协作、妇女扶贫、青年扶贫开发自愿行动、希望工程、光彩事业、文化扶贫、幸福工程、春蕾计划、智力支边、博爱工程、信息扶贫致富工程、兴边富民行动、贫困农户自立工程、世界银行扶贫贷款项目，等等。尽管上述扶贫手段中有的彼此有重合，但并不妨碍它们作为贫困治理具体实践活动的开展。最后，就目标来说，贫困治理要消灭绝对贫困，进而使人们的相对贫困之间的差距越来越小。在中国，贫困治理的终极目标是实现全体中国人民的共同富裕。

第二节　马克思主义的贫困治理思想

马克思主义的贫困治理思想是指自马克思主义诞生以来，以历史唯物主义和辩证唯物主义为指导而形成的贫困治理思想，其代表人物是马克思、恩格斯、列宁。中国共产党人坚持以马克思主义为指导，结合中国革命和建设实际推动马克思主义中国化，形成了中国化的马克思主义贫困治理思想，促进了中国社会的发展和进步。

一　马克思恩格斯的贫困治理思想

在马克思恩格斯的著作里，虽然不曾出现过"贫困治理"这个概念，但是马克思恩格斯痛恨资本主义制度及其带来的贫困、犯罪等，要求推翻资本主义社会，建立公有制的社会主义、共产主义社会，消灭剥削和压迫，实现人的自由、平等和全面发展；他们主张大力发展生产力，创造出极为丰富的社会财富，实行各尽所能按需分配原则。毫无疑问，他们是主张消灭贫困的。马克思恩格斯的科学社会主义理论和政治经济学理论包含了丰富的贫困治理思想。

马克思恩格斯认为，资本主义私有制是产生贫困问题的总根源。恩格斯认为，工人阶级的贫困和不幸应该从资本主义制度中寻找原因，所以他说工人阶级处境悲惨的原因"应当到资本主义制度本身中去寻找"[1]。马

---

[1] 《马克思恩格斯文集》第1卷，人民出版社，2009，第368页。

克思也持这样的看法。只不过，马克思更进一步说明了工人阶级为什么会在资本主义私有制下变得贫困。马克思认为，资本主义社会资本积累的过程，就是工人阶级贫困积累的过程。在他看来，工人阶级的贫困并非源自社会财富不足或工人自身的懒惰、无能等，而在于在资本主义私有制下，资本家拥有生产资料，工人没有生产资料，为了生存，工人只有把劳动力出卖给资本家，为资本家创造财富，借以获取资本家给予的仅能用以维持生命的微薄工资。在这样的社会制度下，财富愈来愈向资本家集中，无产阶级则被剥夺得愈来愈严重而走向贫困。显然，工人阶级的贫困是资本主义私有制造成的。

马克思恩格斯认为，无产阶级贫困化是资本主义社会的普遍规律。无产阶级贫困化可分为相对贫困化和绝对贫困化。无产阶级相对贫困化是指无产阶级在国民收入中所占的比重下降；无产阶级绝对贫困化是指在经济危机期间无产阶级处境的绝对恶化，表现为失业人口增加，工人实际工资下降和实际购买力降低，生活在贫困线以下的人口数量增加。在资本主义社会里，工人通过劳动为资本家带来了巨大的财富，却为自己带来了贫穷。在资本主义社会，资本积累过程中资产阶级财富的积累和无产阶级贫困的积累存在必然联系。按照马克思的说法，社会的财富，即执行职能的资本越大，它的增长规模和能力就越大，从而无产阶级的绝对数量和他们的劳动生产力就越大，产业后备军也越大，而产业后备军越大，官方认为需要救济的贫困人口也就越多。马克思称之为资本主义积累的绝对的一般的规律。在马克思恩格斯看来，资本主义进行扩大再生产、进行资本积累的过程，其实就是在工人阶级中制造和加剧贫困的过程。在资本主义社会，资本积累是普遍的规律，因此，无产阶级贫困化也必然是普遍规律。

马克思恩格斯认为，资本有机构成的提高会加剧无产阶级的贫困。竞争是资本主义社会的常态，也是资本主义经济运行的基本环节。为了在激烈的竞争中获胜和获得更多的利润，资本家会重视劳动工具的革新和劳动生产率的提高。可以从物质形式和价值形式两方面考察资本的构成。从物质形式上看，资本由一定数量的生产资料和劳动力构成，生产资料和劳动力的比例由生产的技术水平决定。这种由生产技术水平决定的生产资料和劳动力之间的量的比例，即资本的技术构成。从价值形式上看，资本由一定数量的不变资本和可变资本构成，不变资本和可变资本之间的比例，叫资本的价值构成。资本的技术构成和价值构成之间存在着有机联系，一般情况下，资本技术构成的变化会引起价值构成的变化，而资本价值构成的变化又大体上反映技术构成的变化。马克思把这种由资本技术构成决定并且反映资本技术构成变化的资本的价值构成叫作资本的有机构成。随着资本主义的发展，资本有机构成有不断提高的趋势，表现为全部资本中不变资本所占的比重增大，可变资本所占的比重减少。也就是说，资本有机构成提高就意味着资本家投入在机器设备等方面的资本的比例会提高，而投入在可变资本，即用来购买劳动力的那部分资本的比例会减少，即资本家会裁减工人，造成更多工人失业。从本质上说，资本有机构成提高的后果就是机器排挤工人，产生更多的失业人口。毫无疑问，马克思恩格斯认为，资本有机构成的提高虽然能给资本家带来更大更多的利润，但会加剧无产阶级的贫困。

马克思恩格斯认为，资本主义私有制是不合理的，只要有它，工人阶级的贫困问题就无法解决。怎么解决无产阶级的贫困问题呢？需要做到：一是推翻资本主义私有制，二是建立社会主义公有制，三是大力发展社会生产力。推翻资本主义私有制，这是从根本上铲除滋生无产阶级贫困的肥沃土壤。在马克思恩格斯看来，推翻资本主义私有制，是解决无产阶级贫困问题的首要前提。但是，光推翻资本主义私有制是不够的，还需要建立起社会主义公有制。马克思认为，社会主义是共产主义的低级阶段，在这个阶段，不可避免地还会带有资本主义社会的某些特征，因此要继续向前发展，为过渡到共产主义社会创造必要的物质基础。所以在此阶段需要大力发展社会生产力，创造高度的物质文明、精神文明、政治文明、社会文明等。唯有这样，才有可能由社会主义发展到共产主义，即由共产主义低级阶段发展到高级阶段，即完全意义上的共产主义社会。

总体来看，马克思恩格斯的贫困治理思想其实是一种着眼于改变资本主义社会制度，从而解决无产阶级贫困问题的思想。它为无产阶级革命和摆脱贫困指明了正确的方向。

二　列宁的贫困治理思想

列宁在中学时代就接触了马克思主义并投身无产阶级解放事业。他熟读马克思恩格斯的著作，结合俄国革命的实际，在坚持和继承马克思主义基本原理的基础上，在很多方面发展了马克思主义，从而把马克思主义推向了列宁主义新阶段。列宁关注劳动人民的贫困问题，提出了劳动人民贫困化理论。他的贫困治理思想主要就体现在该理论里。

劳动人民贫困化指的是在资本主义发展过程中劳动人民的被剥夺过程。列宁认为，资本主义社会导致小生产者减少以及使他们的经济作用更加缩小，就是"被剥夺"和"贫困化"。[1] 在列宁看来，资本主义社会里竞争非常激烈。不仅大生产者之间会有竞争，小生产者之间以及雇佣工人之间也有竞争。不论是大生产者还是小生产者，为了赚取更多的钱，他们都希望高价卖出，低价买进，结果导致强者更强，弱者更弱，少数人发财而大部分人破产，使实力相对弱小的生产者破产并沦为雇佣工人。这是资本主义社会"大鱼吃小鱼，小鱼吃虾米"现象，本质上就是残酷的剥夺。对于那些在这种竞争中沦为雇佣工人的生产者来说，就是被剥夺。这个过程就是被剥夺的过程，也是被剥夺者走向贫困的过程。就雇佣工人而言，他们的被剥夺，主要是指他们的剩余劳动被剥夺，也就是说剩余价值被剥夺。与此同时，雇佣工人之间还有竞争上岗的情况，这种情况的结果是这批工人被聘用了，往往就意味着别的工人的就业机会就被剥夺了。工人一旦失去就业机会，就会陷入贫困境地，这当然也是被剥夺。

列宁认为，资本主义社会里"被剥夺"的对象不仅包括工人和小生产者以及全体劳动人民，还包括资本主义大生产及其"边疆"地区。资本主义的"边疆"即"资本主义刚刚产生而资本主义前的制度仍然存在的国家和国民经济部门"[2]。列宁的意思是说，资本主义对劳动人民的剥夺不仅发生在资本主义较为发达的地区与部门，也发生在资本主义尚不发达的地区和部门。也就是说，资本主义社会里"被剥夺"的范围很大、很广。

列宁认为，资本主义社会劳动人民的"被剥夺"既是资本主义发展的结果，又是资本主义发展的前提。正如他所指出的那样："'人民大众的贫

① 《列宁全集》第6卷，人民出版社，2013，第187页。
② 《列宁全集》第4卷，人民出版社，2013，第190页。

穷化'（这是民粹派所有关于市场的议论的不可或缺的组成部分）不仅不阻碍资本主义的发展，相反，它本身就反映了资本主义的发展，是资本主义的条件并且在加强资本主义。资本主义需要'自由工人'，而贫穷化也就在于小生产者变为雇佣工人。"① 资本主义竞争的结果，必然造成小生产者在竞争中处于劣势并破产成为雇佣工人，也会造成雇佣工人会更廉价地出卖自己的劳动力，显然，这就是"被剥夺"；但同时，这种"被剥夺"对资本主义发展是有利的——因为资本家能找到更多和更廉价的"自由工人"为自己干活。

列宁还认为，不能单从物质意义的角度去理解资本主义社会劳动人民的贫困化，还要从社会意义的角度去理解。列宁指出："贫困的增长不是就物质意义，而是就社会意义来说，也就是说，资产阶级和整个社会的不断提高的消费水平同劳动群众的生活水平不适应。""必须从社会意义上来理解贫困，而不能单从物质意义上来理解贫困。"② 在这里，列宁其实提出了如何正确理解资本主义社会人民群众的贫困的问题。在列宁看来，资本主义社会劳动人民的贫困化，不仅仅是指劳动人民的物质匮乏问题——物质匮乏当然是贫困，还指资产阶级和整个社会的消费水平提高了而劳动人民的消费水平和生活水平却没有提高。

列宁和马克思恩格斯一样，认为要解决劳动人民的贫困问题，首先要推翻资本主义私有制，在此基础上建立社会主义公有制，同时要大力发展社会生产力，大力发展各种先进文明，为社会主义发展到共产主义准备必要的物质基础。贫困治理确实需要正确的理论作为指导，但是，贫困治理其实更是一种社会实践活动。对于那些没有亲身经历过贫困治理的人们来说，也许永远都无法充分感受其艰巨性、复杂性和长期性。列宁在十月革命胜利后，为新政权的巩固和民生事业的发展费尽心血，他曾经于1918年春提出了一个社会主义公式："苏维埃政权＋普鲁士的铁路秩序＋美国的技术和托拉斯组织＋美国的国民教育等等等等＋＋＝总和＝社会主义。"③ 列宁的这个社会主义公式，其实暗含了他关于贫困治理的深刻思想，那就是，在共产党的领导下，大力发展高度发达的物质文明、精神文

---

① 《列宁全集》第1卷，人民出版社，2013，第81页。
② 《列宁全集》第4卷，人民出版社，2013，第183页。
③ 《列宁全集》第34卷，人民出版社，2017，第520页。

明等先进文明，建立起完全意义上的社会主义、共产主义，进而彻底解决贫困问题。

三 中国化的马克思主义贫困治理思想

中国化的马克思主义贫困治理思想是指以毛泽东、邓小平、江泽民、胡锦涛和习近平为主要代表的中国共产党人的贫困治理思想。中国共产党坚持以马克思主义为指导，不断探索中国社会主义发展道路，形成了适合中国国情的、具有中国特色的社会主义理论体系。以毛泽东、邓小平、江泽民、胡锦涛和习近平为主要代表的中国共产党人的贫困治理思想，就是中国化的马克思主义贫困治理思想。[①]

早在新民主主义革命时期，毛泽东就关注中国的贫困问题。新中国成立后，以毛泽东为代表的中国共产党人带领全国各族人民致力于改变中国"一穷二白"的落后面貌，形成了深刻的贫困治理思想。

毛泽东认为，中国要摆脱贫困，必须走社会主义道路。这是解决中国贫困问题的制度前提。新中国成立后，毛泽东多次强调中国只能走社会主义道路。理由是资本主义道路"是痛苦的道路"[②]，不能让广大劳动人民当家作主，解决不了人民群众的贫困问题，不能使人民群众摆脱受压迫、受剥削的悲惨境地。

毛泽东认为，开展贫困治理的首要问题是解决吃饭问题。新中国成立后，中国共产党肩负着巩固新生人民政权和改变中国"一穷二白"贫穷落后面貌的历史重任。毛泽东多次强调吃饭问题，认为这是第一件大事。[③]解决吃饭问题是毛泽东贫困治理思想中的一个重要内容。

毛泽东认为，贫困治理的根本手段和途径是解放和发展社会生产力。1945 年，毛泽东在《论联合政府》中提出了衡量政党的政策及其实践的

[①] 以下关于毛泽东、邓小平、江泽民、胡锦涛贫困治理思想的论述参见文建龙《新时代反贫困思想研究》，社会科学文献出版社，2020，第 67～102 页。

[②] 《毛泽东文集》第 6 卷，人民出版社，1999，第 299 页。

[③] 1949 年 10 月 24 日，他在同绥远负责人的谈话中指出，要把国民党遗留下来的党、政、军及特务都"包起来"，"使所有的人都有出路"（《毛泽东文集》第 6 卷，人民出版社，1999，第 14 页），即既要解决国民党的一千万党、政、军人员的吃饭问题，还要解决他们的就业问题。1959 年 4 月 29 日，他强调说："我国是一个有六亿五千万人口的大国，吃饭是第一件大事。"（《毛泽东文集》第 8 卷，人民出版社，1999，第 49 页）

生产力标准。① 他主张通过发展社会生产力来使中国摆脱贫穷落后的面貌。1956 年 1 月，毛泽东从社会主义革命的目的的高度来阐释生产力问题。他强调："社会主义革命的目的是为了解放生产力。"② 毛泽东主张发展生产力，是为了改变中国"一穷二白"的落后面貌。

毛泽东认为，贫困治理的关键是解决"三农"问题。早在 1927 年，毛泽东就指出："农民极为贫困。"③ 1945 年 4 月 24 日，毛泽东说农民是"中国工人的前身""中国工业市场的主体""中国军队的来源""现阶段中国民主政治的主要力量""现阶段中国文化运动的主要对象"④。在他看来，农民问题如果没有解决，也就意味着中国革命问题没有解决；农民的贫困问题没有解决，也就意味着中国的贫困治理问题没有解决。可见，在毛泽东那里，中国贫困治理的关键是解决"三农"问题。

毛泽东认为，中国贫困治理的战略目标是实现全体中国人民的共同富裕。在毛泽东心目中，实现共产主义、实现全国人民共同富裕是他和中国共产党开展革命的最终目标。1953 年 12 月 16 日，由毛泽东主持制定的《中国共产党中央委员会关于发展农业生产合作社的决议》提出，要"使农民能够逐步完全摆脱贫困的状况而取得共同富裕和普遍繁荣的生活"⑤。此后，毛泽东又多次阐述过共同富裕问题。实现人民的共同富裕，是以毛泽东同志为主要代表的中国共产党人的奋斗目标，也是中国贫困治理的目标。

党的十一届三中全会后，邓小平针对中国的贫穷落后以及如何摆脱贫穷落后的问题，有过很多深刻论述。

邓小平认为，社会主义要消灭贫穷，"社会主义如果老是穷的，它就站不住"⑥。他多次强调，"社会主义要消灭贫穷"⑦，"贫穷不是社会主

---

① 毛泽东的原话是："中国一切政党的政策及其实践在中国人民中所表现的作用的好坏、大小，归根到底，看它对于中国人民的生产力的发展是否有帮助及其帮助之大小，看它是束缚生产力的，还是解放生产力的。"（《毛泽东选集》第 3 卷，人民出版社，1991，第 1079 页）

② 《毛泽东文集》第 7 卷，人民出版社，1999，第 1 页。

③ 《毛泽东选集》第 1 卷，人民出版社，1991，第 38 页。

④ 《毛泽东选集》第 3 卷，人民出版社，1991，第 1077～1078 页。

⑤ 《建国以来重要文献选编》第 4 册，中央文献出版社，1993，第 662 页。

⑥ 《邓小平文选》第 2 卷，人民出版社，1994，第 191 页。

⑦ 《邓小平文选》第 3 卷，人民出版社，1993，第 63～64 页。

义，更不是共产主义"①。社会主义要消灭贫穷，可以说是邓小平贫困治理思想的前提理论。

邓小平认为，中国贫困治理的目标是实现共同富裕。关于此，他有过不少论述。他说："我认为要允许一部分地区、一部分企业、一部分工人农民，由于辛勤努力成绩大而收入先多一些，生活先好起来。一部分人生活先好起来，就必然产生极大的示范力量，影响左邻右舍，带动其他地区、其他单位的人们向他们学习。这样，就会使整个国民经济不断地波浪式地向前发展，使全国各族人民都能比较快地富裕起来。"② 这是邓小平关于共同富裕的比较早的提法。后来他还说："我们始终坚持两条根本原则，一是以社会主义公有制经济为主体，一是共同富裕。""鼓励一部分地区、一部分人先富裕起来，也正是为了带动越来越多的人富裕起来，达到共同富裕的目的。"③ 在这里，他其实在告诉我们，中国贫困治理的目标是实现共同富裕，办法是让一部分人先富裕起来再带动大家富裕起来。

邓小平认为，农民富裕是中国实现共同富裕的关键。他曾指出："占全国人口百分之八十的农民连温饱都没有保障，怎么能体现社会主义的优越性呢？"④ 所以实现共同富裕，关键是实现占人口总数 80% 的农民的共同富裕。

邓小平认为，高度发达的生产力是实现共同富裕的物质基础。他说："我们革命的目的就是解放生产力，发展生产力。离开了生产力的发展、国家的富强、人民生活的改善，革命就是空的。"⑤ "社会主义阶段的最根本任务就是发展生产力。"⑥ 在邓小平看来，没有发展较快的和高度发达的生产力，要实现共同富裕是不可能的。

邓小平认为，坚持四项基本原则是实现"四个现代化"的根本前提，是实现共同富裕的政治保证。邓小平说："我们要在中国实现四个现代化，必须在思想政治上坚持四项基本原则。这是实现四个现代化的根本前

---

① 《邓小平文选》第 3 卷，人民出版社，1993，第 64 页。
② 《邓小平文选》第 2 卷，人民出版社，1994，第 152 页。
③ 《邓小平文选》第 3 卷，人民出版社，1993，第 142 页。
④ 《邓小平文选》第 3 卷，人民出版社，1993，第 255 页。
⑤ 《邓小平文选》第 2 卷，人民出版社，1994，第 231 页。
⑥ 《邓小平文选》第 3 卷，人民出版社，1993，第 63 页。

提。"① 他还说："四项基本原则的核心，就是社会主义制度和党的领导，这是我们立国和团结全国人民奋斗的根本。"② 实现四个现代化是实现共同富裕的必由之路，坚持四项基本原则是发展生产力、改善人民生活的根本出路和政治保证。

江泽民高度重视中国贫困问题，积极推进中国贫困治理事业。江泽民认为，搞好"三农"工作是中国贫困治理的重要途径。他说："农业是国民经济的基础，农村稳定是整个社会稳定的基础，农民问题始终是我国革命、建设、改革的根本问题。""农业不断发展，农民积极性高涨，大家都有饭吃，国家和社会的事情就好办多了。这是我们治国安邦的一条基本经验。"③ 也就是说，解决好"三农"问题是治国安邦的一条基本经验，要把"三农"问题提高到治国安邦的战略高度来看待。他还说："帮助贫困地区发展经济文化，帮助贫困地区群众与全国人民一起逐步走上共同富裕的道路，是贯穿社会主义初级阶段全过程的历史任务，全党全国上下必须锲而不舍地长期奋斗。"④

江泽民认为，积极推进中国贫困治理事业，必须搞好扶贫开发工作。扶贫开发的工作思路和方法主要是"继续坚持通过改革推进发展的路子""继续发扬艰苦奋斗的创业精神""继续贯彻发展是硬道理的重要思想""继续积极探索加快发展的有效途径""继续动员全社会为扶贫开发共同努力""继续搞好东西部地区的扶贫协作""继续加强扶贫开发的组织落实工作""继续加强对扶贫开发的领导"⑤。

胡锦涛把国家民生问题摆在十分重要的位置，大力开展民生建设，从各个方面解决人民的民生问题、生活困难问题。

胡锦涛认为，中国贫困治理要坚持科学发展，发展成果由人民共享。胡锦涛贫困治理思想中的所有观点和主张，都是以此为基础展开并以此为归宿的。胡锦涛指出："没有农民的小康就没有全国人民的小康，没有农村的现代化就没有全国的现代化。"⑥ 他要求各级党组织和政府机构下大

---

① 《邓小平文选》第2卷，人民出版社，1994，第164页。
② 《邓小平文选》第3卷，人民出版社，1993，第44页。
③ 《江泽民文选》第1卷，人民出版社，2006，第258页。
④ 《江泽民文选》第3卷，人民出版社，2006，第249~250页。
⑤ 《江泽民文选》第3卷，人民出版社，2006，第250~254页。
⑥ 《胡锦涛文选》第2卷，人民出版社，2016，第68页。

力气解决好"三农"问题。

胡锦涛认为，应把贫困治理工作同农村基层党组织建设紧密结合起来。他重视通过抓农村基层党组织建设来推动扶贫开发工作，多次强调并具体论述了这个问题。1996年10月25日，胡锦涛在全国农村基层党组织建设工作会议上指出："打好扶贫攻坚战，归根到底，要靠基层党组织带领群众去苦干实干。"因此，"必须首先抓好基层组织建设"，"促进扶贫攻坚任务的完成"①。

胡锦涛认为，贫困治理要坚持统筹兼顾，不断加大扶贫开发的力度，要按照构建社会主义和谐社会和建设社会主义新农村的要求搞好扶贫开发。他要求"把构建社会主义和谐社会摆在全局工作的重要位置"②。

党的十八大以后，以习近平同志为核心的党中央高度关注中国的贫困治理事业，对新时代的贫困治理做出了很多重要论述。

习近平总书记关于新时代贫困治理的重要论述主要包括中国贫困治理的领导力量、中国贫困治理的主体力量、中国贫困治理的动力系统、中国贫困治理的关键问题、中国贫困治理的战略目标、中国贫困治理的根本手段、中国贫困治理的具体办法、中国贫困治理的关键策略八个方面。

习近平总书记认为，中国贫困治理的领导力量是中国共产党；中国贫困治理的主体力量是人民群众；中国贫困治理的动力系统是中国共产党的崇高理想信念、全心全意为人民服务的根本宗旨、立党为公执政为民的执政理念以及广大人民群众要求脱贫致富的强烈愿望；中国贫困治理的关键问题是扶持谁的问题、谁来扶的问题、怎么扶的问题；中国贫困治理的战略目标是实现全体中国人民的共同富裕；中国贫困治理的根本手段是发展社会生产力，特别是提升贫困地区和贫困人口能力，解放和发展他们的生产力；中国贫困治理的具体办法包括志智双扶、苦干实干、把脱贫致富与社会主义精神文明建设相结合、用开放意识推动扶贫工作、依靠科技教育脱贫致富、通过发展现代农业摆脱贫困、搞"经济大合唱"、党政第一把手抓扶贫、实施"五个一批"工程、建立年度脱贫攻坚报告和督查制度、抓党建促脱贫攻坚、造成全社会参与的大扶贫格局等；中国贫困治理的关

① 胡锦涛：《全面、深入、扎实、持久地推进农村基层组织建设》，《求是》1996年第24期。
② 《胡锦涛文选》第2卷，人民出版社，2016，第297页。

键策略是精准扶贫。①

上述党和国家主要领导人的贫困治理思想，都是坚持、继承和发展马克思主义的产物，是结合中国实际、适应中国发展的新的理论成果，是中国化的马克思主义贫困治理思想。

第三节　中国古代至民国时期的贫困治理思想

中国自西周就有了敬天保民的民本思想，该思想贯穿了中国整个封建社会的始终。

一　中国古代的贫困治理思想

中国古代的贫困治理思想，可追溯到西周时期。西周时，周公旦在总结商朝灭亡教训的基础上制礼作乐，提出了一整套统治人民的办法，发展出了可贵的民本思想。《尚书·酒诰》说："人无于水监，当于民监。"认为统治者应该把民心当镜子，作为行动的指南。《尚书·泰誓》中说："天视自我民视，天听自我民听。"意思是说，上天看到的来自我们老百姓所看到的，上天听到的来自我们老百姓所听到的。换句话说，认为天的授权（天命）是看人心的，老百姓拥护谁，天就授权给谁；老百姓憎恨谁，天就革谁的命。②周公旦还提出了"保民"思想。《尚书·康诰》中提到"用保乂民""用康保民""裕民"等主张，就是让人民安康的民本思想。基于上述思考与逻辑，统治者就必须重视广大老百姓的诉求，关心并改善他们的生活状况，以争得民心。这无疑是一种统治思想，实质上也是一种贫困治理思想。

春秋战国时期，轻天重民思想成为一种社会思潮。春秋时政治家、思想家管仲提出顺应民心的主张。如《管子·牧民》说："政之所兴，在顺民心；政之所废，在逆民心。"管子还提出富国利民的主张，所谓"富上而足下，此圣王之至事也"（《管子·小问》），说的就是富国利民的意思。要富国利民，自然应该重视贫困治理工作。因此，管子的这些思想其实也

---

① 文建龙：《新时代反贫困思想研究》，社会科学文献出版社，2020，第103~206页。
② 易中天：《奠基者》，浙江文艺出版社，2016，第47页。

是贫困治理思想。这一时期的思想家、教育家孔子提出为政以德思想，主张避免贫富不均和实行惠民政策。《论语·季氏》里所说的"闻有国有家者不患寡而患不均，不患贫而患不安。盖均无贫，和无寡，安无倾"，正是这种思想的体现。孔子的这种思想，当然也是贫困治理思想。战国时期思想家墨子主张"兼爱""尚同"，要求"利人乎即为，不利人乎即止"（《墨子·非乐》），"有力者疾以助人""有财者勉以分人"（《墨子·尚贤》）。显然，墨子是有济贫情怀的思想家。这一时期另一位大思想家孟子主张施仁政，认为统治者要有不忍人之心，并且要"推恩"于人，即所谓"老吾老以及人之老，幼吾幼以及人之幼"（《孟子·梁惠王上》）。从这种"推恩"的逻辑出发，统治者就必须开展贫困治理。

西汉东汉时期，许多政治家、思想家提出过不少重视民生的措施或论述。汉初统治者刘邦面对国内战乱后的残破局面实行休养生息政策；政论家、思想家、文学家贾谊提出过安民、确立等级身份、实行礼治等思想，他所谓的安民，其实就是要求统治者重视老百姓，顺应民心。所以他认为"民者，万世之本也"（《新书·大政》）。思想家董仲舒认为，统治者应该讲王道，重视老百姓，做到轻徭薄赋，即"十一而税""不夺民时，使民不过岁三日"，使"民家给人足"（《春秋繁露·王道》）。东汉思想家王符主张德政加于民，提出了富民、爱民、教民等主张，要求统治者施行德政。他说："夫为国者，以富民为本。"（《潜夫论·务本》）。在他看来，治国关键在于富民，民富了，就好治理了。

三国两晋南北朝是中国历史上战乱频发的时期，但战乱不妨碍政治家、思想家关注国家人民的前途。三国时曹操主张对阵亡将士要收尸安葬，对其家属要给予优抚，这是一种社会保障措施。西晋思想家、文学家傅玄主张统治者应当"公道""去私""息欲"，认为西晋统治者不能只顾一小撮门阀士族集团的利益，还要维护包括寒门庶族在内的整个地主阶级的利益，他的"息欲"主张对于减轻人民负担是有益的。南朝政治家周朗提出妥善安置流民的主张，他要求奖励养活流民，扩大流民就业机会，让流民返回原籍，从事农耕。北魏孝文帝推行了许多有利民生的有效措施，如颁布均田令，"劝课农桑，兴富民之本"（《魏书·高祖纪》）。

隋唐五代是中国走向统一和繁荣，然后又陷入分裂的历史时期。隋文帝实行均田制，减轻租赋徭役，兴建仓储，救灾赈济。唐太宗具有突出的

"矜恤民困"的"重民"思想。他说："君依于国，国依于民。"（《资治通鉴·唐纪》）意思是说，应该体恤老百姓，即做到"省徭役""矜恤民困""安诸黎庶"，使"各有生业"（《贞观政要·慎终》）。五代时周世宗注意发展生产和减轻民困，颁布均田令，防止贪官污吏营私舞弊把田租转嫁给农民。

宋元明直到清朝鸦片战争前夕，不少思想家提出过贫困治理思想。北宋思想家李觏主张推行《周礼》中的政治制度，认为推行它即可使天下太平。他认为礼的最大功能在于保障庶民百姓的生活。因此他强调使"庶人能保其生"（《礼论第三》）。怎么做？他认为应平均土地。北宋司马光则主张实行爱民政策，即统治者应该顺民心，宽政养民，并且做到藏富于民，不与民争利。南宋思想家、政治家叶适主张重民，他说："为国之要，在于得民"，而得民之道，在于"君民上下皆出于一本"，即"君既养民，又教民，然后治民"（《水心别集·民事中》）。他强调实行宽民之政。元朝初年思想家邓牧痛恨腐朽的君主专制制度，希望有一个新社会能将君主专制制度取而代之。他向往尧舜之治，希望构建人人平等的社会。明朝末年，东林党人家事国事天下事事事关心，有自己的治国理念和思想。其中在贫困治理方面，他们认为朝廷应该恤穷民，体富民，即在君利和民利之间寻找平衡。

清初思想家黄宗羲继承了孟子"民贵君轻"的思想，旗帜鲜明地指出：天下之人是国家的主体。因此他认为"天下为主，君为客"（《明夷待访录·原君》），"天下之治乱，不在一姓之兴亡，而在万民之忧乐"（《明夷待访录·原臣》）。黄宗羲认为人民才是国家的主人。他主张土地收归国有，然后平均分配给农民耕种，每户50亩，余田归富民所有，废除原有的土地占有疆界。他所说的"富民"不是指富有的地主，而是新兴的工商市民。多余的土地归工商市民，目的是让土地进入市民经济中去。①同时黄宗羲还主张"工商皆本"，要求统治者均田、减赋。另一位清初思想家唐甄提出了"彼我同乐"的平等思想，认为"彼我同乐，彼我同戚，此天地生人之道，君子尽性之实功"（《潜书·良功》），如果不这样，就会造成苦乐不均，贫富悬殊，破坏天下安宁。他提出了"众为邦本"的

---

① 计其迁：《黄宗羲》，新蕾出版社，1993，第78～79页。

"富民"主张。他认为，国家最主要的保民办法是做到"富民"，即使老百姓生活富足。老百姓富足了，国家也就太平了。①

以上所列思想家或政治家们的思想，均为治国思想，但也是贫困治理思想。贯穿其中的，则是突出的民本思想。

二　中国近代的贫困治理思想

鸦片战争爆发后，中国进入近代历史时期。这是中华民族备受帝国主义凌辱，也是中华民族奋起抗争和探索中华民族复兴道路的时期。在这期间，不少思想家直面中国积贫积弱和备受帝国主义国家侵凌的社会现实，深入思考强国、富国和救国救民之道，产生了不少适应时代发展需要的贫困治理思想。

思想家、书法家包世臣目睹了鸦片战争前夕清政府统治下的广大劳动人民生活日益穷困的悲惨景象，对劳动人民的遭遇深感同情。针对当时不少人认为人口增长超过耕地和生活资料的增长是导致人民生活贫困的主要原因的观点，包世臣提出了反对意见。他认为人口增长不是导致贫困的原因。他认为："夫天下之士，养天下之人，至给也。人多则生者愈众，庶为富基，岂有反以致贫者哉！"（《庚辰杂著二》）这就是他的"庶为富基"说。包世臣认为，天下土地养天下人民是足够的，关键是怎么去重视农业和发展农业生产。只要统治者重视农业，就能国富民康，天下太平。

思想家魏源非常希望中国走上富强道路。他提出"师夷之长技以制夷"的主张，为国家探索富强之路奉献了很多有益的思想。他主张变法图强，进行社会改革。他认为国家的经济制度只要能"便民""利民"，就是进步的。他主张改革应该坚持"便民""利民"原则。在经济上，魏源主张改善对漕运、盐政、水利各项事业的管理，既要保证国家收入，又要有利于民需，减少浪费和中间剥削。他还特别重视发挥民间商业的作用，主张允许商民开矿，仿铸银钱，以解决国家财政困难。②

清末政论家王韬提出了"重民"说。他提出"作民气""结民心"的主张。"作民气"，就是革新政治，使民众诉求能顺利递达统治者高层，统

---

① 孟昭华、谢志武、傅阳：《中国民政社会思想史》，上海交通大学出版社，2009，第357页。
② 孟昭华、谢志武、傅阳：《中国民政社会思想史》，上海交通大学出版社，2009，第390～391页。

治者高层能快捷地了解下层百姓的情况。"结民心"，就是大力发展资本主义经济，让人民富裕，安居乐业。因此他主张必须大力发展工农业生产，使游民等无所事事之人从事农业生产，国家在耕具等生产资料方面予以帮助；允许民间自立公司开掘煤铁五金诸矿；将机器制造、铁路兴筑、大小轮船建置之利公之于民，要令富民出资，贫民出力，利益溥沾，贤愚同奋，即把大家的积极性都调动起来从事国家建设，并共享由此带来的好处。王韬认为，朝廷如果有大兴作、大政治，应事先让老百姓知道，只要能凝聚民心，中国就会无敌于天下。所以他认为国力强弱不取决于人口的多少，而在于社会制度是否先进，只要社会制度先进，人口越多，就越有力量。王韬还认为国家需要"禁游民"。他所说的"游民"并非那些从土地上游离出来的流亡人口，而是指那些对社会有害的寄生阶层，主要是"官""士""医""僧道"四类人。所谓的"官"，是指闲员冗官；所谓的"士"是指不学无术，徒有虚名之"士"；所谓的"医"，其实是指庸医，他们招摇撞骗，草菅人命；至于"僧道"，他们不仅不事耕织，反而妖言惑众，危害社会。在王韬看来，应把上述四类人驱赶至生产第一线去劳动。

清末外交家、资产阶级改良主义思想家薛福成提出过"机器养民"说。他很关注中国的人口问题，认为在几十年一百年间人口会几倍甚至十几倍地增加。由于人口增长速度大大超过了生活资料的增长速度，结果"昔供一人之衣食，而今供二十人"（《庸庵文外编·许巴西墨西哥立约招工说》），这样，人们的生活必然会日益困苦。薛福成认为建立和发展近代的铁路业、采矿业和机器大工业，人口增多导致的贫困问题就能解决。措施是发展机器工业，用机器养民；发展采矿业，扩大百姓就业门路；兴建铁路，发展交通运输；输出劳务，对外移民。

近代资产阶级改良派政治家和思想家康有为主张通过变法维新救国。他提出过系统的变法主张。政治方面，废除封建君主专制制度，代之以资产阶级的君主立宪制；经济方面，以商立国，发展资本主义；文化教育方面，废八股，兴学校。康有为认为，国家富强的前提是民强，变法要以富国为先，而要富国，就必须以商立国。此外，康有为认为，国家要富强，还需要筑铁路、开矿产、办工厂、造船舶、设银行、铸银币、发行钞票，发展近代机器工业，等等。1902 年，康有为的《大同书》问世。该书说道："大同之道，至平也，至公也，至仁也，治之至也。"按照康有为的说法，经济上，这个社会消除了私有制；政治上，"既无帝王、君长，又无官爵、科第"；社会生活方面，大家群居，没有贫富、男女差别，也没有家庭；社会财富充分。康有为这一系列的想法是要消灭私有制，实现共同富裕。这是中国的空想社会主义思想，其中就包含了丰富的贫困治理思想。

三 民国时期的贫困治理思想

孙中山是伟大的民主革命先行者。他在从事民主革命的过程中，深入思考中国现实问题，形成了自己系统的救国思想。在孙中山的思想中，最重要也最著名的要数"三民主义"。该思想与贫困治理最相关的，首推其中的"民生主义"。孙中山"民生主义"最主要的是两条："平均地权"和"节制资本"。孙中山"平均地权"的主要内容：一是核定地价，即土地由其主人自报价值，政府将之写入地契，作为政府核定的地价；二是照价收税，即按地价征收税款作为国家财政收入；三是照价收买，即国家照地契的价格收买土地；四是涨价归公，即核定地价后，革命后社会改良进步之增价，则归国家。① 孙中山主张"平均地权"，实质是主张实行土地国有。进入新民主主义革命时期，孙中山提出了"耕者有其田"的主张，还提出了实施办法：主要是由国家授田给无地或少地的农民，并向农民收取租税，同时辅以国家租田给农民的方式。其中租田的方式只适用于边远的移民地区。孙中山"节制资本"的内容有两条：节制私人资本和发达国家资本。节制资本的具体措施：一是限定私人资本的范围和规模，二是向资本家征收直接税，三是国家对私人企业有收回的权力，这主要是对那些立约期满或私人经营后又能生大利的企业而言的。发达国家资本，就是由国家直接占有并经营那些规模过大，为私人之力所不能办的，或具有独占性质的，或对国计民生有重要影响的企业，如铁路、银行、航路、电器等。② 这其实就是发展国家资本主义。发展国家资本主义，目的是振兴实业。孙

---

① 董世明：《新民主主义革命理论与三民主义比较研究》，东北师范大学出版社，1995，第194~195页。

② 董世明：《新民主主义革命理论与三民主义比较研究》，东北师范大学出版社，1995，第254页。

中山的"民生主义"是治国理论，也可以看成一种贫困治理的理论。

廖仲恺是孙中山的忠实追随者。他受亨利·乔治思想的深刻影响，很赞同亨利·乔治对马尔萨斯关于人口 25 年增加一倍说法的批驳。他认为，人口增加在文明社会里，不至于弄得土地养不了人，理由是，由于科学发达，人类使用土地的本领会增大，同时人口的增加是有自然的限度的。民穷财尽的根源在政治上，也在财产制度上，所以他主张革除妨碍国家社会经济发达的因素。

李大钊是五四新文化运动著名领导者之一，中国最早的马克思主义者、中国共产主义运动的先驱、无产阶级革命家，中国共产党的创始人之一。他提出过唯民主义。辛亥革命后，他的思想不断向争取人民权利、人民幸福的人民民主主义方向大步迈进。其思想基点在于争取人民大众自由和民主权利方面。1916 年，李大钊在《民彝与政治》一文中提出反对一切专制政治，实行真正的人民民主政治。他希望通过建立人民民主主义的社会制度使中国走向强大。

孙中山、廖仲恺、李大钊是著名的革命家。其实，民国时期除了革命家们关注中国富强问题，还有一些学者也很关心中国的富强问题，他们致力于中国贫困问题的学术研究，希望为积贫积弱的中国奉献自己的力量，如马君武、顾诗灵等人，他们也提出了一些关于中国贫困治理的思想。

民国时期政治活动家、教育家马君武于 1925 年出版的《失业人及贫民救济政策》对失业及其原因进行了探讨。他把中国的失业问题归结于帝国主义的侵略和国民政府的不作为。"最近百年内与欧洲通商以来，各国以其机器所制价廉物美之货品输入中国，中国固有生产事业因此停歇，常有致全部工人失业者。"[①] 他列举了一些例子说明自己的观点：新式纺织机器制造的棉纱棉布输入中国后，中国纺纱工人几乎全部失业，织布一大部分工人失业；德国 Iserjohn 机器所制钢针输入中国后，中国制针工人几乎全部失业；外国机器所磨面粉输入中国后，中国磨面粉工人大部分失业；各国新式炉所制钢铁输入中国后，中国以旧法制造钢铁的工人几乎全部失业。最后他说对于失业问题，国民政府既无积极政策消除，又无消极政策救济，则失业人非当兵即为匪，中国近数十年来兵匪之数冠绝全球，

---

① 马君武：《失业人及贫民救济政策》，商务印书馆，1925，第 6 页。

社会扰乱日甚一日，原因就在这里。① 如何解决失业问题？马君武认为，政府应该实施救贫行政。救贫行政分为贫民救济和贫民警察两大事项，前者包括一切救护贫民的事情，后者乃保护公众使之不受贫民之累（如贫民乞讨扰民等）。实施救贫行政，先要制定救贫方面的法规，法规应能回答"何人应受救助""何人应负救助义务"以及"此救助义务之范围及内容如何"三个问题。马君武把救贫概括为三类，即公共救贫、教会救贫和私人救贫。此外他还探讨了救贫的原则和具体做法。总体来看，马君武强调依法救济。他的这种思想，在 20 世纪 20 年代的中国，确实是一阵难得的新风。

顾诗灵是民国时期的左翼作家，也是一位关注中国社会问题的严肃学者。民国时期，他在上海群众图书公司出版过《中国的贫穷与农民问题》。他指出："今的国是，任牠有多少问题要解决，当以解决农民问题为先决问题。"② 在顾诗灵看来，中国农民之所以贫穷，问题出在农业。按照顾诗灵的说法，中国的贫病，"病在农民"。"农民的数目这般众多，而农田这般寡少，是农民经济的无法解决。农民教育的没有敷施，不能应用科学方法去从事耕作，以增进农业产物，更使农民经济，陷于枯竭而没有办法。因农民经济的愈陷于紊乱，而农业劳动的问题，也愈现纠纷，使国本更陷于动摇。而且农村社会，又是这般的不堪，使农民健康，与农民治安等，亦无法保障。凡此种种，都是目前急须（原文如此——引者注）解决的问题。"③ 基于此，顾诗灵认为要解决农民贫穷问题，需要从中国的农民政策及其实施入手，即当局应该制定适合中国社会实际的教育政策、移植政策、林牧渔盐政策、丝茶与养蜂政策、金融政策、治水政策、科学政策、土地与农业劳动政策，同时还要贯彻落实，即开展农业统计与农村调查，建立农业新村。④ 显然，顾诗灵是把中国农民贫穷问题当成系统工程来看的，他实际上提出了一整套解决中国农民贫穷问题的系统性的措施。他的贫困治理措施，与我们改革开放后倡导的扶贫开发极为相似。

① 参见马君武《失业人及贫民救济政策》，商务印书馆，1925，第 6～7 页。
② 顾诗灵：《中国的贫穷与农民问题》，上海群众图书公司，民国时期，第 17～18 页。该著作没有标明出版年月，但是属于民国时期的学术著作则是肯定的。该书被全国图书馆文献缩微复制中心收入《民国时期贫穷与社会救济问题丛编》第 1 册。
③ 顾诗灵：《中国的贫穷与农民问题》，上海群众图书公司，民国时期，第 111 页。
④ 顾诗灵：《中国的贫穷与农民问题》，上海群众图书公司，民国时期，第 111～142 页。

上述中国古代至民国时期的贫困治理思想，仅仅是其中较为具有代表性的部分，而远不是全部。诚然，中国古代直至民国时期，似乎也没有哪位思想家、政治家或其他人士说自己的思想就是我们现在所说的贫困治理思想。而且，中国古代直至民国时期是中国奴隶社会、封建社会和半殖民地半封建社会时期，中国的这个漫长的历史时期都实行私有制。客观上说，统治阶级的"仁政"对于广大劳动人民来说都是好事，至少可以让他们被压迫剥削得相对轻一些。但在中国社会，"大同"社会的理想自古以来就一直植根在中国人的骨髓里，这就不可避免地会有一些仁人志士出来鼓与呼，希望能使"大同"社会的理想变成现实。中国历代政治家、思想家和其他仁人志士，不断提出有利于国计民生的光辉思想，这在某种程度上说，也是"大同"社会理想的必然产物。

第四节　西方近代以来的贫困治理思想

近代以来，西方资本主义盛行。资本主义在财富积累方面取得了巨大成绩，但同时，社会不公也不断积累，无产阶级贫困化成为资本主义社会的一种规律和无法解决的病症。出于维护自身统治的考虑，有的资本主义国家出台了济贫法，对极端贫困人口给予某种物质帮助和接济，以满足他们的最低生活需求。不可否认，资本主义自产生以来制造了罄竹难书的罪恶。但是西方不少经济学家对资本主张采取放任的态度，不仅如此，他们甚至反对政府济贫法。西方资本主义国家在贫困治理方面最主要的是考虑怎么去"托底"，即避免贫困人口的生活继续往下滑，而不是"提升"，即在"托底"的基础上考虑如何进一步改善和提高他们的生活水平。西方近代以来的贫困治理思想，主要是一些着眼于社会保障建设的思想。①

一　近代以来至 19 世纪中期西方的贫困治理思想

西方进入近代后，资本主义迅速发展，资本家在私有制的庇护下制造了大量的贫困和罪恶。这种情况不可避免地会引起一些政治家和学者们的关

---

①　本节第一至第四部分参见丁建定《西方国家社会保障制度史》，高等教育出版社，2010，第 64~102 页。

注。诚然，让广大工人阶级富裕起来，过上与资产阶级一样的体面生活，这不是资产阶级的想法。资产阶级为了不让工人阶级危及他们的统治，也会采取措施缓解工人阶级的贫困。于是一些提倡社会保障的思想应运而生。

英国古典经济学家亚当·斯密认为，社会贫富不均源自社会财富分配的不合理，社会财富的增长要服务于人类幸福的需要，因此需要关注和改善劳动群众的生活状况。英国另一位古典经济学家大卫·李嘉图认为，当人口对生活资料发生压力时，补救的办法是要么减少人口，要么更加迅速地积累资本。他反对济贫法制度，强调贫民应通过个人努力去摆脱贫困。英国近代经济学家和人口学家马尔萨斯认为，人口的过度增长会给社会带来贫困。理由是，生活资料的增长赶不上人口的增长。解决办法是抑制人口增长。他也反对济贫法制度。英国功利主义学说的代表人物穆勒认为，社会财富的增长应该有利于民众得到福利，因此应该实行有效的财富再分配，以实现社会公平，否则，财富的增长没有意义。他认为帮助穷人应注意方式方法。对穷人应实行有限救济，使各种救济以不损害个人自助和自立意识为界限。

18世纪下半期，欧洲出现了圣西门、傅立叶和欧文三位著名的空想社会主义思想家。圣西门认为，政府经常和唯一的职能就是为社会造福，因此，必须解决所有制问题。傅立叶认为，近代工业制度导致贫困人口大量增加，造成集体利益和个人利益冲突，并加剧了分配的不合理。他提出建立劳动协作组织"法郎吉"，以消除工业制度带来的种种弊端和消除贫困。他认为完整的社会保障制度是社会进一步发展的必然阶段。欧文认为私有制是贫困的根源，主张全社会都来关注贫民的福利问题。他系统提出过一种新的社会改革计划，并且身体力行去做试验，结果以失败告终。空想社会主义思想家希望建立起人人平等、自由、幸福的社会，避免人们陷入贫困处境。

二　19世纪末至第二次世界大战结束西方的贫困治理思想

19世纪末20世纪初，西方出现了以施穆勒（G. Schmoller）和桑巴特（W. Sombart）为代表的新历史学派，他们反对暴力革命，主张通过改良过渡到社会主义。施穆勒认为，西方社会的劳资矛盾源于工人缺乏道德，要解决劳资矛盾，就得从提高工人道德水平入手。他们提倡社会改良，主张实施社会立法，促进社会福利事业的发展。

英国激进自由主义的代表人物霍布森（John A. Hobson）和霍布豪斯（Leonard F. Hobhouse）把他们的自由主义称为社会改革的理论。霍布森认为，自由最主要的内容是机会平等，这种机会平等意味着平等使用国家土地、资本和其他工业资源的权利等。他认为，贫困问题加剧的原因有两个，一是人力资源的浪费，二是机会的不公平分配。国家应帮助民众解决贫困等社会问题。为此他提出了以下主张：土地归人民使用，土地所产生的价值归人民所有；公路、铁路、运河归国家公有；国家对信用、保险进行控制；发展充分自由的教育，使所有人都有获取文化知识的权力；在公共法律面前一律平等；国家有权对任何垄断及不平等征税或控制。霍布豪斯强调社会立法与社会福利措施的必要性。他认为在贫困救济问题上，不仅应注意救济穷人，还应该力求使每个人都得到避免贫穷的方法。

1884 年以"费边社"成立为标志，费边社会主义思潮开始兴起。费边社会主义者关注社会问题，如贫困问题、失业问题、工厂法和工资问题、老弱病残和儿童问题等。他们认为，贫困问题是社会不平等和剥削制度带来的，消除贫困的主要办法是把土地所产生的地租以及资本所带来的利润当作公共的或社会的财富用到公共事业上。他们认为，就解决失业的办法而言，对于农村失业者，明智之举是把他们组织起来从事生产劳动；不明智的做法是仅给失业者提供一些救济。对于城市中那些有技术的失业者，应按照他们自己所属的行业就雇于市营工场，对于那些一方面失业一方面又随便拒绝政府机构为其提供的工作机会者，没有必要给他们任何救济。他们认为，工厂法的适应范围应该扩大到所有的企业和工厂，要防止各类血汗劳动制度；必须由国家制定一个最低工资标准，这一最低工资标准必须与工时挂钩，但不能通过工时的延长来兑现最低工资。老弱病残者的一切需要都应该由公共福利来承担；为使所有儿童特别是最贫困儿童能受到充分的教育，国家必须帮助他们顺利接受教育。

新古典学派的代表人物马歇尔（Arthur Marshall）和庇古（Arthur Ceil Pigou）继承了英国古典政治经济学传统。他们关心如何通过市场实现财富的分配而不是经济的增长，认为在资本主义经济制度中只要合理调整生产资源和分配国民收入，就能实现提高整个社会经济福利的目标。他们还主张建立和发展私人保险制度。

20 世纪前期英国著名经济学家凯恩斯（Maynard Keynes）有一个重要理论，即充分就业理论。该理论认为，资本主义社会难以实现充分就业的根本原因不是供给不足，而是社会需求与新投资量不足。因此，他主张扩大社会需求和增加新投资，以实现充分就业。他反对自由放任主义，主张国家干预，认为国家干预是实现消费倾向增强和投资增加的唯一途径，也是避免资本主义经济毁灭的必要条件。

瑞典学派的奠基人之一威克塞尔（Knut Wicksell）认为，控制人口是解决普通民众贫困问题的决定性措施。他主张，由社会规定适当的商品价格和最低工资，以提高穷人和富人的交换能力；通过税收改革和收入再分配，提高无产阶级的福利。瑞典学派另一位代表人物卡塞尔（Gustaf Cassel）认为，只要财富再分配没有成为创造财富的障碍，强制执行社会政策就是实现社会进步和经济增长的重要手段。进入 20 世纪 30 年代后，他不主张对贫困民众实行公共救助。

三 第二次世界大战结束以来西方的贫困治理思想

第二次世界大战结束以后，英国等一些欧洲国家朝着福利国家的目标前进。20 世纪中后期著名的社会民主主义者蒂特马斯（Richard Titmuss）主张实施普遍性的社会保障制度。他认为，私人福利不利于促进社会平等，只有国家福利制度才能解决私人福利带来的问题。瑞典著名理论家古斯塔夫·莫勒（Gustav Moller）认为，国家不仅应该是一个守夜人的国家，而且应该是一个福利国家。他提出了改革瑞典社会保障制度的一系列主张，指出了社会保障制度的发展与社会经济发展的关系。1959 年，德国社会民主党通过《哥德斯堡纲领》，明确提出了自己的福利目标，即福利国家必须为公民的生存提供保障，促进自由社会的发展。1975 年，德国社会民主党提出《八五大纲》，对国家社会保障制度改革和发展目标提出了总体要求，强调维持社会福利国家对人民的保障，特别是对经济上和社会上的弱者的保障。法国社会党与共产党于 1972 年签署了《共同施政纲领》，明确提出了社会保障的发展目标，对工资、最低工资水平、40 小时工作制、休假、退休金、退休年龄、教育制度等提出了明确要求。

社会市场经济理论家、德国政治家艾哈德（Ludwig Erhard）反对高度统制型经济政策，反对国家过分干预经济与社会发展。他倡导经济自由，强调自由竞争的作用和地位，强调经济发展与社会公正的协调。他鼓吹市场经济，认为工作效率的任何提高都应有利于全民福利的提高。他主张集体性福利要有一定限度。为避免集体福利与国家福利的弊端，艾哈德极力倡导个人自助的作用与地位，认为社会保障不等于全民的社会保险，不等于将个人的责任转嫁给任何一个集体。

新自由主义代表人物哈耶克（Friedrich A. von Hayrk）提出了新自由主义社会保障理论。他承认建立完善的社会保障制度的合理性和必要性，反对将收入再分配作为社会保险制度的目标，也反对实行由国家垄断的养老金制度。他将社会保障区分为防止物质匮乏的保障和维持某种生活水平的保障。他认为，社会政策的一个目标就是防止出现赤贫，因此政府和社会必须把适当的社会保障体系建立起来。

美国新自由主义代表人物弗里德曼（Mildun Friedman）坚决支持自由经济，提倡实行竞争性的资本主义经济政策，反对国家对经济生活实施过多干预。他主张帮助贫民，但前提是这种解决贫困问题的方案不阻碍市场发挥正常作用。他认为，社会保险以及公共住房、法定最低工资、公费医疗、特别援助等制度是导致税收提高的主要原因。

20世纪末以来，以英国思想家吉登斯（Anthony Giddens）为代表的中间道路社会保障思想颇引人注目。他既不赞同左派社会保障理论，也不赞同右派社会保障理论，认为前者过分强调国家的责任和作用，相对忽略个人的责任，后者主张尽可能限制国家在社会保障中的作用，充分发挥市场经济的作用。为此吉登斯提出了"无责任即无权利"的社会保障思想，认为不应该把福利国家的改革简单理解为营造一张安全网。他提出了"积极福利"的主张，即要求公民以及政府以外其他机构都应为实现积极福利做贡献。吉登斯的主张对英国新工党政府的社会政策产生了直接影响。英国首相布莱尔（Tony Blair）提出了"第二代福利"的观点，认为这种福利是给人扶持而并不仅仅是施舍，它鼓励地方、公共与私人合作，目的是消除英国中等收入阶层的不安全感和低收入阶层的贫困。吉登斯的中间道路思想也影响了德国和美国的政治家。德国总理施罗德就曾支持和践行中间道路社会保障思想。他主张保持最低福利标准，强调社会保障制度中的个人责任，强调社会公正的重要性。美国总统克林顿就曾宣称他们的政策走的是介于自由放任资本主义和福利国家之间的第三条道路。

第二章　新中国成立以来党和国家领导人
关于贫困和贫困治理的论述

新中国成立以来，党和国家领导人把摆脱贫困作为治国理政的重要工作。党和国家领导人关于贫困和贫困治理的论述主要表现为：贫困不仅仅是指物质贫困，贫困治理包含了改善人民权利状况的丰富内容；贫困治理是党和国家义不容辞的责任；新中国贫困治理是为了巩固政权、改善民生、实现理想。

第一节　贫困不仅仅是指物质贫困

一　关于物质贫困

关于贫困的说法，目前已经有很多种，如物质贫困、信息贫困、教育贫困、能力贫困、权利贫困，等等。"贫困"一词，多是表示人们缺乏某种东西，或者对某种东西的享受不足。

"物质贫困"是我们见到的关于贫困的最常见的说法，通常是指经济收入低。所谓物质贫困，就是指人们在物质享有方面匮乏的状态，这种状态与人的经济收入相关。在一般情况下，我们往往将物质贫困与经济贫困等同起来，认为它们之间没有什么区别。

"信息贫困""教育贫困""能力贫困""权利贫困"等概念，都是由"贫困"概念衍生出来的。"信息贫困"是指人们在信息拥有方面匮乏或不足所导致的贫困；"教育贫困"是指人们在教育方面享受不足或匮乏所导致的贫困；"能力贫困"是指人们因能力缺乏而导致的贫困；"权利贫困"是指人们在权利享有方面不足而导致的贫困。"信息贫困""教育贫困""能力贫困""权利贫困"等概念或多或少都与"权利"相关，因为它们都隐含或包含了权利的因素。

在中国，自遥远的古代一直到清朝晚期，中国人理解贫困，一般就是从物质匮乏这个角度去理解的。但是，中国社会与西方社会不一样。西方的民主思想、法制思想出现早，它们深刻影响了西方社会的历史进程。西方人在理解贫困时，最早也是把贫困定义为物质方面的缺乏。后来，随着时代的发展进步，学术界对贫困的理解也加深了，于是，"能力贫困""权利贫困"这类概念也被提出并进入了学术研究的视野。

解决贫困问题，最基本和最重要的，一定是先解决物质贫困。人们的物质贫困问题解决了，才能更好地去解决其他贫困，如"信息贫困""教育贫困""能力贫困""权利贫困"等。

二　贫困包括物质贫困以外的权利匮乏状态

诚如前文所述，我们一般人在谈到贫困问题时，往往把贫困理解为物质上的享受不足或匮乏，即物质贫困或经济收入低，难以维持起码的生活水准的状态。这样理解当然不能说是错的，因为长期以来人们就是这样定义和理解贫困的。学术界把贫困理解为具有丰富内涵的学术概念，也只是最近四五十年的事情。但是，从新中国社会主义事业初创之际开始，党和国家领导人眼里的贫困就不仅仅是指单纯的物质贫困或经济收入低，除了指物质贫困或经济收入低，还包含了政治、文化、社会等方面权利的缺乏状态，即权利贫困。①

毛泽东在文章、讲话中多次提到过"贫困"这个词，但他并没有就贫困这个概念的内涵进行阐述。不过，广泛阅读和分析毛泽东的著作就会发现，毛泽东虽然并没有具体分析和阐述贫困的含义，但是他所谈到的贫困和贫困问题，在很多情况下都包含"权利"这个因素，而且他所说的贫困或贫困问题，除了包含物质享受不足（即物质贫困），还包含精神、权利等方面的享受不足。例如，1919 年 7 月 14 日，毛泽东在《湘江评论》创刊号上发表《我们饿极了》，文章说："我们关在洞庭湖大门里的青年，实在是饿极了！我们的肚了〈子〉固然是饿，我们的脑筋尤饿！"② 在汉

---

① 关于权利贫困的概念、内涵以及学界对贫困认识的演进，参见文建龙《权利贫困论》，安徽人民出版社，2010。
② 《毛泽东早期文稿》，湖南人民出版社，2008，第 304 页。

语里，"饿"是没有吃和吃不饱的具体表现，即物质贫困的表现。可见，毛泽东从青少年时代起，就没有把贫困仅仅看成物质贫困。也许正是基于上述认识，毛泽东在自己的革命生涯中，非常关注权利和权利贫困问题，他经常将贫困与权利联系在一起谈论贫困问题。1922 年 5 月 1 日，他在湖南《大公报》上发表《更宜注意的问题》，文章指出："请注意到劳工的三件事：一、劳工的生存权，二、劳工的劳动权，三、劳工的劳动全收权。"① 毛泽东这篇文章通篇没有提到"贫困"一词，但里面谈到了工人的吃饭问题、生存问题，这其实就是谈贫困问题。这篇文章暗含的逻辑是工人阶级由于仅有"自己恃以得食""资本家又恃以获利的唯一东西的'劳力'"②，除此以外没有任何生产资料，他们只有靠自己的劳力才能生存，这样，那些 18 岁以下和 60 岁以上"不能卖力"的小孩和老人就会因贫困而无法生存，因此大家必须注意并争取劳工的生存权、劳动权和劳动全收权。这就告诉我们，要解决工人阶级的贫困问题，需要从解决他们的权利问题入手。显然，在毛泽东看来，只有解决了工人阶级的权利缺乏（即权利贫困）问题，才能使之摆脱因贫困而无法生存的状态，过上体面的有尊严的生活。1930 年 5 月，毛泽东在《寻乌调查》中说："不够食的叫做贫农（不够食的原因是受剥削，那不待说）。"③ 这里的意思是，那些没有足够食物维持生存和生活的人就是贫农，造成这种情况的原因在于他们处于受剥削的地位。所谓受剥削，其实是一种权利被剥夺或缺乏的状态。当农民缺乏土地等生产资料，自然就会陷入受剥削的境地。农民缺乏土地等生产资料，实质上是一种缺乏经济权利的状态，属于经济权利贫困，也属于政治权利贫困——农民因为政治上没有地位（即缺乏政治权利），所以在经济上受剥削。类似的将贫困与权利联系在一起的例子，在毛泽东的著作中还有不少。例如，1939 年 12 月，毛泽东说："由于帝国主义和封建主义的双重压迫，特别是由于日本帝国主义的大举进攻，中国的广大人民，尤其是农民，日益贫困化以至大批地破产，他们过着饥寒交迫的和毫无政治权利的生活。中国人民的贫困和不自由的程度，是世界所

---

① 《毛泽东文集》第 1 卷，人民出版社，1993，第 8 页。
② 《毛泽东文集》第 1 卷，人民出版社，1993，第 8 页。
③ 《毛泽东文集》第 1 卷，人民出版社，1993，第 199 页。

少见的。"① 这里就是将中国人民特别是农民的贫困与政治权利联系起来谈的。值得指出的是，毛泽东这种将贫困与权利联系在一起谈论中国的贫困问题或民生问题的做法是一贯的，这反映了他在贫困问题上的深刻见解。1955 年 10 月 27 日，毛泽东同工商业界代表谈话，说将来中国人民要共同富裕起来，地主"在全国总共三千万人，以后要同大家一起共同富裕起来""将来农民的生活要超过现在的富农。资本家如果将来饿肚子，这个制度就不好""因此生活福利都要逐步提高"②。毛泽东在这里谈共同富裕问题，实质上也是谈摆脱贫困的问题。针对工商界代表中一些人的疑虑，毛泽东强调："要逐行逐业安排好。"③ 在这里，毛泽东强调通过制度建设来保障中国人民实现共同富裕，而"制度作为经济学和政治学上的一个重要范畴，与权利有着天然的联系"④。可见，毛泽东在谈通过制度保障去实现中国人民的共同富裕时，其实是指通过对权利享有方面的制度规定去实现共同富裕。因此，他这里也是把贫困与权利联系在一起的。

党的十一届三中全会后，邓小平反复谈到中国的贫困问题和实现共同富裕的问题。从他关于中国贫困问题和实现共同富裕的论述来看，贫困不仅包含了物质贫困，也包含了权利贫困。例如，1983 年邓小平说到 20 世纪末人均国民生产总值实现翻两番，要有全盘的更具体的规划、做到心中有数时，他举苏州的例子，从六个方面说明了人均工农业总产值接近 800 美元后的社会面貌和发展前景："第一，人民的吃穿用问题解决了，基本生活有了保障；第二，住房问题解决了，人均达到二十平方米，因为土地不足，向空中发展，小城镇和农村盖二三层楼房的已经不少；第三，就业问题解决了，城镇基本上没有待业劳动者了；第四，人不再外流了，农村的人想往大城市跑的情况已经改变；第五，中小学教育普及了，教育、文化、体育和其他公共福利事业有能力自己安排了；第六，人们的精神面貌变化了，犯罪行为大大减少。"⑤ 可以看出，这里所说的贫困不仅仅是物质贫困，还包括了住房权利、就业权利、享受文化教育福利的权利以及精

---

① 《毛泽东选集》第 2 卷，人民出版社，1991，第 631 页。
② 《毛泽东文集》第 6 卷，人民出版社，1999，第 490 页。
③ 《毛泽东文集》第 6 卷，人民出版社，1999，第 490 页。
④ 文建龙：《权利贫困论》，安徽人民出版社，2010，第 60 页。
⑤ 《邓小平年谱（1975—1997）》下，中央文献出版社，2004，第 892 页。

神生活等方面的权利短缺状态。

江泽民把解决贫困问题与建立和完善社会保障体系联系起来。1989年，他在《求是》杂志上发文指出："从长远看，解决社会分配不公问题，还要逐步建立富有弹性的就业制度，使劳动者在竞争中获得大致均等的机遇。与此相适应，必须建立和完善社会保障体系。"[①] 贫困不仅仅意味着物质享受的缺乏，还意味着就业机会的不平等，因此要建立和完善社会保障体系，以避免人们陷入权利贫困的境地。1997年1月29日，江泽民指出："物质贫乏不是社会主义，精神空虚也不是社会主义。社会主义不仅要使人民物质生活丰富，而且要使人民精神生活充实。"[②] 也就是说，贫困不仅仅包括了物质贫困，还包括了精神贫困；而精神贫困其实就内在地包含了文化、教育等方面的权利贫困。

胡锦涛反复强调民生问题，对如何构建社会主义和谐社会进行了深刻论述。胡锦涛认为，构建社会主义和谐社会，就必须大力发展生产力，采取多种途径开展贫困治理工作。2003年7月28日，胡锦涛指出："没有农民的小康就没有全国人民的小康，没有农村的现代化就没有全国的现代化。"[③] 也就是说，在中国，解决农民的贫困问题，是建设小康社会和实现国家现代化的前提。那么如何解决农民的贫困问题呢？胡锦涛认为，"要加大对农业的支持和保护力度，增加对农业和农村的投入，逐步形成国家支农资金稳定增长的机制，加大农业基础设施建设力度，建立健全农村社会化服务体系和支持保护体系。"[④] 对此，他还提出了具体的做法，这些做法包括"要继续加强扶贫开发工作""要加强农村教育、科技、文化和卫生等事业建设""要把改善农民群众的生产生活条件，提高他们的生活水平作为一件大事来抓""要继续组织文化、科技、卫生'三下乡'""逐步建立对种粮农民生产直接补贴的机制""要做好进城农民工的服务和管理工作，继续清理对农民工的歧视性政策和各种乱收费，维护农民工的合法权益"[⑤] 等。2004年9月19日，胡锦涛指出："维护和实现社会公

---

① 《江泽民文选》第1卷，人民出版社，2006，第55页。
② 《江泽民文选》第1卷，人民出版社，2006，第621页。
③ 《胡锦涛文选》第2卷，人民出版社，2016，第168页。
④ 《改革开放三十年重要文献选编》下，中央文献出版社，2008，第1332页。
⑤ 《改革开放三十年重要文献选编》下，中央文献出版社，2008，第1332~1333页。

平，涉及最广大人民的根本利益，是我们党坚持立党为公、执政为民的必然要求，也是我国社会主义制度的本质要求。""维护和实现社会公平，不仅涉及收入分配、利益调节等经济问题，而且涉及公民权利保障、政府施政、司法公正等政治、社会问题。"① 正是由于没有把贫困仅仅看成物质贫困，胡锦涛主张从保证公民权利等方面的公平入手治理贫困。

习近平总书记一直非常重视扶贫开发工作，对贫困治理有着深刻的认识。党的十八大以来，习近平总书记非常关注贫困问题，对国家的扶贫开发和脱贫攻坚有过很多重要论述。2013 年 3 月 17 日，习近平总书记指出：党和人民政府要"保证人民平等参与、平等发展权利，维护社会公平正义，在学有所教、劳有所得、病有所医、老有所养、住有所居上持续取得新进展"，"使发展成果更多更公平惠及全体人民"②。显然，这里所说的贫困不仅仅是指吃不饱穿不暖，也指人们在各种权利方面的享受不足。

综上所述，党和国家领导人眼中的贫困，不仅仅包括人民群众的物质贫困，还包括他们在政治权利、经济权利、文化教育权利等方面享受不足的状态。

贫困治理是需要持续不断推进的崇高事业。在新中国成立前夕，毛泽东指出，中国政府"将领导全国人民克服一切困难，进行大规模的经济建设和文化建设，扫除旧中国所留下来的贫困和愚昧，逐步地改善人民的物质生活和提高人民的文化生活"③。这就告诉我们，新中国贫困治理既有经济建设方面的内容，也有文化建设方面的内容，既有改善人民物质生活的目的，又有改善人民文化生活的目的。毛泽东认为，贫困治理的目标是实现共同富裕。1955 年 10 月 29 日，他又指出："我们的目标是要使我国比现在大为发展，大为富、大为强。""而这个富，是共同的富，这个强，是共同的强，大家都有份，也包括地主阶级。"④ 很明显，毛泽东所说的共同富裕是既包括了"富"又包括了"强"的共同富裕，即富强基础上的共同富裕。富强基础上的共同富裕不仅包含了人们物质生活的富裕，而且必然包括人们在政治、文化、社会等领域里各种权利的充分享有。一个

---

① 《十六大以来重要文献选编》中，中央文献出版社，2006，第 314~315 页。
② 《十八大以来重要文献选编》上，中央文献出版社，2014，第 236 页。
③ 《毛泽东文集》第 5 卷，人民出版社，1996，第 348 页。
④ 《毛泽东文集》第 6 卷，人民出版社，1999，第 495 页。

国家的富裕要以这个国家民众的物质生活富裕为基础，而它的强大则不能仅仅以民众的物质生活富裕为标志，还应该切实保障民众在政治、经济、文化、社会等方面的各种应得权利——只有民众的物质生活富裕了，而且他们在政治、经济、文化、社会等方面的各种应得权利都有保障了，国家的工业、农业、国防、科学技术等都强大起来了，这个国家才称得上真正富强。

在如何建设社会主义国家这个问题上，邓小平、江泽民、胡锦涛、习近平都强调把中国建设成为一个富强的社会主义国家。正因为如此，他们都高度重视国家的贫困治理工作。

1979 年 11 月 26 日，邓小平在会见外宾时指出："我们革命的目的就是解放生产力，发展生产力。离开了生产力的发展、国家的富强、人民生活的改善，革命就是空的。"① 这就告诉我们，贫困治理不仅仅指改善人民的物质生活，还包括改善文化生活等丰富内容。否则，国家是无论如何也不可能实现富强的目标的。同年 12 月 6 日，邓小平在会见日本首相大平正芳时指出：中国到 20 世纪末"要实现的四个现代化，是中国式的四个现代化""中国到那时也还是一个小康的状态"②。这里所说的小康，是指从经济地位、政治地位和社会文化地位上看，中国人民均居于现阶段社会的中间水平的生活状态。

1991 年 7 月 1 日，江泽民指出："当代中国共产党人的庄严使命是：坚持党的基本路线，团结和带领全国各族人民，沿着建设有中国特色的社会主义的道路，自力更生，艰苦创业，把我国建设成为富强、民主、文明的社会主义现代化国家。"③ 这里所说的把中国建设成为富强、民主、文明的社会主义现代化国家，也是中国贫困治理的目标。1996 年 9 月 23 日，他又指出："我们搞社会主义，是要解放和发展生产力，消灭剥削和贫穷，最终实现全体人民共同富裕。贫穷不是社会主义。一部分人富起来、一部分人长期贫困，也不是社会主义。"④ "实现全体人民共同富裕"不仅仅是指解决全体人民物质生活问题，还包括了全体人民政治、经济、文化、社

---

① 《邓小平文选》第 2 卷，人民出版社，1994，第 231 页。
② 《邓小平文选》第 2 卷，人民出版社，1994，第 237 页。
③ 《江泽民文选》第 1 卷，人民出版社，2006，第 151 页。
④ 《江泽民文选》第 1 卷，人民出版社，2006，第 548 ~ 549 页。

会等各方面权利的充分享有的问题。江泽民在党的十五大报告中指出，党和人民政府要"在改善物质生活的同时，充实精神生活，美化生活环境，提高生活质量。特别要改善居住、卫生、交通和通信条件，扩大服务性消费。逐步增加公共设施和社会福利设施。提高教育和医疗保健水平。实行保障城镇困难居民基本生活的政策。国家从多方面采取措施，加大扶贫攻坚力度，到本世纪末基本解决农村贫困人口的温饱问题"①。这段话不仅包含了贫困治理的做法，也包含了贫困治理的目标。

胡锦涛对构建社会主义和谐社会有着极为深刻的论述。他的这些论述本质上也是关于中国贫困治理的论述。例如，2005 年 3 月 6 日，胡锦涛指出，构建社会主义和谐社会"切实维护和实现社会公平和正义，依法逐步建立以权利公平、机会公平、规则公平、分配公平为主要内容的社会公平保障体系，逐步做到保证社会成员都能够接受教育，都能够进行劳动创造，都能够平等地参与市场竞争、参与社会生活，都能够依靠法律和制度来维护自己的正当权益"②。这里强调的"权利公平""机会公平""规则公平""分配公平"等概念，也说明构建社会主义和谐社会，必须解决各种权利不公的问题。

党的十八大以来，习近平在国内国际多个场合论述和阐述过中国梦。2013 年 3 月 23 日，他在莫斯科国际关系学院发表演讲时指出，中国梦的"基本内涵是实现国家富强、民族振兴、人民幸福"③。2015 年 9 月 22 日，习近平在华盛顿州当地政府和美国友好团体联合欢迎宴会上发表演讲时指出："中国梦是人民的梦，必须同中国人民对美好生活的向往结合起来才能取得成功。"④ 2016 年 7 月 1 日，在庆祝中国共产党成立 95 周年大会上，习近平指出，党和人民政府要"保证人民平等参与、平等发展权利，使改革发展成果更多更公平惠及全体人民，朝着实现全体人民共同富裕的目标稳步迈进"⑤。"保证人民平等参与、平等发展权利"也是为了解决权利不公平的问题。

---

① 《十五大以来重要文献选编》上，人民出版社，2000，第 29～30 页。
② 《十六大以来重要文献选编》中，中央文献出版社，2006，第 712 页。
③ 《十八大以来重要文献选编》上，中央文献出版社，2014，第 261 页。
④ 《习近平谈治国理政》第 2 卷，外文出版社，2017，第 30 页。
⑤ 《习近平谈治国理政》第 2 卷，外文出版社，2017，第 40 页。

第二节　贫困治理是党和国家义不容辞的责任

中国共产党崇高的理想信念、中国共产党全心全意为人民服务的根本宗旨以及中国最广大人民群众要求脱贫致富的迫切愿望，决定了党和国家必须把贫困治理工作担负起来。让中国广大劳动人民过上富足、幸福、美满的生活，是党和国家义不容辞的责任。

一　贫困治理是中国共产党理想信念的必然要求

中国共产党信仰马克思主义，以马克思主义为指导，以实现共产主义为自己的崇高理想，并且坚信共产主义社会一定能实现。

党的二大提出，党的最低纲领，即党在民主革命阶段的纲领是消除内乱，打倒军阀，建立国内和平；推翻国际帝国主义的压迫，达到中华民族完全独立；统一中国为真正的民主共和国。党的最高纲领是在最低纲领实现之后，建立劳农专政的政治，铲除私有财产制度，渐次达到共产主义。经过 28 年艰苦卓绝的奋斗，新中国成立了。到 1956 年底，随着社会主义三大改造①基本完成，中国进入了社会主义初级阶段。

社会主义初级阶段是社会主义的不发达阶段。具体来说，在这个阶段，国家虽然建立起了以生产资料公有制为基础的社会制度，但是生产力不发达，生产力水平比较低，科技、文化、教育等各项事业不够发达，人民生活水平比较低。跟世界其他国家相比，中国在很多方面处于相对落后的状态。因此，处在社会主义初级阶段的中国，不可避免地要受到贫困的困扰。也正因为如此，党和国家面临着贫困治理这样的重大任务。

中国共产党必须开展贫困治理事业，这是中国共产党理想信念的必然要求。中国共产党的理想信念，决定了它的奋斗目标远大而崇高——建立社会主义国家，最终实现共产主义。社会主义制度是比资本主义制度更具有优越性的社会制度，社会主义社会应该是比资本主义社会富裕和幸福的社会状态。从理论上来说，社会主义社会应该是生产力发达、物质财富丰富、精神文明发达、人民安居乐业、自由平等幸福的美好社会，而不是贫穷落后的社会。

---

① 即中国共产党领导的对农业、手工业和资本主义工商业的社会主义改造。

由于中国社会主义社会脱胎于半殖民地半封建社会，因此不可避免地留有半殖民地半封建社会的旧痕迹，新中国成立之初，甚至在以后相当长的初级阶段，都不可避免地要面临贫困问题。这与中国共产党的理想信念相冲突，因此中国共产党必须在全中国消灭贫困。可见，治理贫困是中国共产党的伟大事业，是实现崇高理想信念的必然要求。

二　贫困治理是中国共产党根本宗旨的必然要求

作为马克思主义政党，中国共产党区别于任何其他形形色色的政党的地方在于，中国共产党强调全心全意为人民服务，并且把全心全意为人民服务规定为自己的根本宗旨。坚持全心全意为人民服务，意味着中国共产党没有自己的任何私利；意味着中国共产党和广大党员只是人民的公仆，人民的勤务员；意味着中国共产党要坚持和做到立党为公执政为民，全心全意为人民谋福利。

中国共产党选择马克思主义，选择社会主义，就意味着选择了人民，选择了人民利益。社会主义社会不能贫穷，也不应该贫穷，但是社会主义国家的起点有可能很低，因此中国共产党必须开展贫困治理事业。

中国共产党全心全意为人民服务的根本宗旨，决定了党和国家必须开展贫困治理工作。贫困问题事关人民群众的生活和幸福，中国共产党必须把贫困治理这种事关国计民生、事关人民幸福的事情做好。

三　贫困治理是中国最广大人民群众的迫切愿望

得民心者得天下，中国古人早就明白这个道理。中国共产党是中华优秀传统文化的继承者和弘扬者，它在领导全国各族人民开展新民主主义革命、从事社会主义建设、推动社会主义改革开放事业的伟大实践中，体会和感受过民心的分量。正是靠着赢得民心，中国共产党才有了今天的地位和成就。中国共产党一路走来，靠的就是得民心。得民心的前提是顺应民心，所谓顺应民心，简而言之，其实就是满足人民群众的愿望。中国共产党就是靠满足人民群众的愿望而赢得他们的坚定拥护和支持的。正是靠着人民群众的坚定拥护和支持，中国共产党才会战无不胜，创造了一个又一个人间奇迹，推动了中国历史和人类历史的进步。

要求摆脱贫困，要求尽快过上富裕、幸福的生活，这是中国最广大人民群众的基本愿望，也是最迫切的愿望。这就需要中国共产党开展贫困治理工作。人民群众的事情就是中国共产党的事情；人民群众的事业就是中国共产党的事业；人民群众的愿望就是中国共产党奋斗的方向和目标。

第三节   新中国贫困治理是为了巩固政权、改善民生、实现理想

新中国成立伊始，贫困治理工作就有针对性地开展起来了。那么，新中国贫困治理的目的是什么呢？对于这个问题，可以从多个角度去考察和归纳。笔者认为，主要有三大目的：巩固政权、改善民生、实现理想。

一   巩固政权

新中国建立起来的政权是中国共产党领导下的人民政权，它是中国共产党和广大人民群众的"命根子"。新中国政权是中国共产党领导全国各族人民长期浴血奋战的结果，是千千万万党员干部和革命群众用生命和鲜血换来的。对中国共产党来说，巩固千辛万苦建立起来的人民政权，是不可须臾忽视的重大问题。从本质意义上说，巩固人民政权，是中国共产党前进和发展道路上最大的政治。毛泽东曾深刻指出："世界上一切革命斗争都是为着夺取政权，巩固政权。"①

中国共产党在经历血与火的严峻考验和不断发展壮大的过程中，对政权问题重要性的认识越来越清晰，越来越深刻，也越来越坚定。早在1921年7月，《中国共产党第一个纲领》就指出，中国共产党"承认无产阶级专政，直到阶级斗争结束，即直到消灭社会的阶级区分"②。这说明，建立人民政权是中国共产党自成立伊始就拥有的坚定不移的想法和愿望。

大革命失败后，中国进入土地革命战争时期。以毛泽东同志为主要代表的中国共产党人积极探索中国革命的道路，他们建立农村革命根据地，积极开展无产阶级革命政权建设，不断把中国革命从黑暗现实中引向光明

---

① 《建党以来重要文献选编（1921—1949）》第10册，中央文献出版社，2011，第501页。
② 《建党以来重要文献选编（1921—1949）》第1册，中央文献出版社，2011，第1页。

的未来。列宁曾深刻指出："一切革命的根本问题是国家政权问题。不弄清这个问题，便谈不上自觉地参加革命，更不用说领导革命。"[①] 中国共产党在大革命挫折中，加深了对革命政权重要性的认识。大革命失败后，中国共产党建立了苏维埃政权。1927 年 11 月，广东海陆丰地区第一次飘起了中国苏维埃的旗帜。[②] 同月下旬，进驻茶陵的工农革命军按照毛泽东的意见，成立了湘赣边界第一个红色政权——茶陵县工农兵政府。[③] 自此至 1930 年的几年里，红色革命根据地在湘赣、赣南闽西、湘鄂赣、赣东北、鄂豫皖、湘鄂西、左右江、东江、琼崖等地纷纷建立起来。1931 年 11 月，中华苏维埃共和国临时中央政府宣告成立。上述苏维埃政权都是为人民谋利益的人民政权，中华苏维埃共和国则是新中国的雏形。中华苏维埃第一次全国代表大会通过的《中华苏维埃共和国宪法大纲》明确规定："中国苏维埃政权所建设的是工人和农民的民主专政的国家。苏维埃全政权是属于工人、农民、红军兵士及一切劳苦民众的。"[④] "中国苏维埃政权以保障工农利益，限制资本主义的发展，更使劳苦群众脱离资本主义的剥削，走向社会主义制度去为目的。" "采取一切有利于工农群众并为工农群众了解的走向社会主义去的经济政策。"[⑤] 从这些表述可以看出，中国共产党成立的苏维埃政权是完完全全的人民政权，它与中国数千年来的封建政权以及当时以维护大地主大资本家利益的国民党政权有本质区别。

进入土地革命战争时期，中国共产党领导人重视人民政权建设。毛泽东等党和国家领导人对苏维埃政权进行了深刻阐述，指导了当时革命根据地的政权建设实践。毛泽东指出"工农民主专政的苏维埃，他是民众自己的政权，他直接依靠于民众。他与民众的关系必须保持最高程度的密切，然后才能发挥他的作用"，[⑥] "而他表现出来的只是最宽泛的民主主义"。[⑦]

在全面抗日战争时期和人民解放战争时期，中国共产党根据时代发展的需要，不断加强人民政权建设。在全面抗日战争时期，中国共产党探索

---

① 《列宁全集》第 29 卷，人民出版社，2017，第 131 页。
② 张静如主编《中国共产党思想史》，青岛出版社，1991，第 153 页。
③ 《毛泽东年谱（1893—1949）》上，中央文献出版社，1993，第 224～225 页。
④ 《建党以来重要文献选编（1921—1949）》第 8 册，中央文献出版社，2011，第 649～650 页。
⑤ 《建党以来重要文献选编（1921—1949）》第 8 册，中央文献出版社，2011，第 651 页。
⑥ 《建党以来重要文献选编（1921—1949）》第 11 册，中央文献出版社，2011，第 102 页。
⑦ 《建党以来重要文献选编（1921—1949）》第 11 册，中央文献出版社，2011，第 102 页。

并建立了"三三制"民主统一战线政权，很好地团结了社会各界抗日力量，对中国最终取得抗日战争的伟大胜利起了积极作用。进入解放战争时期，中国共产党主张人民政权机关"像晋冀鲁豫这样大范围的政权机关不应只是代表农民的，它是应当代表一切劳动群众（工人、农民、独立工商业者、自由职业者及脑力劳动的知识分子）及中产阶级（小资产阶级、中等资产阶级、开明绅士）的，而以劳动群众为主体"①。这里的意思是说，中国共产党领导的人民政权应该代表最广大人民群众的根本利益。

1949 年 10 月 1 日新中国成立，中国政府开始了贫困治理活动。新中国开展贫困治理，毫无疑问是有着巩固新生政权的重要目的的。1950 年 4 月 26 日，董必武指出，新中国的福利救济事业"是政府和人民同心协力医治战争创伤并进行和平建设一系列工作中的一个组成部分"②。他的这个说法就包含了巩固人民政权的目的。中国共产党在长期的革命实践中清醒地认识到，巩固政权不能只靠枪杆子，更重要的是要把人民的利益放在第一位，做到一切为了人民。中国共产党正是这样做的。早在 1949 年 10 月 24 日，毛泽东在同绥远负责人的谈话中就强调"部队要组织生产，生产也是作战"③。他要求部队生产，原因在于当时的财政非常困难，不仅广大人民群众处于贫困之中，就连部队战士和政府机关工作人员吃饭都有困难。所以他主张"政府工作人员可以在业余时间搞生产，每天劳动一二个小时，主要是种菜、养猪"④。他还对绥远的负责同志说："国民党的一千万党、政、军人员我们也要包起来，包括绥远的在内，特务也要管好，使所有的人都有出路。"⑤"特务也要给饭吃。"⑥ 客观地说，毛泽东的这些主张，其实也是一种针对国内现实状况的贫困治理思想，这些主张得到贯彻落实的过程，就是贫困治理的过程。新中国成立之初所开展的土地改革、生产救灾、社会救济、安置旧政权遗留人员等工作就是党领导下的贫困治理工作，都有着巩固人民政权的重要目的。

改革开放以来，邓小平、江泽民、胡锦涛、习近平高度重视贫困治理

① 《毛泽东文集》第 5 卷，人民出版社，1996，第 33 页。
② 中南军政委员会民政部编《民政工作手册》第 1 辑，中南人民出版社，1951，第 199 页。
③ 《毛泽东文集》第 6 卷，人民出版社，1999，第 10 页。
④ 《毛泽东文集》第 6 卷，人民出版社，1999，第 10 页。
⑤ 《毛泽东文集》第 6 卷，人民出版社，1999，第 14 页。
⑥ 《毛泽东文集》第 6 卷，人民出版社，1999，第 13 页。

问题，还时常将贫困治理与人民政权的巩固问题联系起来考虑。1978年9月18日，邓小平在听取中共鞍山市委负责同志汇报时说："发展经济工人要增加收入，这样反过来才能促进经济发展。农业也是一样，增加农民收入，反过来也会刺激农业发展，巩固工农联盟。社会主义要表现出它的优越性，哪能像现在这样，搞了二十多年还这么穷，那要社会主义干什么？"① 也就是说，如果不摆脱贫困，中国的工农联盟政权就得不到巩固，社会主义事业和社会主义形象会受到损害。1996年9月23日，江泽民指出："加快贫困地区发展步伐，不仅是一个经济问题，而且是关系到国家长治久安的政治问题。"② 如果不能让贫困地区的人民群众脱贫致富，国家政权就是不稳固的。这就告诉我们，中国的贫困治理有着巩固人民政权的重要作用和目的。2003年7月1日，胡锦涛在"三个代表"重要思想理论研讨班上指出："要时刻把群众安危冷暖挂在心上，对群众生产生活面临的这样那样的困难，特别是对下岗职工、农村贫困人口、城市贫困居民等困难群众遇到的实际问题，一定要带着深厚感情帮助解决，切实把中央为他们脱贫解困的各项政策措施落到实处。"③ 群众利益、群众的贫困问题，即使再小也都是中国共产党和广大党员干部必须做好的分内的事情。同年7月28日，他又强调："没有农民的小康就没有全国人民的小康，没有农村的现代化就没有全国的现代化。""要继续加强扶贫开发工作，提高扶贫开发成效，加快贫困地区脱贫步伐。"④ 2005年2月19日，他指出："构建社会主义和谐社会，关系到最广大人民根本利益，关系到巩固党执政的社会基础、实现党执政的历史任务，关系到全面建设小康社会全局，关系到党的事业兴旺发达和国家长治久安。"⑤ 可见，贫困治理与国家的长治久安和巩固人民政权联系紧密。胡锦涛的发展民生事业、全面建设小康社会、构建社会主义和谐社会等相关论述，无不涉及贫困治理和国家长治久安的主旨。2012年11月15日，习近平指出，十八届中央委员会和中央领导集体的责任"是要团结带领全党全国各族人民，继续解放

---

① 《邓小平文选》第2卷，人民出版社，1994，第130页。
② 《江泽民文选》第1卷，人民出版社，2006，第550页。
③ 《胡锦涛文选》第2卷，人民出版社，2016，第58页。
④ 《胡锦涛文选》第2卷，人民出版社，2016，第68页。
⑤ 《胡锦涛文选》第2卷，人民出版社，2016，第278页。

思想，坚持改革开放，不断解放和发展社会生产力，努力解决群众的生产生活困难，坚定不移走共同富裕的道路"①。这就意味着中国要坚定不移地治理贫困，不断解决人民群众的生产生活困难，直到实现全体中国人民共同富裕。2013 年 11 月 12 日，他又指出："全面深化改革必须以促进社会公平正义、增进人民福祉为出发点和落脚点。"② 这意味着党和国家必须加大力度开展贫困治理。

综上所述，我们可以清楚地看出，在党和国家领导人看来，贫困治理是与人民政权的巩固、国家的长治久安等重大问题紧密地联系在一起的；巩固政权是中国共产党开展贫困治理的重要目的。

二　改善民生

除了巩固人民政权，改善民生也是新中国贫困治理的重要目的。中国共产党作为新中国的执政者，与中国历史上任何执政者都不一样，它代表的是最广大人民群众的根本利益，它要实现和维护社会主义公有制，要实现社会公平正义，实现共同富裕，最后实现没有剥削压迫的共产主义。因此，持续不断地改善民生是中国共产党的又一个重要目的。而持续不断地改善民生，也就意味着它必须持续不断地开展贫困治理工作。

新中国 70 多年的光辉历程是一部探索社会主义建设的历史，也是一部开展贫困治理和改善民生的历史。仔细考察新中国各个时期的大政方针会发现，新中国所有的大政方针都是围绕实现国家富强的目的展开的。而改善民生，正是新中国富强目标的核心内容之一。早在 1949 年 9 月 29 日，中国人民政治协商会议第一届全体会议通过的共同纲领就明确指出，中华人民共和国"为中国的独立、民主、和平、统一和富强而奋斗"③。9 月 30 日，毛泽东指出，中央人民政府"将领导全国人民克服一切困难，进行大规模的经济建设和文化建设，扫除旧中国所留下来的贫困和愚昧，逐步地改善人民的物质生活和提高人民的文化生活"④。这说明，在新中国成立前夕，中国共产党和即将成立的中央人民政府就已经把治理贫困、

---

① 《习近平谈治国理政》，外文出版社，2014，第 4 页。
② 《十八大以来重要文献选编》上，中央文献出版社，2014，第 552 页。
③ 《建国以来重要文献选编》第 1 册，中央文献出版社，1992，第 2 页。
④ 《毛泽东文集》第 5 卷，人民出版社，1996，第 348 页。

改善民生当作自己的主要任务了。治理贫困和改善民生是紧密联系在一起的：治理贫困的重要目的是改善民生，而改善民生需要通过治理贫困来实现，二者相互依存，相辅相成，共同促进。新中国成立后，党中央在强调国家的建设目标时，都内在地包含了治理贫困、改善民生的重要目标。从某种程度上看，新中国的国家建设目标和治理贫困、改善民生是高度统一的。新中国的建设目标是使国家富强，而开展贫困治理、改善民生，本身就是使国家富强的重要措施。当然，贫困治理本身也是改善民生的重要举措。新中国成立至今，一直都致力于贫困治理和改善民生。

新中国成立伊始，中国共产党为了解决民生问题，做了几件奠基性的工作。首先，建立人民政权，为解决民生问题提供政治基础。1949 年 10 月新中国成立后，中央人民政府颁布《省各界人民代表会议组织通则》《市各界人民代表会议组织通则》《县各界人民代表会议组织通则》《省人民政府组织通则》《市人民政府组织通则》《县人民政府组织通则》以及《农民协会组织通则》《人民法庭组织通则》，用以指导全国各地的省、市、县等各级人民政权的建设工作。截至 1950 年 7 月 17 日，在全国 28 个省（不包括台湾、西藏）、9 个相当于省的行政区中，已召开省各界人民代表会议并代行省人民代表大会职权的有山东、山西等 9 个省，正在筹备召开的有辽西、浙江等 10 个省；全国已有 210 个市、镇、城关召开过各界人民代表会议；全国 2069 个县（不包括旗）中有 1707 个县已召开过县各界人民代表会议。① 各地人民政权的建立，为新中国开展贫困治理工作和民生建设事业提供了政治基础。

其次，大力恢复经济，为解决民生问题提供物质条件。新中国成立之初，国内存在严重的经济困难，人民生活十分困苦。为此，党和人民政府采取了许多有效措施，大力恢复经济。这些措施包括：没收官僚资本、建立国营经济，稳定物价、统一财经，召开党的七届三中全会，确立党在国民经济恢复时期的主要任务，合理调整工商业，积极争取国家财政经济状况基本好转。经过三年多的努力，到 1952 年底，新中国成立前遭到严重破坏的国民经济得到了全面恢复，并有较大发展。1952 年，工农业总产

---

① 谢觉哉：《关于人民民主建政工作报告——中央人民政府内务部谢觉哉部长一九五零年七月十七日在第一届全国民政会议上的报告》，《山东政报》1950 年第 9 期。

值 810 亿元，按可比价格计算，比 1949 年增长 77.6%，平均每年增长 20% 左右。1952 年国民收入比 1949 年增长 69.8%，城乡人民生活普遍得到了改善。①

再次，开展土地改革，极大地解放农村社会生产力。新中国成立时，全国还有 2/3 的地区存在封建土地制度。在大约有 2.9 亿农业人口的华东、中南、西南、西北等新解放区和待解放区，封建土地所有制仍严重束缚着社会生产力的发展。为此，必须开展土地改革，摧毁封建土地所有制。1950 年 6 月，中央人民政府颁布《中华人民共和国土地改革法》，作为在全国新解放区开展土地改革的法律依据。接着，中央人民政府又相继制定和公布实施了一些与《中华人民共和国土地改革法》相配套的法规、政策，如《农民协会组织通则》《人民法庭组织通则》《关于划分农村阶级成分的决定》等。到 1952 年底，除一部分少数民族地区及台湾地区外，广大新解放区的土地改革已经基本完成。连同老解放区，完成土地改革地区的农业人口已占全国农业人口总数的 90% 以上。在整个土地改革中，共没收、征收了约 7 亿亩（约合 4700 万公顷）土地分给了约 3 亿无地和少地的农民。获得经济利益的农民约占农业人口的 60% ~70%。随着土地改革的基本完成，农业生产发展起来，农民收入普遍增加，生活得到了明显改善。土地改革基本完成后的 1953 年，农民净货币收入比 1949 年增长 123.6%，人均净货币收入增长 111.4%。农民的购买力成倍增长，1953 年比 1949 年增长 111%，平均每户消费品购买力增长 1 倍。1953 年同 1950 年相比，农民留用粮食增长 28.2%，其中生活用粮增长 8.6%。②

最后，实行三大改造，为解决民生问题创造制度前提。虽然到 1952 年底中国国民经济得到了全面恢复，但现代工业在工农业总产值中的比重只有 26.6%，而且重工业在工业总产值中的比重仅有 35.5%③。这说明，中国的工业基础特别是重工业基础还十分薄弱。特别是与世界发达国家和很多发展中国家相比，中国还是相当贫穷落后的。无论从中国人的主观愿

---

① 中共中央党史研究室：《中国共产党历史》第二卷（1949—1978）上册，中共党史出版社，2011，第 176 ~178 页。

② 中共中央党史研究室：《中国共产党历史》第二卷（1949—1978）上册，中共党史出版社，2011，第 100 ~101 页。

③ 柳礼泉：《新中国民生 60 年》，湖南大学出版社，2009，第 64 页。

望还是从当时的国际国内形势来看，中国的贫穷落后状况都必须改变。在这种情况下，1953～1956年，中国共产党在过渡时期总路线的指导下，领导和完成了对农业、手工业和资本主义工商业的社会主义改造，实现了把生产资料私有制转变为社会主义公有制，使中国从新民主主义社会跨入了社会主义社会，初步建立起了社会主义的基本制度。从此，中国进入了社会主义初级阶段。

中国共产党上述几件具有奠基意义的工作与贫困治理和改善民生有着密切的联系，同时也为进一步在中国全面开展贫困治理和改善民生工作打下了坚实的基础。

新中国贫困治理，从国家层面上说是为了建设一个伟大的社会主义强国，而它的最终落脚点却是改善民生，让广大人民群众生活得更好。由毛泽东主持制定、中共中央于1953年12月16日通过的《中国共产党中央委员会关于发展农业生产合作社的决议》指出：党在农村中工作的最根本的任务，就是要"使农民能够逐步完全摆脱贫困的状况而取得共同富裕和普遍繁荣的生活"①。此后，毛泽东多次提到并深刻阐述了共同富裕问题。此后，邓小平、江泽民、胡锦涛和习近平都反复提到和论述共同富裕问题，都要求加强国家的贫困治理工作，不断改善民生，期盼真正实现全体中国人民共同富裕。

三　实现理想

新中国贫困治理还有实现中国共产党崇高理想的目的。中国共产党的崇高理想就是其最高理想和最终奋斗目标：实现共产主义。中国共产党成立之初，就提出了实现共产主义的奋斗目标。

共产主义事业是古往今来最伟大、最崇高的事业。它要求解放全人类，要求消灭私有制，让天下劳苦大众都过上没有剥削压迫、人人富足、充满公平正义而又能够实现人的全面发展的美好生活。毫无疑问，中国共产党只有让全体中国人民都过上没有剥削压迫、人人富足、充满公平正义而又能够实现人的全面发展的生活的时候，才能放眼全球，积极推动解放全人类的神圣的共产主义事业。

---

① 《建国以来重要文献选编》第4册，中央文献出版社，1993，第662页。

　　依据马克思的人类解放学说，"人类解放是一个漫长的历史过程。在这个过程中，无产阶级首先要获得政治解放"①。其次，还应该获得经济解放。"经济解放的核心是消除社会层面的异化力量，主要是指使生产方式中的生产力不再是劳动者异己的力量而成为他们能够自觉掌握的力量，生产方式中的生产关系不再表现为物与物的关系而成为人们自己的关系，这最终要求消灭资本主义私有制"，而消灭资本主义私有制"是经济解放最基本的要求"②。只有实现了经济解放，社会所有的等级、阶级才有可能都得到解放，社会才可能因此不再有不同的等级和阶级，即达到了消灭阶级的目的。最后，人类要获得解放，还需要实现文化解放。在一个社会里，如果文化话语权仅仅属于某个阶级或某个阶层，那就谈不上真正意义上的文化解放。唯有文化解放成为现实，才能终结社会阶级之间的矛盾对立，消除文化话语权的垄断问题。显然，人类解放的实现是有条件的，那就是必须做到政治解放、经济解放和文化解放的有机统一。

　　新中国成立以来，中国共产党积极开展物质文明、精神文明、政治文明、社会文明和生态文明建设，不断为人类解放创造有利条件。因为新中国脱胎于半殖民地半封建社会，到新中国成立之时，中国的经济千疮百孔，中国是当时世界上最贫困的国家之一，"1949 年，中国人均国民收入27 美元，不足整个亚洲平均 44 美元的 2/3，不足印度 57 美元的一半"③。这说明，新中国经济建设起点低、基础差，加上中国人口多、底子薄、耕地少等现实国情，这就决定了新中国在经济建设方面存在短板。因此，中国共产党需要在经济方面创造条件，即要为经济解放创造条件。而要为经济解放创造条件，最首要和最基本的是要摆脱贫困。可见，中国共产党开展贫困治理体现了实现崇高理想的目的。

---

① 刘同舫：《马克思的解放哲学》，中山大学出版社，2015，第 35 页。
② 刘同舫：《马克思的解放哲学》，中山大学出版社，2015，第 41 页。
③ 范小建主编《中国农村扶贫开发纲要（2011—2020 年）干部辅导读本》，中国财政经济出版社，2012，第 19 页。

第三章　中国贫困治理的基本原则和主要维度

　　贫困治理是中国共产党领导的一项极为重要的民生事业，贯穿新中国的发展历史。新中国贫困治理有自己的基本原则和主要维度。具体来说，新中国贫困治理有三个基本原则和两个主要维度。三个基本原则是指坚持中国共产党领导的原则、坚持以人民为中心的原则和坚持大力发展社会生产力的原则；两个主要维度是指构建和完善社会保障制度体系的维度和有计划、有组织、大规模实施扶贫开发的维度。

第一节　中国贫困治理的基本原则

　　关于中国贫困治理的原则，可以有不同的归纳，因而就可能有多种不同的表述。但是，不管从什么角度进行归纳，都可以发现中国贫困治理有三个最基本也最重要的原则：坚持中国共产党领导的原则、坚持以人民为中心的原则和大力发展社会生产力的原则。中国共产党领导是新中国一切事业取得胜利的政治保证和前提条件，也是中国贫困治理取得成功的政治保证和前提条件；以人民为中心是中国共产党领导革命和建设事业的立场和态度，这是规范中国革命和建设事业沿着正确方向前进的重要的衡量标尺，中国贫困治理也必须以此为标尺；大力发展社会生产力是党和国家推动新中国各项事业发展的总原则，也是中国贫困治理的基础性原则。

一　坚持中国共产党的领导

　　中国贫困治理是一项涉及中国社会主义事业诸多方面的综合性的民生工程，必须坚持中国共产党的领导。正如 1954 年 9 月 15 日毛泽东在一届全国人大一次会议开幕词中所指出的那样："领导我们事业的核心力量是中国共产党。"① 1957 年 5 月 25 日，毛泽东在中共中央领导人接见中国新民主主义青年团第三次全国代表大会全体代表时指出："中国共产党是全中国人民的领导核心。没有这样一个核心，社会主义事业就不能胜利。"② 在这里，他再一次强调了中国共产党在社会主义事业中的领导核心地位。1962 年 1 月 30 日，毛泽东在扩大的中央工作会议上指出："工、农、商、学、兵、政、党这七个方面，党是领导一切的。党要领导工业、农业、商业、文化教育、军队和政府。"③ 在这里，毛泽东的意思非常明确，中国共产党要领导中国的一切事业。

1980 年 1 月 16 日，邓小平指出："我们坚持四项基本原则，就是坚持社会主义，坚持无产阶级专政，坚持马列主义、毛泽东思想，坚持党的领导，这四个坚持的核心，是坚持党的领导。"④ "四项基本原则"是邓小平于 1979 年 3 月 30 日在党的理论工作务虚会上提出的著名论断。此后，中国共产党反复强调"四项基本原则"对于党和社会主义事业的极端重要性。1987 年 10 月，中国共产党第十三次全国代表大会把"四项基本原则"作为重要内容写进了党在社会主义初级阶段的基本路线。1992 年 10 月 18 日，党的十四大通过新党章，"一个中心、两个基本点"的基本路线正式载入党章。2007 年 10 月 21 日，党的十七大通过的党章对"四项基本原则"的表述是"坚持社会主义道路、坚持人民民主专政、坚持中国共产党的领导、坚持马克思列宁主义毛泽东思想这四项基本原则，是我们的立国之本"⑤。总之，中国共产党把"四项基本原则"作为立国之本。自 1979 年 3 月提出坚持"四项基本原则"之后，邓小平在很多重要场合反复强调了它的重要性。1980 年 1 月 16 日，他指出："这四个坚持的核心，是坚持党的领导。"⑥ 同年 8 月 18 日，邓小平指出："坚持四项基本原则的核心，就是坚持党的领导。"⑦ 同年 12 月 25 日，他又指出，坚持党的领

① 《毛泽东文集》第 6 卷，人民出版社，1999，第 350 页。
② 《毛泽东文集》第 7 卷，人民出版社，1999，第 303 页。
③ 《毛泽东文集》第 8 卷，人民出版社，1999，第 305 页。
④ 《邓小平文选》第 2 卷，人民出版社，1994，第 266 页。
⑤ 《中国共产党章程》，《人民日报》2007 年 10 月 26 日。
⑥ 《邓小平文选》第 2 卷，人民出版社，1994，第 266 页。
⑦ 《邓小平文选》第 2 卷，人民出版社，1994，第 342 页。

导"是四个现代化能否实现的关键"①。深入分析邓小平阐述坚持"四项基本原则"的历史背景和具体语境，不难发现，他所说的"四项基本原则"，实质上就是中国共产党和社会主义中国生存发展的政治基石，同时也是中国共产党和社会主义中国一切事业的重要指导思想。在中国，中国共产党是社会主义事业坚强的领导核心，任何时候都不能动摇这个领导核心地位。显然，邓小平的这个思想的精神实质与毛泽东的主张是高度一致的。

1989 年 12 月 29 日，江泽民在中共中央宣传部、中共中央政策研究室、中共中央组织部、中共中央党校举办的党建理论研究班上讲话时指出："共产党的领导是实现工人阶级历史使命的根本保证。"②"没有中国共产党的领导，就没有中国的社会主义。在这个问题上，我们必须立场坚定，是非分明。"③ 在这里，他指出了中国共产党领导对于中国社会主义是至关重要的。1991 年 7 月 1 日，他深刻指出："在中国这样的大国，要把十一亿人民的思想和力量统一起来建设社会主义，没有一个由具有高度觉悟、严明纪律和自我牺牲精神、真正代表和团结人民群众的党来领导，是根本不可能的。坚持中国共产党的领导，是全国各族人民在长期奋斗实践中深刻认识到的真理。"④ 这里的中心意思就是强调要坚持中国共产党的领导，因为在中国，只有中国共产党是具有高度觉悟、严明纪律和自我牺牲精神、真正代表和团结人民群众的党。1993 年 6 月 25 日，江泽民在纪念中国共产党成立 72 周年座谈会上的讲话中从经济建设、深化改革、两个文明建设、实现国家长治久安等角度反复强调关键在党。⑤ 中国共产党是中国社会主义事业的领导核心，中国社会主义事业的一切都必须坚持中国共产党的坚强领导。

---

① 《邓小平文选》第 2 卷，人民出版社，1994，第 358 页。
② 江泽民：《论党的建设》，中央文献出版社，2001，第 6 页。
③ 江泽民：《论党的建设》，中央文献出版社，2001，第 6~7 页。
④ 《十三大以来重要文献选编》下，人民出版社，1993，第 1651 页。
⑤ 江泽民的原话是这样的："在中国，要团结凝聚十一亿多人民，通过改革进一步解放和发展社会生产力，集中力量把经济搞上去，实现社会主义现代化建设的宏伟目标，关键在党；要深化改革，成功地创建人类历史上没有先例的社会主义市场经济体制，关键在党；要坚持'两手抓'，搞好两个文明建设，关键在党；要保持社会政治稳定，实现国家长治久安，关键也在党。"（《十四大以来重要文献选编》上，人民出版社，1996，第 327 页）

　　2007 年 12 月 17 日，胡锦涛指出："办好中国的事情，关键在党。"①
"党能不能始终带领人民走在时代前列，能不能始终成为中国特色社会主
义事业的坚强领导核心，关系党的执政地位的巩固，关系中国特色社会主
义事业的成败，是对党的最根本的考验。"② 这就要求我们坚持和改善党
的领导。中国共产党不能落后于时代，而应该与时俱进，时刻保持自身的
先进性和纯洁性，时刻都不忘自觉地承担起自身的历史使命，始终保持自
身作为中国特色社会主义事业坚强领导核心的角色和地位。这里的中心思
想还是强调坚持党的领导。

　　习近平总书记在新时代新形势下重申了毛泽东曾经提出的关于党领导一
切的思想。2017 年 10 月 18 日，习近平指出，要"坚持党对一切工作的领
导。党政军民学，东西南北中，党是领导一切的"③。怎么坚持党对一切工
作的领导呢？他在报告中作了回答，即："必须增强政治意识、大局意识、
核心意识、看齐意识，自觉维护党中央权威和集中统一领导，自觉在思想上
政治上行动上同党中央保持高度一致。"④

　　2022 年 10 月 16 日，党的二十大召开。习近平在党的二十大报告中指
出："全面建设社会主义现代化国家、全面推进中华民族伟大复兴，关键
在党。"⑤ 为此，他要求坚持和加强党中央集中统一领导。

　　综上所述，作为中国社会主义事业重要组成部分的贫困治理，必须坚
持中国共产党的领导。

　　新中国党和国家领导人反复强调坚持中国共产党的领导，最为根本的
原因在于中国共产党的性质、理想和根本宗旨。中国共产党是按照马克思
列宁主义理论原则建立起来的，是一个为实现没有阶级、没有剥削和压迫
的共产主义社会制度而奋斗的先进政党。党的最高理想和最终目标是实现
共产主义，根本宗旨是全心全意为人民服务。中国共产党的性质、理想和
根本宗旨决定了它除了广大人民的利益，没有任何自己的私利。正如毛泽
东所指出的那样："共产党是为民族、为人民谋利益的政党，它本身决无

① 《胡锦涛文选》第 3 卷，人民出版社，2016，第 527 页
② 《胡锦涛文选》第 3 卷，人民出版社，2016，第 10 页。
③ 《十九大以来重要文献选编》上，中央文献出版社，2019，第 14 页。
④ 《十九大以来重要文献选编》上，中央文献出版社，2019，第 14 ~ 15 页。
⑤ 习近平：《高举中国特色社会主义伟大旗帜　为全面建设社会主义现代化国家而团结奋
　斗》，《人民日报》2022 年 10 月 26 日。

私利可图。"① 刘少奇也曾深刻指出："共产党是无产阶级的政党，除开无产阶级解放的利益以外，共产党没有它自己特殊的利益。"② 因此，只要是事关人民利益的事情或事业，都属于中国共产党自己的事情或事业。中国共产党诞生以来就一直是广大人民利益的代表者、维护者和实现者。中国贫困治理是事关广大人民切身利益的伟大事业，理应由代表最广大人民根本利益的中国共产党来领导。因此，中国贫困治理要坚持中国共产党的领导，这是毋庸置疑的一个基本原则。

二　坚持以人民为中心

坚持以人民为中心，是中国共产党一贯的立场、一贯的态度和一贯的实践准则。中国共产党是伟大的马克思主义的人民政党，人民是其服务的对象，是其一切革命和建设事业的依靠力量和群众基础。中国贫困治理，必须坚持以人民为中心。因为唯有如此，中国贫困治理才会取得成功。首先，中国贫困治理的伟大目标决定了必须坚持以人民为中心。在当今世界的 200 多个国家和地区中，中国是一个人类历史上少有的文明不曾中断的国家，是当今世界屈指可数的几个坚持走社会主义道路的国家之一。中国贫困治理的目标，决定了党和国家必须坚持以人民为中心。在中国，人民是指全体社会主义劳动者、社会主义事业的建设者、拥护社会主义的爱国者和拥护祖国统一的爱国者。中国贫困治理要实现全体中国人民共同富裕。这样的奋斗目标客观上要求党和人民政府必须坚持以人民为中心，必须把人民的根本利益放在极为重要的位置。

其次，中国共产党的性质和根本宗旨决定了中国贫困治理必须坚持以人民为中心。《中国共产党章程》用"中国工人阶级的先锋队""中国人民和中华民族的先锋队""中国特色社会主义事业的领导核心"以及"三个代表"，即"代表中国先进生产力的发展要求，代表中国先进文化的前进方向，代表中国最广大人民的根本利益"来界定中国共产党的性质，把党的根本宗旨确定为"全心全意为人民服务"。中国共产党自诞生之日起，就坚持以马克思列宁主义为指导，坚定不移地把最广大人民群众的根本利

---

① 《毛泽东选集》第 3 卷，人民出版社，1991，第 809 页。
② 《刘少奇选集》上，人民出版社，1981，第 130 页。

益放在首位，致力于为民族谋复兴、为人民谋幸福的伟大事业。除了中华民族的利益、人民的利益，中国共产党没有任何私利。中国共产党的性质和根本宗旨表明，中国共产党与中国贫困治理有着天然的逻辑联系。也就是说，中国共产党必须坚持以人民为中心，一切为了人民，任何时候都把落实好、实现好、维护好人民的利益当作自己的首要任务。长期以来，贫困一直是困扰中国人民的大问题，解决贫困问题，就是中国最广大人民严重关切的问题，也符合中国最广大人民的根本利益。因此，开展贫困治理，自然要把以人民为中心作为必须坚持的基本原则。

最后，坚持以人民为中心符合人类社会发展规律和发展方向，是顺应世界历史潮流的正义之举。自有人类历史以来，不断有思想家和仁人志士思考人类社会的发展方向问题，他们提出了很多美好的设想，指明了人类社会的发展方向。古希腊思想家柏拉图曾通过苏格拉底之口设想了一个真、善、美相统一的政体——理想国。他认为，哲学家是最高尚、最有学识的人，他们是智慧、正义、善的化身，国家只有在他们的统治下才能达到最理想的状态。柏拉图认为，建立理想国不是为了某个特定阶级的幸福，而是为了全体公民的最大幸福。在中国古代，有思想家提出了建立"大同"社会的理想，主张"天下为公"，渴望实现具有普遍性的正义和平等，实现在没有阶级、没有剥削压迫基础上的人人平等，这无疑也是符合社会发展要求的，是人类社会一直以来的价值追求。近代以来，以马克思恩格斯为代表的无产阶级革命导师，他们在吸收人类社会发展优秀成果的基础上，深刻剖析和揭露资本主义社会的深层次矛盾，创立了科学社会主义。他们主张实现没有剥削压迫、人人平等、共同富裕、能够使人得到全面充分自由发展的共产主义社会。无论是古希腊思想家主张建立的理想国，还是中国古代思想家渴望建立的"大同"社会，都内在地包含了以人民为中心的深刻思想理念，是符合人类社会发展规律和发展方向的进步思想。中国的贫困治理事业，是符合中国最广大人民根本利益的正义之举，是推进人类社会走向进步的正义之举，也是符合人类社会发展规律和顺应世界历史潮流的进步之举。因此，中国的贫困治理必须坚持以人民为中心。

三　坚持大力发展社会生产力

将大力发展社会生产力当作新中国贫困治理的一个基本原则，首先需要澄清某些认识偏差。

　　首先是对大力发展社会生产力能否成为新中国贫困治理的基本原则的认识有偏差。在探讨这个问题之前，有必要先对原则这个概念进行说明。原则是什么？简单地说，它是指人们说话或行事所依据的法则或标准。从这个概念出发，我们就知道，人们说话或行事所依据的基本法则或基本标准就是所谓的基本原则。接下来再看大力发展社会生产力能否成为新中国贫困治理的一个基本原则。要判断大力发展社会生产力能否成为新中国贫困治理的一个基本原则，要看人们是否将大力发展社会生产力作为新中国贫困治理这个社会实践的基本法则或基本标准。在中国共产党历史上，早在1945年4月，毛泽东就指出："中国一切政党的政策及其实践在中国人民中所表现的作用的好坏、大小，归根到底，看它对于中国人民的生产力的发展是否有帮助及其帮助之大小，看它是束缚生产力的，还是解放生产力的。"[①] 在这里，毛泽东并没有提到"标准""法则"或"原则"，但是很显然，他是把社会生产力当作判断和衡量中国一切政党的政策及其实践的标准或原则的，也就是说，只要是对社会生产力发展有帮助和促进的政策和实践，那就是好的政策和实践。辩证唯物主义和历史唯物主义认为，生产力是一切社会发展的最终决定力量。人类社会的发展总是从生产力的发展开始的，是在生产力和生产关系、经济基础和上层建筑的矛盾运动中实现的。因此，一切社会、一切国家、一切政党的根本任务就是发展社会生产力。生产力是衡量社会进步的标尺。新中国成立后，毛泽东曾多次强调发展社会生产力。他认为"社会主义革命的目的是为了解放生产力"[②]。发展社会生产力的目的，是要将中国建设成为一个摆脱了贫困落后的社会主义现代化强国，这也是新中国贫困治理的目的。由此看来，大力发展社会生产力显然是可以成为新中国贫困治理的基本原则的。改革开放后，邓小平又多次强调社会生产力标准，而他每一次在强调生产力标准时，都会谈到提高人民收入或生活水平的问题——这其实就是谈如何摆脱贫困的问题。1980年5月5日，他在会见几内亚总统杜尔时说："社会主义经济政策对不对，归根到底要看生产力是否发展，人民收入是否增加。"[③] 这里

① 《毛泽东选集》第3卷，人民出版社，1991，第1079页。

② 《毛泽东文集》第7卷，人民出版社，1999，第1页。

③ 《邓小平文选》第2卷，人民出版社，1994，第314页。

他谈到了人民收入问题。1987 年 3 月 27 日，邓小平会见喀麦隆总统时说，中国共产党评价国家的政治体制、政治结构和政策是否正确"关键看三条：第一是看国家的政局是否稳定；第二是看能否增进人民的团结，改善人民的生活；第三是看生产力能否得到持续发展"①。可见，邓小平所强调的生产力标准，一直就是同解决贫困问题联系在一起的。显然，把大力发展社会生产力作为中国贫困治理的基本原则是不存在任何理论和实践问题的。

其次是对社会生产力及其作用缺乏了解。社会生产力，即我们通常所说的生产力，是指人们在物质资料生产过程中形成的解决社会和自然之间矛盾的实际能力，是改造和影响自然并使之适应社会需要的客观物质力量。社会生产力系统是由实体性要素和智能性要素构成的。实体性要素包括劳动者、劳动资料和劳动对象，它们构成生产力的基本要素。劳动者是具有一定生产经验、劳动技能和科学知识的从事生产活动的人，包括体力劳动者和脑力劳动者；劳动资料是传递人对劳动对象作用的物及其系统，它包括生产的动力系统、能源系统、运输系统、自动控制系统，以及其他辅助设施或物品，其中生产工具最为重要；劳动对象由自然物及经过劳动加工的原材料构成，它既是人征服自然的能力得以发挥的物质客体，又是这种能力本身的必要成分和实际体现。劳动资料和劳动对象合称生产资料。生产力中的智能性要素主要指科学技术，它可以渗透到生产力系统的其他各个要素中去，通过促进、提升实体性要素而转化为现实的直接的物质生产力。在生产力的构成要素中，劳动者是生产过程的主体，是生产力中能动的、起主导作用的要素。劳动资料和劳动对象作为物的要素，标志着生产力的性质和发展水平。生产力诸要素构成生产力的物质前提，但它们必须以一定的方式结合成有机的统一体，才能成为现实的生产力。生产力只能在它的生产关系的范围内存在和发展。生产力决定生产关系，进而决定全部社会关系，是人类社会发展的最终决定力量。生产力作为整个社会的生产能力，是通过人与自然之间的物质变换来实现的。这个变换过程一方面是自然界不断被"人化"、人的本质力量不断被对象化的过程，另一方面又是外部自然力被同化于人的体力、自然规律被同化为人的智力的过程。因此，生产力体现着人们解决社会和自然矛盾的程度，标志着人的

---

① 《邓小平文选》第 3 卷，人民出版社，1993，第 213 页。

本质力量的发展和实现。生产力属于人的内在本质，要求社会效益、经济效益和生态效益的统一，要求兼顾物的发展和人的发展。社会生产力的作用在于，它既是前人实践活动的结果，又是一种不以人的意志为转移的客观既得力量，还是当代人实践活动现实的出发点，它的发展进步能够满足人们日益增长的物质文化需求，进而推动社会向前发展。① 贫困是人类社会物质和其他各种权利享受不足的状态，而发展社会生产力正好能够创造物质财富、精神财富，从而满足人们对物质和其他各种权利的需求。可见，从本质意义上说，社会生产力与贫困治理有着天然的联系，发展社会生产力能够起到缓解贫困的作用。只要了解了这一点，就能够明白，贫困治理是离不开发展社会生产力的。

再次是对发展社会生产力和贫困治理的逻辑关系缺乏了解。发展社会生产力和贫困治理是一种相互作用、相辅相成的逻辑关系。一方面，贫困治理必须以发展社会生产力为前提，没有社会生产力的发展进步，贫困治理就没有物质前提和依托。另一方面，贫困治理做得好，有利于促进社会生产力的发展与进步。此外，发展社会生产力与贫困治理在目标上有高度一致的地方。人类社会不断发展社会生产力，目的在于不仅要创造巨大的物质财富，还要创造巨大的精神财富，以满足人们日益增长的物质需求、精神需求以及其他方面的需求（如权利享有方面的需求等），从而过上幸福美满的生活。那么，贫困治理的目的是什么呢？简单地说，就是要消除贫困，不仅仅要消除物质贫困、精神贫困，还要消除各种权利贫困②。可见，发展社会生产力和贫困治理，在目标上是高度一致的。综上所述，发展社会生产力和贫困治理是一种相互作用、相辅相成的逻辑关系，发展社会生产力与贫困治理在目标上有高度一致的地方，因此，大力发展社会生产力也是新中国贫困治理的一个基本原则。

最后是对新中国的历史阶段和历史任务缺乏了解。2017 年 10 月 18 日，习近平指出："中国特色社会主义进入新时代，我国社会主要矛盾已

---

① 《中国大百科全书》（第 2 版）第 19 册，中国大百科全书出版社，2009，第 543 页。
② 精神贫困其实同权利贫困有重合的地方。精神贫困内在地包含了人们在文化、教育等方面权利享受的不足。道德水平方面的低下常常被人们形象地表达为"精神贫血"，"精神贫血"其实也就是精神贫困。

经转化为人民日益增长的美好生活需要和不平衡不充分的发展之间的矛盾。"① 但是，"我国仍处于并将长期处于社会主义初级阶段的基本国情没有变，我国是世界最大发展中国家的国际地位没有变"。② 在社会主义初级阶段，中国的历史任务仍然是大力发展社会生产力，集中力量进行现代化建设，坚持全面改革开放，努力建设社会主义物质文明、精神文明、政治文明、社会文明、生态文明，为实现全体人民共同富裕和中华民族伟大复兴创造条件。新中国的历史阶段和历史任务决定了大力发展社会生产力是新中国贫困治理的一个基本原则。

综上所述，了解了社会生产力及其作用，了解了发展社会生产力和贫困治理的逻辑关系，了解了新中国所处的历史阶段以及在此期间的历史任务，就一定不会否认大力发展社会生产力是新中国贫困治理的一个基本原则。

事实上，新中国党和国家领导人都强调通过发展社会生产力改变中国贫困落后的面貌。毛泽东就发展社会生产力问题做过多次深刻论述。例如，1953 年 12 月，毛泽东指出，"只有完成了由生产资料的私人所有制到社会主义所有制的过渡，才利于社会生产力的迅速向前发展"，"满足人民日益增长着的需要，提高人民的生活水平"③。也就是说，建立生产资料的社会主义所有制目的是发展社会生产力、为提高人民生活水平创造有利条件，其实就是指通过发展社会生产力，解决中国的贫困落后问题。再如 1956 年 1 月 25 日，毛泽东又指出："社会主义革命的目的是为了解放生产力。"④ 非常明确，解放生产力就是社会主义革命的目的。也就是说，发展工农业生产、改善和提高人民的生活水平、摆脱贫困落后，都是社会主义革命的目的。1963 年 12 月 16 日，毛泽东又说："搞上层建筑、搞生产关系的目的就是解放生产力。"⑤ 可见，发展和提高社会生产力是中国革命的根本目的。而这个根本目的，也就意味着要不断改善和提高人民的生活水平，不断地摆脱贫困落后，最后让人民过上富裕和幸福美满的生活。

① 《十九大以来重要文献选编》上，中央文献出版社，2019，第 8 页。
② 《十九大以来重要文献选编》上，中央文献出版社，2019，第 9 页。
③ 《毛泽东文集》第 6 卷，人民出版社，1999，第 316 页。
④ 《毛泽东文集》第 7 卷，人民出版社，1999，第 1 页。
⑤ 《毛泽东文集》第 8 卷，人民出版社，1999，第 351 页。

改革开放后，邓小平反复强调发展社会生产力，也反复强调要在中国实现共同富裕的问题。例如，1983 年 4 月 29 日，邓小平在会见印度共产党中央代表团时说："一个真正的马克思主义政党在执政以后，一定要致力于发展生产力，并在这个基础上逐步提高人民的生活水平。"① 1984 年 6 月 30 日，邓小平在会见外宾时说："社会主义阶段的最根本任务就是发展生产力，社会主义的优越性归根到底要体现在它的生产力比资本主义发展得更快一些、更高一些，并且在发展生产力的基础上不断改善人民的物质文化生活。"② 后来，邓小平更是从社会主义本质的高度来看待发展社会生产力和实现共同富裕的问题。邓小平的这些论述都强调通过发展社会生产力改变中国贫困落后的面貌。

江泽民、胡锦涛、习近平在通过发展社会生产力改变中国面貌问题上，与毛泽东、邓小平的思想一脉相承。他们在这个问题上都有不少深刻论述。2001 年 7 月 1 日，江泽民指出："我们为实现现代化而奋斗，最根本的就是要通过改革和发展，使我国形成发达的生产力。"③ 2005 年 2 月 19 日，胡锦涛指出："我们要通过发展社会主义社会的生产力来不断增强和谐社会建设的物质基础。"④ 2012 年 11 月 17 日，习近平指出，中国特色社会主义道路，是一条"既不断解放和发展社会生产力，又逐步实现全体人民共同富裕、促进人的全面发展"⑤ 的道路。上述这些论述都表明通过发展社会生产力改变中国面貌的思想是高度一致的。

总之，新中国党和国家领导人强调发展社会生产力，目的就是要通过它改变中国的贫穷落后面貌，最终实现全体中国人民的共同富裕。

第二节　中国贫困治理的主要维度

在展开本部分论述之前，有必要对"维度"这个概念做出解释和说明。维度又称维数，是数学中独立参数的数目。在物理和哲学领域里，是

---

① 《邓小平文选》第 3 卷，人民出版社，1993，第 28 页。
② 《邓小平文选》第 3 卷，人民出版社，1993，第 63～64 页。
③ 《江泽民文选》第 3 卷，人民出版社，2006，第 274 页。
④ 《十六大以来重要文献选编》中，中央文献出版社，2006，第 707 页。
⑤ 《十八大以来重要文献选编》上，中央文献出版社，2014，第 75 页。

指独立的时空坐标的数目。从广义上看，维度是事物"有联系"的抽象概念的数量。"有联系"的抽象概念是指由多个抽象概念联系而成的抽象概念。假如一个事物和任何一个组成它的抽象概念都有联系，那么组成它的抽象概念的个数，就是它变化的维度。从哲学角度来看，人们观察、思考与表达某事物的"思维角度"，简称"维度"。从几个思维角度去观察与思考问题，就称作几维。本研究所提到的"维度"，是指从哲学角度看待的"维度"。所谓中国贫困治理的主要维度，是指在观察和思考中国贫困治理问题时，党和国家的思维角度。

要了解中国贫困治理，有必要搞清楚它的主要维度，即搞清楚党和国家在贫困治理问题上主要是从哪些方面着手思考和行动的。如果从宏观的角度对中国贫困治理实践进行高度概括，就会发现，党和国家主要是从两个方面着手的：一是构建和完善社会保障制度体系，二是有计划、有组织、大规模实施扶贫开发。这两个就是中国贫困治理的主要维度。

一　社会保障维度：构建和完善社会保障制度体系

新中国成立后，党和国家高度重视民生事业，并根据中国当时的实际情况，按照社会主义原则，积极探索建立适应国家发展的社会保障制度体系。自新中国成立一直到 1978 年底，中国贫困治理主要就是在构建和完善社会保障制度体系并在贯彻实施方面下功夫。党和国家在这方面做了大量卓有成效的工作，取得了不俗的成绩。

新中国成立之初，党和国家重视构建和不断完善社会保障制度体系的工作。内务部、劳动部等职能部门积极主动地担起了救济灾民与失业工人的责任，按照社会主义原则探索建立起了一套由政府主导的社会保障制度框架。[①] 当时，新中国的社会保障制度体系建设工作主要包括社会救济制度建设、社会保险制度建设、社会福利制度建设等。到 1956 年社会主义改造基本完成之时，中国的社会保障制度体系已经初具规模。国家法律法规所规定的有关社会保障方面的目标基本实现。中国人民政治协商会议第一届全体会议通过的《中国人民政治协商会议共同纲领》指出："人民政府应按照各地各业情况规定最低工资。逐步实行劳动保险制度。保护青工

---

① 宋士云等：《新中国社会保障制度结构与变迁》，中国社会科学出版社，2011，第 37 页。

女工的特殊利益。实行工矿检查制度，以改进工矿的安全和卫生设备。"①
1954 年新中国颁布的《中华人民共和国宪法》规定："中华人民共和国劳动者在年老、疾病或者丧失劳动能力的时候，有获得物质帮助的权利。国家举办社会保险、社会救济和群众卫生事业，并且逐步扩大这些设施，以保证劳动者享受这种权利。"② 以上目标在新中国成立初期基本得以实现。

新中国建立起来的社会保障制度体系有自身的显著特点。

第一，初步形成了城乡二元结构的社会保障制度框架。具体来说就是，在城市建立起了以社会保险为核心，辅之以社会救济和社会福利等内容，以国家或单位为主要保障责任主体的社会保障制度框架。从制度安排的角度来看，它以就业为基础，将绝大部分城镇人口组织到各企业和单位中就业，社会保障随着就业而生效，城市职工、干部连同他们家属的生、老、病、死都依靠着政府和单位。而在农村，起初是以土地保障为主体，辅之以社会救济和农民之间互助的制度结构，后来，随着农业社会主义改造的完成，在国家引导下形成了"集体保障＋国家救助"的社会保障制度框架。③

第二，以社会保障为核心的城市社会保障制度本身也具有二元结构特征。城市的"国家－单位社会保障"制度实际上是由两套社会保险制度体系构成的，一套是企业职工的劳动保险体系，一套是政府机关、事业单位的社会保险体系。它们共同运行构成城市社会保障制度的基本框架。新中国成立伊始，由于国家机关、事业单位和党派团体工作人员的工龄计算、工资标准以及社会保险费用开支渠道等均与企业不同，因此，在城市实际上建立起了两套社会保险制度体系。从管理体制上看，企业职工的劳动保险体系，依据《劳动保险条例》，企业基层工会负责社会保险基金的收缴、发放，各省市工会组织、各产业工会全国委员会或地区委员会对所属企业基层工会负指导督促之责，各级人民政府劳动行政机关负责监督社会保险金的收缴、发放，并处理有关社会保险事件的申诉。而政府机关、事业单位的社会保险体系，按照分工，则由内务部负责，费用来自财政拨款，或在机关福利费内列支，也可以在行政费内报销，或由公费医疗经费项目开支。再者，它们适用的法律法规不同。企业职工的劳动保险依据《劳动保

---

① 《建国以来重要文献选编》第 1 册，中央文献出版社，1992，第 8 页。
② 《建国以来重要文献选编》第 5 册，中央文献出版社，1993，第 540 页。
③ 宋士云等：《新中国社会保障制度结构与变迁》，中国社会科学出版社，2011，第 72 页。

险条例》，政府机关、事业单位的社会保险则是以颁布单项法规的形式逐步建立起来的。企业用于职工的医疗费用，由企业在"劳动保险金"项下列支；国家机关、事业单位用于工作人员的公费医疗费用，在国家按预算拨付的、由卫生部门管理的"公费医疗经费"项下列支。它们都是以单位负责制为基础的现收现付筹资机制，而且由于都是以就业为基础的，也都没有失业保险内容。此外，职工福利和困难补助也主要依赖于本单位的支持。①

第三，农村社会保障是以农民个体所有制经济为基础的，土地保障是主体，政府、社区的救济是补充。在这种社会保障制度结构中，农民主要依赖于土地和家庭，社会性需求不高，需要的只是救灾救济，以解决他们因灾或其他不幸事件而濒临死亡线时的最起码的社会性保障需求。政府和社会所给予农民的也主要是这一方面。因此，救灾救济和社会优抚几乎就是该时期农村正式社会保障制度安排的全部内容。②

第四，新中国成立初期社会保障制度较好地处理了效率与公平的关系。新中国成立初期，中国社会生产力水平低，国力有限，社会保障制度尚属初创，水平较低，也存在一些不足，如没有失业保险项目，仅有失业救济；过于突出国家与单位的责任，受益者不缴纳保险费用等。但总的来说，这期间的社会保障制度还是与当时的国情和生产力发展水平相适应的，而且与新中国成立以前相比覆盖范围广、受益面大，既注重了效益也兼顾了公平，特别是一些社会保障举措注重发展生产与解决生活困难问题相结合，取得了良好效果。此外，国家对社会保险待遇水平的确定和救灾救济款物的使用也一直强调公平与效率。③

然而，新中国成立初期建立起来的社会保障制度体系没有完全达到预期。所以，后来党和国家随着时代的发展和形势的变化对社会保障制度体系进行了调整和完善。如在1957～1983年计划经济体制时期，国家不断探索和调整社会保险制度，如统一退休、退职规定，完善养老保险制度，

---

① 宋士云等：《新中国社会保障制度结构与变迁》，中国社会科学出版社，2011，第73页。
② 宋士云等：《新中国社会保障制度结构与变迁》，中国社会科学出版社，2011，第73～74页。
③ 宋士云等：《新中国社会保障制度结构与变迁》，中国社会科学出版社，2011，第75～76页。

改进公费医疗与劳保医疗制度，规定职业病范围和职业病患者处理办法、制定批准职工病伤生育假期的办法、调整学徒工的社会保险待遇、规定被精减职工的社会保险待遇、建立易地支付社会保险待遇的办法，等等。在此期间，国家也不断调整和完善社会救济制度，以有限的财力物力，在城市贫困户救济、农村贫困户救济、城乡特殊对象救济等方面做了大量工作。同时，国家不断整顿和发展社会福利制度，使城市民政福利事业得到了发展；在农村建立起了农村合作医疗制度和五保供养制度。上述调整对于缓解贫困起到了积极作用。虽然国家的社会保障制度体系建设工作在"文化大革命"期间遭受挫折，但是改革开放政策的实施使计划经济时期的国家社会保障制度体系得到了迅速恢复，并随着形势的发展不断调整和完善。后来，又经过 1984～1992 年的改革探索以及 1993～2006 年改革取得突破性进展，中国社会保障制度体系由传统的"国家 – 单位保障制度"模式逐渐转向"国家 – 社会保障制度"模式，在中国贫困治理方面发挥了更为重要的作用。2007 年以来，在完善社会主义市场经济体制的大背景下，中国社会保障制度体系得到了全面发展，成为中国贫困治理不可或缺的重要一维。

事实上，在中国共产党和人民政府有计划、有组织、大规模实施扶贫开发之前，中国贫困治理最主要的就是依赖社会保障制度体系的建设和不断完善而开展的，中国贫困人口的贫困问题正是在社会保障制度体系的建设和不断完善过程中得到了某种程度的缓解的。

二　扶贫开发维度：有计划、有组织、大规模实施扶贫开发

试图通过建立和完善社会保障制度体系来达到治理中国贫困的目的，虽然有一定效果，但明显存在不足。最大的不足在于不能够充分调动贫困人口的积极性去想办法摆脱贫困，反而会让他们滋长"等""靠""要"等消极思想和心理。新中国成立以来，党和国家在改善民生、提高人民生活水平方面付出了巨大努力，但是到 1978 年，我国农村绝对贫困人口仍然有 2.5 亿。[①] 中国共产党人迫切希望改变这种面貌。

1978 年 12 月 18 日至 22 日，党的十一届三中全会在北京召开。这次

---

① 张磊主编《中国扶贫开发历程（1949—2005 年）》，中国财政经济出版社，2007，第 24 页。

全会实现了中国共产党思想路线、政治路线、组织路线的拨乱反正，恢复了党的民主集中制原则，作出了实行改革开放的新决策，启动了中国农村改革的新进程。会议决定"全党工作的着重点应该从一九七九年转移到社会主义现代化建设上来"①。会议指出："城乡人民的生活必须在生产发展的基础上逐步改善。"② 在这样的背景下，党和国家领导人指出要加大贫困治理的力度。其实，早在 1978 年 12 月 13 日，邓小平就指出："在西北、西南和其他一些地区，那里的生产和群众生活还很困难，国家应当从各方面给以帮助，特别要从物质上给以有力的支持。"他还说"要允许一部分地区、一部分企业、一部分工人农民，由于辛勤努力成绩大而收入先多一些，生活先好起来"，进而"使全国各族人民都能比较快地富裕起来"③。邓小平的这一讲话，就是他关于如何实现全国人民共同富裕的较早提法，为各级党委和政府正确认识和加强农村扶贫工作，起到了巨大的推动作用。此后，邓小平多次阐述了社会主义的目的是现实共同富裕，而不是两极分化。同时，党和国家历任领导人也都反复强调要解决中国的贫困问题，要实现共同富裕。

1979 年 4 月 25 日，中央在全国边防工作会议上确定：北京支援内蒙古，河北支援贵州，江苏支援广西、新疆，山东支援青海，天津支援甘肃，上海支援云南、宁夏，全国支援西藏。对口支援的主要任务是开展经济技术协作，帮助受援地区培训技术人才，在物资上互通有无，共同开发矿产资源，发展农、林、畜产品加工工业，推动少数民族地区的经济建设。同年 9 月《中共中央关于加快农业发展若干问题的决定》指出："我国西北、西南一些地区以及其他一些革命老根据地、偏远山区、少数民族地区和边境地区，长期低产缺粮，群众生活贫困。国务院要设立一个有有关部门负责同志参加的专门委员会，统筹规划和组织力量，从财政、物资和技术上给这些地区以重点扶持，帮助它们发展生产，摆脱贫困。对其他地区的穷社穷队，也要帮助他们尽快改变面貌。国家支援穷队的资金，要保证用于生产建设。"④ 党中央决定在国务院设立一个有有关部门负责同

---

①《三中全会以来重要文献选编》上，人民出版社，1982，第 1 页。

②《三中全会以来重要文献选编》上，人民出版社，1982，第 9 页。

③《邓小平文选》第 2 卷，人民出版社，1994，第 152 页。

④《三中全会以来重要文献选编》上，人民出版社，1982，第 192 页。

志参加的专门委员会去重点扶持贫困地区的经济建设和脱贫工作，这在中国贫困治理历史上是一个重大事件，它标志着党和人民政府开始把贫困治理的工作进一步分解和实际性推进。

新中国成立后的较长时间内，贫困治理工作主要是由内务部（后来是民政部）、劳动部和卫生部负责并主抓的。[①] 党的十一届四中全会以后，党中央开始决定把农村的扶贫工作从民政部门剥离出来，让专门的扶贫机构具体负责。此后，国家曾成立过一些此类机构。例如，1982 年 12 月 22 日，国务院成立"'三西'地区农业建设领导小组"。[②] 该领导小组由农牧渔业部、国家经委、水电部、财政部、林业部、商业部、民政部、国家科学技术委员会、中国科学院、国家计委等有关部门负责同志参加。领导小组的主要任务是组织各方面的力量，制定建设规划，合理使用国家拨的专项资金，协调解决建设中的有关问题。

1986 年 5 月 16 日，国务院办公厅发出的关于成立国务院贫困地区经济开发领导小组的通知指出，为了加强对贫困地区经济开发工作的指导，尽快改变这些地区的贫困面貌，国务院决定成立贫困地区经济开发领导小组。[③] 领导小组的基本任务是组织调查研究；拟定贫困地区经济开发的方针、政策和规划；协调解决开发建设中的重要问题；督促、检查和总结交流经验。小组下设办公室（简称"开发办"），负责处理日常工作。国务院贫困地区经济开发领导小组的成立，在新中国贫困治理史上具有里程碑式的意义，它标志着中国在农村贫困治理方面迈出了最关键的一步，也表明中国有组织、有计划、大规模实施扶贫开发的开始。从此，"扶贫"和"扶贫开发"这两个词不断深入人心。

以国务院贫困地区经济开发领导小组成立为界，中国的贫困治理结构发生了明显的变化。在此之前，中国的贫困治理工作主要由内务部（后来是民政部）、劳动部、卫生部三个部门共同承担，事实上主要承担的是社

---

① 1949 年 11 月，中央人民政府成立内务部、劳动部、卫生部等部门，受政务院领导。内务部主管社会福利、救灾救济、移民、优抚安置等社会保障事务；劳动部负责劳动就业与职工保险福利事务；卫生部承担管理公费医疗、防疫保健等方面的工作。另外，中华全国总工会和中央组织部、国家人事部等机构，都不同程度介入过国家社会保障事务。

② "三西"地区是指甘肃的河西、定西和宁夏的西海固。

③ 国务院贫困地区经济开发领导小组是国务院扶贫开发领导小组的前身，1993 年 12 月 28 日改名为国务院扶贫开发领导小组。

会保障的职能。从总体上看，内务部承担的分量似乎更多和更复杂一些。国务院贫困地区经济开发领导小组成立后，除了农村社会保障（主要是救灾救济、优恤、五保供养）这部分仍归民政部、医疗保障归卫生部主管以外，农村贫困治理其他的工作全归国务院贫困地区经济开发领导小组主管。从此，有组织、有计划、大规模实施扶贫开发也就成了中国贫困治理的又一个主要维度。扶贫开发维度与社会保障维度的不同在于扶贫开发是一种推动贫困人口生活水平"向上走"的贫困治理方式。随着时间的推移，扶贫开发在中国贫困治理中的地位显得越来越突出。

第三节　中国贫困治理两个主要维度"不同时"的原因

从新中国成立一直到改革开放前夕，中国共产党在贫困治理问题上，最主要的做法是构建和不断完善社会保障制度体系。改革开放之后，党和国家根据中国面临的形势，开始探索和拓宽贫困治理途径。到 1986 年国务院专门成立农村扶贫开发机构——国务院贫困地区经济开发领导小组，中国的贫困治理才出现了两条路线：一条是构建和不断完善社会保障制度体系，它面向的是全国广大城市和乡村的居民——通过社会保障制度体系的建设，达到缓解贫困的目的；一条是通过有组织、有计划、大规模实施扶贫开发来缓解贫困和摆脱贫困，它面向的是中国广大农村的贫困地区和贫困人口。

在这里，我们可以看出，中国贫困治理的两个主要维度并不是同时出现的，而是一先一后——构建和完善社会保障制度体系这个维度随着新中国的成立就出现了，而有计划、有组织、大规模实施扶贫开发这个维度则是改革开放之后才逐步出现的，两者相差了 30 多年。出现这种情况是有原因的：构建社会保障制度体系这个维度有先例可循，所以随着新中国的成立，社会保障制度体系很快就建立了起来；而扶贫开发这个维度对中国共产党来说则没有先例。扶贫开发作为中国贫困治理之一维，完全是中国共产党在社会主义建设实践中探索并形成的创新性的贫困治理模式。

一　构建社会保障制度体系有先例可循

新中国成立初期，党和国家很快就建立起了社会保障制度体系的基本架构，主要原因在于有先例可以借鉴。

1. 中国古代社会保障思想与实践

中华民族数千年的文明史给世人留下了极为丰富的文化遗产，这其中就包含丰富的社会保障思想及其实践。在中华民族浩如烟海的文化典籍里，记载着许多思想家或开明君主、官吏、仁人志士对救荒救济、尊老养老和慈幼、民间互助等问题的主张以及相关的社会实践，这些就是中国历史上的社会保障思想和社会保障实践。梳理中国古代社会保障思想及其实践，会发现中国古代有着丰富的灾害性社会救济、日常贫困社会救济、养老保障、医疗保障、军人优抚保障以及其他社会保障思想与实践。

在灾害性社会救济方面，中国古代有赈给、赈贷、赈粜、蠲免、缓征赋役以及对流民的救济保障等方式。赈给是指社会无偿向受灾者提供物质帮助的制度。在中国古代，政府是赈给的主体，赈给方式包括向受灾者提供食物（赈给食物）、银钱（赈银）以及布帛、耕牛等救济待遇（即赈给其他生活和生产必需品）。赈给食物有直接赈给谷物、施粥等方式。赈银即政府无偿向灾民提供银钱使之度过暂时的难关。赈银可分为一般性赈银、专项赈银。赈给其他生活和生产必需品，包括提供布帛、耕牛等生产生活资料。赈贷是指国家在百姓生产或生活出现暂时困难时将款物以低息或免息的方式借出，待百姓取得收成后再让他们按期还本或本加利息的做法。在中国古代，赈贷以实物形式为主，主要是针对灾民生产中缺少生产资料的情况，国家提供一定的种子和耕牛。赈粜是国家将掌握的粮食以低于市场价出售给灾民使其得到维持生存的基本食粮的做法。蠲免是指免除灾民赋役负担的做法。缓征赋役是指允许灾民在一定时期内暂时不交赋税，待条件成熟时补交的做法，它一般是在百姓受灾时由国家宣布停征，待灾情缓解之后再行征收。当灾情比较严重且持续时间比较长，当地条件已经无法满足百姓的需要时，就会出现灾民逃离本土的现象，这些逃离本土的灾民就变成流民。在中国古代，对于这种流民的救济措施主要有临时性救济和长久性救济。临时性救济是指对经过区域和已经达到"就食"地区的移民进行的救济。这种临时性救济有食物赈济（即为流民提供食物）和住所安置。长久性救济包括就地安置（也叫异地安置）和流民遣返救济。就地安置即给不能或者不愿回归故乡的流民提供一定的生活和生产资料，使其在流入地安居下来，成为当地的编户居民的做法。流民遣返救济又包括两方面，一是政府提供路费及在沿途安置、照顾，二是归乡后的安置。关于上述灾害性社会救济，中国古代典籍里有很多记载。这说明，中国古人的灾害性社会救济思想和实践都非常系统和行之有效，事实上也确实如此。《礼记·王制》指出："国无九年之蓄，曰不足；无六年之蓄，曰急；无三年之蓄，曰国非其国也。"这里很明确地揭示了中国古人对储粮备荒重要性的深刻认识。《周礼·地官·大司徒》中说："以荒政十有二聚万民：一曰散利，二曰薄征，三曰缓刑，四曰弛力，五曰舍禁，六曰去几，七曰眚礼，八曰杀哀，九曰蕃乐，十曰多昏，十有一索鬼神，十有二曰除盗贼。"① 这说明，中国西周时期就已经有了相对完善的应对灾荒的综合性措施。在灾害性社会救济方面，中国古代流传下来的书籍也非常多。"大约从宋代开始，一批有识之士即系统地总结和整理源自官方和民间的救荒经验和赈灾措施，并著录成书，其书名则直接冠以'救荒''救灾'或'荒政'等字样。迄至清末民初，此类救荒书约有百余种之多，其中如《救荒活民书》《康济录》《筹济篇》《荒政辑要》等，均被当时的统治者奉为救荒圭臬和赈灾指南，且多次刊行，流行颇广。"②

在日常贫困社会救济方面，中国古代的做法大致可以归纳为偶然性的日常贫困社会救济和常规性的日常贫困社会救济。偶然性的日常贫困社会救济是指国家对百姓进行贫困救济时是出于偶然因素导致的救济或者没有常设机构和规律性的救济。常规性的日常贫困社会救济是指国家常设专门救济机构，常年对贫困人群提供基本生存所需的救济。《尚书》中记载大禹的话说："德惟善政，政在养民。"意思是说，德政才是最好的政治，好的政治在于使老百姓生活得好。这就是中国古代的"养民"思想。显然，中国古人是把养民当作国家重要职能来看待的。而对百姓的日常贫困实行社会救济，则正是国家养民政策的重要方面。类似的记载在中国古籍里有很多。下面顺便摘引几句作为例证。周朝人在总结历史经验教训时提到商代祖甲继位及其在位 33 年的原因，说之所以如此，在于其施

---

① 这段话的意思是用十二项救济灾荒的政策聚集万民，一是借贷种子和粮食（给灾民），二是减轻赋税，三是减缓刑罚，四是免除力役，五是放松（关市山泽的）禁令，六是免除关市之税，七是简省吉礼，八是简省丧礼，九是收藏起乐器而不演奏，十是（简化婚礼以促使）多嫁娶，十一是求索（已废弃祭祀的）鬼神（而重修祭祀）祈祷降福，十二是铲除盗贼。
② 李文海、夏明方主编《中国荒政全书》第 1 辑，北京古籍出版社，2002，前言。

政的重点是"保惠于庶民，不敢侮鳏寡"（《尚书·无逸》）。春秋末年越王勾践把"葬死者，问伤者，养生者，吊有忧，贺有喜，送往者，迎来者，去民之所恶，补民之不足"（《国语·越语》）作为他安抚百姓、争取民心的重要举措。事实上，中国古代有关日常贫困社会救济思想和实践的记载随处可见，流传至今，蔚为大观。总而言之，中国古人都把鳏、寡、孤、独、老、穷、乏、疾、病、死（葬）者作为国家进行救济的主要对象。①

　　在养老保障方面，中国古代是将它上升到道德层面来看待的，因此这方面的观点和做法显得尤为突出。自古以来，中国就是一个崇尚孝道的国度。"在整个中国古代宗法社会中，孝道是最根本、最重要的伦理道德思想，孝道之于宗法社会，有若形影之相随。"② 中国古代典籍《孝经》里曾经谈到"天子之孝"，说："爱亲者，不敢恶于人；敬亲者，不敢慢于人。爱敬尽于事亲，而德教加于百姓，刑于四海。盖天子之孝也。"意思是说，天子能够亲爱自己的父母，也就不会厌恶别人的父母；能够尊敬自己的父母，也就不会怠慢别人的父母。天子能以爱敬之心尽力侍奉父母，就会以至高无上的道德教化人民，成为天下人效法的典范。这就是天子的孝道。正是因为有这样的思想根基和环境氛围，中国古代社会一直有着丰富的尊老、养老思想和比较完备的养老制度。宋朝张九成曾说："孟子开口必说'仁政'。而所以为'仁政'者，必先养老。"（《张状元孟子传》卷16）中国是一个深受儒家思想影响的社会，养老成为历代统治者都非常重视的社会问题和政治问题。在中国古代，有天子养老制度，这其实就是国家养老的制度，一般采取以国家财政支出供养老人的方式，或者是国家以减少财政收入的办法供养老人。除了天子养老制度，中国古代一直推行对一般老百姓实施养老的政策和制度。这方面的主要做法：一是通过减轻赋役负担助民养老，二是通过赏赐款物提供生活保障以助养老，三是通过颁布优待老人的政策促进养老。中国古代对老年人的救助往往还体现在赏赐款物给高龄老人方面。例如，贞观十三年（公元639年）正月乙巳，唐太宗朝于献陵，"免民一年租赋。有八十已上，及孝子顺孙、义夫节妇、

---

① 王文素：《中国古代社会保障研究》，中国财政经济出版社，2009，第133页。
② 康学伟：《先秦孝道研究》，吉林人民出版社，2000，第1页。

鳏寡孤独、有笃疾者，赐物各有差"（《旧唐书》卷 25）。这就是通过赏赐款物提供生活保障以助养老的措施。中国古代为了宣扬敬老养老思想，还将敬老养老精神落实在国家法律中。如唐朝，国家特别规定了侍丁制度，官府免费给民间老人安排侍丁（相当于今天的护工）。唐朝老人的侍丁不一定是家人、同族的人，也可以是外姓，只要双方愿意，上报政府，就可以履行奉养义务。① 这其实就是很典型的优待老人的政策。此外，中国古代还有官吏养老制度。中国古代的致仕制度其实就是一种官吏退休养老制度。有学者研究认为，在商朝时中国就有了致仕制度。② 也有学者研究认为，作为养老保障制度的致仕，萌芽于战国后期，正式产生于汉朝。③ 不管怎么说，有一点却是大家一致认可的，那就是中国很早就有了致仕制度（或官吏退休养老制度）。这种制度规定了致仕后的一些相关待遇，即致仕待遇，它是官吏退休之后可以享受的养老保障待遇。在中国古代，致仕待遇包括的内容很丰富，主要有俸禄养老待遇、最高统治者赏赐钱物补充养老待遇以及其他待遇。④

在医疗保障方面，中国古代有相对完整的医疗保障机构和管理制度。据《周礼·天官冢宰下》记载，国家设置了一系列掌管医疗政令和事务的官职，也建立起了医疗机构，负责天子（包括王室）、国家官员和万民的医疗事务。⑤ 这说明，当时国家很重视对医疗机构和医务人员的管理，这个医疗机构既为王权贵族服务，也向万民（即老百姓）提供一定的医疗服务。当然，在中国古代私有制条件下，这些保障不可能做到免费，只有在国家发生重大疫情时，国家才有可能向广大染疫民众免费发放药物和提供一定的免费医疗服务。但是在中国古代，"凡建立救治贫病百姓的常设医疗机构的朝代，都依托这些机构为百姓提供日常的医疗保障"⑥。这方面主要的做法有：一是依托常设机构提供住院医疗保障。如中国唐朝及之后各朝创置的病坊、安乐坊、养济院、居养院等，大都对贫困患者提供养护。二是依托官府医疗机构和惠民药局提供门诊医疗保障。例如，太和二

---

① 潘春华：《闲话唐朝的尊老养老制度》，《中国人力资源社会保障》2017 年第 6 期。
② 沈星棣、沈凤舞：《中国古代官吏退休制度史》，江西教育出版社，1992，第 2 页。
③ 王文素：《中国古代社会保障研究》，中国财政经济出版社，2009，第 208 页。
④ 王文素：《中国古代社会保障研究》，中国财政经济出版社，2009，第 218~232 页。
⑤ 王文素：《中国古代社会保障研究》，中国财政经济出版社，2009，第 234 页。
⑥ 王文素：《中国古代社会保障研究》，中国财政经济出版社，2009，第 250 页。

十一年（公元497年）九月丙申，北魏孝文帝所下的诏书就能够说明，当时国家明确指派医疗机构为贫困者医治病患，还明确规定了医生数量、国家提供哪些药品。[①] 这是依托官府医疗机构提供门诊医疗保障的例子。再如，元朝的财政支出被归结为八项，其中就有"惠民药局"这一项。[②] 说明当时惠民药局的费用是由官府承担的。惠民药局的设置和运营，为百姓提供了更为及时的医疗服务。除了上述医疗保障之外，中国古代还有官府疫病防治保障。在这方面，官府采取的疫病防治措施主要有：一是拯救生者的保障，如出现疫情时迅速隔离病人，并为之提供医药保障；二是助葬保障，即在疫情横行时为阻隔疫病传播官府出资掩埋尸体。

在军人优抚保障方面，中国古代历朝政府除了为军人提供各种战备保障待遇外，还为他们提供高水平优待和抚恤待遇。在这方面，既有对军人的俸禄和奖励收入待遇，也有养老待遇、医疗待遇、休假待遇、家属优待、丧葬待遇，而且对上述每一项待遇都有详细的制度化的规定。[③]

此外，中国古代还有其他一些社会保障，如妇幼保障、失业保障等。限于篇幅，此处不再一一展开论述。

总的来说，中国古代的社会保障比较完整和系统，对中国社会的发展进步起到了积极作用。不过，需要说明的是，中国古代是以私有制为基础的封建社会，各朝各代虽有很多值得称道的惠民保障措施，但毕竟主要是为统治阶级的统治服务的。需要指出的是，中国古代的社会保障思想较西方社会更早地论及政府的责任，同时，在社会保障实践的具体内容上也比较完备，不仅涉及救灾、济贫，还涉及有关社会福利设施，并有储粮备荒这类积极的防范措施和灾后多种多样的救灾救济办法。因此，中国古代的社会保障思想和实践内容非常丰富，不仅有许多思想迄今仍闪烁着光辉，还有许多社会保障举措迄今仍在发挥积极作用。[④]

---

① 王文素：《中国古代社会保障研究》，中国财政经济出版社，2009，第257页。
② 元朝苏天爵辑有《国朝文类》，其中将元朝财政支出归为"宗亲岁赐""百官俸秩""公用钱""常平义仓""惠民药局""市籴粮草""赈粜赈贷""恤惠鳏寡"八项（《国朝文类》卷40）。
③ 详情可参见王文素《中国古代社会保障研究》（中国财政经济出版社，2009）第六章"古代军人优抚保障"。
④ 宋士云等：《新中国社会保障制度结构与变迁》，中国社会科学出版社，2011，第19页。

2. 民国时期国民政府的社会保障政策和实践

民国时期，受世界无产阶级革命运动的影响，中国工人阶级和广大劳苦大众为争取自身的生存权利而奋斗。当时的北洋军阀政府和后来的南京国民政府出于统治的需要，也制定、颁布和实施了一系列社会保障法律法规。

（1）颁布和实施了一批社会救济法规。[①] 1912 年 1 月孙中山任中华民国临时大总统后，中央政府各部委相继成立。1 月 17 日，中央政府成立内务部，各个省政府设民政厅，分别掌管全国和地方赈恤、救济、慈善等工作。到了北洋政府时期，中央政府仍设内务部，部内设立了赈务处，负责全国赈务。不过，此时的赈务处属临时性机构。北洋政府在报灾和办赈方面有一些具体规定。如 1914 年颁布了《勘报灾歉条例》，规定地方勘报灾伤，目的是在各省推行蠲缓政策。为了鼓励社会捐款捐物救灾，内务部在1913 年和 1914 年分别发布了《灾赈奖章条例》和《义赈奖劝章程》。1915 年 12 月 2 日，北洋政府颁布了《游民习艺所章程》，指出举办游民习艺所是 "专司幼年游民之教养及不良少年之感化等事项，以使得有普通知识谋生技能为主旨"[②]。该章程对幼年游民及不良少年的教养等问题作了明确的规定。如教育事项，章程第五章规定游民习艺所设初等小学、高等小学两种，初等小学课目有国文、修身、读经、习字、算术（珠算、笔算两种）、国画、风琴唱歌、体操；高等小学课目有国文、修身、读经、习字、算术（珠算、笔算两种）、历史、地理、英文、商业或工业、理科、国画、体操、风琴唱歌。关于工艺事项，章程第六章规定的科目有：织染科（平布提花布毛巾）、打带科、印刷科（木版印刷）、刻字科、毡物科（毡帽、毡鞋、床桌毡等）、铁器科（洋铁铅铁）、木工科、石工科（花石开片磨光）、制胰科、缝纫科、制帽科（缎帽、操帽）、制鞋科（缎鞋、布鞋）、抄纸科。[③] 这说明，当时规定的游民教养和习艺的内容还是较为丰富的，它们对于教养和感化不良少年显然具有积极意义。不足在于，

---

① 彭秀良、郝文忠主编的《民国时期社会法规汇编》（河北教育出版社，2014）所汇集的民国时期的社会救济法规就有 32 个、社会福利法规有 33 个、社会保险法规 3 个、社会行政法规 37 个、社会工作专门法规 12 个。由此可以推断，民国时期上述各类法规应该不少于该书所汇编的法规数目。

② 彭秀良、郝文忠主编《民国时期社会法规汇编》，河北教育出版社，2014，第 28 页。

③ 彭秀良、郝文忠主编《民国时期社会法规汇编》，河北教育出版社，2014，第 30～31 页。

"收受游民以房屋容量为标准，暂定为八百名，以后斟酌情形陆续推广"。[1] 由此可以看出，当时举办的游民习艺所还处于探索阶段，客观条件还不完全具备，收受游民的数量相当有限，不能让广大游民都得到相应的救济。1920 年，北洋政府又颁发了《各省区筹赈办法大纲》，将救灾款项由财政部拨付改为由地方解决，规定赈灾款物主要由中央财政拨给和省、县分别筹集与募捐，赈灾办法主要有平粜、施与、工赈、遣送等。南京国民政府时期，国家颁布和实施的社会救济法规更多。据不完全统计，1928～1946 年，南京国民政府颁布的社会救济法规不少于 31个。这些社会救济法规涉及灾荒救济、非常时期难民救济、日常贫困救济等诸多方面。如《赈务委员会助赈给奖章程》（1928 年 11 月 21 日颁布）、《救灾准备金法》（1930 年 10 月 18 日颁布）、《勘报灾歉规程》（1936 年 8 月 16 日颁布）等，都属于灾荒救济方面的法规；《各地方救济院规则》（1928 年 5 月 23 日公布，1933 年 4 月修正）、《救济院规程》（1944 年 9 月 5 日公布）等，都属于日常贫困救济方面的法规；另外还有临时性的社会救济法规，如全面抗日战争爆发后，国家公布了《非常时期救济难民办法大纲》（1937 年 9 月 7 日公布）。1943 年 9 月29 日，国民政府公布了《社会救济法》，它包括"救济范围""救济设施""救济方法""救济费用""附则"共 5 章 52 条内容，这是民国时期社会救济立法的最高成就，具有在救济立法领域里的统领地位和标志性意义。国民政府时期在社会救济方面也是有实际行动的。据记载，从1931 年 8 月到次年 4 月，国民政府 21 次拨出专款共计 7000 多万元用于救济灾民。[2]

（2）颁布和实施了一批社会福利法规。早在北洋政府时期，国家就颁布了一些社会福利法规，如 1923 年 3 月国家颁布了《暂行工厂通则》，同年 5 月颁布了《矿工待遇规则》。它们对职工的福利作了一些具体规定[3]，对于保障职工的权益具有积极作用。1927 年 10 月 27 日，张作霖在北京颁

---

① 彭秀良、郝文忠主编《民国时期社会法规汇编》，河北教育出版社，2014，第 28～29 页。

② 邓云特：《中国救荒史》，生活·读书·新知三联书店，1958，第 238 页。

③ 如《暂行工厂通则》第十九条规定："厂主对于伤病之职工，应酌量情形，限制或停止其工作。其因工作致伤病者，应负担其医药费，并不得扣除其伤病期内应得之工资。"

布《工厂条例》，其中就有有关工人的保险、抚恤等的规定。[①] 值得指出的是，北洋军阀政府的这些举措，与当时蓬勃兴起的工人运动有关，因此，这些规定的出台，多少包含着一些被迫与无奈的成分。1921 年中国共产党成立后，把争取社会保险作为自己反抗资本家压迫和剥削斗争的重要内容之一。中国工人阶级在中国共产党的领导下，于 1922～1929 年先后召开了五次全国劳动大会，每次大会都提出了实行社会保险制度的要求。国民政府拟定和发布一些保护劳工和有关社会保险的条例规定，与中国当时工人运动的斗争形势密切相关。1926 年 10 月，《国民党最近政纲》提出了要制定劳动保险法，包括设立工人失业保险、疾病保险及死亡保险机关等内容。北洋政府灭亡后，1929 年 12 月 30 日，南京国民政府公布实施《工厂法》，对工人的权益保障作了较为详细的规定。[②] 为了贯彻实施《工厂法》，南京国民政府还于 1930 年 12 月 16 日公布了《工厂法施行条例》[③]。1932 年 12 月 30 日，修正并又一次公布了《工厂法》。1934 年 3 月 22 日，南京国民政府实业部公布了《国营企业最低工资暂行办法》。1936 年 12 月 23 日，政府公布了《最低工资法》。《最低工资法》第三条规定："最低工资率，应就当地生活程度及各该工业工人情况，依下列标准定之：（一）成年工以维持其本身及足以供给无工作能力亲属二人之必要生活为准；（二）童工工资不得低于成年工最低工资之半数。"[④] 1943 年 1 月 26 日公布了《职工福利金条例》。1948 年 1 月，国民党政府颁布实施了关于退休养老待遇的规定。这些社会保障法律法规的颁布和实施，在某种程度上确实保障了职工的权益，这对于改善他们的生活和避免其陷入贫困显然是有积极意义的。特别值得注意的是，1943 年 8 月 16 日，国民政府社会部公布了《农民福利社设置办法》。其第一条指出，制定该办法是"为倡导农会服务，促进农会福利"[⑤]。其第五条明确了农民福利社的职责范围：办理农民往来之食宿事项；办理农民书报阅览及公共娱乐事项；办理农民关于一切人事经济及法律上所有咨询之解答事项；办理农民之委

---

① 王宗洲主编《中国劳动法规全书》，黄河出版社，1989，第 12 页。
② 王宗洲主编《中国劳动法规全书》，黄河出版社，1989，第 21～22 页。
③ 该条例于 1931 年 8 月 1 日施行，1932 年 12 月 30 日作了第一次修正，1935 年 4 月 20 日作了第二次修正，1936 年 12 月 10 日作了第三次修正。
④ 彭秀良、郝文忠主编《民国时期社会法规汇编》，河北教育出版社，2014，第 118 页。
⑤ 彭秀良、郝文忠主编《民国时期社会法规汇编》，河北教育出版社，2014，第 136 页。

托调查事项；办理农民医药助产及清洁卫生之辅导事项；协导农民办理农业贷款及产销合作事项；协导农民办理灾祸救济及民生疾苦之呼吁事项；协导农民出征军人家属办理请求抚恤，具领恤金优金及其子女入学事项；办理或协导农民办理其他有关农民福利事项。① 在中国抗日战争处于艰难阶段的时候，国民政府尚能出台有关农民福利的法规，这是值得肯定的一件事。

（3）颁布和实施了一批社会行政法规。民国时期国民政府的这些社会行政法规都是为了保证社会救济法规、社会福利法规等的贯彻落实而制定的。这些法规涉及赈济、救灾、社会福利、慈善团体监督、工会、农会、职业介绍等诸多方面。例如，在赈济方面，1928年8月3日国民政府公布实施《国民政府赈务处组织条例》，规定赈务处"直隶于国民政府，掌理各灾区赈济及善后事宜"。② 该条例对赈务处的组织结构、主要职能等作了具体规定。1931年6月30日，国民政府又公布实施了《修正赈务委员会组织条例》，规定赈务委员会设总务科、筹赈科、审核科，并对每个科的职能都作了明确规定。除了上述法规，国民政府还颁布有《各省赈务会组织章程》《赈济委员会组织法》《赈济委员会非常时期难民救济委员会组织规程》等有关赈济的社会行政法规。例如，在救灾方面，1931年国民政府颁布了《修正国民政府救济水灾委员会章程》，明确规定国民政府设立救济水灾委员会的目的是"办理救济水灾区域内难民及灾区善后事宜"③，对救济水灾委员会的组织框架作了原则性的规定。国民政府在救济水灾方面，也确实做出了巨大努力。1931年全国发生特大水灾，"国府为急谋救济全国水灾起见，命令组织救济水灾委员会，以统其事，除向国内外广募振（本应为'赈'字，但原文如此，下同——笔者注）品外，并与美国订立购麦合同，总数四十五万吨，支配情形为工振三十万吨，急振十万吨，农振五万吨，复将灾区划为十余区，分工合作"④。此外，国民政府在社会福利、慈善团体监督、工会、农会、职业介绍等方面都有社

---

① 彭秀良、郝文忠主编《民国时期社会法规汇编》，河北教育出版社，2014，第137页。
② 彭秀良、郝文忠主编《民国时期社会法规汇编》，河北教育出版社，2014，第182页。
③ 彭秀良、郝文忠主编《民国时期社会法规汇编》，河北教育出版社，2014，第181页。
④ 《民国时期贫穷与社会救济问题丛编》第2册，全国图书馆文献微缩复制中心，2013，第27页。

会行政法规颁布。① 这些法规的颁布实施，保证了社会救济法规、社会福利法规等的贯彻落实，取得了一定的社会成效。

（4）颁布和实施了一批社会工作专门法规。民国时期，为了促进各项社会事业的顺利开展，国民政府颁布并实施了一批社会工作专门法规。其中比较重要的有《修订推进社会服务处工作计划大纲》《社会服务设施纲要》《社会工作人员训练办法》《社会工作人员训练纲要》等。这些社会工作专门法规，多与社会服务、社会福利、社会救灾、社会救济、慈善等方面相关。

此外，国民政府对社会保险的积极作用也有一定认识。"它主张工人运动，不能妨碍工业的发展；工业的发展，不能损害劳工的利益的原则。"② 1935 年 10 月，国民政府公布《简易人寿保险法》《简易人寿保险章程》，邮政储金汇业局于 12 月 1 日起开始办理该项业务。1940 年，国民政府行政院下设社会部，社会部下设社会福利司专管社会福利事项，其职责之一便是指导实施社会保险。为推行社会保险，国民政府于 1947 年成立了隶属于行政院的中央社会保险局筹备处，负责拟定社会保险的一切业务方案及有关制度。国民政府还颁布过《修正社会保险给付暂行规则》《社会福利部社会简易保险局暂行组织条例》《中央社会保险局筹备处组织章程》等有关社会保险的法规，但是这方面成绩不大。

总体来看，民国时期国民政府在社会保障方面还是有成绩的。尽管它在促进社会保障发展方面力度并不均衡，各方面的成效也有差别，但它确实有成绩，这是不能忽视的客观事实。关于这方面也有大量记载可以说明。据 1931 年《申报年鉴》记载，1930 年，内政部对江苏、浙江等 18个省进行了调查统计，该年共有各类慈善团体和救济院 2087 个。这些机构从事的具体事项不一，但都涉及一项或几项"善举"，如收养鳏寡孤独、赈贷农民、拯疗贫病军民、埋葬暴骸、救灾、习艺等。③ 另据 1933 年《申报年鉴》记载，全国救济机关共 834 所，其中政府官办 132 所、地方公办

---

① 社会福利方面的行政法规如《社会福利部组织法》等，慈善团体监督方面的行政法规如《监督慈善团体法》《监督慈善团体法施行规则》等，有关工会的行政法规如《示范工会实施办法》，有关农会的行政法规如《示范农会实施办法》，有关职业介绍方面的行政法规如《职业介绍所暂行办法》《私设职业介绍所暂行办法》《私设职业介绍所登记规则》等。

② 骆传华：《今日中国劳工问题》，上海青年协会书局，1933，第 113 页。

③ 多吉才让：《中国最低生活保障制度研究与实践》，人民出版社，2001，第 28 页。

409 所、私人举办 293 所；17 个省常年救济人数共 114196 人，其中江苏 15679 人，浙江 2347 人，江西 1869 人，湖北 3356 人，湖南 32617 人，广东 5967 人，河南 1047 人，山东 434 人，辽宁 57 人，吉林 380 人，黑龙江 260 人，热河 80 人，绥远 3518 人，察哈尔 13800 人，新疆 1143 人。[①] 诚然，民国时期国民政府确实颁布了不少社会救济与福利方面的法律法规，但是由于这一时期国内矛盾以及中华民族和日本帝国主义之间的民族矛盾都很尖锐，社会动荡剧烈，国民政府在社会管理方面做不到高度统一，也不可能做到全面覆盖，因此，这些法规真正被有效实施的并不多，收效也比较有限。据 1947 年国民政府社会部所编的《社会福利统计》记载，该年总共救济 8525618 人，其中政府救济 2695842 人，慈善机构救济 5643153 人，宗教团体救济 186623 人。[②] 得到救济的人口仅占当时 4 亿 5000 万人口的 1.89%。

3. 新民主主义革命时期革命根据地和解放区人民政权社会保障政策和实践

中国共产党自成立之日起，就矢志不渝地为中国最广大人民的利益和民族解放事业而奋斗。1922 年 8 月，中国劳动组合书记部发布了《劳动法大纲》，要求国民政府满足劳动者的各种权利，其中提出："为保障劳动者之最低工资计，国家应制定保障法。"[③] 1927 年大革命失败后，中国共产党相继在江西、湖南、福建、湖北等地的革命根据地建立了人民政权。接着，各根据地人民政权在党的领导下开始制定并颁行劳动法规，在革命根据地开展社会保障实践。

1928 年 7 月，中国共产党第六次全国代表大会通过的《政治决议案》规定了"中国革命现在阶段的政纲"，其中就有"实行八小时工作制，增加工资，失业救济与社会保险等"[④] 的规定。这说明，中国共产党是有建立社会保障制度的奋斗目标的。

1931 年 4 月，鄂豫皖省苏维埃政府发出通知，明确规定"要筹划和征收社会保险费"，在"新成立之工厂，未开工之先，应按其呈报之全部

[①] 孟昭华、王明寰：《中国民政史稿》，黑龙江人民出版社，1986，第 289～291 页。

[②] 金双秋：《中国民政史》下册，湖南大学出版社，1989，第 659～660 页。

[③] 王宗洲主编《中国劳动法规全书》，黄河出版社，1989，第 1 页。

[④] 《建党以来重要文献选编（1921～1949）》第 5 册，中央文献出版社，2011，第 378～379 页。

资本抽百分之四作为保险费；雇主、厂主、手工老板、富农以及苏维埃所创办的生产机关，抽缴百分之四作为社会保险费"。①

1931 年 11 月，中华苏维埃第一次全国代表大会通过《中华苏维埃共和国劳动法》，它分"总则""雇佣的手续""集体合同与劳动合同""工作时间""休息时间""工资""女工、青工及童工""劳动保护""中华全国总工会及其地方的组织""社会保险""解决劳资冲突及违犯劳动法的机关""附则"共 12 章 75 条，其中第 10 章就是关于"社会保险"的。它规定："社会保险，对于一切雇佣劳动者，不论他在国家企业、协作社或私人的企业，不论工作时间之久暂及付给工资的形式如何都得施及之。"② 它规定的社会保险的优恤种类有：免费的医疗帮助、暂时失去工作能力者的津贴、失业津贴费、残废及老弱的优恤金、婴儿的补助金、丧葬津贴费、工人家属贫困补助金。从上述每一种优恤事项来看，规定的内容还是很优厚的。比如"免费的医药帮助"一项，其内容是"不论是普通病，或因工作致病、遇险受伤、职业病等都支付医药费，其家属也同样享受免费的医药帮助"③。以当时根据地的艰难条件，中国共产党制定出这样高标准的社会保险条款，其保险力度显然是非常大的。

中华苏维埃共和国中央政府于 1933 年 10 月 15 日公布了经过修正的新的《劳动法》，新的《劳动法》相对灵活，对某些过高的标准作了适当调整。例如，原《劳动法》对社会保险优恤的种类规定了 7 类，而且对每一类保险事项都规定得非常具体，但是新的《劳动法》只笼统地列举了 5 项，即免费的医疗帮助；暂时丧失劳动能力者付给津贴（如疾病、受伤、受隔离，怀孕及生产以及服侍家中病人等）；失业时付给失业津贴；残废及衰老时，付给优抚金；生产、死亡、失踪时，付给其家属的补助金。④很显然，新的《劳动法》更灵活，将原《劳动法》中的许多具体规定改

---

① 叶重豪：《革命老区红安县首次披露——我国已知最早的征收社会保险费文件》，《劳动月刊》2002 年第 10 期。
② 《建党以来重要文献选编（1921～1949）》第 8 册，中央文献出版社，2011，第 712 页。
③ 《建党以来重要文献选编（1921～1949）》第 8 册，中央文献出版社，2011，第 713 页。
④ 此处所列 5 项均引自王宗洲主编《中国劳动法规全书》，黄河出版社，1989，第 54 页。原《中华苏维埃共和国劳动法》所规定的 7 类社会保险的优恤种类及实施办法之详情，参见《建党以来重要文献选编（1921～1949）》第 8 册，中央文献出版社，2011，第 713～714 页。

成了原则性的、相对笼统的规定，这样就具有较大的灵活性，便于依照根据地实际情况量力而行地开展社会保障工作。但是，由于当时处在国民党军队的包围和不断进攻下，革命根据地所辖范围常有变动，《中华苏维埃共和国劳动法》在贯彻实施过程中也因此经常遇到一些实际问题。特别是到 1934 年，中央根据地在党内"左"倾错误和国民党军队的进攻下没有保住，红军被迫战略转移，踏上长征的艰难之旅，使社会保障措施很难推广和执行下去。

中共中央到达陕北后，中国共产党在高举抗日大旗的同时，不断开辟和加强抗日根据地政权建设，在经济落后、财力非常困难的艰苦环境中，依然积极开展民生事业，在根据地所辖地区开展社会保障实践。

1937 年，边区政府颁布了《陕甘宁特区政府颁布抗日军人优待条例》，其第一条就明确规定："凡参加抗日战争将士及其家属，均受本条例之优待。"第三条对抗日军人在服务期间应受的各项优待作了规定："一、本人及家属免纳特区一切捐税。二、家属所居住的公家房屋免纳租金。三、本人及家属享受公家商店百分之一减价的优待，当必需品缺乏时有优先购买之权。四、抗日军人乘坐轮船火车、汽车其费用由公家发给。五、子弟读书免纳一切费用。六、因伤病需休养时，休养费用由公家供给。"①

1939 年 4 月 4 日，陕甘宁边区政府公布了《陕甘宁边区抗战时期施政纲领》，其中规定："实行普及免费的儿童教育。""确定八小时工作制度，改善劳动待遇，保护工人利益。""优待抗日军人与工作人员之家属。""抚恤老弱孤寡，救济难民灾民，不使流连离所。"② 上述有关社会保障的规定，都得到了较好的贯彻落实。陕甘宁边区政府在赈济灾民方面也做了不少努力。例如 1939 年 7 月 2 日，靖边县县长王治邦向陕甘宁边区政府呈文反映当地"亢旱成灾，居民外移""人无食粮，畜无寸草，每日呼号痛哭，流离外移者络绎不绝"③。边区政府看到呈文后及时作了处理，并告知王治邦说："已于七月二十三日发款两仟元，由该县第一科长贾树科具领带回，作为救济难民之用。并希将办理情形具报。"④ 在全面抗日战

①　《陕甘宁边区政府文件选编》第 1 辑，档案出版社，1986，第 41 页。
②　《建党以来重要文献选编（1921~1949）》第 16 册，中央文献出版社，第 159~160 页。
③　《陕甘宁边区政府文件选编》第 1 辑，档案出版社，1986，第 311 页。
④　《陕甘宁边区政府文件选编》第 1 辑，档案出版社，1986，第 311 页。

争时期，中国共产党从实际出发，对各抗日根据地的爱国工商业者采取了相对宽松的经济政策。在有关社会保障立法方面，各抗日根据地政权吸取了土地革命时期的经验教训，根据敌后根据地的实际情况，制定了一些比较可行的社会保障法规和政策。这里所说的"可行的社会保障法规和政策"，就是依据战争年代经济力量薄弱、企业的经济负担能力差的实际所设置的社会保险项目并不多并且待遇标准较低的社会保障法规和政策。例如，陕甘宁边区政府1940年11月公布的《陕甘宁边区战时工厂集体合同暂行准则》、晋冀鲁豫边区政府1941年11月公布的《晋冀鲁豫边区劳工保护暂行条例》、晋西北革命根据地1941年公布的《晋西北改善雇工生活暂行条例》和《晋西北矿厂劳动暂行条例》对职工福利保险等事项的规定，就是适应当时根据地实际情况的社会保障举措，较为充分地照顾了劳资双方的利益诉求，对于维护抗日民族统一战线起到了积极作用。其他抗日根据地政权在党的领导下，根据自己的实际情况，也采取了一些符合当时实际情况的社会保障措施。

应该指出的是，抗日根据地的社会保障措施是适应战争环境的社会保障举措。因此，保障项目不可能很多，大多对因公负伤、残废、死亡和生育作了一些规定，甚至有的仅规定两三个保障项目，而且职工丧失劳动能力时的待遇也不会太高，只是以维持基本生活为准则；对一些待遇只作了原则性的规定，如对丧失劳动能力的职工适当发给生活费或适当的抚恤金等，至于具体如何操作，由各根据地政权灵活掌握。尽管各抗日根据地边区人民政府所制定的社会保障措施项目少，标准也低，但是它较好地体现了党和边区人民政府在艰苦的战争环境里对广大职工的真挚关怀，很好地鼓舞了广大职工搞好生产，满足军需民用。中国共产党和人民政府也因此赢得了广大革命群众的大力支持和热烈拥护。毛齐华曾经在《边区抗战以来职工运动的总结和今后的方针》中谈到陕甘宁边区战时工人生活的改进："边区工人生活的改善，不光表现在工资的增加，尤其表现在其他许多方面，最显著的是：第一、绝大多数的农村雇工已得到了土地、房屋、牲口，实行了耕者有其田，改进农业生产和发展农村经济。第二、手工业工人也得到了别种如缺乏资本时可以得到低利借贷，免除像过去受高利贷的剥削。参加生产合作社的工人可以得到更多的帮助。第三、有政府劳动法的保护，这是特别重要的。譬如劳动法规定：工人疾病时医药金由厂方供给或雇主供给；疾病期间的第一星期内工资全部照给，第二星期内给工资三分之二，第三星期内给工资三分之一；厂方或雇主不得因工人生病取消工人的工作位置；工人如因工作病故或受伤害死亡时，厂方或雇主须依不同的情形予以抚恤；女工产前产后给假八星期，工资照给，并按产妇身体给以休养费……第四、工人子弟上学可以得到全部免费待遇等等。第五、边区政府的劳动法上规定工人的工作时间成年人每天八小时，青年六小时，同工同酬。假日、革命纪念日休息，工人或因参加政府会议、群众会议以及其他工作上的会议不得不停止时，工资照给。如果做夜工，须先得工人的同意，工资加给。第六、政府和边区总工会为提高工人的政治文化水平，举办了许多学校与俱乐部，这些学校，现在已吸收了城市中青年工人百分之七八十入学，成年工人也有百分之四十左右进学。在农村里有许多政府举办的小学，以吸收广大的农村青年工人读书……第七、边区现在没有失业的事。由于边区政府的积极进行建设与抗战动员工作，反造成劳动的缺乏，现在纵有失业，大多由边区以外来的（如最近由山西、榆林来的）。"[1] 毛齐华的这个报告虽然是 1938 年 4 月在陕甘宁边区工人第一次代表大会上发表的，但是非常真实地反映了当时陕甘宁边区工人生活改善的情况，也从一个侧面反映出当时人民群众对党和边区政府的热烈支持与拥护。

1945 年 4 月，毛泽东在《论联合政府》中指出："在新民主主义的国家制度下，将采取调节劳资间利害关系的政策。一方面，保护工人利益，根据情况的不同，实行八小时到十小时的工作制以及适当的失业救济和社会保险，保障工会的权利；另一方面，保证国家企业、私人企业和合作社企业在合理经营下的正当的赢利；使公私、劳资双方共同为发展工业生产而努力。"[2] 这个论述为中国抗日战争胜利后各解放区制定社会保障制度与政策提供了指导原则。1945 年 9 月，《中国解放区职工联合会纲领（草案）》提出："动员职工恢复战后经济生活与生产事业，要求紧急救济失业职工，迅速办理复原，并改善职工生活待遇。""实行公私兼顾（在公营工业）、劳资兼顾（在私营工业）、调节劳资关系的政策，共谋达到发

---

① 《中国工会历史文献》第 4 卷，工人出版社，1959，第 74~75 页。
② 《毛泽东选集》第 3 卷，人民出版社，1991，第 1082 页。

展工业生产的目的。"① "保护职工利益，实行八小时至十小时工作，实行
多劳多得，同工同酬的原则，规定职工最低工资额，发展职工合作事业，
帮助职工建立家务。" "保障女工生产前后一个半月的休假，工资照发。"
"保护青工，改变陈旧的学徒制度，应根据学徒学习掌握技术的进度来提
升工人，并在学徒期间保障其生活。" "实行职工子弟免费教育。" "建立
必要的职工社会保险，职工伤病实行免费治疗。"② 这些主张，正是中国
共产党社会保障思想在抗战胜利后新的历史形势下的具体化。此后，随着
人民解放战争的爆发和解放区的不断扩大，中国共产党将自己的社会保障
思想付诸实践。东北行政委员会根据战时的经济条件，结合东北地区的具
体情况，于1948年12月27日颁布了《东北公营企业战时暂行劳动保险
条例》，并决定自1949年4月1日起，在国营铁路、矿山、军工、军需、
邮电、电气、纺织等企业着手试办，等试办有成绩后再推广到其他公营企
业。这是新中国成立前夕较为完整的一个劳动保险条例，其主要内容包
括：制定条例的目的和条例的适用范围、劳动保险基金的征集与保管办
法、应举办的各项劳动保险事业及待遇规定③、劳动保险基金的支配方法、
劳动保险基金的监督与检查等。从该条例的实施到全国统一的社会保险条
例颁布以前，全东北共有420个厂矿79.6万多名职工参加社会保险并享
受到了社会保险待遇。这是新中国第一次在较大范围内实行的社会保险制
度。④ 它的实施对其他解放区有着示范意义。随着解放区迅速扩大，天津、
太原、石家庄等城市陆续获得解放，这些地方参照东北地区的劳动保险条
例也制订了社会保险办法。

　　此外，中国历史上在社会保障方面的传统做法在革命根据地和解放区
也得到了较好的继承和发扬。例如，在土地改革中分配土地、粮食、财物
时照顾烈军属，烈军属分好田、多分田，对不能维持最低生活者给予实物
补助；组织变工队、互助组等对缺乏劳动力和牲畜的困难农户和烈军属实
施代耕、帮种和帮收等；倡导在县属各区设立民间义仓，以积谷备荒的形

---

①　《中国工会历史文献》第5卷，工人出版社，1959，第4页。
②　《中国工会历史文献》第5卷，工人出版社，1959，第5页。
③　王宗洲主编《中国劳动法规全书》，黄河出版社，1989，第467～469页。
④　严忠勤主编《当代中国的职工工资福利和社会保险》，中国社会科学出版社，1987，第
　　300页。

式，在平年和丰年动员机关、团体、学校及民众捐粮，集中仓储，在歉收与荒年开仓调剂与解决粮荒。所有这些，在革命根据地和解放区都是做得比较好的。上述措施和做法缓解了根据地和解放区农民的贫困，也有力地推动了革命事业的胜利和发展，并为新中国成立后开展社会保障和贫困治理事业积累了丰富的经验。

除了国内的先例，国外的社会保障制度也能为中国共产党建立社会保障制度提供借鉴和参考。

正是因为在建立社会保障制度方面有各个历史时期的先例可循，还有国外的经验可以借鉴和参考，所以新中国成立伊始，中国共产党就着手并很快建立起了社会保障制度体系。

二 扶贫开发是中国共产党长期探索形成的创新性的贫困治理模式

自新中国成立一直到 1978 年底党的十一届三中全会召开前夕这长达近 30 年的时间里，中国共产党在贫困治理方面的主要目标是建立社会保障制度体系并在该体系框架内有针对性地缓解各类贫困人口的贫困问题。党的十一届三中全会决定，从 1979 年开始把全党的工作重点转移到社会主义现代化建设上来，这是中国共产党人迫切要求摆脱贫困落后面貌、希望改善民生的必然结果。1979 年 1 月 8 日，万里听取安徽省滁县地委负责同志关于一些地方出现包产到组和小宗作物包产到户的情况汇报之后对新华社记者说："解放快三十年了，还有那么多人吃不饱饭，还有大批群众外流讨饭，这说得过去吗？"[1] 他坚定地表示："我们现在虽然还很穷，还很困难，但是，我相信只要从实际出发，政策对头，我们会很快改变面貌的。"[2]

随着党的十一届三中全会胜利闭幕，解决中国贫困问题的实践活动大规模开展起来。1979 年 4 月 25 日，中共中央救灾全国边防工作会议确定并部署了部分省份对口支援的任务。同年 9 月 28 日，党的十一届四中全会通过的《中共中央关于加快农业发展若干问题的决定》指出，国务院要设立一个由有关部门负责同志参加的专门委员会，统筹规划和组织力量，

---

① 《万里文选》，人民出版社，1995，第 115～116 页。
② 《万里文选》，人民出版社，1995，第 116 页。

从财政、物资和技术上给贫困地区以重点扶持，帮助他们发展生产，摆脱贫困。在此后的七年里，国家有关扶持贫困地区发展经济的文件和措施陆续出台并付诸实施，取得了很大成绩。到1986年5月，国家正式成立了国务院贫困地区经济开发领导小组，下设办公室（简称"开发办"）。该机构是国务院扶贫开发领导小组的前身。以此为标志，中国有计划、有组织、大规模的农村扶贫开发正式启动。从此，中国在贫困治理问题上有了一条崭新的途径——通过农村扶贫开发来治理贫困。中国贫困治理也就又多出了一个崭新的维度。

通过农村扶贫开发来治理贫困，这是中国共产党长期探索形成的创新性的贫困治理模式。这里特别要说明的是，中国农村扶贫开发的正式提出和大规模实施是在1986年，但这并不意味着在此之前特别是在改革开放之前，中国共产党对农村扶贫开发缺乏认识。事实上，早在新中国成立初期，中国少数地方的党政班子在贫困治理问题上，就已经在探索农村扶贫开发的路子①，只是没有在全国范围内大力推广。

1951年初，热河省民政厅提出尽一切力量帮助贫困群众发展生产，增加收入，从根本上使贫困群众摆脱贫困的思路和想法。当时，热河省党政领导非常支持这项工作，派出了百余人的工作团分赴承德、隆化、喀喇沁、宁城等县、旗的贫困区，组织与领导贫困户发展生产。热河省通过帮助贫困群众发展生产的做法，促进了生产的发展，增加了粮食收入，使当时省里的逃荒现象大量减少。该省民政厅于1951年5月向政务院、内务部递交了《扶助困难户生产的报告》，介绍了自己的扶贫经验。黄炎培副总理肯定了热河省的做法，在报告上作了批示，希望热河省继续积累经验，做出一个典型来以备推广。热河省的这种帮助贫困户发展生产的做法，可以说就是新中国农村扶贫工作的雏形。

新中国成立之初，中国贫困人口多，特别是农村贫困人口占据了国家贫困人口的绝大多数。当时，举国上下各领域、各阶层都有改变中国落后面貌、摆脱贫困的强烈愿望。在这种背景下，全国其他地方也有像热河省那样帮助扶持贫困群众发展生产的做法。1953年，青海省根据"解决生产资料为主，生活资料为辅，密切配合各方面力量，逐步扶助贫困牧民从

---

① 崔乃夫主编《当代中国的民政》下，当代中国出版社，1994，第166～171页。

事生产"① 的方针，在建立政权较早的地区，给贫苦牧民救济牛羊，扶持其从事生产。玉树自治州及同德等 7 个县把救济款中的 71% 用于购买生产资料，扶持贫困牧民发展生产。1955 年，全省需要救济的 8 万牧民中，已有 2.8 万人得到扶持。这种做法在当时是对社会救济款使用的一个重大突破。② 显然，这种做法已经具备了开发式扶贫的某些特征，即不再进行单纯的救济，而是把提高贫困户的生产能力作为重点来抓。

农业生产合作化以后，中国许多地方依靠合作社的力量吸收贫困户入社，帮助他们解决生产生活上的困难。主要采取的办法：一是根据劳力、技术等条件，组织贫困户参加与之相适应的生产；二是帮助贫困户寻找副业门路，增加收入，用以弥补农业生产上的不足；三是给贫困烈军属代耕土地，帮助贫困户代耕自留地；四是合作社给贫困户补助或借贷。③ 这里所说的帮助贫困户寻找副业门路增加收入的做法就包含了我们今天所提倡的扶贫开发的某些内容。

20 世纪 50 年代后期，随着合作化、人民公社化的发展，中国农村社会救济工作有所变化。主要体现为，国家主要集中力量对穷社、穷队进行扶持，通过集体经济力量保障群众生活。但是 1959～1961 年的三年困难使人们认识到，光靠社、队难以解决贫困户的各种困难，只有想方设法帮助他们发展生产，才能从根本上解决贫困户的生活问题。为此，人们根据《农村人民公社工作条例》的有关精神，积极开展了扶助贫困户的工作。1964 年 2 月，内务部向党中央提出给困难户中有劳力的人安排适当的生产门路使之增加收入，帮助他们搞好家庭副业生产，使之依靠集体经济通过生产自救逐步走上共同富裕道路。④ 此后，不少地方对贫困户的扶持越来越显示出开发式扶贫的特征。⑤

1964 年，四川省威远县两路公社制定了第一期扶贫规划。他们在调查摸底的基础上，把 350 户贫困户列为信用社贷款扶持对象。对 77 户严重贫困户采取了有效的扶持措施。一是适当派工，帮助发展家庭副业。共

①　转引自崔乃夫主编《当代中国的民政》下，当代中国出版社，1994，第 166 页。

②　崔乃夫主编《当代中国的民政》下，当代中国出版社，1994，第 166～167 页。

③　崔乃夫主编《当代中国的民政》下，当代中国出版社，1994，第 167 页。

④　崔乃夫主编《当代中国的民政》下，当代中国出版社，1994，第 168 页。

⑤　以下的 4 个自然段中的各地扶贫的例子和文字主要来自崔乃夫主编《当代中国的民政》下，当代中国出版社，1994，第 168～171 页。

安排了 30 户养猪、喂牛，6 户搞副业生产，9 户做轻工巧活，给 34 户解决仔猪、猪圈和农具短缺等困难。二是帮助 26 人治病，恢复健康。三是在两年内由生产队结合决算分配，为 39 户减免口粮倒补款。四是三年内，由社队帮工 850 个，帮木料 280 根，为 20 户修建住房 47 间。此外，对国家下拨的春夏荒口粮救济和冬令救济也给予重点照顾。为了保证规划的落实，两路公社民政委员会和大小队民政干部积极给党委当好参谋助手，加强了对扶贫工作的领导。通过五年扶持，77 户严重贫困户有 69 户赶上了当地一般社员的生活水平，摆脱了贫困。两路公社在 1969 年和 1973 年又进行了第二期和第三期的扶贫，使贫困户在经济上翻了身，生活水平有了明显的提高。两路公社的扶贫经验对全国扶贫工作起到了先导、启迪和推动作用，成为公社化时期扶贫工作的先进典型之一。

20 世纪 70 年代初期，湖北、黑龙江、广东等省的一些地方也相继开展了扶贫工作。湖北省罗田县从 1975 年开始，全面开展扶贫工作，重点扶持了 4921 户。经过三年多的扶持，1970 户脱贫，受到了各地的瞩目。

1977 年，广东省民政局在全省推广扶贫工作。1977 年 11 月，省民政局召开了扶贫工作座谈会，学习和讨论了四川、湖北等省一些地方的扶贫工作经验，研究并部署了试点工作。1978 年 1 月，民政局与有关部门联合派出工作组，到揭阳县渔湖公社进行扶贫试点。与此同时，兴宁、开平、文昌、新丰以及汕头地区各县也相继开展了试点工作。同年 2 月，广东省民政局会同银行、粮食、供销、农业等十个单位联合向中共广东省委递交了《关于认真做好扶持贫下中农困难户的请示报告》，其中提出：第一，要大力宣传扶贫工作的意义，提高广大干部和群众对扶贫工作的认识；第二，要在各级党委领导下，建立专门机构，加强领导；第三，要深入调查研究，广泛听取群众意见，精准确定扶贫对象，积极做好扶贫工作；第四，各部门应密切配合，帮助贫困户解决各种困难；第五，要积极扶持穷社、穷队，使其迅速改变落后面貌；第六，为了使规划的扶贫工作卓有成效地开展起来，各级党委必须加强领导，在一段时间内，确定一个突出问题，集中各方面的力量突击加以解决。广东省扶贫工作试点积累了较好的经验。①扶贫应按照治本为主，治本与治标相结合的原则，给贫困户创造自力更生的条件，从实际出发，因地制宜，因人制宜，合理排工，挖掘劳动潜力，使贫困户多出勤，多挣工分，并帮助他们搞好家庭副业，增加收入。②集体要对贫困户进行一定的补助，对贫困户的历年欠款，集体应给予减免。③加强贫困户的政治思想工作，帮助他们树立自力更生克服困难的勇气和信心，发扬艰苦奋斗勤俭持家的精神。④各部门把扶贫工作作为自己应尽的职责，建立扶持户花名册和登记簿，民政、银行、信用社在发放救济款物和贷款时，重点照顾贫困户；粮食部门为扶持户提供猪饲料，畜牧部门解决良种猪苗，免收生猪诊疗费；卫生部门搞好合作医疗；教育部门减免学杂费；商业、供销、外贸部门，在农副产品收购、加工方面优先照顾；手工业部门登门帮助修理生产、生活用具，等等。同时，要注意做好扶持穷社、穷队的工作，因为贫困户大部分集中在集体经济力量薄弱的穷社、穷队。要使贫困户迅速改变面貌，根本的办法是积极发展生产，增加集体分配，这需要加强对穷社、穷队的领导，把领导班子整顿好、建设好。中共广东省委很重视扶贫工作的经验，转发了民政局等单位的扶贫工作请示报告，并在批示中指出，各级党委一定要把扶贫工作列入党委的重要议事日程，认真抓紧抓好。省委文件下达后受到了各地党委和有关部门的重视。各地相继成立了扶贫领导小组或办公室，并抽调干部组成工作组下乡搞试点。据不完全统计，到1978年8月底，全省已有1592个公社、1.24万个大队开展了扶贫工作，分别占全省公社、大队总数的81%和50.3%。

黑龙江、浙江、宁夏、陕西、湖南、四川、新疆等省（自治区）也相继开展了扶贫试点工作。1977年，黑龙江省委五号文件批转了省民政局《关于望奎县先锋公社解决困难户生产生活问题的调查报告》，要求各地学习推广望奎县先锋公社的扶贫工作经验。同年9月，省民政局又在望奎县召开现场会，推广先锋公社扶贫工作经验。同时对全省近、中、远期扶贫工作作了全面的规划和部署。

以上事实说明，新中国成立后，在贫困治理问题上，扶贫开发的做法在少数地方是存在的，只是没有在全国范围内大规模地推广和开展。

第四章　中国贫困治理的战略目标及阶段性目标

在贫困治理问题上，中国共产党的目标从来都是既明确又坚定的。中国共产党的贫困治理目标与其国家建设目标高度一致。在国家建设目标问题上，中国共产党有过多种表述，但其实质都是一样的，用毛泽东的话来说，就是要建设一个"独立、自由、民主、统一和富强的新中国"①，这个新中国的最终归宿就是实现消灭剥削压迫、人人平等自由、共同富裕的共产主义社会。

第一节　中国共产党国家建设目标的多种表述

关于国家的建设目标，中国共产党早在成立之初就已经有了。本部分将对中国共产党依据国情而提出的具有自身特色的关于国家建设的目标进行一些论述和说明。

一　建立一个政治上自由、经济上繁荣、文明先进的新中国

早在 1940 年 1 月 9 日，毛泽东就明确表示："我们不但要把一个政治上受压迫、经济上受剥削的中国，变为一个政治上自由和经济上繁荣的中国，而且要把一个被旧文化统治因而愚昧落后的中国，变为一个被新文化统治因而文明先进的中国。一句话，我们要建立一个新中国。"② 在这里，毛泽东非常明确地提出了中国共产党的国家建设目标：要建设一个政治上自由、经济上繁荣、文明先进的新中国。这是中国共产党的新民主主义国

---

① 《毛泽东选集》第 3 卷，人民出版社，1991，第 1055 页。
② 《毛泽东选集》第 2 卷，人民出版社，1991，第 663 页。

家建设目标。它的国体是"各革命阶级联合专政"①，政体是"民主集中制"②。毛泽东在他的演讲里深刻阐述了政治上自由、经济上繁荣、文明先进的新中国的大体轮廓。他认为，这个新中国采取人民代表大会制度；实行无男女、信仰、财产、教育等差别的真正平等的选举制。在毛泽东看来，这种制度就是民主集中制，只有实行这种制度，政府才能充分发挥一切革命人民的能动性，最有力量地去反对革命的敌人。③ 毛泽东认为，新民主主义共和国的国营经济是社会主义性质的，是整个国民经济的领导力量；新民主主义共和国不没收其他资本主义的私有财产，不禁止、不操纵影响国民生计的资本主义生产的发展；将采取某种必要的方法没收地主的土地，分配给无地和少地的农民，把土地变为农民的私产；允许富农经济存在。总之，中国经济要走"节制资本"和"平均地权"之路，决不能是"少数人所得而私"，决不能让少数资本家、地主"操纵国民生计"。④新民主主义共和国的文化是反映新民主主义政治和新民主主义经济的为新民主主义政治和经济服务的文化。

二 建立一个独立、自由、民主、统一和富强的新中国

建立一个独立、自由、民主、统一和富强的新中国是毛泽东在《论联合政府》中提出的国家建设目标。这个目标具有长远性、方向性、统领性、全局性的特点，是一个言简意赅并且完全能够概括中国共产党和广大人民群众价值追求的战略目标。当时正是中国人民在抗日战争中"经历了无数的艰难困苦和自我牺牲之后"，"整个世界上反对法西斯侵略者的神圣的正义的战争，已经取得了有决定意义的胜利"⑤ 的时候，在中国面临两种前途、两种命运斗争的关键时刻，中国共产党为了团结全党全国各族人民，争取光明的前途，彻底打败日本侵略者，召开了第七次全国代表大会。这次大会的主要任务是组织和保障全中国人民取得抗战的最后胜利，建立一个新民主主义的中国，即独立、自由、民主、统一和富强的新中

---

① 《毛泽东选集》第 2 卷，人民出版社，1991，第 677 页。
② 《十三大以来重要文献选编》中，人民出版社，1991，第 1276 页。
③ 《毛泽东选集》第 2 卷，人民出版社，1991，第 677 页。
④ 《毛泽东选集》第 2 卷，人民出版社，1991，第 678～679 页。
⑤ 《毛泽东选集》第 3 卷，人民出版社，1991，第 1029 页。

国。毛泽东关于这个目标的表述内涵丰富，逻辑严谨，在事实上也涵盖了中国社会主义建设时期的国家建设目标。也就是说，除了国家独立这个目标以外，自由、民主、统一和富强都是中国社会主义时期的国家建设目标。党的十八大报告提出："倡导富强、民主、文明、和谐，倡导自由、平等、公正、法治，倡导爱国、敬业、诚信、友善，积极培育和践行社会主义核心价值观。"① 在这里，民主、自由虽然是作为社会主义核心价值观的内容被提出来的，但是显然也是社会主义中国的国家建设目标。

三　使中国由农业国变为工业国

"使中国由农业国变为工业国"这个国家建设目标是毛泽东在党的七大的政治报告中提出来的。他在报告中说："没有一个独立、自由、民主和统一的中国，不可能发展工业。""没有工业，便没有巩固的国防，便没有人民的福利，便没有国家的富强。"② 因此，他主张："在新民主主义的政治条件获得之后，中国人民及其政府必须采取切实的步骤，在若干年内逐步地建立重工业和轻工业，使中国由农业国变为工业国。"③ 相对于建立一个"独立、自由、民主、统一和富强的新中国"④ 这个目标，该目标则显得更为具体。后来，毛泽东在党的七届二中全会上的报告中再一次提到了变农业国为工业国的主张。他说："从中国境内肃清了帝国主义、封建主义、官僚资本主义和国民党的统治（这是帝国主义、封建主义和官僚资本主义三者的集中表现），还没有解决建立独立的完整的工业体系问题，只有待经济上获得了广大的发展，由落后的农业国变成了先进的工业国，才算最后地解决了这个问题。"⑤ 在这里，毛泽东明确指出了实现由落后的农业国变成先进的工业国的前提条件。很明显，"使中国由农业国变为工业国"⑥ 也是中国共产党为之不懈奋斗的重要目标。在新民主主义社会建立起来后，党和国家就要考虑如何采取切实可行的措施和步骤使中国这个农业国变成工业国的问题。

---

①　《十八大以来重要文献选编》上，中央文献出版社，2014，第25页。
②　《毛泽东选集》第3卷，人民出版社，1991，第1080页。
③　《毛泽东选集》第3卷，人民出版社，1991，第1081页。
④　《毛泽东选集》第3卷，人民出版社，1991，第1079页。
⑤　《毛泽东选集》第4卷，人民出版社，1991，第1433页。
⑥　《毛泽东选集》第3卷，人民出版社，1991，第1081页。

四　实现社会主义工业化

中国近代以来的历史发展要求中国必须实现由农业国向工业国的转变。但是，在中国的历史条件下，如何实现由农业国向工业国的转变，这是一个非常复杂的问题。中国的历史传统、现实国情和发展水平等方面的独特性决定了中国不能照搬照抄别国的发展经验和模式，走与别国工业化一样的道路。中国必须开辟一条具有自身特色的工业化道路。关于国家工业化的问题，毛泽东早在 1944 年 5 月 22 日就提出过实现中国工业化的主张。他在出席中央办公厅为陕甘宁边区工厂及职工代表会议举行的招待会上说："中国落后的原因，主要的是没有新式工业。日本帝国主义为什么敢于这样地欺负中国，就是因为中国没有强大的工业。"[①] 他深刻指出："要中国的民族独立有巩固的保障，就必需工业化。"[②] 可以说，实现国家工业化，是中国共产党的一个夙愿。后来，毛泽东和中国共产党多次提到实现国家工业化的问题。例如，1945 年 4 月 24 日，毛泽东指出，中国工人阶级要"为着中国的工业化和农业近代化而斗争"[③]。这里所说的"工业化和农业近代化"，实际上就是工业化和农业现代化。再如，1949 年 3 月，党的七届二中全会提出变落后的农业国为先进的工业国的任务，其实就暗含了实现国家工业化的意思。又如，1949 年 9 月《中国人民政治协商会议共同纲领》第三条规定："发展新民主主义的人民经济，稳步地变农业国为工业国。"[④] 1954 年 9 月 15 日，毛泽东在第一届全国人大第一次会议上指出，应当"将我们现在这样一个经济上文化上落后的国家，建设成为一个工业化的具有高度现代文化程度的伟大的国家"[⑤]。这里再一次提到了建设工业化国家的问题。1956 年 11 月 12 日，毛泽东在为纪念孙中山诞辰 90 周年写的文章中指出："再过四十五年，就是二千零一年"，"中国将变为一个强大的社会主义工业国。"[⑥] 很明显，毛泽东的这种展望包含了对中国国家建设目标的预期，也就是要实现工业化，使中国成为强

①《毛泽东文集》第 3 卷，人民出版社，1996，第 146～147 页。

②《毛泽东文集》第 3 卷，人民出版社，1996，第 146 页。

③《毛泽东选集》第 3 卷，人民出版社，1991，第 1081 页。

④《建国以来重要文献选编》第 1 册，中央文献出版社，1992，第 2 页。

⑤《毛泽东文集》第 6 卷，人民出版社，1999，第 350 页。

⑥《毛泽东文集》第 7 卷，人民出版社，1999，第 156 页。

大的社会主义工业国。可见,实现社会主义工业化的建设目标,是毛泽东和中国共产党一以贯之的想法。

五　实现社会主义四个现代化

新中国成立后,实现社会主义四个现代化这个国家建设目标的提出有一个过程。早在 1953 年 12 月,中央宣传部发布了经过中共中央批准的党在过渡时期总路线的学习和宣传提纲——《为动员一切力量将我国建设成为伟大的社会主义国家而斗争——关于党在过渡时期总路线的宣传与学习提纲(草稿)》。该提纲指出,我国第一个五年计划的基本任务是"集中主要力量发展重工业,建立国家工业化和国防现代化的基础"[①]。这里提到的"两个现代化"——国家工业化和国防现代化作为党和国家的两个重要任务一并被提了出来。1954 年 1 月,周恩来提出开展经济建设就是要"建设起强大的现代化的工业、现代化的农业、现代化的交通运输业和现代化的国防"[②]。在中国共产党历史上,这是首次提出"四个现代化"的概念。随着社会主义改造的基本完成和大规模社会主义建设实践的全面展开,中国共产党在国家建设目标上又有新的表述。1957 年 3 月 12 日,毛泽东提出:"我们一定会建设一个具有现代工业、现代农业和现代科学文化的社会主义国家。"[③] 毛泽东在这里提到"三个现代化"。1959 年 12 月至 1960 年 2 月,毛泽东在认真研读《苏联政治经济学》教科书后指出:"建设社会主义,原来要求是工业现代化,农业现代化,科学文化现代化,现在要加上国防现代化。"[④] 这是党和国家领导人关于"四个现代化"的比较完整、准确的表述。1961 年 9 月,中共中央在《关于当前工业问题的指示》中正式采用了毛泽东的这个表述,提出要"把我国建设成为一个具有现代工业、现代农业、现代国防和现代科学文化的社会主义国家"[⑤]。1963 年,经毛泽东修改的中共中央《关于工业发展问题》的文件对"四个现代化"的提法又稍微作了改动,"即我们要实现农业现代化、工业现

---

① 《建国以来重要文献选编》第 4 册,中央文献出版社,1993,第 517 页。
② 《建国以来重要文献选编》第 5 册,中央文献出版社,1993,第 584 页。
③ 《毛泽东文集》第 7 卷,人民出版社,1999,第 268 页。
④ 《毛泽东文集》第 8 卷,人民出版社,1999,第 116 页。
⑤ 《建国以来重要文献选编》第 14 册,中央文献出版社,1997,第 613 页。

代化、国防现代化和科学技术现代化"①。据此，1964 年 12 月，周恩来在三届人大的政府工作报告中正式提出，要"把我国建设成为一个具有现代农业、现代工业、现代国防和现代科学技术的社会主义强国"②。这个提法可以看成中国共产党关于"四个现代化"的最准确、完整的提法，此后长期被沿用。这也是中国共产党的国家建设目标。

六　全面建设小康社会

改革开放后，中国共产党多次提到实现社会主义四个现代化的国家建设目标。有时，党和国家反复提到"社会主义现代化"，而没有提"社会主义四个现代化"。在不少场合"社会主义现代化"其实就等同于"社会主义四个现代化"。不过，进入 20 世纪 90 年代，"社会主义现代化"代替了"社会主义四个现代化"的提法。作为代表最广大人民根本利益的先进政党，中国共产党的奋斗目标其实不仅仅是实现社会主义四个现代化，它要实现包括人在内的各个方面的现代化，实现中华民族伟大复兴，促进和实现人的全面发展。

2001 年 7 月 1 日，江泽民指出："我国已进入了全面建设小康社会、加快推进社会主义现代化的新的发展阶段。"③ "我们要在发展社会主义社会物质文明和精神文明的基础上，不断推进人的全面发展。"④ 这里提到了"社会主义现代化"，而不是"社会主义四个现代化"。这表明，在国家建设目标的提法上，党和国家领导人已经作出了适应时代发展要求的改变。特别值得指出的是，江泽民提到了"全面建设小康社会"和"推进人的全面发展"的目标。

七　构建社会主义和谐社会

2004 年 9 月，党的十六届四中全会首次提出构建社会主义和谐社会的历史任务。构建社会主义和谐社会，这是中国共产党在国家建设目标上的新的表述。2005 年 2 月 19 日，胡锦涛进一步阐明了构建社会主义和谐社

---

① 《建国以来重要文献选编》第 16 册，中央文献出版社，1997，第 160 页。
② 《周恩来选集》下，人民出版社，1984，第 439 页。
③ 《十五大以来重要文献选编》下，人民出版社，2003，第 1923 页。
④ 《十五大以来重要文献选编》下，人民出版社，2003，第 1925 页。

会的基本内涵，指出："我们所要建设的社会主义和谐社会，应该是民主法治、公平正义、诚信友爱、充满活力、安定有序、人与自然和谐相处的社会。"① 2005 年 10 月，党的十六届五中全会把构建社会主义和谐社会确定为贯彻落实科学发展观必须抓好的一项重大任务，并提出了工作要求和政策措施。在此基础上，2006 年 10 月 11 日，党的十六届六中全会通过了《中共中央关于构建社会主义和谐社会若干重大问题的决定》，该决定明确了构建社会主义和谐社会的重要性和紧迫性，明确了构建社会主义和谐社会的指导思想、目标任务和原则，着重从五个方面对构建社会主义和谐社会作出了工作部署：坚持协调发展，加强社会事业建设；加强制度建设，保障社会公平正义；建设和谐文化，巩固社会和谐的思想道德基础；完善社会管理，保持社会安定有序；激发社会活力，增进社会团结和睦。该决定宣称"构建社会主义和谐社会是建设中国特色社会主义的重大战略任务"②。可见，构建社会主义和谐社会就是中国共产党在新的历史条件下的国家建设目标，这个国家建设目标内在地包含了实现社会主义四个现代化、实现民主自由文明富强、实现社会主义现代化等建设目标，因此，它是一个内涵更丰富、更适应时代要求和更符合最广大人民愿望的国家建设目标。

八　全面建成小康社会

2012 年 11 月 8 日，胡锦涛在党的十八大报告中正式提出"全面建成小康社会"③ 的奋斗目标。这里的"小康"，是指家庭的经济比较富裕的状态。20 世纪 70 年代末 80 年代初，邓小平提出了"小康社会"的战略构想。1984 年 3 月 25 日，邓小平会见日本首相曾根康弘时说："翻两番，国民生产总值人均达到八百美元，就是到本世纪末在中国建立一个小康社会。这个小康社会，叫做中国式的现代化。翻两番、小康社会、中国式的现代化，这些都是我们的新概念。"④ 邓小平"小康社会"概念的提出，为当时的中国又确立了一个奋斗目标。该目标被正式写进了中国共产党

---

① 《胡锦涛文选》第 2 卷，人民出版社，2016，第 285 页。
② 《十六大以来重要文献选编》下，中央文献出版社，2008，第 671 页。
③ 《十八大以来重要文献选编》下，中央文献出版社，2018，第 29～30 页。
④ 《邓小平文选》第 3 卷，人民出版社，1993，第 54 页。

"分三步走"基本实现现代化的发展战略。邓小平提出的"小康社会"是一个包含丰富内涵和各方面要求的社会发展阶段，而不仅仅是要完成"翻两番"的经济指标。社会主义初级阶段是一个相当长的历史阶段，必定会经历若干个具体的发展阶段，小康社会只是其中一个重要的发展阶段。经过全党和全国各族人民的共同努力，到 2000 年，我国生产力水平迈上了一个大台阶，已经实现了在 20 世纪末基本建成小康社会的奋斗目标。2000 年 10 月，党的十五届五中全会正式宣布："从新世纪开始，我国将进入全面建设小康社会，加快推进社会主义现代化的新的发展阶段。"[①]

九　建成富强民主文明和谐美丽的社会主义现代化强国

党的十八大以来，以习近平同志为核心的党中央进一步明确了国家发展的新的历史方向，继续推进中国特色社会主义伟大事业，对国家建设目标又有了深入的认识。2017 年 10 月 18 日，习近平在党的十九大报告中指出，"从现在到二〇二〇年，是全面建成小康社会决胜期"[②]，"从二〇二〇年到本世纪中叶可以分两个阶段来安排"，"第一个阶段，从二〇二〇年到二〇三五年""基本实现社会主义现代化"，"第二个阶段，从二〇三五年到本世纪中叶，在基本实现现代化的基础上，再奋斗十五年，把我国建成富强民主文明和谐美丽的社会主义现代化强国"[③]。把中国建设成为富强民主文明和谐美丽的社会主义现代化强国，体现了中国共产党与时俱进的优秀品格和为实现中华民族伟大复兴矢志奋斗的伟大抱负和坚定决心。

以上关于中国共产党的国家建设目标的提法事实上仅仅是其国家建设目标中比较具有代表性的表述。中国共产党所有的国家建设目标在本质上其实都是一致的，因为其核心从来就没有离开过自由、民主、和谐、文明、富强等基本要素。可以说，自由、民主、和谐、文明、富强等就是中国共产党孜孜以求的、一以贯之的、从来没有放弃过的国家建设目标。尽管中国共产党在国家建设目标上的表述在不同的历史时期并不一样，但是，它们都有使国家和广大人民摆脱贫困、最后实现共同富裕的内在要求。因此，中国共产党的国家建设目标内在地包含了中国贫困治理目标。

---

① 《十五大以来重要文献选编》中，人民出版社，2001，第 1369 页。
② 《十九大以来重要文献选编》上，中央文献出版社，2019，第 19 页。
③ 《十九大以来重要文献选编》上，中央文献出版社，2019，第 20 页。

也就是说，中国贫困治理目标从属于党的国家建设目标，是党的国家建设目标的一个有机构成部分。

第二节　中国贫困治理的战略目标

新中国成立后，中国共产党在积极探索中国社会主义建设道路的过程中，明确提出了中国贫困治理的战略目标。

一　中国贫困治理战略目标的提出

中国贫困治理的战略目标其实就是实现全体中国人民的共同富裕。该目标早在 20 世纪 50 年代初，即新中国成立之初就已经被提出来了。从公开的文献资料来看，在新中国历史上最早提出共同富裕这个贫困治理战略目标的是邓子恢。[①] 1953 年 4 月，全国第一次农村工作会议在北京召开，邓子恢在该会议的总结报告中认为，"组织起来大家富裕的道路，同时也就是缩小富农的剥削范围，又限制了农村资本主义发展的道路"[②]。他还深刻指出，我们党的任务在于领导农民"走互助合作共同上升大家富裕的道路"[③]。在这里，邓子恢所说的"大家富裕"其实就是共同富裕的意思。他的这种思想无疑是共同富裕的思想。尤其值得注意的是，邓子恢虽然主张党领导农民走共同富裕的道路，但是他并不主张吃"大锅饭"。他说："合作社吃大锅饭必须反对。"[④] 在邓子恢看来，实现共同富裕不是一朝一夕的事情，需要长期的努力，所以他反对急躁冒进。他当时就深刻指出："今天在全国范围来说，急躁冒进是主要的偏向，是主要的危险。"[⑤] 这说明，在如何实现共同富裕这个问题上，邓子恢其实已经有了初步的探索。

---

① 邓子恢（1896～1972），福建龙岩新罗区人，伟大的共产主义战士，杰出的马克思主义者，无产阶级革命家、政治家，卓越的农民运动和农业工作专家。他对中国革命和建设做出了重大贡献。《关于建国以来党的若干历史问题的决议》指出："邓子恢等同志提出了农业中要实行生产责任制的观点。所有这些，在当时和以后都有重大的意义。"（《三中全会以来重要文献选编》下，人民出版社，1982，第 804 页）

② 邓子恢：《邓子恢文集》，人民出版社，1996，第 342～343 页。

③ 邓子恢：《邓子恢文集》，人民出版社，1996，第 343 页。

④ 邓子恢：《邓子恢文集》，人民出版社，1996，第 349 页。

⑤ 邓子恢：《邓子恢文集》，人民出版社，1996，第 345 页。

1953 年 7 月 2 日，邓子恢在中国新民主主义青年团第二次全国代表大会上的讲话中又一次强调了共同富裕的思想。[①]

共同富裕思想于 1953 年 12 月 16 日在中国共产党中央委员会《关于发展农业生产合作社的决议》中就已被正式提出。该决议提出"使农民能够逐步完全摆脱贫困的状况而取得共同富裕和普遍繁荣的生活"[②]。此后，毛泽东多次谈到并阐述过共同富裕思想。[③] 共同富裕思想在党的重要文献里被明确地提出来，并被党和国家最高领导人多次论述，这说明，在 20 世纪 50 年代初，共同富裕思想已经成为中国共产党的一个重要的指导中国社会主义建设的思想。

共同富裕既是中国共产党用以指导社会主义建设的重要思想，是中国社会主义建设的重要目标，也是中国贫困治理的战略目标。之所以说共同富裕思想是中国贫困治理的战略目标，原因在于这个目标具有全局性、方向性，真正体现了中国共产党作为马克思主义先进政党所具有的人民性和它的全心全意为人民服务、立党为公执政为民、将人民利益看得高于一切的价值追求。

二　中国贫困治理战略目标内涵的丰富与发展

共同富裕作为中国贫困治理的战略目标，其内涵是不断丰富和发展的。1953 年邓子恢在负责主抓国家农村工作时，他话语中的共同富裕主要是针对中国农民的。同年年底中共中央通过的《关于发展农业生产合作社的决议》里的共同富裕目标，也是为中国广大农民所定下的目标。这里可能会引起质疑：既然是要实现共同富裕的目标，怎么只提农民共同富裕而不谈别的阶级阶层呢？其实，只要考虑一下中国共产党一直以来对中国国情的思考，就会很容易明白中国共产党为什么在提共同富裕目标时最先提出的是怎么使农民实现共同富裕。早在中国共产党成立初期，中国共产

[①] 邓子恢的原话是："我们的责任就在于教育农民走组织起来大家富裕的新道路，指出旧道路是使生产下降，绝大多数农民贫穷困苦的道路；以农民在旧社会里所亲身体验过的实例来教育农民，使他们明白走旧的资本主义道路只有极少数人可能在剥削别人的基础上单独富裕起来，而绝不能大家富裕共同发展。"（《建国以来重要文献选编》第 4 册，中央文献出版社，1993，第 284 页）

[②] 《建国以来重要文献选编》第 4 册，中央文献出版社，1993，第 662 页。

[③] 毛泽东在 1955 年 7 月 31 日、10 月 27 日、10 月 29 日都明确提到和论述了共同富裕思想。

党人就已经非常重视对中国国情的研究，他们认为中国的问题，主要是农民问题，因为农民在中国占人口的绝大部分，他们是中国人口的主体。在他们眼里，只要中国农民的贫困问题解决了，中国社会的其他阶级阶层的贫困问题其实就不是什么太大的问题了。1925 年，毛泽东发表了《中国社会各阶级的分析》一文，对当时中国社会各阶级的情况作了精辟分析。他认为："绝大部分半自耕农和贫农是农村中一个数量极大的群众。"① "现代工业无产阶级约二百万人。中国因经济落后，故现代工业无产阶级人数不多。"② 这里其实告诉我们，中国的贫困人口主要是农民和工人，而工人的总人口很少，因此中国社会的贫困，其实主要就是农民的贫困。在以后的革命岁月里，中国共产党人都高度重视中国农民和农民问题。1945 年 4 月，毛泽东指出："为着消灭日本侵略者和建设新中国，必须实行土地制度的改革，解放农民。"③ 在中国共产党人看来，占据中国人口绝大部分的农民的问题应该是中国共产党时刻需要关注的问题，这个问题处理得好与坏，直接关系着中国的前途命运。因此，新中国成立之初，在共同富裕问题上，中国共产党人首先突出农民的共同富裕，这是有着充分的理论和现实依据的。

　　继 1953 年在党的重要文献里正式提出共同富裕目标之后，毛泽东在谈及和论述共同富裕时，把农民以外的其他属于人民范畴的人群都包括了进来。1955 年 10 月 29 日，毛泽东在资本主义工商业社会主义改造问题座谈会上的讲话中指出："我们的目标是要使我国比现在大为发展，大为富、大为强……而这个富，是共同的富，这个强，是共同的强，大家都有份。"④ 在毛泽东看来，共同富裕大家有份也包括地主阶级、资产阶级，因为他们经过思想改造后会成为农民和工人，会最终成为人民群众的一份子。毛泽东还说："这种共同富裕，是有把握的，不是什么今天不晓得明天的事。"⑤ 显然，共同富裕作为中国贫困治理的战略目标，其内涵是不断丰富和发展的。

---

① 《毛泽东选集》第 1 卷，人民出版社，1991，第 6 页。
② 《毛泽东选集》第 1 卷，人民出版社，1991，第 7 页。
③ 《毛泽东选集》第 3 卷，人民出版社，1991，第 1074 页。
④ 《毛泽东文集》第 6 卷，人民出版社，1999，第 495 页。
⑤ 《毛泽东文集》第 6 卷，人民出版社，1999，第 496 页。

　　党的十一届三中全会后，以邓小平同志为核心的党中央第二代领导集体在新的时代形势下多次重提并深刻阐述了共同富裕思想和目标，丰富和发展了共同富裕的内涵。邓小平在论述共同富裕时，把共同富裕作为社会主义的重要特征甚至本质特征提出来，明确了实现共同富裕的方式方法、具体步骤等。改革开放后，邓小平是共同富裕的大力提倡者和推动者，他在很多场合都深刻论述过共同富裕问题。邓小平所说的共同富裕，是指在社会主义条件下，通过解放和发展生产力，消灭剥削，消除两极分化，最终使全社会的产品极大丰富，人民的分配水平大大提高，人们之间的贫富差距大大缩小，普遍地过上富裕、美满的幸福生活。在党的十一届三中全会召开前夕，邓小平指出："要允许一部分地区、一部分企业、一部分工人农民，由于辛勤努力成绩大而收入先多一些，生活先好起来"，"使全国各族人民都能比较快地富裕起来。"① 从邓小平的论述可以看出，在中国改革开放还没有正式启动之时，针对中国新的社会现实的共同富裕思想和目标就已经产生了。此后，邓小平就允许和鼓励一部分地区、一部分人先富裕起来逐步达到共同富裕的思想作过多次论述和反复强调。不仅如此，他还把实现全国人民的共同富裕当作社会主义的根本目的和本质特征。例如，1985 年 3 月 7 日，邓小平在全国科技工作会议上指出："社会主义的目的就是要全国人民共同富裕，不是两极分化。"② 到 1992 年初，邓小平把实现共同富裕看成社会主义的本质特征，这样，中国贫困治理的内涵就得到了进一步的丰富与发展。邓小平还曾谈到他的共同富裕构想是怎么提出来的。他说："共同富裕的构想是这样提出的：一部分地区有条件先发展起来，一部分地区发展慢点，先发展起来的地区带动后发展的地区，最终达到共同富裕。如果富的愈来愈富，穷的愈来愈穷，两极分化就会产生，而社会主义制度就应该而且能够避免两极分化。解决的办法之一，就是先富起来的地区多交点利税，支持贫困地区的发展……什么时候突出地提出和解决这个问题，在什么基础上提出和解决这个问题，要研究。可以设想，在本世纪末达到小康水平的时候，就要突出地提出和解决这个问题。到那个时候，发达地区要继续发展，并通过多交利税和技术转让等方

---

① 《邓小平文选》第 2 卷，人民出版社，1994，第 152 页。
② 《邓小平文选》第 3 卷，人民出版社，1993，第 110~111 页。

式大力支持不发达地区……总之，就全国范围来说，我们一定能够逐步顺利解决沿海同内地贫富差距的问题。"① 邓小平不仅认为共同富裕是社会主义的本质，还阐述了实现共同富裕的办法和步骤等。

江泽民、胡锦涛、习近平等党和国家领导人在领导中国特色社会主义伟大实践中，不断地在内涵上丰富和发展了共同富裕思想和目标。

江泽民提出，建设中国特色社会主义，要"兼顾效率与公平""运用包括市场在内的各种调节手段，既鼓励先进，促进效率，合理拉开收入差距，又防止两极分化，逐步实现共同富裕"②。1993 年，党的十四届三中全会通过的《中共中央关于建立社会主义市场经济体制若干问题的决定》指出："坚持鼓励一部分地区一部分人通过诚实劳动和合法经营先富起来的政策，提倡先富带动和帮助后富，逐步实现共同富裕。"③ 江泽民多次强调："社会主义应当创造比资本主义更高的生产力，也应当实现资本主义难以达到的社会公正。"④ 在共同富裕问题上，江泽民根据中国所面临的新的时代特征，丰富和发展了其内涵。1993 年 12 月 18 日，江泽民指出："社会主义的优越性不仅表现在经济政治方面，表现在能够创造出高度的物质文明上，而且表现在思想文化方面，表现在能够创造出高度的精神文明上。贫穷不是社会主义；精神生活空虚，社会风气败坏，也不是社会主义。现代化建设的实践告诉我们，越是集中力量发展经济，越是加快改革开放的步伐，就越是需要社会主义精神文明提供强大的精神动力和智力支持，以保证物质文明建设的顺利进行。必须充分认识到，两个文明建设缺少任何一个方面的发展，都不成其为有中国特色的社会主义。"⑤ 1997 年 5 月 26 日，江泽民在中央精神文明建设指导委员会第一次全体会议上的讲话中指出："人类社会发展的历史证明，一个民族，物质上不能贫困，精神上也不能贫困，只有物质和精神都富有，才能成为一个有强大生命力和凝聚力的民族。"⑥ "我们进行的一切工作，既要着眼于人民现实的物质文化生活需要，同时又要着眼于促进人民素质的提高，也就是要努

---

① 《邓小平文选》第 3 卷，人民出版社，1993，第 373 ~ 374 页。
② 《江泽民文选》第 1 卷，人民出版社，2006，第 227 页。
③ 《改革开放三十年重要文献选编》上，中央文献出版社，2008，第 741 页。
④ 江泽民：《论社会主义市场经济》，中央文献出版社，2006，第 137 页。
⑤ 《江泽民论有中国特色社会主义（专题摘编）》，中央文献出版社，2002，第 380 页。
⑥ 《江泽民论有中国特色社会主义（专题摘编）》，中央文献出版社，2002，第 382 页。

力促进人的全面发展。"① "推进人的全面发展，同推进经济、文化的发展和改善人民物质文化生活，是互为前提和基础的。人越全面发展，社会的物质文化财富就会创造得越多，人民的生活就越能得到改善，而物质文化条件越充分，又越能推进人的全面发展。"② 显然，共同富裕思想和目标的内涵有了明显的拓展和丰富。

进入 21 世纪，中国人民生活总体上达到了小康水平。以胡锦涛同志为总书记的党中央总结国内外经验，提出了科学发展观这一重大战略思想。在党的十七大报告中，胡锦涛强调："必须在经济发展的基础上，更加注重社会建设，着力保障和改善民生，推进社会体制改革，扩大公共服务，完善社会管理，促进社会公平正义，努力使全体人民学有所教、劳有所得、病有所医、老有所养、住有所居，推动建设和谐社会。"③ 以上论述更多地强调了人民群众在享受各种权益上的公平。可见，共同富裕还突出地包括了人们在各种权利享受上的公平以及共同富有。胡锦涛反复强调和倡导坚持以人为本，高度关注人的多方面需求和全面发展，从而丰富和拓展了共同富裕的内涵。

党的十八大以来，以习近平同志为核心的党中央领导集体继续丰富和拓展了共同富裕思想和目标的内涵。习近平总书记在如何实现中国人民共同富裕的问题上有许多深刻阐述。这些阐述反映了他对共同富裕思想和目标内涵的进一步丰富和拓展，这主要体现在如下三个方面。第一，明确把实现共同富裕作为党的首要使命。2015 年 9 月 22 日，习近平指出："中国执政者的首要使命就是集中力量提高人民生活水平，逐步实现共同富裕。"④ 第二，突出强调实现共同富裕的制度安排。在如何实现共同富裕这个问题上，历任党和国家最高领导人都曾经作过论述。例如，毛泽东主张通过带领农民走社会主义合作化道路，为中国工业化做准备，通过各族人民共同努力，发展社会生产力，逐步实现农民的共同富裕和全中国人民的共同富裕。邓小平主张大力发展社会生产力，允许一部分人、一部分地区先富裕起来，让先富者带动大家，然后逐步实现共同富裕。江泽民认

① 《江泽民文选》第 3 卷，人民出版社，2006，第 294 页。
② 《江泽民文选》第 3 卷，人民出版社，2006，第 295 页。
③ 《十七大以来重要文献选编》上，中央文献出版社，2009，第 29 页。
④ 《十八大以来重要文献选编》中，中央文献出版社，2016，第 684 页。

为，贫穷不是社会主义，精神空虚也不是社会主义。胡锦涛指出："我们必须坚持发展为了人民、发展依靠人民、发展成果由人民共享，作出更有效的制度安排，使全体人民朝着共同富裕方向稳步前进，绝不能出现'富者累巨万，而贫者食糟糠'的现象。"① 第三，主张实施精准扶贫，助力全面建成小康社会和实现共同富裕。历任党和国家领导人都重视民生问题，并为此做出了巨大努力。习近平总书记指出，在中国全面建成小康社会和实现共同富裕，需要实施精准扶贫策略。② 2015 年 11 月 27 日，习近平在中央扶贫开发工作会议上指出："总结各地实践和探索，好路子好机制的核心就是精准扶贫、精准脱贫，做到扶持对象精准、项目安排精准、资金使用精准、措施到户精准、因村派人精准、脱贫成效精准。这是贯彻实事求是思想路线的必然要求。"③ 习近平总书记所提出的精准扶贫思想，目的是助力全面建成小康社会和实现共同富裕。

第三节　中国贫困治理的阶段性目标

在贫困治理问题上，历任党和国家领导人还提出过一些阶段性的目标，这对于指导中国的贫困治理起到过积极作用。

一　改革开放前中国贫困治理阶段性目标的典型表述

改革开放前，就中国贫困治理阶段性目标的典型表述来说，主要是指以毛泽东同志为核心的党中央领导集体关于中国贫困治理的阶段性目标的相对典型的表述。

毛泽东在谈及中国贫困治理的战略目标时，往往也会谈到中国贫困治理的阶段性目标。新中国成立后，随着社会主义改造的基本完成以及中国全面的大规模经济建设的展开和世界现代化进程的不断深化，中国共产党人对中国社会主义建设目标的认识也不断深化。毛泽东认为，中国的社会

---

① 《十八大以来重要文献选编》中，中央文献出版社，2016，第 827 页。

② 时下不少学者把精准扶贫看成一种战略，这是值得商榷的。笔者认为，在中国摆脱贫困的过程中，如果把扶贫开发和实现共同富裕作为战略看待，那么把精准扶贫看成一种策略更为恰当。

③ 《十八大以来重要文献选编》下，中央文献出版社，2018，第 38 页。

主义现代化建设应该有步骤、分阶段地进行。1953 年，新中国开始执行发展国民经济的第一个五年计划，毛泽东和中共中央确定用三个五年计划即 15 年左右的时间完成国家工业化。① 中国实现工业化仅仅是第一步，更为长远的奋斗目标是在 50 年左右或更长的时间内把中国建设成为一个高度工业化的社会主义强国。1956 年党的八大期间，毛泽东在接见外宾时指出："要使中国变成富强的国家，需要五十到一百年的时光。"② 后来，毛泽东又指出："中国的人口多、底子薄，经济落后，要使生产力很大地发展起来，要赶上和超过世界上最先进的资本主义国家，没有一百多年的时间，我看是不行的。也许只要几十年，例如有些人所设想的五十年，就能做到。果然这样，谢天谢地，岂不甚好。但是我劝同志们宁肯把困难想得多一点，因而把时间设想得长一点。"③ 综合以上论述可以看出，毛泽东在国家建设问题上其实有一个"两步走"的设想，即第一步完成国家工业化，第二步建成社会主义工业化强国。1964 年底，周恩来在三届人大一次会议上的政府工作报告中宣布："从第三个五年计划开始，我国的国民经济发展，可以按两步来考虑：第一步，建立一个独立的比较完整的工业体系和国民经济体系；第二步，全面实现农业、工业、国防和科学技术的现代化，使我国经济走在世界的前列。"④ 在第四届全国人民代表大会第一次会议上，周恩来指出："遵照毛主席的指示，三届人大的政府工作报告曾经提出，从第三个五年计划开始，我国国民经济的发展，可以按两步来设想：第一步，用十五年时间，即在一九八〇年以前，建成一个独立的比较完整的工业体系和国民经济体系；第二步，在本世纪内，全面实现农业、工业、国防和科学技术的现代化，使我国国民经济走在世界的前列。"⑤ 这里要指出的是，国民经济发展"两步走"的战略，是党和国家领导人在国家建设目标上的设想，也是他们对于中国贫困治理阶段性目标的典型表述。

---

① 1953 年 12 月，毛泽东对过渡时期总路线宣传提纲进行修改，他认为，要完成工业化的任务，"大约需要经过三个五年计划，就是大约十五年左右的时间"。(《毛泽东文集》第 6 卷，人民出版社，1999，第 316 页)
② 《毛泽东文集》第 7 卷，人民出版社，1999，第 124 页。
③ 《毛泽东文集》第 8 卷，人民出版社，1999，第 302 页。
④ 《建国以来重要文献选编》第 19 册，中央文献出版社，1998，第 483 页。
⑤ 《周恩来选集》下，人民出版社，1984，第 479 页。

二　改革开放后中国贫困治理阶段性目标的典型表述

从 1979 年到 2012 年党的十八大召开前，中国贫困治理的阶段性目标经过邓小平、江泽民、胡锦涛等党和国家领导人的阐述，形成了权威性的典型表述，即关于中国经济社会发展"三步走"战略的表述。中国经济社会发展"三步走"战略，也可以被认为是新中国改革开放后贫困治理阶段性目标的典型表述。

中国经济社会发展"三步走"战略的提出有一个过程。党的十一届三中全会以后，以邓小平同志为核心的党中央第二代领导集体把党的工作重心转移到经济建设上来，开创了中国社会主义现代化建设和改革开放的新时期。邓小平在毛泽东"两步走"发展战略的基础上，继续探索中国现代化的发展道路。1985 年 3 月 7 日，邓小平在全国科技工作会议上指出："我们奋斗了几十年，就是为了消灭贫困。第一步，本世纪末，达到小康水平，就是不穷不富，日子比较好过的水平。第二步，再用三五十年的时间，在经济上接近发达国家的水平，使人民生活比较富裕。这是大局。"① 在这里，邓小平使用了"第一步、第二步"的说法。1987 年 4 月，邓小平在会见西班牙客人时，在谈到第一步、第二步具体目标时，又谈到了"第三步"的目标。他说："我们原定的目标是，第一步在八十年代翻一番。以一九八〇年为基数，当时国民生产总值人均只有二百五十美元，翻一番，达到五百美元。第二步是到本世纪末，再翻一番，人均达到一千美元。实现这个目标意味着我们进入小康社会，把贫困的中国变成小康的中国……我们制定的目标更重要的还是第三步，在下世纪用三十年到五十年再翻两番，大体上达到人均四千美元。"② 也就是在这一年，邓小平"三步走"发展战略写入了党的十三大报告。③ 以邓小平同志为核心的党中央

---

① 《邓小平文选》第 3 卷，人民出版社，1993，第 109 页。

② 《邓小平文选》第 3 卷，人民出版社，1993，第 226 页。

③ 党的十三大报告的表述是："党的十一届三中全会以后，我国经济建设的战略部署大体分三步走。第一步，实现国民生产总值比一九八〇年翻一番，解决人民的温饱问题"，"第二步，到本世纪末，使国民生产总值再增长一倍，人民生活达到小康水平。第三步，到下个世纪中叶，人均国民生产总值达到中等发达国家水平，人民生活比较富裕，基本实现现代化。然后，在这个基础上继续前进。"（《十三大以来重要文献选编》上，人民出版社，1991，第 16 页）

第二代领导集体关于中国经济社会发展"三步走"战略的表述，就是新中国改革开放后贫困治理阶段性目标的典型表述。

以江泽民同志为核心的党中央第三代领导集体丰富和发展了"三步走"发展战略。1990年12月，《中共中央关于制定国民经济和社会发展十年规划和"八五"计划的建议》对小康目标作了规划："人民生活逐步达到小康水平，是九十年代经济发展的重要目标。所谓小康水平，是指在温饱的基础上，生活质量进一步提高，达到丰衣足食。这个要求既包括物质生活的改善，也包括精神生活的充实；既包括居民个人消费水平的提高，也包括社会福利和劳动环境的改善。"① 1991年3月，七届全国人大四次会议通过的《关于国民经济和社会发展十年规划和第八个五年计划纲要的报告》将未来10年的发展目标描述为："今后十年总的目标，是努力使全国人民的生活达到小康水平。"② "我们所说的小康生活，是适应我国生产力发展水平，体现社会主义基本原则的。人民生活的提高，既包括物质生活的改善，也包括精神生活的充实；既包括居民个人消费水平的提高，也包括社会福利和劳动环境的改善。"③ 在后来的几年里，党和国家带领人民朝着预定的目标奋力前行。鉴于经济社会发展的良好态势，1997年9月，江泽民在党的十五大报告中对21世纪前50年中国的现代化建设提出了分阶段发展的构想。他说："展望下世纪，我们的目标是，第一个十年实现国民生产总值比二〇〇〇年翻一番，使人民的小康生活更加宽裕，形成比较完善的社会主义市场经济体制；再经过十年的努力，到建党一百年时，使国民经济更加发展，各项制度更加完善；到世纪中叶建国一百年时，基本实现现代化，建成富强民主文明的社会主义国家。"④ 江泽民提出的21世纪前50年分三个阶段的发展构想，被称为"小三步走"发展战略。这是对邓小平提出的"三步走"发展战略的新发展，是小康社会理论与实践发展的新成果。"小三步走"发展战略又可以被认为是中国共产党在新的历史形势下所提出的三个阶段性的贫困治理目标。

党的十六大提出了全面建成小康社会的奋斗目标。为实现经济社会更

---

① 《十三大以来重要文献选编》中，人民出版社，1991，第1401页。
② 《十三大以来重要文献选编》下，人民出版社，1993，第1506页。
③ 《十三大以来重要文献选编》下，人民出版社，1993，第1506～1507页。
④ 《十五大以来重要文献选编》上，人民出版社，2000，第4页。

好更快的发展，以胡锦涛同志为总书记的党中央在新的形势下提出了科学发展观和构建社会主义和谐社会等重大理论和社会主义建设目标。

无论是邓小平提出的"三步走"发展战略还是江泽民提出的"小三步走"发展战略，事实上都是新中国改革开放后贫困治理阶段性目标的典型表述。

三　新时代中国贫困治理阶段性目标的典型表述

党的十八大以来，以习近平同志为核心的党中央带领全国各族人民奔向新时代。围绕国内外形势变化和我国各项事业发展提出的重大时代课题，中国共产党"坚持以马克思列宁主义、毛泽东思想、邓小平理论、'三个代表'重要思想、科学发展观为指导，坚持解放思想、实事求是、与时俱进、求真务实，坚持辩证唯物主义和历史唯物主义，紧密结合新的时代条件和实践要求，以全新的视野深化对共产党执政规律、社会主义建设规律、人类社会发展规律的认识，进行艰辛理论探索，取得重大理论创新成果，形成了新时代中国特色社会主义思想"。[①]

在党的十九大报告中，习近平总书记指出："从十九大到二十大，是'两个一百年'奋斗目标的历史交汇期。我们既要全面建成小康社会、实现第一个百年奋斗目标，又要乘势而上开启全面建设社会主义现代化国家新征程，向第二个百年奋斗目标进军。"[②] 这里所说的"第一个百年奋斗目标"和"第二个百年奋斗目标"，内在地包含新时代中国贫困治理的阶段性目标，那就是以"两个一百年"为分界点规划和确定中国贫困治理的阶段性目标。

在实现"两个一百年"奋斗目标的问题上，习近平总书记在党的十九大报告中作了详细说明。简单地说，就是分两个阶段去奋斗和实现：2020年到2035年为第一个阶段，该阶段要在全面建成小康社会的基础上实现社会主义现代化；2035年到21世纪中叶为第二个阶段，要在基本实现现代化的基础上建成富强民主文明和谐美丽的社会主义现代化强国。

习近平总书记在贫困治理方面有着极为深刻的见解。例如，就贫困治

---

① 《十九大以来重要文献选编》上，中央文献出版社，2019，第13页。
② 《十九大以来重要文献选编》上，中央文献出版社，2019，第20页。

理的目标，他多次作过重要论述："小康不小康，关键看老乡。"① "让广大农民都过上幸福美满的好日子，一个都不能少，一户都不能落。"② "全面实现小康，一个民族都不能少。"③ "保障和改善民生没有终点，只有连续不断的新起点。"④ 这些也是新时代中国贫困治理阶段性目标的典型表述。

四　在不同历史条件下中国贫困治理阶段性目标典型表述的联系性

新中国成立 70 多年来，中国贫困治理的接力棒一代一代地传递下来，绘就了中国共产党贫困治理的波澜壮阔的历史画卷。

1919 年 7 月 11 日，列宁在斯维尔德洛夫大学就国家问题发表演讲时说，在社会科学问题上有一种最可靠的方法，"那就是不要忘记基本的历史联系，考察每个问题都要看某种现象在历史上怎样产生、在发展中经过了哪些主要阶段，并根据它的这种发展去考察这一事物现在是怎样的"⑤。列宁的这段论述为我们考察党和国家领导人在贫困治理问题上的接力奋斗提供了科学的方法论。笔者认为，在不同历史条件下，中国共产党关于贫困治理阶段性目标的典型表述是不相同的，但是这些表述之间具有必然的联系性。

（1）党和国家领导人关于贫困治理阶段性目标表述的哲学基础是相同的。党和国家领导人关于贫困治理阶段性目标的表述是他们关于社会主义建设思想的一个重要组成部分。虽然历届党和国家领导人所处的时代不一样，但是他们都坚持以马克思主义为指导。辩证唯物主义和历史唯物主义的世界观是整个马克思主义的理论基础，它要求人们对自然、对社会乃至对世上一切事物，都要按照其本来面目去认识和了解，去发现问题和解决问题，换句话说，这就是要求人们解放思想、实事求是。马克思主义是解

---

① 《习近平在海南考察：加快国际旅游岛建设　谱写美丽中国海南篇》，中国共产党新闻网，2013 年 4 月 11 日。
② 《习近平：主动把握和积极适应经济发展新常态　推动改革开放和现代化建设迈上新台阶》，中国共产党新闻网，2014 年 12 月 15 日。
③ 《习近平总书记会见贡山独龙族怒族自治县干部群众代表侧记》，中国共产党新闻网，2015 年 1 月 22 日。
④ 习近平：《在江西调研考察时的讲话》，《人民日报》2016 年 2 月 4 日。
⑤ 《列宁全集》第 37 卷，人民出版社，2017，第 65 页。

放思想、实事求是的产物,列宁主义、毛泽东思想、邓小平理论、"三个代表"重要思想、科学发展观以及习近平新时代中国特色社会主义思想,都是解放思想、实事求是的产物。解放思想、实事求是是马克思列宁主义的精髓,是毛泽东思想的精髓,也是邓小平理论、"三个代表"重要思想、科学发展观以及习近平新时代中国特色社会主义思想的精髓。历届党和国家领导人关于贫困治理阶段性目标的表述,都是本着实事求是、解放思想的原则,针对中国国情和面临的国际形势以及肩负的历史使命而提出来的,是坚持以马克思主义世界观和方法论为指导解决中国现实问题的必然产物。

（2）党和国家领导人关于贫困治理阶段性目标的表述在主旨上是完全一致的。这里所谓的主旨,指的是主要目的,也可以理解为最根本的奋斗目标。党和国家领导人确立贫困治理阶段性目标的根本目的确实是完全一致的,那就是实现共同富裕,使国家富强、民族振兴、人民幸福。

（3）党和国家领导人关于贫困治理阶段性目标的表述凝聚着"以人民为中心"的发展理念①。中国共产党自成立时起,就坚持以马克思主义为指导,为建立独立、富强、民主、文明、统一的新中国而奋斗。中国共产党在带领全国各族人民开展反帝反封建的卓绝斗争的过程中,不断丰富和发展马克思主义,形成了人民利益高于一切、全心全意为人民服务等光辉思想和执政理念。正如毛泽东 20 世纪 40 年代所指出的那样:"共产党是为民族、为人民谋利益的政党,它本身决无私利可图。"② 他告诫全党:"应该使每个同志明了,共产党人的一切言论行动,必须以合乎最广大人民群众的最大利益,为最广大人民群众所拥护为最高标准。"③ 新中国成立后,党和国家领导人结合中国实际不断推进马克思主义中国化,始终坚持人民利益高于一切、全心全意为人民服务等思想理念,时刻不忘以最广大人民的根本利益为最高准绳。1954 年 10 月 18 日,毛泽东在国防委员会第一次会议上指出:"我们的方向就是人民的方向。"④ 以毛泽东、邓小

---

① 以人民为中心的发展思想虽然是党的十八届五中全会首次明确提出的,但事实上,中国共产党自诞生时开始就在以自己的实际行动践行着以人民为中心的思想理念。

② 《毛泽东选集》第 3 卷,人民出版社,1991,第 809 页。

③ 《毛泽东选集》第 3 卷,人民出版社,1991,第 1096 页。

④ 《毛泽东文集》第 6 卷,人民出版社,1999,第 358 页。

平、江泽民、胡锦涛、习近平为主要代表的中国共产党人，始终以人民拥护不拥护、赞成不赞成、高兴不高兴、答应不答应作为制定各项方针政策的出发点和归宿。

中国共产党在不同历史条件下关于中国贫困治理阶段性目标典型表述的联系性表明，党和国家领导人关于贫困治理阶段性目标的表述在本质上是完全一致的，都统一于中国贫困治理的战略目标。

第五章　中国贫困治理的宏观结构及其演进特点

改革开放之前，中国没有扶贫开发一说，民政部（前身是内务部）、劳动部和卫生部①承担着国家社会保障的部分业务而成为国家贫困治理的主要职能机构；相对于其他部门，它们是"专职的"②贫困治理部门。改革开放后，上述职能部门仍然承担着贫困治理的工作。20世纪80年代中期，国家成立国务院贫困地区经济开发领导小组办公室③，该机构专门负责扶贫开发工作，社会保障这一块仍然由民政部、劳动部和卫生部等部门共同负责。之后，人力资源和社会保障部成立，承担了社会保障这一块的大部分职能，但是民政部等部门仍然与国家社会保障有着密切的联系，仍然是"专职的"贫困治理部门。"专职的"贫困治理机构及其运作体系事实上构成了中国贫困治理的主体结构。除了"专职的"贫困治理机构，我国还有一些"非专职的"贫困治理机构，如非政府组织，它们事实上构成了中国贫困治理的辅助结构（见图5-1）。

---

① 后来这些机构的名称有过多次变动。但不管它们的名称在以后的机构改革中怎么变化，承担我国贫困治理重要工作的往往都是主管民政、劳动和卫生工作的机构。

② 此处笔者特意为"专职的"三字加了引号，并非真认为它们是专职的贫困治理机构。严格来说，改革开放之前，中国没有像国务院扶贫开发领导小组办公室这样专门管理贫困治理的机构。笔者这样处理是出于行文的需要。

③ 1993年12月改名为国务院扶贫开发领导小组办公室，简称国务院扶贫办。

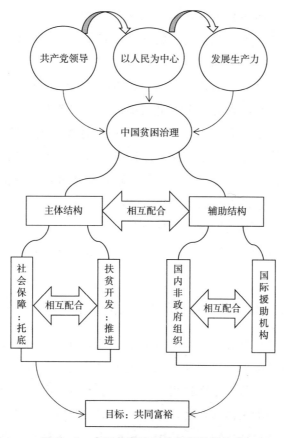

图 5 - 1 中国贫困治理的宏观结构示意

第一节 中国贫困治理的主体结构

下面就中国贫困治理主体结构的构成及其主导地位作些简要论述。

一 中国贫困治理主体结构的构成

从宏观上看，中国贫困治理的主体结构其实是由中央和各级地方人民政府及其所辖"专职的"贫困治理部门以及它们的运作体系所构成。诚如前文所说，改革开放之前，承担贫困治理职能的机构主要是内务部、劳动部和卫生部。国务院贫困地区经济开发领导小组成立后，由于它下设的办公室是专门负责扶贫开发工作的，国家"专职的"贫困治理机构因此呈现出了新的格局。后来，国务院多次进行机构改革，原内务部、劳动部所承担的社会保障业务都划归国家人力资源和社会保障部；卫生部所承担的业务（包括过去的社会保障业务）基本都划归国家卫生健康委员会。2008 年国务院实行大部制改革时成立的人力资源和社会保障部承担了原劳动部、民政部和卫生部的社会保障职能。2018 年成立了国家医疗保障局和国家退役军人事务部，作为国务院的直属机构。国家医疗保障局承担了过去由国家卫生和计划生育委员会主管的医疗保险、生育保险、医疗救助等业务；国家退役军人事务部承担了过去由民政部主管的退役军人服务保障业务。因此，现在构成我国贫困治理主体结构的机构主要是国务院扶贫开发领导小组办公室、人力资源和社会保障部、民政部、国家医疗保障局和国家退役军人事务部。它们的组织框架连同它们在贫困治理中的运作模式就构成了中国贫困治理的主体结构。

二　中国贫困治理主体结构的主导地位

目前，中国贫困治理的主体结构在组织机构层面，主要由五个大的部门构成：一是国务院扶贫开发领导小组办公室，专门负责国家扶贫开发工作，是纯粹的贫困治理机构；二是国家人力资源和社会保障部，主管劳动和社会保障工作，社会保障这一块是它非常重要的业务，因此它也是国家的贫困治理机构；三是国家民政部，它下辖社会救助司、儿童福利司、慈善事业促进和社会工作司、养老服务司等部门，其业务本质上还是社会保障，它自然也是国家的贫困治理机构；四是国家医疗保障局，它虽然是副部级行政机构，但直属国务院管辖，该机构负责医疗保障这项重要工作，它当然算是贫困治理机构；五是国家退役军人事务部，专门管理退役军人社会保障，它的贫困治理功能也不可小觑。上述五大部门可以粗略地分成两块：一是负责扶贫开发工作的部门，即国务院扶贫开发领导小组办公室；二是负责社会保障工作的部门，包括国家人力资源和社会保障部、民政部、国家医疗保障局和国家退役军人事务部四部门。国务院扶贫开发领导小组办公室与承担国家社会保障职能的人力资源和社会保障部、民政部、国家医疗保障局、退役军人事务部明显不一样，它是专门指导和承担扶贫开发工作的，而其他四部门则主要负责社会保障工作。扶贫开发的"推进"和社会保障的"托底"都是很重要的，它们彼此间要紧密配合。也就是说上述这五大部门在贫困治理问题上需要紧密配合，才能做好国家的贫困治理工作。在我国，各级地方政府中一般要设立与国家一级行政机构相对应的行政机构，这样，省、地（市）、县都会有贫困治理部门。这样就形成了一个从中央到地方的具有一定规模特征的贫困治理机构体系，这种贫困治理机构体系本身的结构以及它们的运作体系，就构成了国家的贫困治理主体结构，同时也突出地彰显了它们是国家贫困治理的主要力量。

第二节　中国贫困治理的辅助结构

中国的贫困治理事业是中国共产党领导下的事业，同时，其他社会力量对于中国贫困治理事业而言也非常重要。

一　中国贫困治理辅助结构的构成

中国国内的非政府组织和国际援助机构①本身以及它们在中国贫困治理过程中的运作体系，共同构成中国贫困治理的辅助结构。

党和国家领导人一贯坚持独立自主、自力更生的社会主义建设原则，但是也不拒绝必要的国际援助。在中国，贫困治理是党和国家的责任，但党和国家为了更好地开展贫困治理工作，主张调动国内外一切积极因素。因此，在贫困治理的过程中，中国积极争取国内各种非政府组织参与贫困治理，也积极争取国际援助机构在资金、技术等方面的援助。在中国，一些非政府组织有自己的主业，但是它们的管理者热心公益事业，发扬中国传统美德，很乐意扶贫济困，积极参与国家的贫困治理事业。事实证明，非政府组织参与国家贫困治理事业确实能壮大国家贫困治理的力量。但是，这种力量只能起到辅助作用。因此，国内的一些热心扶贫济困的非政府组织在中国贫困治理方面有着积极的辅助作用和地位。另外，国际援助机构对中国贫困治理也有辅助作用。

---

①　国际援助机构也称国际发展援助机构，是指国际上为促进世界发展而执行具体援助的主体，可分为官方援助机构和非官方援助机构。其中官方援助又包括双边官方援助和多边官方援助。总体上，可以把国际援助的主体分为三部分，分别是双边援助机构、多边援助机构以及非政府援助机构。

二　国内非政府组织在国家贫困治理中的辅助地位

非政府组织具有民间性、公益性、自治性、志愿性、非营利性等特征，它们能够成为政府与人民群众联系的桥梁和纽带，成为分担政府社会管理职能的重要载体和维护社会稳定的一种安全阀，在推动和谐社会建设、促进社会稳定方面发挥着一定的积极作用。它们在中国贫困治理中能起到辅助作用，有一定的辅助地位。

国内非政府组织在中国贫困治理中的辅助作用和地位通过以下方式凸显出来。

第一，通过慈善、救济、捐赠等活动彰显出来。在非政府组织中，有一些就是以从事慈善、救济、捐赠等公益活动为宗旨的组织，这类非政府组织把热心慈善事业、促进慈善事业发展作为职志，在国家遭受各种重大自然灾害如水旱、地震灾害等情况下，组织发起和参与救济、捐赠等慈善救济活动，事实上能够起到扶危济困、扶贫帮困的作用。当然，慈善事业是人们在没有外在压力的情况下自愿地奉献爱心的行为，其活动对象、范围、标准和项目均由施善者依据自身条件和实力等自行确定，有时候在扶危济困、扶贫济困方面可能显得势单力薄、杯水车薪。但是，这些非政府组织对于缓解和救助人们的临时性贫困无疑是有作用的。

第二，通过承接无偿或低偿服务、促进公共服务专业化彰显出来。在市场经济条件下，一些企业不愿承担、政府又难以承担的公共服务项目，常常成为困扰人民群众的难题，比如为老年人、残障人士、进城务工者等特殊群体提供的各类公益性服务，因缺少有效的社会对接机制，现有的资源得不到充分利用，潜在的资源又得不到深入挖掘，而人民群众对这些服务的需求却得不到有效满足，因而这一块就成为社会管理中的薄弱环节。具有公益性、志愿性、非营利性等优势的非政府组织则能够将政府发展公共服务的规划、企事业单位对公共服务的支持、人们的公益心等转化为社会的公益行为，满足人民群众的多元化需求，特别是为一些社会弱势群体的生活带来方便，能在一定程度上起到缓解他们贫困的积极作用。

第三，通过塑造公益文化、推动社会主义精神文明建设彰显出来。公益性、非营利性的非政府组织是提高人民群众人文素质和精神文明水平的一个重要载体。这是因为，一方面，非政府组织通过组织志愿者参与社会公益活动，引领时代风尚，促使人们关心社会、奉献爱心，从而起到潜移默化地培育公民的公益意识、公德意识等积极作用，进而推动社会公共道德建设；另一方面，非政府组织通过组织丰富多彩的活动，能够满足广大群众的精神需求，在传播先进文化、弘扬传统美德、倡导健康文明科学的生活方式方面，起到一定的积极作用。如非政府组织可以通过塑造公益文化、推动社会主义精神文明建设来达到让更多的人走到关心贫困人口的行列中来，这自然也有利于缓解社会的贫困。

国内非政府组织在中国贫困治理中彰显了辅助作用，说明它在贫困治理中具有一定的辅助地位。

我们可以从扶贫开发来考察国内非政府组织在扶贫开发中的作用。研究表明，国内非政府组织在扶贫开发中的作用至少有以下四个方面。[①] 一是能够在扶贫对象的直接瞄准方面起到积极作用。从扶贫对象来看，非政府组织在扶贫对象精准确定方面可以弥补政府扶贫的某些不足。二是它们提供了一条使贫困问题被外界社会认识的渠道。例如，1989年10月由中国青少年发展基金会发起并组织的旨在救助贫困地区失学儿童的"希望工程"，受到了党和国家领导人的肯定、关怀和支持，在社会中产生了很大影响，使社会上更多的人关心国家的贫困问题，也吸引了很多人积极参与"希望工程"这项崇高的事业。希望工程很成功。据统计，截至1999年底，希望工程办公室累计接收国内外捐款18.42亿元，资助失学儿童229.65万名，援建希望小学7812所，有力地推动了贫困地区基础教育的发展。[②] 三是它们的扶贫在一定程度上弥补了政府扶贫财力的不足，也在一定程度上减轻了政府的扶贫事务负担。上面提到的"希望工程"就是很有说服力的例证。希望工程利用募集到的社会资金修建希望小学，减轻了政府不少负担。四是它们在扶贫中所表现出的创新能力形成了政府扶贫的参照系，在一定程度上促进了政府扶贫效率的提高。例如，中国扶贫基金会发起的"贫困农户自立工程"、中华慈善总会发起的"慈善雨水积蓄工

---

① 下文中关于国内非政府组织在扶贫开发中的作用，参见王国良主编《中国扶贫政策：趋势与挑战》，社会科学文献出版社，2005，第246页。

② 国务院扶贫开发领导小组办公室、国务院扶贫开发领导小组专家咨询委员会编《中国农村扶贫大事辑要（1978－2000）》，2014，第618～619页。

程"等项目的运作，成功地证明了非政府组织的积极作用以及它们在扶贫制度创新方面的潜力。

三　国际援助机构在中国贫困治理中的辅助地位①

国际援助机构在中国贫困治理中的辅助地位和作用也是显而易见的。

新中国成立伊始，中国就开始接受苏联的大规模经济技术援助，这种援助一直持续到1960年中苏关系破裂。改革开放以后，为了更好地借鉴国外的经验和技术，中国积极寻求与国际多、双边机构的合作，国际对华发展援助大幅上升，中国与国际社会的交流与合作进入一个全新的阶段。此外，中国还接受国际非政府组织的发展援助。

从新中国成立一直到中苏关系破裂的这段历史时期，中国主要获得了苏联大规模的经济技术援助。苏联采取低息贷款、援建重点项目、提供技术资料、派遣专家、培养中国专家等多种方式支援中国建设。1949～1960年，苏联先后向中国提供了11笔数额较大的贷款，帮助中国完成了156项基础工业设施建设。

改革开放以后，中国政府开始接受西方发达国家的发展援助。1979年，联合国开发计划署批准了第一个援华方案，此后中国加快了与世界粮食计划署、联合国教科文组织、联合国儿童基金会、联合国人口基金会等机构的合作。1981年，中国与澳大利亚政府签署了同外国政府间的第一个双边发展合作协议，即《中澳技术合作促进发展计划协定》。此后，中国政府先后与英国、意大利、加拿大、德国、比利时等国签订了双边发展合作总协定或议定书，并与欧盟和日本确立了援助合作关系。20世纪80年代中期以后，中国还与荷兰、新西兰、挪威签署了无偿援助的双边框架协议，与瑞典、卢森堡等国建立了不定期的发展合作关系。与此同时，一些国际非政府组织也开始进入中国扶贫开发领域。

国际对华援助机构大致可分为四大类。

（1）以联合国开发计划署为代表的联合国系统，如联合国粮农组织、世界粮食计划署、联合国教科文组织、联合国儿童基金会、联合国劳工组

---

① 本部分参见李小云、唐丽霞、伍晋编著《国际发展援助概论》，社会科学文献出版社，2009，第287～293页。

织、联合国人口基金会等机构。它们在华开展工作，一个重要目的是推动 2000 年联合国大会提出的人类千年发展目标的实现。

（2）以英国国际发展部为代表的双边发展机构。在中国比较活跃的双边发展机构主要有英国国际发展部、德国经济合作部支持下的德国技术合作公司和德国复兴发展银行、澳大利亚国际发展署、加拿大国际开发署、美国国际开发署、日本国际协力机构、新西兰国际发展署、法国开发署等。这些组织主要是外国政府支持对华援助活动的代表机构，同时也要求中国政府积极参与，体现的是双方政府之间的合作。

（3）以世界银行和亚洲开发银行为代表的国际金融机构。参与中国发展援助活动的国际金融机构主要有世界银行、国际农业发展基金会和亚洲开发银行、德国复兴银行、泛美开发银行、日本国际协力银行等。这些国际金融机构的对华发展援助主要采取优惠贷款的形式，并辅之以一些社会发展项目和财政赠款项目。

（4）以某些基金会为代表的国际非政府组织。国际非政府组织大量涌入中国是在 20 世纪 90 年代。国际非政府组织对中国的发展援助主要集中在环境保护、反贫困、性别平等、基础教育等领域。

第三节　中国贫困治理主体结构的演进脉络及其实质

我们在考察中国贫困治理的主体结构时，从相对宏观的角度来看，中国贫困治理主体结构其实是一种二元结构，即社会保障"托底"和扶贫开发"推进"的贫困治理模式。当然，也可以将它们看成中国贫困治理的两种最主要的维度。由于中国社会主义建设长期处于探索状态，因此，中国贫困治理事实上也长期处于探索状态。正因为这样，新中国成立初期在治理贫困问题上采取了建立和实施社会保障制度去缓解贫困的方式；经过 30 余年的艰苦努力，党和国家发现单纯依靠建立和实施社会保障制度体系无法从根本上解决中国的贫困问题，于是又在总结社会主义建设经验的基础上，摸索出了通过扶贫开发治理贫困的路子。而今，社会保障"托底"和扶贫开发"推进"这两方面犹如车之双轮、鸟之双翼，共同托起中国的贫困治理事业，为全体中国人民摆脱贫困、逐步实现共同富裕带来了新希望。

　　下面拟考察中国贫困治理主体结构如何从"一元"发展到"二元"。

一　中国贫困治理主体结构之"一元"的形成与发展

　　中国贫困治理主体结构之"一元"的形成与发展，实质上就是一个依托社会保障治理贫困的体制机制的形成与发展过程。[①] 其时间范围是从新中国成立到 20 世纪 80 年代中期国务院贫困地区经济开发领导小组成立。

　　新中国依靠社会保障治理贫困的体制机制的形成与发展，与主管社会保障的机构的建立，以及在其运作过程中形成的体制机制是分不开的。新中国成立后很长一段时间，主管社会保障的机构主要是内务部、劳动部和卫生部。1949 年 11 月，中央人民政府成立内务部、劳动部、卫生部等。内务部主管社会福利、救灾救济、移民、优抚安置等社会保障事务；劳动部负责劳动就业与职工保险福利事务；卫生部承担管理公费医疗、防疫保健等方面的主要职责。在新中国历史上，进行过多次政府机构改革，但迄今为止，民政、劳动和卫生三大部门仍然承担着国家社会保障方面的事务。改革开放之前，中国政府在贫困治理方面，除了通过发展生产力增加贫困治理的物质基础之外，主要是通过实施社会保障来开展贫困治理的。因此，考察中国的贫困治理，就有必要搞清楚中国社会保障制度体系的形成与发展状况。而中国社会保障制度体系的形成与运转，又离不开作为它的载体的国家机构。所以，从作为中国社会保障制度体系载体的相关职能机构演进的角度考察中国贫困治理结构和发展，不失为一种恰当的办法。

　　1. 内务部、劳动部、卫生部的贫困治理职能及其调整概况

　　（1）内务部及后来的民政部的贫困治理职能及其调整概况。新中国成立后，中央人民政府政务院各个部门相继依法组建起来。1949 年 11 月 1 日，内务部成立。当时内务部内设六个机构：办公厅、干部司、民政司、社会司、地政司和优抚司。时任内务部部长谢觉哉根据《中央人民政府内务部试行组织条例（草案）》，对下设各机构的职能作出了较为细致的划分。其中，社会司、优抚司都与贫困治理密切相关，但它们的

---

　　① 参见陈重伊《国务院 24 部委组建实录》，中共党史出版社，2009，第 139 ~ 153 页。

职责远远超出了贫困治理的范围。依据他的设计，社会司主管社会福利、游民改造、社团和宗教团体的登记、公葬公墓、人民褒扬奖励、移民、社会救济等。这其中的社会福利、社会救济就是与贫困治理密切相关的工作。当时的优抚司主管烈、军、工属（即革命工作人员家属）和革命残废军人的优待抚恤，退伍安置和退休工作人员的处理，烈士褒扬追悼，烈士传记编纂和事迹遗物的搜集保管，烈士纪念物的兴建、管理、保护，优军和其他优抚事项。这里需要指出的是，新中国成立之初，一些烈、军、工属（即革命工作人员家属）在经济状况方面也并不好，如果没有政府对他们的优待抚恤，他们也属于贫困人口。因此，优抚司在事实上也发挥着贫困治理的职能，尽管它的职责也并不局限于优待抚恤。随着内务部的成立，地方上相应的民政工作机构也纷纷建立起来——在大区设民政局，省设民政厅，专署和县设民政科。当时的内务部下面设立了民政司，其职责是主管地方人民政权建设，地方行政机关的设置，行政区域的划分调整、名称和治所的厘定、图志的收集编印，疆界的测量勘查，水陆地图的审查，户籍、国籍的管理等，反而同起着贫困治理作用的社会福利、社会救济没有多大关系。显然，内务部成立之初就担负起了贫困治理的角色；它通过救灾救济和建立社会保障制度发挥贫困治理的重要作用。

1953 年 8 月，内务部依据国家发展的实际情况，为了适应国家发展的现实要求，增设了救济司和户政司，将社会司的社会福利和社会救济工作中的农村部分和移民工作移交给了救济司，社会司则增加了一项民工动员工作；将民政司的人口调查登记、国籍、行政区划工作移交给了户政司；将优抚司改为优抚局。另将残废儿童教养工作交给了救济总会。这样，救济司、优抚局、社会司担负起了贫困治理的角色。

1954 年 2 月 13 日，政务院对部分民政业务再次作了调整。9 月，一届人大一次会议通过的宪法规定，政务院改称国务院，中央人民政府内务部改为中华人民共和国内务部，受国务院和国务院政法办公室双重领导。地方上的民政机构也因此相应作了调整——省和自治区设民政厅，直辖市设民政局，县设民政局（科）。1954 年 11 月 22 日至 1955 年 1 月 3 日，第三次全国民政会议在北京召开。陈毅副总理传达了毛泽东主席和周恩来总理关于内务部工作重点的指示，指出会后的民政工作要以优抚、复员、救灾和社会救济等为主。① 为适应这一转变，1955 年 5 月 6 日，国务院批准内务部内设机构调整为办公厅、财务干训司、优抚局、农村救济司、城市救济司、民政司、户政司。这样，优抚局、农村救济司、城市救济司担负起了贫困治理的角色。

1955 年 10 月，为了精简机构，内务部撤销户政司，其业务移交民政司。1960 年 12 月 9 日，国务院政法办公室撤销，内务部直接受国务院领导。1963 年 4 月，国务院成立内务办公室，分管内务、公安、民委和宗教事务。几经调整，1964 年 1 月 27 日，国务院同意内务部设立办公厅、民政司、农村救济福利司、城市社会福利司、优抚局、政府机关人事局。这样，农村救济福利司、城市社会福利司、优抚局担负起了贫困治理的角色。

1978 年 5 月，国家正式宣布成立民政部。同年 9 月 6 日，第七次全国民政会议在北京召开。这次会议明确规定民政工作的主要任务是优抚、复退安置、生产救灾、社会救济和社会福利，并承担行政区划、婚姻登记和殡葬改革等工作。可见，民政部成立后，继承了过去内务部的贫困治理职能。此后，随着国家的发展进步，民政部内设机构及其职能不断完善。1980 年 7 月，国务院同意民政部内设机构调整为办公厅、革命史料研究室、优抚局、农村社会救济司、城市社会福利司、民政司、信访局。优抚局、农村社会救济司、城市社会福利司承担着贫困治理的任务。1982 年 7 月 10 日，中央政府委员会召开全国政法工作会议。会议认为，民政部门的主要任务是促进社会安定，除了抓好救灾、救济、优抚安置、收容遣送等工作外，还要把加强基层政权建设，特别是农村基层政权建设列为重要内容之一。1982 年 11 月 24 日，国务院批准民政部内设机构调整为办公厅、政策研究室、民政司、城市社会福利司、农村社会救济司、优抚局、安置局、老干部管理局。在这里，城市社会福利司、农村社会救济司、优抚局仍然是承担贫困治理任务的部门。此后，随着国务院机构改革的不断深化，民政部门的行政管理职能得到进一步强化。2008 年春国务院大部制改革后，民政部的主要职责确定为

---

① 时正新主编《民政政务》，中国社会出版社，1996，第 39 页。

11 项，其中的第 3、4、5、8 项都与贫困治理密切相关。[①] 可见，不管怎么调整，民政部的贫困治理职能都没有实质性的改变。

（2）劳动部的贫困治理职能及其调整概况。新中国成立后，中央任命李立三担任劳动部部长。劳动部成立后最先组建的部门主要有劳动保险局、劳动保护司、工资司、劳动争议处理司、劳动力调配司、劳动政策研究室。1953 年 3 月 8 日，劳动部在北京召开第一次全国劳动局长会议，李立三在会上作题为《劳动政策与劳动部的任务》的报告。他在谈到劳动部的任务时指出：劳动部"首要的任务是劳动立法，即制定各种保护劳动的法令，如：工会法、工资法、劳动保险条例、工矿安全卫生条例等等"，其次是"有了劳动法令之后，要使这些法令不成为纸上空谈，人民政府的劳动主管机关就必须保证这些法令不论在公营、私营企业中一律贯彻实行"，再次"就是调整公私关系和劳资关系"[②]。"此外，劳动部和各地劳动局尚有调配劳动力，救济和安置失业工人，有计划地培养技术工人等任务。""总括起来说，劳动部的基本任务，就是保护劳动，逐渐改变劳动者在生产中所处的物质上的不利地位，贯彻'公私兼顾''劳资两利'的政策，以达到'发展生产''繁荣经济'的目的。"[③] 从李立三的论述可以明确，劳动部是以维护劳动者的物质利益和发展生产、繁荣经济为目的的，承担着劳动保险、失业救济等方面的有关贫困治理的职能。

劳动部于 1970 年 6 月被撤销，国家劳动总局取而代之。1978 年党的十一届三中全会后，党中央决定把工作重心转移到经济建设上来。经过几年调整，国家的劳动、人事机构设置与劳动、人事工作仍不能适应国家建

[①] 2008 年国务院大部制改革后，民政部确定的 11 项主要职责中的第 3 项是拟订优抚政策、标准和办法，拟订退役士兵、复员干部、军队离退休干部和军队无军籍退休退职职工安置政策及计划，拟订烈士褒扬办法，组织和指导拥军优属工作，承担全国拥军优属拥政爱民工作领导小组的有关具体工作。第 4 项是拟订救灾工作政策，负责组织、协调救灾工作，组织自然灾害救助应急体系建设，负责组织核查并统一发布灾情，管理、分配中央救灾款物并监督使用，组织、指导救灾捐赠，承担国家减灾委员会具体工作。第 5 项是牵头拟订社会救助规划、政策和标准，健全城乡社会救助体系，负责城乡居民最低生活保障、医疗救助、临时救助、生活无着人员救助工作。第 8 项是拟订社会福利事业发展规划、政策和标准，拟订社会福利机构管理办法和福利彩票发行管理办法，组织拟订促进慈善事业的政策，组织、指导社会捐助工作，指导老年人、孤儿和残疾人等特殊群体权益保障工作。

[②] 李立三：《劳动政策与劳动部的任务》，工人出版社，1950，第 14 页。

[③] 李立三：《劳动政策与劳动部的任务》，工人出版社，1950，第 18 页。

设的需要。为此，1982 年春，党中央、国务院决定将国家劳动总局、国家人事局、国家编委、国务院科技干部局合并成立劳动人事部，把有关工人、干部、知识分子的劳动、人事方面的工作统一考虑，以便更好地为社会主义现代化建设服务。劳动人事部成立后，劳动、人事、工资改革工作是重点。1988 年 4 月，国务院又进行机构改革，劳动人事部再次分开，分别成立了人事部和劳动部。1998 年，国家在劳动部基础上又组建了劳动和社会保障部，主要负责劳动和社会保障工作。

2008 年春天，国务院进行大部制改革，决定不再保留人事部、劳动和社会保障部，将两部的机构和职能进行调整，组建新的人力资源和社会保障部，其下单设国家公务员局。这样做的目的是更好地发挥人力资源和劳动力市场优势，使我国由人力资源大国变为人力资源强国，进一步解放和发展生产力，统筹机关企事业单位人员的管理，实现人力资源管理、人力资源市场和基本社会保障的一体化。新组建的人力资源和社会保障部的主要职能包括两大块：一是以促进就业、维护劳动关系稳定和完善社会保障体系为核心的社会管理和公共服务职能；二是以机关事业单位公职人员管理为核心的公共人事管理职能。在 2018 年国家机构改革中，人力资源和社会保障部没有作调整。

（3）卫生部的贫困治理职能及其调整概况。① 1949 年 11 月，中央人民政府卫生部正式成立。1949～1952 年，党中央和毛泽东明确规定了卫生工作要"面向工农兵""预防为主""团结中西医""卫生工作与群众运动相结合"② 的方针，为我国卫生工作指出了正确的发展方向和工作原则。这一时期，国家接管了过去国民党和教会办的医院、学校，并进行了初步的整顿，组织了一些医疗防疫队到少数民族地区和灾区工作；同时为抗美援朝、反对帝国主义的细菌战，组织了医务人员到朝鲜前线开展医疗工作，掀起了大规模的群众性爱国卫生运动；收治了大批军队慢性伤病员。这一时期，对国家干部实行了公费医疗，对国营厂矿企业的职工实行了劳保医疗（职工家属也实行了半费医疗）。在恢复和发展工农业生产的同时，由国家兴办各类卫生服务机构，培养和建设专业卫生队伍；在城市建立职

---

① 参见曹荣桂主编《卫生部历史考证》，人民卫生出版社，1998；陈重伊《国务院 24 部委组建实录》，中共党史出版社，2009。

② 曹荣桂主编《卫生部历史考证》，人民卫生出版社，1998，第 1 页。

工公费医疗、劳保医疗制度，在农村建设三级医疗预防保健网，培训乡村医生，逐步推行合作医疗制度，使广大群众在不同程度上得到基本的医疗卫生服务。在当时的历史条件下，这些举措产生了良好的效果，人民健康水平得到较大幅度的提高。此后，卫生部一直承担着主管全国卫生工作的职能。1954 年 11 月 10 日，中央人民政府卫生部改为国务院的组成部门，称中华人民共和国卫生部。卫生部作为中央人民政府的基本部门，在保障人民健康方面发挥着重要的作用，极大地促进了我国卫生事业的发展。

党的十一届三中全会后，卫生部进行了多次改革，机构也不断完善。2008 年，在第六次国务院机构改革中，根据十一届人大一次会议批准的国务院机构改革方案和《国务院关于机构设置的通知》，对卫生部的职责作了调整，将行政审批、技术评估、化学品毒性鉴定、食品卫生许可等职能划归其他相关部门管理，加强了卫生部在食品药品监督、食品安全标准、公共医疗卫生等方面的职能。2018 年，将国家卫生和计划生育委员会、国务院深化医药卫生体制改革领导小组办公室、全国老龄工作委员会办公室的职责和国家安全生产监督管理总局的职业安全健康监督管理职责等进行整合，组建了国家卫生健康委员会，作为国务院的一个组成部门。国家卫生和计划生育委员会不再保留。国家中医药管理局划归国家卫生健康委员会管理。由民政部代管的中国老龄协会改由国家卫生健康委员会代管。国家卫生健康委员会承担着拟订国民健康政策，协调推进深化医药卫生体制改革，组织制定国家基本药物制度，监督管理公共卫生、医疗服务和卫生应急，拟订应对人口老龄化、医养结合政策措施等。[①] 国家卫生健康委员会的上述重要职责事实上与国家的贫困治理工作是高度相关的。

自新中国成立以来，卫生部的机构和职能一直处在调整和变动之中。只不过有的时候是小的调整，有的时候是大的调整，真正不作调整的时候并不多。卫生部长期以来担负着医疗保障方面的重要工作，在新中国发展历史上，它对国家的贫困治理一直起着重要的作用。

---

① 《中共中央印发〈深化党和国家机构改革方案〉》，新华网，http://www.xinhuanet.com/politics/2018 - 03/21/c_ 1122570517_ 3. htm。

2. 国家医疗保障局和退役军人事务部的成立及其贫困治理职能①

2018 年，为了提高医疗保障水平，推进医疗、医保、医药"三医联动"改革，更好地实现病有所医，国家组建了医疗保障局，它把人力资源和社会保障部所承担的城镇职工和城镇居民基本医疗保险、生育保险职责，国家卫生和计划生育委员会所承担的新型农村合作医疗职责，国家发展和改革委员会所承担的药品和医疗服务价格管理职责和民政部所承担的医疗救助职责作了有机整合。至此，过去由国家卫生部门承担的医疗保障职能都划归新成立的国家医疗保障局。国家医疗保障局的成立表明国家在机构改革和贫困治理方面又有新的探索，这对于进一步理顺国家医疗保障方面的各种关系，以及保障人民群众就医需求、减轻医药费用负担、提高健康水平等起到了积极作用。

2018 年，国家组建了退役军人事务部。这是一个全新的机构，目的是维护军人、军属的合法权益，加强退役军人服务保障体系建设。它整合了几方面的职责：第一，过去民政部承担的退役军人优抚安置职责；第二，人力资源和社会保障部承担的军官转业安置职责；第三，中央军委政治部、后勤保障部承担的有关职责。

3. 中国依靠社会保障治理贫困的体制机制基本框架

从理论上讲，新中国成立后内务部、劳动部和卫生部的成立就意味着国家贫困治理体制的基本框架已经建立起来。为了说明这个问题，在此先解释一下"体制""机制"两个学术概念，然后再简要说明中国依靠社会保障治理贫困的体制机制的基本框架。

在现代汉语里，体制主要有两种含义：一是指国家机关、企业、事业单位等的组织制度，如我们通常说的"学校体制""领导体制"中的"体制"，其实就是组织制度的意思；二是指问题的格局或体裁，例如，我们说，五言诗的体制在汉末就已经形成了，这里的"体制"指的就是文章的体裁。② 我们在谈及贫困治理的体制时，取其组织制度之义。机制的含义主要有三种：一种是指机器的构造和工作原理；一种是指有机体的构造、功能和相互关系；一种是泛指一个复杂的工作系统和某些自然现象的物

---

① 《中共中央印发〈深化党和国家机构改革方案〉》，新华网，http://www.xinhuanet.com/politics/2018 - 03/21/c_ 1122570517_ 3. htm。

② 《现代汉语词典》，商务印书馆，1983，第 1130 页。

理、化学规律，也叫机理。① 在谈及贫困治理机制时，我们一般取其构造、功能和相互关系之义。因此，在考察中国贫困治理时，只要它的组织制度建立了起来，我们就认为贫困治理体制就形成了；同理，只要作为一个任务系统的贫困治理的结构、功能和相互关系随着其组织制度的建立而清晰地呈现，我们就可以认为贫困治理的机制已经形成了。

　　基于上述分析，我们认为，新中国成立后内务部、劳动部和卫生部的成立就意味着中国依靠社会保障治理贫困的体制与机制就已经正式形成了。与此相对应，中国依靠社会保障治理贫困的体制与机制也必然会有一个基本框架。这个基本框架简单地说就是，内务部、劳动部和卫生部在中共中央和政务院（1954 年改名为国务院）领导下组织相关部门（如内务部的优抚局、农村救济司、城市救济司，劳动部和卫生部下辖的与社会保障有关的司）负责国家的贫困治理工作，内务部内的其他部门和国家其他部委配合、协助内务部相关部门抓好贫困治理工作，这样，就形成了一个上自国家政务院直接领导的、由内务部具体负责的下至各大行政区，各省、市、县民政部门主抓贫困治理工作的垂直组织结构体系，同时，该结构体系得到自政务院和政治法律委员会以下各级民政组织的兄弟单位的协助与配合。这其实就是中国依靠社会保障治理贫困的体制与机制的基本框架。显然，这是一个纵向到底、可以集结各级兄弟单位援助力量的贫困治理组织系统。值得指出的是，虽然内务部成立后经过多次调整，但它的这种针对贫困治理的组织结构体系却是相对固定的。直到 2018 年国家医疗保障局和退役军人事务部成立，内务部和后来的民政部所承担的医疗保障和退伍军人优抚等社会保障职能才被划出去。劳动部和卫生部过去承担的社会保障方面的业务绝大部分划归人力资源和社会保障部。现在，国家人力资源和社会保障部、国家民政部、国家医疗保障局、国家退役军人事务部在各省、市、县都有与之对应的职能部门，它们的组织及其运作方式构成了中国依靠社会保障治理贫困的体制机制。

　　诚然，内务部成立后所形成的民政管理工作组织体系以及国家贫困治理体系不能说是很完善的。所以在成立后的岁月里，有过几次机构调整——1955 年、1960 年、1963 年都有过调整。这种调整本身就足以说明，内务部

_____

① 《现代汉语词典》，商务印书馆，1983，第 523 页。

的民政管理工作组织体系以及国家贫困治理体系并不完善，同时也说明它们在随着社会形势的变化而发展和完善。

应该说明的是，中国在改革开放后实施大规模扶贫开发之前，一直是依靠内务部建立社会保障制度来进行贫困治理的，在被撤销之后，它所建立起来的社会保障制度虽然受到了冲击，许多福利事业单位被合并和撤销，但毕竟还是保留了一些，内务部牵头制定的有关社会保障的政策也并未完全被废止，它们在某些方面仍然发挥着贫困治理的功能。内务部在建立社会保障制度方面所做的工作包括以下三项。

（1）建立社会救济制度。这方面内容很多，主要有三点。①建立生产救灾制度，组织和领导生产救灾活动。如在灾害来临时抢救生命财产，转移安置移民；扶持和组织群众发展副业生产；组织以工代赈；发放救灾粮款，及时救济灾民；组织群众募捐和互助互济。②建立农村社会救济制度。如确定救济对象和标准，发放粮款救济贫苦灾民，扶持贫困户搞好生产等。③建立城市社会救济制度，开展城市救济工作。如新中国成立初期的紧急救济，包括对难民、灾民、散兵游勇无业人员和无依无靠的孤老残幼等的紧急救济等；制定和调整城市社会救济标准；组织城市贫民开展各种形式的生产自救等。

（2）建立社会保险制度。如建立企业职工劳动保险制度，健全和完善企业职工劳动保险的管理体制；建立国家机关工作人员社会保险制度，包括国家机关工作人员的伤亡褒恤制度、国家机关工作人员的医疗制度、国家机关工作人员的生育制度等。

（3）建立社会福利制度。新中国成立后，内务部负责建立起了政府包办的民政福利和单位包办的职工福利制度。政府包办的民政福利制度的基本组成部分主要面向无依无靠的城镇孤寡老人与孤儿或弃婴以及残疾人等。它分为社会福利事业和社会福利企业两大类，前者主要包括各种福利院、精神病院等收养性机构，后者则是通过建立福利企业吸收残疾人就业的方式来解决他们的生活保障问题。[1] 内务部及地方各级民政部门是社会福利事业的主要管理机构。民政部门主管的这部分福利仅覆

---

[1] 宋士云等：《新中国社会保障制度结构与变迁》，中国社会科学出版社，2011，第63～64页。

盖了城镇极少数的特殊人群。单位包办的职工福利制度面向企业职工，福利由职工所在单位举办，它以职业为依托、以城镇职工为主体，是新中国社会福利制度最重要的组成部分。职工福利工作由有关政府行政部门及工会、妇联等群众团体共同协作配合进行。在基层单位，职工福利的具体事宜由单位行政部门和工会分头负责、协同管理。[①] 这些制度都是由内务部负责制定相关政策、措施，上报政务院批准而建立起来并依规运行的。

从新中国成立一直到改革开放前夕，中国贫困治理一直是沿着依靠社会保障治理贫困的路子走的。从宏观的角度来考察，这就是中国贫困治理主体结构的"一元"结构。从上文的分析来看，这种"一元"结构是随着时代进步而有所发展的。

二　中国贫困治理主体结构由"一元"到"二元"的演进

改革开放前，中国贫困治理主体结构主要是通过社会保障制度体系的建立和运行去缓解贫困人口的贫困程度；改革开放后，在保留通过社会保障制度体系建设和运行去缓解贫困人口贫困程度的路子的基础上，中国政府又探索出了扶贫开发这种贫困治理的新路子。这样，中国贫困治理主体结构就从"一元"变成了"二元"。这种变化有一个过程。

在党的领导下，1978 年国家成立了民政部。民政部担负起了过去的内务部的角色，主抓和管理国家的民政工作。1979～1983 年，在党中央和国务院的领导下，民政部对新中国成立以来形成的社会福利制度作了修补和延续，也可以说是进行了一些改革和探索。这些改革和探索[②]主要包括以下三个方面。

（1）推进职工福利制度的改革。在此方面，完善了福利基金的提取与使用办法，建立起了一些福利补贴制度；提倡国家、集体、个人一起办福利事业，单位的集体福利设施逐渐对外开放。

（2）推进城市民政福利的恢复与初步改革。1980 年 10 月，民政部、

---

① 宋士云等：《新中国社会保障制度结构与变迁》，中国社会科学出版社，2011，第 67～69 页。
② 以下 1、2、3 点参考了宋士云等《新中国社会保障制度结构与变迁》（中国社会科学出版社，2011）第 143～148 页的内容。

国家劳动总局颁布了《关于城市社会福利事业单位岗位津贴的试行办法》，1982 年 4 月，民政部要求各地民政部门参照民政部制定的《城市社会福利事业单位管理工作试行办法》对城市社会福利事业单位进行整顿。通过整顿，建立健全了以岗位责任制为中心的各项规章制度，提高了服务质量和管理水平。与此同时，社会福利院开始突破以"三无"对象为收养范围的规定，开始了自费收养业务，如开展自费收养双职工家庭中的残疾人和退休孤老的业务，解除了双职工的后顾之忧，在一定程度上也缓解了事业费不充裕的状况。

（3）根据新的时代形势健全农村五保供养制度。党的十一届三中全会后，党和国家集中精力搞改革开放，主要心思花在如何开展经济建设方面。但是，党和人民政府从来没有忘记自己的初心使命，一直坚持做着改善和完善社会保障的工作。对农村五保供养制度的完善工作一直都是党中央农村工作的重要内容。1979 年 9 月，中共中央发布了《关于加快农业发展若干问题的决定》，指出："要逐步办好集体福利事业，使老弱、孤寡、残疾社员、残废军人和烈军属的生活得到更好的保障。"[1] 1980 年 9 月，又发布了《中共中央印发〈关于进一步加强和完善农业生产责任制的几个问题〉的通知》，强调在包产到户的社队，"对军烈属、五保户和其他困难户，要有妥善的照顾办法"[2]。1982 年 1 月，《全国农村工作会议纪要》指出要"统一安排烈军属、五保户、困难户的生活"[3]。在上述精神的指导下，民政部开展了五保普查工作，推动了五保政策的进一步落实，推动了各地敬老院的发展，建立健全了相关政策法规。

上述举措对于缓解中国城镇和农村的贫困起到了积极作用，体现了它们治理贫困的效果。

在中国开展贫困治理工作，单单靠社会保障的方式，即"一元"治理模式来治理贫困，是一种治标不治本的做法，所以应该探索更为有效的贫困治理方式和途径。这样，通过扶贫开发治理贫困的方式就应运而生了。至此，中国贫困治理的主体结构由原来的"一元"变成了"二元"。

在贫困治理方面，扶贫开发的做法虽然早在 1951 年就在个别地方实

---

[1] 《三中全会以来重要文献选编》上，人民出版社，1982，第 185 页。
[2] 《三中全会以来重要文献选编》上，人民出版社，1982，第 548 页。
[3] 《三中全会以来重要文献选编》下，人民出版社，1982，第 1064 页。

行过，并且也取得了一定的成绩①，但是在党的十一届三中全会召开以前，由于种种原因，扶贫开发的做法并没有得到党和国家在政策层面的肯定与认可，因此也就没有推广开来。党的十一届三中全会后，中国共产党恢复了正确的思想路线、政治路线和组织路线，发动全国人民解放思想、实事求是。这样，中国贫困治理的战略性目标——共同富裕又被突出地提到了社会主义建设日程上。在经过"三西"地区以农业建设为主要内容的区域性扶贫开发、出台针对贫困地区的优惠和扶持政策、设立一系列专项资金帮助贫困地区改变面貌等实践探索之后，党和国家终于确立了有组织、有计划、大规模扶贫开发的战略，于1986年正式成立了国务院贫困地区经济开发领导小组，领导中国的扶贫开发事业。领导小组下设办公室，负责处理日常工作。从此，农村扶贫工作从民政部分离出来。这标志着中国在贫困治理问题上已经形成了社会保障与扶贫开发并举的体制和机制。这种局面，其实就是中国贫困治理的二元结构：一方面，中国依靠社会保障缓解城镇贫困人口和农村五保人员的生活贫困；另一方面，国家针对农村存在的大量贫困人口实施扶贫开发，发挥当地人力资源的潜力，充分挖掘和有效利用自然资源等发展当地经济，提高他们的生产能力，促使他们尽快摆脱贫困，进而走上富裕之路。

值得指出的是，改革开放以来，无论是传统的社会保障体制还是新形成的扶贫开发体制，随着中国改革的不断深入都有明显的进步。就中国社会保障体制而言，中国的社会保险制度实现了由传统"国家—单位保险制度"模式向现代社会保险制度模式的转型；在经济转轨的过程中推进了社会救济制度改革并建立起了最低生活保障制度；在向市场经济转轨中推进了社会福利制度改革，使职工福利向原本的性质和功能回归，使民政福利由过去的补缺型向适度普惠型转变，也使社区服务成为重要的具有社会福利性质的服务行业；在向市场经济转轨中推进了农村合作医疗制度和农村五保供养制度的改革。② 如今，在继续深入改革、完善社会主义市场经济体制的新时代，中国的社会保险制度、社会救助制度、社会福利制度等不

---

① 可参看本书第三章第三节中"二　扶贫开发是中国共产党长期探索形成的创新性的贫困治理模式"的相关内容。

② 宋士云等：《新中国社会保障制度结构与变迁》，中国社会科学出版社，2011，第170～285页。

断完善，标志着中国社会保障制度的全面显著进步。就中国的扶贫开发体制而言，经过多年的努力探索，已经形成了中国特色的扶贫开发体系。正如习近平在 2015 减贫与发展高层论坛上的演讲中所指出的那样："我们坚持政府主导，把扶贫开发纳入国家总体发展战略，开展大规模专项扶贫行动，针对特定人群组织实施妇女儿童、残疾人、少数民族发展规划。我们坚持开发式扶贫方针，把发展作为解决贫困的根本途径，既扶贫又扶志，调动扶贫对象的积极性，提高其发展能力，发挥其主体作用。我们坚持动员全社会参与，发挥中国制度优势，构建了政府、社会、市场协同推进的大扶贫格局，形成了跨地区、跨部门、跨单位、全社会共同参与的多元主体的社会扶贫体系。"[1] 这表明，中国扶贫开发体制在中国人民 30 多年的努力探索中已经发展到了非常成熟的状态。

三　中国贫困治理主体结构"二元"发展的实质

新中国成立后，社会主义公有制经济基础建立起来并得到了巩固。国家在发展过程中不断推进社会保障制度体系建设，并以此作为中国贫困治理的一个主要维度。在改革开放前，这是一个相当关键的维度，它对于缓解中国人民的贫困起到了积极作用。从宏观的角度考察，这就是中国贫困治理主体结构之"一元"。改革开放后，国家经过几年的探索，成立了专门的扶贫开发机构主管中国扶贫开发工作，在全国开展有组织、有步骤、大规模的扶贫开发活动，扶贫开发在中国贫困治理方面所起的作用越来越突出。这样，就形成了中国贫困治理主体结构的另"一元"。现在，从宏观上看，中国贫困治理主体结构其实就是一个"二元"结构："一元"是社会保障，另"一元"是扶贫开发。在这个"二元"结构里，社会保障可以被认为是一种托底机制，用以维持人们最基本的生存需要；而扶贫开发则是一种在社会保障托底基础上的推进机制，是不断地通过发展社会生产力、有针对性地扶持贫困人口脱贫致富的机制，它的抓手就是发展社会生产力。具体来说，就是不仅要抓经济建设，还要抓文化建设；不仅要抓社会建设，还要抓生态建设。总之是要提高贫困人口的科技文化素质和经济发展能力，最后使之不需要帮扶、通过自己的努力来达到脱贫致富的目的。

---

[1]　《十八大以来重要文献选编》中，中央文献出版社，2016，第 718～719 页。

可见，中国贫困治理主体结构"二元"发展的实质，其实就是保障贫困人口生存权与保障贫困人口发展权并举。具体来说就是，中国社会保障制度体系的发展和完善，主要着眼于广大人民群众（包括贫困人口）的最低生活需要，从本质意义上说，这其实是保障广大人民群众最基本的生存权利，即生存权；而扶贫开发制度体系的发展、完善和贯彻实施，主要着眼于提高贫困人口的科技文化素质，提高他们发展经济的能力和水平，并在此基础上逐步推动他们摆脱贫困，不断走向富裕的生活状态，从本质意义上说，这是保障贫困人口的发展权利，即发展权。在目前的中国，这两者是同时开展的，各自发挥作用的方式不一样：社会保障制度体系从下部托底，避免人们生活水平继续降低，而扶贫开发则是从上部推进和提升人们的生活水平，使贫困人口不断地远离低水平的生活状态。所以，这个"二元"结构在中国贫困治理主体结构中显得至关重要，缺一不可。

第四节　中国贫困治理主体结构的主要特点

新中国成立后，党和国家在贫困治理问题上先是通过建立社会保障体系来治理贫困，形成了贫困治理主体结构的"一元"结构；后来，在总结经验教训的基础上发现中国的贫困治理仅仅依靠社会保障是很不够的，于是又在贫困治理主体结构的"一元"结构基础上探索和发展出了今天的贫困治理主体结构的"二元"结构，即社会保障和扶贫开发并举。实践表明，党和国家采取社会保障和扶贫开发并举的方式来开展贫困治理，是行之有效的明智之举；中国贫困治理主体结构的"二元"结构体现了突出的人民性和科学性，是人民性与科学性的有机统一。

一　中国贫困治理主体结构具有人民性

中国贫困治理主体结构是一种"二元"结构。因此，"中国贫困治理主体结构"与"中国贫困治理主体结构的'二元'结构"其实是一样的。中国贫困治理主体结构的这种"二元"结构体现了突出的人民性。

首先，中国贫困治理主体结构的"二元"结构所体现的立场是人民立场。人民立场是马克思列宁主义的逻辑起点，也是毛泽东思想、邓小平理论、"三个代表"重要思想、科学发展观以及习近平新时代中国特色社会主义思想的逻辑起点。人民立场意味着要站在维护人民根本利益的角度看问题、想问题和解决问题，意味着要实现人民的愿望、满足人民的需要、维护人民的利益。中国贫困治理主体结构的"二元"结构作为中国共产党长期摸索而形成的贫困治理模式，它是建立在为人民服务、解决人民生产生活问题的现实基础之上的，因此它体现的就是人民的立场。这是马克思主义历来所强调的正确立场。

其次，中国贫困治理主体结构的"二元"结构所蕴含的观点是为人民求富裕、谋幸福的观点。从中国贫困治理主体结构自最初的"一元"治理结构演进到"二元"治理结构的历史过程来看，它是有着扎实的思想理论观点作为演进基础的，这种扎实的思想理论观点，就其本质而言就是作为执政党的中国共产党的一些执政理念，如全心全意为人民服务的思想观点、人民利益高于一切的思想观点、立党为公执政为民的思想观点等。也正是在这些思想观点的指导和作用下，中国共产党自成立以来一直不懈探索才形成了今天的贫困治理主体结构的"二元"结构。因此，它所蕴含的观点就是为人民求富裕、谋幸福的观点。这正是人民立场的生动体现。

最后，中国贫困治理主体结构的"二元"结构所呈现的方法是马克思主义的方法，即具体问题具体分析的方法。中国贫困治理主体结构的"二元"结构是在中国共产党领导全国各族人民开展大规模的社会主义建设、推进改革开放事业过程中，具体分析和研究中国的贫困状况和贫困问题，尊重人民群众的首创精神、主观愿望和实践创造，在不断摸索和总结经验教训的基础上所形成的贫困治理模式，运用的正是马克思主义的方法。1992年初，邓小平曾经谈到中国改革成功的经验时说："我们改革开放的成功，不是靠本本，而是靠实践，靠实事求是。""农村改革中的好多东西，都是基层创造出来，我们把它拿来加工提高作为全国的指导。"[①]邓小平所说的"靠实践，靠实事求是"，其实就体现了具体问题具体分析的方法。他所说的把中国农村基层创造出来的好多东西拿来加工提高作为全国的指导，其实就体现了我们党尊重人民群众首创精神的优良传统和工作作风。事实上，尊重人民群众的首创精神，坚持实事求是，是

---

① 《邓小平文选》第3卷，人民出版社，1993，第382页。

中国共产党一以贯之的做法。这无疑是马克思主义的方法，也是人民性的具体体现。

二 中国贫困治理主体结构具有科学性

中国贫困治理主体结构的科学性是从它的"二元"结构中体现出来的。

首先，中国贫困治理主体结构的"二元"结构的形成过程符合人的认识规律。中国贫困治理主体结构的"二元"结构的形成经历了自新中国成立以来一直到改革开放之后数十年的时间，它反映了中国共产党和中国人民在贫困治理方面的认识不断加深的过程。新中国成立后一直到20世纪80年代中叶中国政府正式成立全国性的扶贫开发领导机构，才算形成了中国贫困治理主体结构的"二元"结构。这是中国共产党和中国人民在贫困治理问题上不断探索的过程和认识不断加深与提高的过程。辩证唯物主义认为，认识和实践是具体的历史的统一，认识运动的反复性和无限性决定了主观和客观、认识和实践的统一是具体的和历史的。其中，具体的统一是指认识必须与特定时间、地点和条件下的实践相符合，历史的统一则是指认识必须随着实践的不断发展而变化发展。就中国贫困治理而言，新中国成立之初，中国共产党在贫困治理上缺乏经验，因此在这方面主要是借鉴中国传统的社会保障做法以及国外的社会保障做法，从而很快在社会保障方面建立起了符合中国国情的社会保障制度体系，并以此作为当时历史条件下中国贫困治理的主要途径。但是经过几十年的努力奋斗之后，中国进入改革开放的新历史时期，新的历史时期对中国共产党提出了新问题、新要求也赋予了中国共产党新的使命，在这种历史条件下，中国共产党深刻认识到过去在贫困治理上的做法虽然有一定效果，但并不能从根本上解决问题，因此还应该结合新的时代特点探索新的贫困治理途径。于是，在总结过去几十年贫困治理经验的基础上，中国共产党又开辟了一条新的贫困治理之路——扶贫开发，从而形成了中国贫困治理主体结构的"二元"结构，将中国的贫困治理事业推向了一个新阶段和新高度。中国贫困治理主体结构的"二元"结构的形成过程正是中国共产党和中国人民对贫困治理的认识不断加深的过程，这是一种建立在社会主义实践基础上的符合认识规律的发展过程。

其次，中国贫困治理主体结构的"二元"结构符合贫困治理的客观规律。对任何国家和地区来说，贫困治理都是一项庞大的系统工程，它在客观上要求人们在深入认识贫困问题的基础上对贫困问题加以有效解决。因此，随着时代的发展和人们对贫困问题认识的不断深入，人们在贫困治理上的办法会越来越多、越来越科学，也越来越有效。新中国成立以来，中国共产党和人民政府在贫困治理上不懈探索，在构建贫困治理主体结构"一元"治理结构的基础上，又构建起了"二元"治理结构。显然，这是符合贫困治理客观规律的实践路径。

最后，中国贫困治理主体结构的"二元"结构的正确性在减贫实践中得到了有力的印证。从中国贫困治理的历史来看，改革开放前的贫困治理成绩与改革开放后的贫困治理成绩无法相提并论，国家成立专门的扶贫开发机构之前的贫困治理成绩与成立专门的扶贫开发机构之后的贫困治理成绩也无法相提并论。道理其实也很简单，改革开放前，中国的贫困治理主要靠社会保障托底，这是"一条腿走路"；改革开放后，特别是国家成立专门的扶贫开发机构后，中国的贫困治理不仅靠社会保障托底，更重要的是在社会保障托底的基础上挖掘贫困地区、贫困人口的经济生产潜力，提高他们发展经济的能力和水平，这是"两条腿走路"。"两条腿走路"自然会胜过"一条腿走路"。这说明，采取"一元"治理结构应对中国贫困问题是存在严重不足的，而采取"二元"治理结构应对中国贫困问题则是相对完善和卓有成效的做法。这就证明了中国贫困治理主体结构的"二元"治理结构的正确性、真理性。

三　中国贫困治理主体结构内部存在贫困治理重心的转移

如果进一步深入考察中国贫困治理，就会发现，中国贫困治理主体结构的内部存在着治理重心的转移。关于这一点，我们可以通过分析中国社会保障和扶贫开发在时代发展过程中的贫困治理重心来得到印证。

先看中国社会保障在时代发展过程中的贫困治理重心转移情况。

在展开论述之前，有必要先就中国共产党和人民政府开展贫困治理的目标作分析说明。诚如前文所述，党和国家开展贫困治理，最终的战略目标是要实现全体中国人民共同富裕。但是，中国共产党在国家建设层面，对自己的奋斗目标其实还有多种表述，比如把我国建设成为伟大的社会主义现代化强国，比如实现国家富强、民族振兴、人民幸福，比如实现中华民族伟大复兴的中国梦，等等。如果用更为精炼的词语来表达，中国共产党和中央人民政府的追求其实就是"国家强盛＋人民富裕"。正如习近平总书记在党的十八届三中全会上所说的那样："实践发展永无止境，解放思想永无止境，改革开放也永无止境，停顿和倒退没有出路，改革开放只有进行时、没有完成时。"① 由此可以认为，在中国共产党人心目中，人民的事业——使国家强盛、民族振兴、人民幸福的事业是永无止境的。这个永无止境的人民的事业实质上可以简化为"国强＋民富"。自新中国成立以来，中国共产党的一切实践，其实都是围绕着"国强＋民富"而进行的。中国共产党的贫困治理实践，毫无疑问也是围绕着"国强＋民富"而进行的。在任何时候，中国共产党都强调"国强＋民富"，但是在不同的历史条件下，这两者的轻重其实是有区别的。接下来，我们就将"国强"和"民富"作为两个重要维度来探讨和解读中国的社会保障作为中国贫困治理结构之一维内部所呈现的治理重心的转移情况。作为贫困治理重要手段和途径的社会保障制度体系，自新中国成立之时起一直走到今天，总体上看是越来越完善的深入发展过程。我们一般也不太注意到它在发展过程中有什么贫困治理重心的转移。但事实上它确实是存在治理重心的转移的。为此，让我们简要回顾一下中国社会保障制度体系的发展脉络，并简要说明它的贫困治理重心的转移情况。

（1）1949～1956 年，即新中国的前七年，中国的经济还是新民主主义经济，在这个基础之上，党领导全国各族人民建立起了中国自己的以社会救济制度、社会保险制度、社会福利制度为主要内容的社会保障制度体系，并形成了自己的结构框架特点：在城市逐步建立起了以社会保险为核心并辅之以社会救济和社会福利等内容，以国家或单位为主要保障责任主体的社会保障制度框架；在农村起初是以土地保障为主体辅之以社会救济和农民之间互助的制度结构，后来，随着农业社会主义改造的完成，形成了"集体保障＋国家救助"的社会保障制度框架。② 1957～1978 年，中国完全处在计划经济体制之下，在党的领导下，国家建立起了计划经济体制

① 《十八大以来重要文献选编》上，中央文献出版社，2014，第 494 页。

② 宋士云等：《新中国社会保障制度结构与变迁》，中国社会科学出版社，2011，第 72 页。

下的社会保障制度体系，主要包括计划经济体制下的社会保险制度、社会救济制度、社会福利制度以及农村合作医疗制度和五保供养制度，形成了"国家—单位保障"制度模式的框架与城乡二元结构。"国家—单位保障"制度模式的基本框架由国家保障、城镇单位保障和农村集体组织保障三大板块组成。①

（2）到1978年，按照当时我国的贫困标准统计，国家尚有农村绝对贫困人口2.5亿，占农村总人口的30.7%。这种情况对党和国家领导人触动很大。所以在改革开放之后，党和国家主要领导人屡屡提及以经济建设为中心的问题，屡屡提及共同富裕问题，并提出"贫穷不是社会主义"等深刻论断，非常强调发展社会生产力和提高人民群众的生活水平。如1979年11月26日，邓小平会见外宾时指出："我们革命的目的就是解放生产力，发展生产力。离开了生产力的发展、国家的富强、人民生活的改善，革命就是空的。"② 又如1984年6月30日，邓小平会见日本客人时提到"社会主义阶段的最根本任务就是发展生产力"③，要"不断改善人民的物质和文化生活"④。又如1985年3月7日，邓小平在全国科技工作会议上指出："社会主义的目的就是要全国人民共同富裕，不是两极分化。"⑤ "总之，一个公有制占主体，一个共同富裕，这是我们所必须坚持的社会主义的根本原则。"⑥ 随着中国改革的不断深入，20世纪80年代中期，中国经济体制改革的重心从农村转到了城市，计划经济体制逐步向市场经济体制转轨，此时，过去建立起来的"国家—单位保障"制度模式已经不适应时代发展的要求了——随着农村家庭联产承包责任制的推行，原有的农村社会保障制度（如五保制度、合作医疗制度等）丧失了赖以存在的集体经济组织基础。而城市经济体制改革又使国民经济结构由国有经济全覆盖转变成多种经济成分并存发展。这样，社会发生深刻变化表现为经济主体多元化、劳动力市场化、收入差距扩大化等，这种情况导致单位与政府之

---

① 宋士云等：《新中国社会保障制度结构与变迁》，中国社会科学出版社，2011，第153～154页。
② 《邓小平文选》第2卷，人民出版社，1994，第231页。
③ 《改革开放三十年重要文献选编》上，中央文献出版社，2008，第761页。
④ 《十三大以来重要文献选编》下，人民出版社，1993，第1998页。
⑤ 《邓小平文选》第3卷，人民出版社，1993，第110～111页。
⑥ 《邓小平文选》第3卷，人民出版社，1993，第111页。

间，个人与国家、单位之间的利益追求从一致走向分离，再加上经济发展
战略的调整和人口老龄化趋势的加快，所有这些情况，使传统的"国家—
单位保障"制度的经济基础和社会基础发生了动摇。另外，传统的"国家
—单位保障"制度自身也存在缺陷，如封闭运行的单位保障制度导致社会
保障统筹、互济功能丧失，单位负担畸轻畸重，很多老国有企业在改革开
放前就陷入了不堪重负的困境。① 为此，需要探索和建立适应社会主义市
场经济的、既有利于改善人民生活又有利于国家发展经济的现代保障制度
体系。1984 年 10 月 20 日，中共中央通过了《关于经济体制改革的决
定》，该决定指出："社会主义的根本任务就是发展社会生产力，就是要使
社会财富越来越多地涌现出来，不断地满足人民日益增长的物质和文化需
要。社会主义要消灭贫穷，不能把贫穷当作社会主义。"② 1986 年 4 月，
国家发布《中华人民共和国国民经济和社会发展第七个五年计划（1986 ~
1990）》，其中指出："'七五'期间，要有步骤地建立起具有中国特色的
社会主义的社会保障制度雏形。""要通过多种渠道筹集社会保障基金。改
革社会保障管理体制，坚持社会化管理与单位管理相结合，以社会化管理
为主。"③ 之后，随着经济体制和劳动保障制度改革的开展，国家社会保
障制度也相应地进入探索阶段，社会保障社会化开始替代社会保障单位
化，个人开始承担有象征意义的缴费责任。④ 国家也因此出台了一系列有
关社会保障制度改革的政策文件，如《国营企业实行劳动合同制暂行规
定》（1986 年）、《国营企业职工待业保险暂行规定》（1986 年）、《女职工
保健工作暂行规定（试行草案）》（1986 年）、《职业病范围和职业病患者
处理办法的规定》（1987 年）、《职工医疗保险制度改革设想（草案）》
（1988 年）、《女职工劳动保护规定》（1988 年）、《关于公费医疗管理办法
的通知》（1989 年）、《关于全民所有制事业单位工作人员因公负伤致残抚
恤问题的通知》（1989 年）、《关于企业职工养老保险制度改革的决定》
（1991 年）、《企业职工伤亡事故报告和处理规定》（1991 年）、《县级农村

---

① 宋士云等：《新中国社会保障制度结构与变迁》，中国社会科学出版社，2011，第 170 ~
171 页。
② 《十二大以来重要文献选编》中，人民出版社，1986，第 563 ~ 564 页。
③ 《十二大以来重要文献选编》中，人民出版社，1986，第 1031 页。
④ 宋士云等：《新中国社会保障制度结构与变迁》，中国社会科学出版社，2011，第 171 页。

社会养老保险基本方案（试行）》（1992年）、《中华人民共和国企业职工工伤保险条例（征求意见稿）》（1992年）、《关于试行职工大病医疗费用社会统筹的意见的通知》（1992年）、《中华人民共和国妇女权益保障法》（1992年），等等。

（3）20世纪80年代末90年代初，党中央更加重视国家的综合国力和国际竞争力，在国家建设层面，党中央在突出"民富"目标的同时也突出强调"国强"的目标。与党中央的思路相适应，国家在社会保障制度改革方面努力探索一条既要惠及民生又要减轻国家和企业不合理负担的适合中国特色社会主义市场经济体制的社会保障之路。1993年11月14日通过了《中共中央关于建立社会主义市场经济体制若干问题的决定》，明确要求"建立合理的个人收入分配和社会保障制度"，"建立多层次的社会保障体系"，"社会保障水平要与我国社会生产力发展水平以及各方面的承受能力相适应"，"发展商业性保险业，作为社会保险的补充"①，"建立统一的社会保障管理机构。提高社会保障事业的管理水平，形成社会保险基金筹集、运营的良性循环机制"②。此后，经过改革与探索，基本建立起了一个独立于企事业单位、资金来源多元化、保障制度规范化、管理服务社会化的社会保障体系，实现了由"国家—单位保障"制度模式向现代社会保障制度模式的转型。③ 如今，中国社会保障制度体系处在进一步完善与全面发展过程中。从党和国家应对国内外复杂多变的局势的角度以及我国社会保障制度体系改革的内在逻辑方面进行分析，大致上可以认定，从1993年至今，中国社会保障的贫困治理重心可概括为"民富"与"国强"并重。

接下来我们再看扶贫开发作为中国贫困治理之重要一维，其重心是否也有转移的情况。

作为中国贫困治理重要举措和战略方针的扶贫开发，在改革开放后特别是20世纪80年代中期以后，在中国贫困治理中所起的作用越来越突出。现在很多人甚至包括有的学者，在谈到中国的贫困治理时，首先想到的是扶贫开发，那么扶贫开发是否也有重心转移的情况呢？研究表明，是

---

① 《十四大以来重要文献选编》上，人民出版社，1996，第534～535页。
② 《十四大以来重要文献选编》上，人民出版社，1996，第536页。
③ 宋士云等：《新中国社会保障制度结构与变迁》，中国社会科学出版社，2011，第192页。

有重心转移的——不仅有重心转移，而且这种重心转移非常明显。

改革开放以来中国扶贫开发的重心转移主要体现在扶贫开发的实践历史中。① 从改革开放开始至 20 世纪 80 年代中期（1979～1986 年），中国扶贫的重心主要集中在单纯救济方面。这与 20 世纪 50～60 年代中国逐步建立起来的定期定量救济、五保供养、灾荒救济、临时救济等社会救助制度一脉相承，说是扶贫，其实主要的做法并没有与社会救济区别开来。

1986～2007 年，中国扶贫开发是以贫困人口能力建设为重心的。1986 年 5 月，国务院成立了贫困地区经济开发领导小组，这是后来的国务院扶贫开发领导小组的前身。自此时起，中国政府开始了全国范围内的有计划、有组织和大规模的开发式扶贫。开发式扶贫是一种与过去的救济式扶贫截然不同的扶贫方式，它强调充分调动扶贫主体和扶贫对象的积极性、主动性，强调发扬自力更生、艰苦奋斗精神，充分合理地利用当地自然资源，开展开发性的生产建设活动，因地制宜地发展商品经济，激发贫困地区内部的经济潜力与活力，走依靠自己脱贫致富的道路。1986～2007 年，国家扶贫开发关注的重点在于因地制宜，扬长避短，发挥优势，增强贫困地区和贫困人口的自我发展能力。正是基于这种思路，党中央鼓励贫困地区加强智力开发，提高当地劳动者素质，为贫困地区提供资金、教育、科技推广等方面的政策倾斜。同时，针对贫困地区开展各种旨在培育贫困地区和贫困人口能力的扶贫项目，如教育扶贫、科技扶贫、贫困地区义务教育工程、文化扶贫、智力支边、春蕾计划、信息扶贫致富工程，等等。

2007 年至今，中国扶贫开发的重心转向关注和改善贫困人口的权利状况方面。其重要标志是《国务院关于在全国建立农村最低生活保障制度的通知》（以下简称《通知》）的颁布。因为，以此为界线，在此前和此后，中国扶贫有着明显的区别。在《通知》颁布之前，党和政府无疑也是重视贫困人口的权利状况的。就扶持贫困人口方面来说，国家虽然于 1999 年 9 月 28 日颁布了《城市居民最低生活保障条例》，但这只是针对城市居

---

① 下面谈到的扶贫重心转移，参见文建龙《中国共产党与中国扶贫事业：改革开放以来扶贫重心转移的路径与动因》，社会科学文献出版社，2018。

民的最低生活保障，农村居民并没有兜底性的最低生活保障。兜底性的最低生活保障所注重的是贫困人口最为基本的人权——生存权。只有当全国农村的最低生活保障制度也建立起来，才能充分说明党和国家在扶贫方面非常关注贫困人口的生存权利状况。2007 年，《通知》颁布之后，各地农村最低生活保障制度先后建立起来，这样就对广大农民的生活作了兜底性的保障。从此，中国公民，不管是生活在城市还是生活在农村，大家的生活都有了基本的保障。这与过去比，无疑是中国人权事业的伟大进步，也是世界人权事业的伟大进步。国务院扶贫开发领导小组办公室主管、《中国扶贫开发年鉴》编委会编撰的《中国扶贫开发年鉴：2010》把改革开放以来中国的扶贫开发分为体制改革推动扶贫阶段（1978～1985 年）、专项计划推动扶贫阶段（1986～2007 年）和两轮驱动推动扶贫阶段（2007年至今）三个阶段。很明显，该年鉴也认为 2007 年之前和之后中国扶贫开发是不一样的，也是把 2007 年作为一个重要的具有标志性的时间节点来看待的。2007 年 10 月 15 日，党的十七大报告指出："实现社会公平正义是中国共产党人的一贯主张，是发展中国特色社会主义的重大任务。""要通过发展增加社会物质财富、不断改善人民生活，又要通过发展保障社会公平正义、不断促进社会和谐。""要按照民主法治、公平正义、诚信友爱、充满活力、安定有序、人与自然和谐相处的总要求和共同建设、共同享有的原则，着力解决人民最关心、最直接、最现实的利益问题，努力形成全体人民各尽其能、各得其所而又和谐相处的局面，为发展提供良好社会环境。"① 上面这段话不仅强调要通过发展保障社会公平正义，还指明了如何通过发展去保障和实现社会公平正义。社会公平正义是一个与人们的权利状况紧密相连的概念。现代意义上的社会公平，指的是一种合理的社会状态，它包括了作为社会个体的人之间的权利平等、机会平等、过程平等和结果公平等。胡锦涛强调要通过发展保障社会公平正义，实质上是要求党和国家进一步改善公民特别是贫困人口的权利状况，使他们能够享受更多的权利，生活得更幸福和更有尊严。党的十八届三中全会提出要"紧紧围绕更好保障和改善民生、促进社会公平正义深化社会体制改革，改革收入分配制度，促进共同富裕，推进社会领域制度创新，推进基本公

① 《十七大以来重要文献选编》上，中央文献出版社，2009，第 13～14 页。

共服务均等化，加快形成科学有效的社会治理体制，确保社会既充满活力又和谐有序"①。在这里，党中央非常明确，深化社会体制改革要"紧紧围绕更好保障和改善民生、促进社会公平正义"的主旨去做，也就是说，"更好保障和改善民生、促进社会公平正义"才是党和政府推动改革的最终目的。这里仍然是在强调如何实现社会公平正义的问题。2007年以后，在扶贫方面，国家在对全国低收入群体作兜底性制度安排的基础上，也并没有放松过去所创造的旨在提高扶贫开发主体的贫困人口的发展能力的建设。党的十八大以来，以2014年中共中央办公厅和国务院办公厅印发的《关于创新机制扎实推进农村扶贫开发工作的意见》为标志，中国扶贫进入精准扶贫的新阶段；这一阶段以继续改善贫困人口权利状况为重要内容，其实也可以说改善贫困人口权利状况就是扶贫重心。中国共产党在为全国人民建立起最低生活保障这样的托底性保障制度之后，还在不断加大扶贫力度，目的是谋广大贫困人口更好地发展的权利。所以，2007年以后，中国共产党扶贫力度更大，其重心已经不仅仅是解决贫困人口温饱问题，更多地关注贫困人口如何过得更好、活得更有尊严等方面，其实就是更多地关注如何在解决了贫困人口温饱问题的基础上改善他们的权利状况。

可见，扶贫开发作为中国贫困治理之重要一维，其重心也有转移的情况。

综上所述，中国贫困治理主体结构既体现了突出的人民性又体现了突出的科学性，是人民性与科学性的有机统一；另外，社会保障和扶贫开发作为中国贫困治理主体结构中的两个重要维度，其内部存在治理重心转移的情况。

---

① 《十八大以来重要文献选编》上，中央文献出版社，2014，第513页。

第六章　社会主义革命时期中国的贫困治理

社会主义革命时期中国的贫困治理是指 1949 年新中国成立到 1956 年底社会主义改造基本完成、社会主义制度在中国全面建立起来这段特定历史时期的贫困治理。1949～1956 年这段历史时期，大致可分为两段：一段是 1949 年新中国成立至 1952 年，是国民经济恢复时期；一段是 1953 年至 1956 年底，是国家实行大规模社会主义改造的过渡时期。新中国成立伊始，党和国家在巩固政权的同时，一面组织人民群众生产自救，恢复经济，一面着手建立社会保障制度体系。随着国家经济的恢复，国家加大开展贫困治理工作的力度，最先采取的就是建立并贯彻实施社会保障制度体系以缓解国家贫困。

第一节　社会主义革命时期中国的贫困状况

社会主义革命时期中国的贫困与中国历史上长期积贫积弱和战乱有关。中国自 1840 年鸦片战争开始，在以后的 100 余年里，饱受帝国主义列强的侵略、压迫和凌辱，社会动荡不安，没有发展国家经济的稳定的和平环境。特别是 1931～1945 年，日本帝国主义发动了长达 14 年的侵华战争，东北长期处在日本帝国主义的铁蹄之下，那里丰富的矿产资源被日本帝国主义大肆掠夺，又用来制造武器屠杀中国人民。日本侵华战争严重摧残了中国社会生产力。到 1949 年新中国成立之时，中国大地已是千疮百孔，满目疮痍，国家和人民处于严重贫困状态。

一　新中国成立以前的国家经济状况

新中国成立以前，农业和手工业在整个国民经济中所占的比重约为 90%，现代工业仅占约 10%，而其中使用机器生产的工业只占 17% 左右。

国家仅有的一点工业，行业门类残缺不全，布局极不合理。国家经济发展长期呈负增长状态。1949 年与抗日战争前最高年份比较，工业产值下降了一半左右，重工业下降 70%，轻工业下降 30%。1949 年，全国钢产量 15.8 万吨，只及美国钢产量的 0.2%，不及世界钢产量的 1‰。机械工业异常落后，除了上海、沈阳、大连等几个沿海城市有一些以修配为主的中小型机械厂外，全国连汽车、拖拉机之类的工厂都没有。能源工业基础也不好。1949 年，全国发电量仅 43 亿度，人均仅 8.6 度。而当时世界年发电量是 7690 亿度，美国是 345.6 亿度。1949 年，国家原油产量是 12 万吨，而当年世界原油产量是 4.35 亿吨，美国是 2.52 亿吨。交通运输方面，自 1913 年第一条从长沙到湘潭的公路诞生后的 36 年里，国家共修公路 13 万公里，但到 1949 年年底，能通车的公路已经不到 80%。[①]

　　新中国成立前，粮食长期无法自给，荒地面积逐年增加，而农业生产水平则连年走低。1949 年，全国产粮 11318 万吨，是 1936 年 15000 万吨水平的 75.4%。1949 年，全国农田受灾面积达 1 亿 2000 万亩，灾民 4000 万人，城市失业者达 400 万人[②]。从上面所列数据可以想见新中国成立前夕中国经济状况的糟糕程度。新中国成立前夕的这种经济状况，决定了新中国成立之初城乡人民生活必定是极其困苦的。

二　社会主义革命时期中国城乡的贫困状况

　　社会主义革命时期中国城乡的贫困与新中国成立前夕中国的经济状况紧密联系在一起。新中国成立前夕，国家有城市失业人员 470 万人，相当于 1949 年年底全国在业职工人数的一半；破产农民达几千万人。[③] 因此，新中国成立之初，人民生活异常困苦。社会主义革命时期中国城乡的贫困状况又以 1949~1952 年这段历史时期表现得最为突出。1950~1952 年，中国城市出现了失业高峰，每年都有大量人口处于失业状态。据统计，1950~1952 年，中国城市的失业人口数分别达到 437.6 万人、400.6 万人和 376.6 万人。这些数字表明，当时广大城市的失业现象非常严重。[④] 对

①　王行国、周舜武主编《中国国情基础》，中国工人出版社，1990，第 39~40 页。
②　曾璧钧、林木西主编《新中国经济史 1949–1989》，经济日报出版社，1990，第 6 页。
③　袁伦渠主编《中国劳动经济史》，北京经济学院出版社，1990，第 73 页。
④　宋其超：《失业及其治理》，中国财政经济出版社，2004，第 100~101 页。

劳动人民来说，破产或失业都意味着要面临饥饿和贫困的袭扰。1953 年，国家开始进行大规模的社会主义改造，到 1956 年社会主义改造基本完成，国家经济状况有明显好转，人民的生活水平明显提高。但是，由于中国人口多、底子薄，生产力落后，中国贫困人口规模依然是很庞大的。

三　社会主义革命时期中国城乡贫困的原因

新中国成立之初，中国城乡的贫困除了与中国历史上积贫积弱以及近代以来饱受帝国主义侵略和中国反动的封建统治有关外，还与这一时期中国社会的变革有关。

1. 中国共产党政权对旧的经济结构进行改组所导致的贫困

新中国成立之初，产生过两次比较严重的失业。第一次是在 1950 年春。由于新政权建立，过去许多为帝国主义、封建主义和官僚资本主义服务的工商企业，如生产高级消费品和迷信品的企业，供官僚、地主阶级享乐的工商服务业，以放高利贷和买空卖空为目的的金融业等，在新中国成立后被取缔或要求强制转业，这就造成上述领域里的大量工作人员失业。此外，当时某些暂时生产过剩的工业，如纸烟、火柴、肥皂业也需要暂时缩小生产规模或转业。还有，国家为使财政收支接近平衡、物价趋于稳定，要求人们把在旧中国通货膨胀时期为了避免钞票跌价的损失而竞购和囤积的货物拿到市场上去卖，这造成市场上若干物资一时供过于求，使一些工厂、商店缩减人员，因此增加了不少失业人口。再加上新中国成立初期，国民党对沿海城市进行轰炸和经济封锁，也引起许多企业减产、停产、倒闭，加重了工商业的困难①，也造成一些人失业并陷于贫困境地。

2. 1951 年底全国普遍开展"三反""五反"运动造成了一些工人失业

"三反""五反"运动是 1951 年底到 1952 年 10 月党中央和中央人民政府在党政机关工作人员中开展的"反贪污、反浪费、反官僚主义"和在私营工商业者中开展的"反行贿、反偷税漏税、反盗骗国家财产、反偷工减料、反盗窃国家经济情报"斗争的统称。1950 年党的七届三中全会后，党中央和中央人民政府采取了一系列政治经济措施恢复国民经济。其中一个措施就是调整工商业中的公私、劳资、产销关系。调整后，资本主义工

---

① 袁伦渠主编《中国劳动经济史》，北京经济学院出版社，1990，第 73～74 页。

商业得到迅速发展。但资本家中的一些不法分子并不满足于用正常方式获得一般利润，他们力图利用和国营经济的联系，以行贿、偷税漏税、盗骗国家财产、偷工减料、盗窃国家经济情报等手段牟取暴利，企图抗拒社会主义国营经济的领导，进而削弱国营经济。"三反""五反"运动开展起来后，一些严重违法户和技术条件差、经营落后的私营企业停业倒闭，这种情况造成了一批工人失业；一些不法资本家采取停火、停薪、停工等手段甚至解雇职工的办法对抗政府，这也造成了一些工人失业；运动期间，许多私营企业暂时停止加工订货、停建或缓建一些基本建设工程以及裁撤与合并了一些机构，也缩减了就业岗位，产生了一些失业人员。

3. 城市中广大家庭妇女纷纷要求就业

在旧中国，妇女没有地位，她们的很多权利遭到封建制度残酷剥夺。以劳动就业权为例，旧中国很多女孩出生不久就被强行缠足，致使她们一生都带着足部残疾走向人生的终点。她们基本上干不了重活，许多生产劳动都没法干。很多年轻女性出嫁之后，"相夫教子"就成了她们一生的职责，因此她们就被牢牢束缚于家庭这个封闭的环境里。近代以来，中国不断有人将西方先进文明译介到中国来，在某种程度上开阔了一些中国人的眼界，也解放了一些中国人的思想。但是，中国妇女的社会地位一直没有根本性的改变。当时绝大多数妇女只能被束缚在家庭中，基本失去了参与社会活动的一切正当权利。新中国成立后，中国共产党力倡妇女解放。1950 年 4 月 13 日，中央人民政府第七次会议通过了《中华人民共和国婚姻法》（以下简称《婚姻法》），4 月 30 日由毛泽东签发命令，宣布自1950 年 5 月 1 日起正式实施。新中国的成立和《婚姻法》的颁布，使中国城乡广大妇女获得了新生，她们渴望同男人们一样在新的时代环境中参加就业和自食其力。特别是城市中的妇女，她们在新中国成立后就业意愿非常强烈。因而她们中不少人成为城市中新产生的一批剩余劳动力。

4. 农村劳动力无组织、无计划地盲目向城市流动

新中国成立后，中国共产党在过去老解放区已经开展土地改革的基础上，继续领导广大农民推进土地改革，剥夺地主土地分配给无地和少地的农民，实现"耕者有其田"。对农村而言，过去由于已耕的土地不足，劳动力有剩余；现在全国解放了，特别是土地改革后，虽然做到了人人有地种，有饭吃，但是由于中国农村人口基数太大而人均耕地面积少等方面的

原因，中国农村劳动力仍然大量剩余。新中国成立初期，国家没有实施户籍制度，而当时城乡收入的差距明显，城市生活明显要好于乡村，因此不少青年农民在土改后陆续涌入城市和工矿区，谋求新的职业。这就造成了很多农村劳动力无组织、无计划地盲目流向城市，这也加剧了城市中的失业和半失业状况。据统计，1949～1953 年，全国城镇人口从 5768 万增加到 7826 万，占总人口的比重从 10.6% 上升到 13.3%。①

5. 旧中国遗留下来的部分失业人员和新产生的失业人员短时间内未能得到有效安置

新中国成立之初，党和国家领导人主张对旧中国遗留下来的党、政、军人员不仅要"包起来"，还要给出路。毛泽东指出："中国已归人民，一草一木都是人民的，任何事情我们都要负责并且管理好，不能像踢皮球那样送给别人去。国民党的一千万党、政、军人员我们也要包起来，包括绥远的在内，特务也要管好，使所有的人都有出路。"②"管理好"和"包起来"不仅是说要管国民党遗留人员的吃饭问题，还要管他们的就业问题。但是，国民党 1000 万党、政、军人员毕竟不是小数目，一时间很难得到全面安置。1952 年以前，随着国民经济的恢复，具备就业条件的人员大部分都得到了安置。但是还有一部分旧中国遗留下来的失业知识分子和旧官吏、旧军人，由于他们自身未经过改造，或者缺乏专门的知识和技能等，再加上就业岗位本身就非常有限，因此他们的就业比较困难。此外，新中国成立后，算命测字糊口这样的职业以及舞女、娼妓等职业被新政权迅速取缔，这也使一部分人失业。这部分人的就业问题在新中国成立初期就存在，但是随着社会改革的深入，1952 年前后更为突出。③

第二节　社会主义革命时期中国贫困治理的社会保障维度

早在党的七届二中全会上毛泽东就告诫全党："如果我们在生产工作上无知，不能很快地学会生产工作，不能使生产事业尽可能迅速地恢复和发展，获得确实的成绩，首先使工人生活有所改善，并使一般人民的生活

---

①　宋其超：《失业及其治理》，中国财政经济出版社，2004，第 102 页。

②　《毛泽东文集》第 6 卷，人民出版社，1999，第 14 页。

③　袁伦渠主编《中国劳动经济史》，北京经济学院出版社，1990，第 75 页。

有所改善，那我们就不能维持政权，我们就会站不住脚，我们就会要失败。"① 在这里，毛泽东把能否很快学会发展生产、改善人民生活当作事关人民政权生死存亡的大事来看待。他在这里虽然没有提到"贫困治理"这几个字，但实际上指的是要发展生产、关心和改善人民生活，这其实就是如何解决人民群众贫困的问题。可见，中国共产党领导人早在新中国成立前就对解决人民群众的贫困问题有所谋划。

一　社会主义革命时期中国共产党对社会保障制度体系的探索

新中国成立伊始，党和国家就把贫困治理作为重要工作来抓，并在全国范围内恢复和发展社会生产力的基础上，很快形成了依靠社会保障缓解国家贫困的治理模式。1949 年 10 月，随着新中国的成立，中央人民政府的各个职能部门相继组建起来。鉴于新中国成立之初灾情严重和失业人口数量庞大的社会现实，国家内务部、劳动部等职能部门以强势的姿态担负起了国家贫困治理的重任，积极探索并在较短时间内形成了国家救灾救济的制度、体制和机制。就救灾而言，新中国成立之初就有明确的救灾工作方针，也陆续制定出了救灾工作的有关政策，在此基础上国家形成了行之有效的救灾工作管理体制。其总体架构是：①实行中央统一决策，部门分工实施的领导体制；②以地方政府为主，按行政区域进行统一的组织指挥；③充分发挥人民解放军和武警部队的作用；④发动灾区干部群众自力更生，生产自救，互济互助，奋力防灾、抗灾、救灾；⑤广泛动员社会力量支援灾区。② 除了上述救灾工作，国家民政部门还承担优抚、社会救济等重要工作，而国家劳动部门则与民政部门、卫生部门、财政部门等互相配合，把职工保险福利等方面的工作承担了起来。在党和国家的领导下，大批政策文件相继出台，如《革命工作人员伤亡褒恤暂行条例》（内务部1950 年 12 月 11 日公布）、《中华人民共和国劳动保险条例》（1951 年 2 月23 日政务院第 73 次政务会议通过）、《中央人民政府内务部关于一九五一年内处理革命工作人员退职办法》（1951 年 11 月 12 日）、《国营企业工人、职员退职处理暂行办法（草案）》（中央人民政府政务院财政经济委

---

① 《毛泽东选集》第 4 卷，人民出版社，1991，第 1428～1429 页。
② 李本公、姜力主编《救灾救济》，中国社会出版社，1996，第 28～30 页。

员会 1952 年 1 月 12 日颁发)、《国家工作人员公费医疗预防实施办法》
(1952 年 8 月 24 日政务院批准)、《关于各级人民政府工作人员在患病期
间待遇暂行办法的规定》(1952 年 9 月 12 日)、《中央人民政府政务院关
于各级人民政府工作人员休假制度暂行规定的通知》(1952 年 12 月 12
日)、《中华人民共和国劳动保险条例》[政务院 1951 年 2 月 26 日政秘字
134 号命令公布,政务院 1953 年 1 月 2 日 (53) 政财申字 11 号命令修正
公布]、《一九五三年各项优待抚恤标准》(中央人民政府政务院 1953 年 1
月 22 日批准)、《抗美援朝无军籍工资制人员病、伤、残、亡优抚暂行办
法》(中央人民政府人民革命军事委员会、政务院 1954 年 8 月 8 日通知)、
《国务院关于女工作人员生产假期的通知》(1955 年 4 月 26 日)、《关于国
家机关工作人员子女医疗问题的通知》(1955 年 9 月 17 日),等等。这些
政策的贯彻实施和适时地调整初步构建起了新中国社会保障制度体系。由
于这是出于保证民众生活水平不至于降低的具有托底性质的制度体系,因
此它必然具有贫困治理的功能。

二　社会保障是新中国成立至改革开放前夕贫困治理最主要的维度

新中国成立后一直到改革开放前夕,中国贫困治理的办法大致上都可
归结为一个维度:构建与完善社会保障制度体系。从宏观角度考察,自新
中国成立一直到改革开放前夕这近 30 年的时间里,在贫困治理上主要是
依靠社会保障制度体系发挥缓解贫困的功能,避免贫困人口生活水平进一
步降低。新中国建立起来的社会保障制度体系,主要包括几个大的方面:
救灾、社会救济、社会保险、社会福利。虽然这几个方面各自的内容和内
涵并不一样,但是它们在社会功能方面有共同的特征:为处于某种特定环
境的人们以及普通大众提供最必要的生活保障,防止他们陷于贫困。

新中国成立之初很快就建立起了社会保障制度体系,并依靠对它的贯
彻落实,解决了很多人的吃饭、就业、医疗等基本问题。新中国改革开放
前在贫困治理上最主要的成就,莫过于建立起并贯彻落实了社会保障制
度。虽然中国的这种社会保障制度体系所规定的条款,农村与城市不一
样,城市企业单位、事业单位和政府机关又不一样,但不管怎样,它的贫
困治理功能和成效却是显而易见和毋庸置疑的。此后,经过人民公社时期
计划经济体制下的不断修补、延续和某种程度的完善,中国的社会保险制

度、社会救济制度、社会福利制度、农村合作医疗制度和五保供养制度在中国社会发展进步过程中起到了积极的作用，包括积极的减贫作用。一般来讲，一个国家贫困治理上的进步会在该国的人口死亡率、预期寿命以及识字率等方面体现出来。如果这个国家的人口死亡率呈下降趋势、而预期寿命和识字率等呈上升趋势，那么可以断定，该国的贫困问题在缓解，它的贫困治理是有成绩的。反之则相反。从中国与其他国家社会福利指标方面的一些统计数据对比来看，中国从 20 世纪 50 年代到 70 年代，人口的健康状况得到了大幅度的提升。这种提升肯定是建立在贫困治理取得积极进步的基础之上的。自新中国成立一直到改革开放前夕，中国都被认为是世界贫穷国家之一，因为用国际贫困线的标准来衡量的话，中国的贫困人口数量是相当庞大的。中国在 50 年代至 70 年代虽然贫穷，但是在社会保障方面取得了很大成就。这从中国与其他国家社会福利指标的比较中可以看出（见表 6 - 1）。

表 6 - 1　中国与其他国家社会福利指标的比较

国家和地区	人口死亡率（%）	每千名活产婴儿死亡率（‰）	0 岁预期寿命（岁）	识字率（%）
中国	11.50（20 世纪 60 年代平均） 6.43（20 世纪 70 年代平均）	138.50（1954 年） 80.80（1958 年） 34.68（1981 年）	57（1957 年） 68.2（1975 年） 69（1980 年）	66.40（1964 年） 76.32（1982 年）
印度	14.10（1978 年） 12.00（1985 年）	121（1981 年） 89（1985 年）	52（1981 年） 57（1985 年）	36（1985 年）
印度尼西亚	16.70（1978 年）	105（1981 年）	54（1981 年）	62（1980 年）
埃及	10.50（1978 年）	110（1981 年）	57（1981 年）	44（1980 年）
巴西	8.90（1975～1980 年）	75（1981 年）	64（1981 年）	76（1980 年）
低收入国家	10（1985 年）	72（1985 年）	60（1985 年）	—
中等收入国家	10	68	62	—

资料来源：参见王卓《中国贫困人口研究》，四川科学技术出版社，2004，第 45 页。

从表 6 - 1 可以看出，在新中国成立后的 30 余年里，人口死亡率、每千名活产婴儿死亡率、0 岁预期寿命以及识字率等各项指标所反映的社会进步，中国要明显好于世界其他发展中国家。这充分说明，中国在通过社会保障推进贫困治理方面，比其他发展中国家做得要好。对此，有学者指出："人民公社在救济、卫生、医疗、保健、教育等方面取得的进展是任何一个时期都无法相比的，与世界其他国家相比，不仅高于同等经济水平的国家，而且和中等国家平均水平相比也毫不逊色。"① 这段话从一个侧面反映出中国社会保障制度体系对于中国贫困治理的积极作用和影响。

　　改革开放前，中国在贫困治理方面最主要的维度其实就是社会保障。中国政府通过建立和完善社会保障制度体系，避免了千千万万中国人陷入贫困境地。当然，自新中国成立一直到改革开放前夕这近30年里，中国社会生产力总体水平不高，人均生产总值很低。但是因为国家建立起了相对完整的社会保障制度体系，这样就为很多贫困人口提供了最低生活保障。

第三节　社会主义革命时期中国贫困治理的重要举措及显著成就

　　新中国成立初期，中国贫困人口众多，他们大致可以分为以下五类。一是广大农民，他们占全国人口的绝大多数，他们的贫困代表着中国的贫困。新中国成立之初，中国几乎所有的农民都属于贫困人口。不过，中国共产党在解放战争中就开始用心地在解放区解决农民的贫困问题，他们采取的办法就是进行土地改革。新中国成立后，中国共产党在新解放区推行土地改革，分田地给农民，解决他们的吃饭问题。二是失业人口。新中国成立之初，失业人口的成分很复杂。这些人口中，既有工人——他们因企业或厂矿倒闭、企业主或厂主随国民党政权迁台等而失业，也有其他如国民党政权遗留下来的旧军人、教师及行政人员等——他们因旧政权垮台而失业。这些人在当时是很大的一批人，他们失业导致本人及其家庭成员的生计陷入困难。除了上述失业工人、国民党政权遗留下来的旧军人、教师及行政人员外，当时还有一些人如娼妓、赌馆工作人员等，他们因为中国共产党和人民政府不允许从事卖淫、赌博而失业，并因此陷入生活困境。三是灾民。中国是一个幅员辽阔、各地自然环境差异很大的国家，每年都

---

① 王卓：《中国贫困人口研究》，四川科学技术出版社，2004，第45页。

会有一些程度不一的自然灾害发生。在旧中国，由于常年战乱等原因，统治阶级把主要精力花在争权夺利方面，而对于农田水利设施以及其他防灾抗灾设施的建设重视不够或建设不力，使广大人民在自然灾害面前缺乏抵御能力。很多人因灾一夜赤贫，倾家荡产。新中国成立前后，旱、冻、虫、风、雹、水、疫等自然灾害加重了很多农村人口的贫困。四是特定的弱势人群。他们是指孤、寡、残、幼等生活无着的弱势人群。这样的弱势人群都属于救济和扶持的对象。新中国成立初期，这些人毫无例外地成了贫困救济对象。五是部分军烈属。在革命战争年代，一些家庭的青壮年男劳力投身革命，家里往往只剩下年迈的父母和劳力相对缺乏的妻儿。这样的家庭相对于那些有青壮年男劳力的家庭，往往更容易陷入贫困。新中国成立初期，部分军烈属家庭由于所分田地缺乏劳动力耕种，也属于济贫和帮扶的对象。

　　面对数量众多的贫困人口，党和国家采取了强有力的措施，取得了显著成就。

一　社会主义革命时期中国贫困治理的重要举措

1. 给全国农民土地保障

　　中国共产党在探索救国救民道路的过程中一直重视土地问题，很注意依据中国社会发展进程实施适应时代发展要求的土地政策以推动革命事业向前发展。早在1922年6月，《中共中央对于时局的主张》就要求"肃清军阀，没收军阀官僚的财产，将他们的田地分给贫苦农民"[①]。当时由于没有自己独立的政权和根据地，中国共产党关于土地方面的想法不能付诸实践。进入井冈山革命根据地时期，以毛泽东同志为主要代表的中国共产党人对土地政策进行过深入探索。在总结1927年冬到1928年冬土地革命斗争经验的基础上，毛泽东主持制定了《井冈山土地法》。该法彻底否定了封建土地所有制，用法律形式确定了农民分配土地的权利，推动了中国革命的发展。全面抗日战争爆发后，中国共产党审时度势，为巩固抗日民族统一战线，及时调整土地政策，团结一切可以团结的力量，建立起了广泛的抗日民族统一战线。抗战胜利后，1946年5月4日，中共中央发出

---

① 《建党以来重要文献选编（1921~1949）》第1册，中央文献出版社，2011，第98页。

《关于土地问题的指示》，号召"从地主手中获得土地，实现'耕者有其田'"①。1947年10月颁布的《中国土地法大纲》要求"平分土地"②。到1950年6月，《中华人民共和国土地改革法》（以下简称《土地改革法》）又将土地政策调整为"废除封建制度""保存富农经济"③，做到使地主能生活，富农能生产。同老解放区的土地改革相比，《土地改革法》在若干政策上作了更符合国情的新规定：一是由征收富农多余的土地和财产改变为保存富农经济；二是由没收地主在农村的一切财产改变为只没收"五大财产"即地主的土地、耕畜、农具、多余的粮食及其在农村多余的房屋，地主的其他财产不予没收；三是增加了对小土地出租的政策规定，如规定革命军人、烈士家属、工人、职员、自由职业者、小贩以及因从事其他职业或因缺乏劳动力而出租少量土地者，均不得以地主论；《土地改革法》还规定保护中农（包括富裕中农在内）的土地及其他财产不受侵犯。④ 这些新规定表明，中国共产党非常重视依据国情和时代变迁而适时地调整土地政策，非常重视解决农民的贫困问题。

新中国成立前夕和成立之初中国共产党领导的土地改革，本质上是社会革命，但其实也是贫困治理实践。它在贫困治理上所起到的最大、最明显、最突出的作用是为中国最广大农民提供了土地保障。马克思曾在《资本论》中转述威廉·配第的话说："劳动是财富之父，土地是财富之母。"⑤ 显然，解决了农民的土地问题，也就意味着在相当大的程度上解决了农民的财富来源问题、生计问题或贫困问题。到1952年底，除一部分少数民族地区及台湾地区外，广大新解放区的土地改革基本完成。连同

---

① 《建党以来重要文献选编（1921~1949）》第23册，中央文献出版社，2011，第246页。

② 《中国土地法大纲》第六条规定："除本法第九条乙项所规定者外，乡村中一切地主的土地及公地，由乡村农会接收，连同乡村中其他一切土地，按乡村全部人口，不分男女老幼，统一平均分配，在土地数量上抽多补少，质量上抽肥补瘦，使全乡村人民均获得同等的土地，并归各人所有。"（《建党以来重要文献选编（1921-1949）》第24册，中央文献出版社，2011，第417页）

③ 《中华人民共和国土地改革法》第一条规定："废除地主阶级封建剥削的土地所有制。"（《建国以来重要文献选编》第1册，中央文献出版社，1992，第336页）第六条规定："保护富农所有自耕和雇人耕种的土地及其他财产，不得侵犯。"（《建国以来重要文献选编》第1册，中央文献出版社，1992，第337页）

④ 中共中央党史研究室：《中国共产党历史-第二卷（1949-1978）》上册，中共党史出版社，2011，第93~94页。

⑤ 《马克思恩格斯全集》第23卷，人民出版社，1972，第57页。

老解放区，完成土地改革地区的农业人口已占全国农业人口总数的90%以上。在整个土地改革中，共没收征收了约7亿亩（约合4700万公顷）土地，并将这些土地分给了约3亿无地和少地的农民，免除了土地改革以前农民每年给地主缴纳的高达3000万吨以上粮食的地租。获得经济利益的农民约占农业人口的60%～70%。土地改革基本完成后，占农村人口92.1%的贫农、中农占有全部耕地的91.4%，原来占农村人口7.9%的地主、富农，只占有全部耕地的8.6%。"耕者有其田"的理想在中国共产党领导下变成了现实。在土地改革中，广大农民不仅获得了土地，还分得大批其他生产和生活资料，计有耕畜296万头、农具3944万件、房屋3795万间、粮食100多亿斤。[①] 土地改革的巨大成就，最根本的是为广大农民提供了土地这个最根本的生产生活资料，为他们改善生活、免于陷入贫困提供了坚实的保障。

2. 大规模救济和安置失业人口

新中国成立初期，中国曾经有过一次失业高峰。这次失业高峰是在1950～1952年，据统计，这三年的失业人数分别达到437.6万人、400.6万人和376.6万人。[②] 党中央高度重视失业问题，先后采取了一系列政策措施，在全国范围内开展有组织、大规模的救济和安置失业人口的工作。具体的做法主要包括以下几个方面。

（1）遏制新失业人口的产生。第一，实行"包下来"的政策。早在1949年4月，中国人民革命军事委员会发表布告称："凡有一技之长而无严重的反动行为或严重的劣迹者，人民政府当予分别录用。"[③] 在新中国成立前后新旧政权交替过程中，党和国家对国民党政权遗留下来的公教人员和企业职工采取了"包下来"的政策，使他们继续生产和工作，给以生活上的出路。1950年6月，毛泽东在党的七届三中全会上所作的报告中，把救济失业工人和失业知识分子、帮助失业者就业作为八项重要工作之一。他说："必须认真地进行对于失业工人和失业知识分子的救济工作，

---

① 中共中央党史研究室：《中国共产党历史－第二卷（1949－1978）》上册，中共党史出版社，2011，第100页。

② 宋其超：《失业及其治理》，中国财政经济出版社，2004，第101页。

③ 《毛泽东文集》第6卷，人民出版社，1999，第156页。

有步骤地帮助失业者就业。"① 党和政府在这方面做出了巨大努力。薄一波1949年12月2日在中央人民政府委员会第四次会议上介绍1950年度全国财政收支概算草案时说："行政费占百分之二十一点四，其中主要的项目是公教人员的生活费和公杂费。这个数目所以有这样大，是因为我们不但要供给人民政府的公教人员，而且要供给旧公教人员。连军事的人员在一起，一九五〇年度全国估计需养活军政公教脱离生产人员九百万人，约占全国人口的百分之二"，"这对人民政府是一个很大的负担，但这又是一个不可避免的负担。"② 这说明，中央人民政府当时拿出了巨大的财力解决"包下来"的问题。新中国成立初期党中央实施的"包下来"的政策，遏制了失业人数的进一步增加，有利于新生政权的巩固和各项建设事业的广泛开展。第二，实行有利于私营工商业发展的政策。1949年9月29日中国政治协商会议第一届全体会议通过的《中国人民政治协商会议共同纲领》规定："中华人民共和国经济建设的根本方针，是以公私兼顾、劳资两利、城乡互助、内外交流的政策，达到发展生产、繁荣经济之目的。"③基于这种经济建设方针，党和人民政府允许并支持私营工商业发展，目的是恢复和发展国民经济，同时保障广大职工的就业和生活，也兼顾私营企业主的利益。1950年6月党的七届三中全会召开后，调整工商业的工作全面展开。1950年12月，政务院颁布了《私营企业暂行条例》。该条例贯彻了鼓励私人投资的精神，规定了私营企业盈余分配的办法，同时也规定了私营企业必须接受国营经济的领导，服从国家的生产计划，遵守政府的一切相关劳动法令和接受政府的限制。同时又公布了《私营企业重估财产调整资本办法》，该办法使私营企业经过重估财产后，可以免除"虚盈实税"的负担。通过合理调整工商业，原有的私营企业大部分保留了下来并有所发展，避免了因政权更替和经济调整对国民经济的破坏，避免了更多新失业人员的产生。第三，规范企业用人政策。针对社会存在严重的失业问题，国家规定：某些企业即使一时发生困难，"也应从积极发展生产和营业中来克服本身的困难，不得从解雇职工上想办法，以保障职工利益，避免增加失业。解雇职工必须按工会法及其他有关法令的规定办理。""一

---

① 《毛泽东文集》第6卷，人民出版社，1999，第71页。

② 中国国际贸易促进委员会编《三年来新中国经济的成就》，人民出版社，1952，第28页。

③ 《建国以来重要文献选编》第1册，中央文献出版社，1992，第7页。

切公私企业，对于因实行生产改革、合理地提高了劳动效率而多余出来的职工，均应采取包下来的政策，仍由原企业单位发给原工资（计入企业成本之内），不得解雇。并应利用这种条件，进行分批轮训，提高他们的业务技术与政治文化水平，以备本企业扩大时使用或听候国家统一调配。"① 国家还规定：为统一解决劳动就业问题，进而逐步做到统一调配劳动力，中央、大行政区、省和大城市均应设立劳动就业委员会，并须建立有专人负责的办事机构指导劳动部门及其他有关部门办理对一切失业人员登记处理事宜。省辖市视工作需要，报人民政府批准后，亦得设立劳动就业委员会。② 这样，政府通过规范企业用人，稳定了职工队伍，避免了新的失业，也为扩大就业创造了政策条件。第四，防止农民盲目流入城市。新中国成立之初，有些灾区灾民外逃现象非常严重，"迭据东北、中原、山西、察哈尔等省来电称：屯留、榆次、汾阳、沈阳、郑州、洛阳、开封之灾民甚多，要求政府赈济，而且灾民来者日有增加，甚至发生集体强行讨要，影响治安"③。为了稳定农民和减轻城市负担，1949年12月19日，内务部发布了《关于加强生产自救劝告灾民不往外逃并分配救济粮的指示》，要求当地政府想方设法"使灾民就地得以安置，同时并劝告灾民不往外逃"④。1950年10月12日，内务部又颁布《关于处理灾民逃荒问题的再次指示》，提出了"就地坚持不要逃""阻止逃""已逃出的，适当予以照顾或遣回"以及"凡临时疏散之重灾民，须先取得收容区之同意"⑤ 等四项指示。1953年4月17日，政务院发布了《关于劝止农民盲目流入城市的指示》，要求各省、市人民政府"立即通知各县、区、乡政府、农会向准备或要求进城的农民耐心解释，劝止其进城"⑥。一方面，国家要求各级政府在恢复和发展农业生产的过程中防止农民外流，另一方面，规定城市各单位不得擅自从农村招工，需要增加人员时，必须通过地方劳动部门统一调配或组织招收。这一政策虽然限制了农村剩余劳动力的自由流动，但在当时对减轻城市的就业压力确实起到了

---

① 中华人民共和国内务部办公厅编印《民政法令汇编1949－1954》，1954，第203页。
② 中华人民共和国内务部办公厅编印《民政法令汇编1949－1954》，1954，第208页。
③ 中华人民共和国内务部办公厅编印《民政法令汇编1949－1954》，1954，第117页。
④ 中华人民共和国内务部办公厅编印《民政法令汇编1949－1954》，1954，第117页。
⑤ 中华人民共和国内务部办公厅编印《民政法令汇编1949－1954》，1954，第130～131页。
⑥ 中华人民共和国内务部办公厅编印《民政法令汇编1949－1954》，1954，第195页。

积极作用。

（2）积极抓好失业工人的救济工作。第一，建立专门机构统一管理失业人员。为应对严重的失业问题，1950年6月17日，政务院发布《关于救济失业工人的指示》，要求"目前失业现象最为严重的上海、南京、武汉、重庆、广州五城市应即组织救济失业工人委员会和失业工人救济处，拟定救济计划和预算，报告本院批准实行"①，同时还要求企业"在招雇新工人和职员时，原则上应由当地劳动局设立之劳动介绍所统一介绍"②。同日，政务院还批准了《救济失业工人暂行办法》，明确规定："凡举办失业工人救济的城市，应在市人民政府下设立失业工人救济委员会，计划并指导一切救济事宜。""在失业工人救济委员会之下，设立失业工人救济处为执行救济工作的机构。"③随后，全国各地建立了失业工人救济委员会和劳动介绍所，组织人员开展对失业者的登记和救济工作。1952年7月，政务院颁布《关于劳动就业问题的决定》，要求"中央、大行政区、省和大城市均应设立劳动就业委员会，并须建立有专人负责的办事机构指导劳动部门及其他有关部门办理对一切失业人员登记处理事宜"④。按照政务院的要求，全国各大中城市成立了劳动就业委员会，统一对失业人员进行登记，并根据不同情况分批分期进行培训，然后根据国家建设发展需要及本人条件，逐步解决其就业问题，同时对生活确有困难者，适当予以救济。第二，组织失业工人以工代赈和生产自救。新中国成立初期，党和国家组织工人以工代赈以解决其吃饭问题。具体的做法是，由各地失业救济部门会同有关方面，组织失业工人参加国家建设所急需的市政工程等项目，按其工作量发给相应的工资。以工代赈工程的费用来自国家拨付的失业救济金，其中80%以上用于支付工资。新中国成立初期，在国家财政十分困难的情况下，组织失业工人以工代赈，既解决了失业工人暂时的生活困难问题，又解决了市政建设资金短缺等困难，并为以后城市经济的发展奠定了物质基础，可谓一举多得。组织工人以工代赈虽然好处很多，但毕竟不是长久之计，因为市政工程等项目不是常年都有的，也不是常年都需

---

① 广州市人民政府劳动局编《劳动法令汇编》第1辑，1951，第207页。
② 广州市人民政府劳动局编《劳动法令汇编》第1辑，1951，第208页。
③ 广州市人民政府劳动局编《劳动法令汇编》第1辑，1951，第209页。
④ 中华人民共和国内务部办公厅编印《民政法令汇编1949–1954》，1954，第208页。

要大量非在编工人参与的。所以，在采取以工代赈的办法救济失业工人的同时，党和国家也根据自愿和民主管理的原则，组织具有一定技术专长和经营管理知识的失业手工业者、商贩或工人，从事生产经营活动以维持生计。其方式主要包括：一是从失业救济金中拨出部分款项贷给手工业生产单位，使其扩大经营，从而吸收部分失业工人参加劳动；二是在劳动部门与商业部门的共同组织下，让一部分失业人员参加城市物资的收购、贮运和销售工作；三是政府补助生产资金，资助个人独立生产和经营。第三，积极开展转业培训工作。新中国成立后，党和国家认为，一些没有前途的企业需要转业。1950 年 5 月 1 日，刘少奇在北京庆祝五一劳动节干部大会上的演说中说："过去服务于帝国主义、封建主义、官僚资本主义的企业，例如高级消费品工业，迷信品工业，投机商业，以放高利贷和买空卖空为目的的金融业等，是没有前途的，应该转业。某些暂时生产过剩的工业，例如纸烟、火柴、肥皂工业等，也不得不暂时缩小生产或转业。还有某些企业需要切实改变他们的产品为适合农民的用品，才能扩大销路。"[①] 因此，国民党时代的奢侈品行业、迷信品行业、投机行业、以放高利贷和买空卖空为目的的金融业以及赌博、娼妓、烟馆等行业的工作人员，在新中国都面临转行转业的问题。这些人转业转到何处去？刘少奇曾作过一个原则性的回答："凡适当地服务于人民的需要，特别是适当地服务于农民的需要，而国家现在又不能办，或虽然办了但还很少的事业，是可以办的。交通运输事业以及服务于国家经济重点恢复部门的事业，医药事业，也是可以办的。此外，还有某些特殊矿产的开采与提炼，某些特殊工厂的建立，某些电力站的安建等，国家都可以在适当的条件之下，与私人订立合同，允许私人办理。"[②] 可见，新中国成立初期，除了在新政权不允许继续发展的行业里工作的工人需要转业，这些行业的企业主事实上也面临转业的问题。当然，工人在这些行业里需要转业的人员中占绝大多数。新中国成立初期的失业人员中，有些属于结构性失业，即由于失业人员无技术专长不符合岗位要求而失业。新中国成立初期，党和国家针对不同情况有区别地解决问题。对于那些奢侈品行业、迷信品行业等的业主，鼓励他们

---

① 《刘少奇选集》下，人民出版社，1985，第 20 页。

② 《刘少奇选集》下，人民出版社，1985，第 20～21 页。

转行去创办适当的服务于人民需要的事业。对于那些属于结构性失业的失业者——他们是失业人口中的大多数，失业救济部门会同劳动部门，根据当时国家经济建设需要，从失业人员中挑选年轻有为的工人、知识分子等，让他们参加转业训练班。① 转业训练不仅使他们掌握了一技之长并重新就业，而且培养了一批国家经济建设急需的人才。针对过去赌博、娼妓、烟馆等行业的业主及工作人员，经过改造之后，分配适当的工作给以出路。

以上事实充分说明，党和国家在新中国成立之初开展的转业培训工作卓有成效，解决了大批人的就业和生活困难问题。

（3）通过恢复和发展生产促进失业人员再就业。新中国成立初期，党和国家非常重视通过发展生产促进失业人员再就业的问题。1952 年 7 月25 日，政务院通过的《关于劳动就业问题的决定》指出：一切公私企业，均应"积极发展生产和营业"，"从积极发展生产和营业中来克服本身的困难，不得从解雇职工上想办法，以保障职工利益，避免增加失业"②。1952 年 8 月 4 日，《人民日报》发表了一篇题为《有计划有步骤地实现全面的劳动就业》的社论。社论说，我们的目标必须是实现全面的劳动就业。社论认为，要实现这一目标，就必须积极地发展生产和其他建设事业，而不应该消极地采取单纯救济的方针去解决失业问题。显然，当时党和国家希望通过恢复和发展生产促进失业人员再就业，而且是促进他们充分地就业。党和国家的这种想法代表和反映了当时最广大人民的迫切要求与愿望。为回应广大人民群众的要求，国家采取了很多切实有效的措施解决失业人口的就业问题，取得了显著成绩。③ 随着国民经济的快速恢复和

① 1950 年 6 月 17 日，中央人民政府政务院批准《救济失业工人暂行办法》并于同年 7 月 1日正式实施。其中的第 37 条规定："失业工人救济处应会同总工会及有关部门有计划地配合救济工作，对失业工人分别予以适当的教育，提高其文化、政治、技术水平，并尽可能根据社会需要，组织各种专业训练。"

② 中华人民共和国内务部办公厅编印《民政法令汇编 1949 – 1954》，1954，第 203 页。

③ 政务院 1952 年 7 月发布的《关于劳动就业问题的决定》指出："三年以来，人民政府在解决劳动就业问题上，在救济一时难以就业而又生活困难的失业人员上，做了不少工作，也有了显著成绩。首先，对国民党反动统治崩溃时所有旧公教人员，人民政府在接管时采取了全部包下来的政策。反动统治遗留下来的大批失业工人和失业知识分子，由于三年来经济的恢复和发展与各项建设工作的展开，绝大部分业已重新就业。截至一九五一年十二月为止，失业工人重新就业者已达一百二十余万人，其中国营工矿企业新吸收的职工约六十万人。失业知识分子，解放以来，经过各种训练招聘以及个别安置而参加各种工作者，约有一百万人。"（《建国以来重要文献选编》第 3 册，中央文献出版社，1992，第 285 页）

国家"一五"计划的实施，国家许多经济事业被带动和发展起来，这种情况为失业劳动力带来了出路。由于当时失业人员数量过大，劳动供求矛盾突出，政府介绍就业能力有限，远远不能满足就业者的需要，1953 年 5月，中央劳动就业委员会召开劳动就业座谈会，提出了"介绍就业与自行就业相结合"的方针，即由人民政府介绍就业的同时，还鼓励失业人员自找职业，自谋生活出路，而不是一切都由政府包下来。从 1956 年开始，党中央又把加快农业发展作为解决我国失业问题的一个重要出路。

3. 组织灾民生产救灾

救灾，就其核心内容来说，是解决灾民的临时性贫困问题。新中国成立前后，国家灾情非常严重。中央人民政府政务院 1949 年 12 月 19 日发布的《关于生产救灾的指示》说："今年中国各地区都有异常严重的灾害。自春至秋，旱、冻、虫、风、雹、水、疫等灾相继发生，尤以水灾为最严重。全国被淹耕地约一万万亩，减产粮食约一百二十万万市斤，灾民（包括轻重受灾人民在内）约四千万人。仅华东区被淹面积即达五千余万亩，约占其总耕地五分之一，其中毫无收成者二千余万亩，减产七十余万万斤，灾民一千六百万人。河北一省，被淹耕地即达三千万亩，灾民约一千万人。其他牲畜房产资财损失，不可数计。"[1] 新中国刚成立时，广大农民本来就很贫困。大面积灾患的发生，必然会造成大批人陷入临时性贫困之中，也必然使贫困农民变得更加贫困。

针对严重的自然灾害，敌对势力在大肆散布谣言的同时，还阴谋制造暴乱。美国时任国务卿艾奇逊宣称中国"数以万计的人会死亡"[2]。由此可见，党和国家的救灾不仅仅关系到千千万万农民的生命安全，也关系到人民政权在灾区的巩固问题。为此，党和国家领导人民群众积极应对灾荒。中央人民政府发出指示："为要使工作做得好，首先是灾区的各级人民政府及人民团体要把生产救灾作为工作的中心。""各级人民政府须组织生产救灾委员会，包括民政、财政、工业、农业、贸易、合作、卫生等部门及人民团体代表，由各级人民政府首长直接领导，务使工作进行领导集中，得到配合，增加效率。灾区的各级人民代表会议或人民代表大会要以

---

① 《建国以来周恩来文稿》第 1 册，中央文献出版社，2008，第 699 页。
② 世界知识出版社编《中美关系资料汇编》第 2 辑（上），世界知识出版社，1960，第 61 页。

生产救灾为讨论的中心问题，决定后即通过代表进行动员和组织人民的工作。全体干部对生产救灾工作要有极高度的热忱、极周密的方法与极深入的工作，必须克服单纯靠救济的恩赠观点与怕麻烦、推出了事的不负责观点。"① 1950 年 1 月 9 日，内务部又发布《关于生产救灾的补充指示》，要求："做到不要饿死一个人！"②"不能允许有一个逃荒的人被饿死。"③

在党中央及各级人民政府的坚强领导下，各灾区在抢种、抢收的同时，根据当地实际情况，采取了一系列救灾度荒措施。

（1）大力发展副业生产。《关于生产救灾的指示》明确要求：各灾区要"因地制宜，恢复与发展副业和手工业，如纺织、编席、熬硝、打油、漏粉、编织农具用品、草帽等"④。当时副业生产面临资金、原料缺乏与产品销售难的问题。为此，中央人民政府强调，在生产资金问题上，主要依靠群众采取自由借贷、劳资合作等办法自己筹措；同时国家也要通过发放贷粮、银行信贷、订货赊运等方法予以必要的扶持；在销路问题上，强调国家贸易机关要在主要产品上通盘筹划，有计划、有步骤地予以购销的支持。⑤ 中央合作事业管理局根据中央有关生产救灾的精神，要求各级"合作社必须根据当地产品情况，主动至各地寻找销路，并力求以合同制来保证有计划的经营远距离的推销业务"，同时要求国营企业及各专业公司应以适当价格，通过合作社，尽量收购灾区产品。为提高合作社的收购、运销能力，中央合作事业管理局又提出解决合作社资金的四个渠道。第一，上级社抽调一部分资金，用于收购灾区产品，并加速资金周转。第二，国营经济部门、中央、大行政区之财政部门，预拨收购灾区产品专款。第三，人民银行以较长期之无利贷款，作为合作社收购资金。第四，由救灾委员会拨一部分救济粮充合作社收购资金，并可藉以为付还向银行贷款，推销灾民产品之损失部分的保证，以扩大救济粮的效用。⑥ 在各部门的组织配合下，灾区人民发展了多种多样的副业生产，土产公司依靠合

① 中华人民共和国内务部办公厅编印《民政法令汇编 1949－1954》，1954，第 114 页。
② 《中共中央文件选集（一九四九年十月～一九六六年五月）》第 2 册，人民出版社，2013，第 79 页。
③ 中华人民共和国内务部办公厅编印《民政法令汇编 1949－1954》，1954，第 121 页。
④ 《建国以来周恩来文稿》第 1 册，中央文献出版社，2008，第 701 页。
⑤ 中南军政委员会民政部编《民政工作手册》第 1 辑，中南人民出版社，1951，第 212 页。
⑥ 华东生产救灾委员会编《华东的生产救灾工作》，华东人民出版社，1951，第 67～68 页。

作社大量收购农副产品，解决了灾民部分口粮问题。有大量数据可以说明这一点。例如，1950年上半年，华东区"在组织副业生产上，政府共投入贸易贷款与合作投资一亿六千余万斤大米，半年来华东合作社供销总值达八千六百零四亿元，仅供销群众生产及生活资料即达五千四百八十亿元。各地依据当地条件，展开了捕鱼、砍柴、编席、拐粉、打油、运输等各种副业。皖北副业生产即发展到七十余种，依此为生者达一百五十万人；山东工商合作部门收购副业生产品即支出粮食近四亿斤，并组织私商销售，和群众自售，估计群众收益可得粮食五亿至六亿斤；苏北合作社收购副业生产品使灾民得纯利136万余斤粮，解决了六万五千人一个月的口粮"[1]。程子华1952年9月撰文说："一九四九年各地合作社在政府'生产救灾'的号召下，积极地参加了救灾运动。仅据苏南、苏北、皖北、河北、平原、山东、察哈尔、辽西、浙江九个省区不完全的统计，合作社共组织灾民进行了二百余种手工业、副业生产，为灾民推销产品总值合二十余亿斤粮食，维持了约一千万灾民三个月的生活，度过了灾荒。"[2] 这说明，发展副业生产对于救灾和改善灾民生活是相当有效的。

（2）积极开展社会互济。1950年7月24日，内务部副部长陈其瑗在第一届全国民政工作会议上的报告中总结一年来的救灾工作，指出社会互济包括灾民与非灾民的集体互助生产、自由借贷、非灾区城乡的募集捐助与安置逃荒灾民、机关部队团体的"节约一两米"（直至四两米）运动四种形式。[3] 新中国成立初期，在国家的大力倡导下，社会互济在救灾中发挥了重要作用。在互助生产方面，政府鼓励灾民在自愿互利的原则下自由结合，开展互帮互助的生产活动。如一些沿海地区渔民和农民的互助生产——农民帮渔民种地，而渔民则专事捕鱼，并将捕鱼利润按一定比例与农民分红或付给农民工资。互助生产的方式很多，有劳动力与有资金的合作生产，有资金与有牲口的合作运输等。提倡和推行互助生产，大大提高了灾民的抗灾度荒能力。在自由借贷方面，政府主要是鼓励轻灾区内的人民去做，以救一时之急。"经验证明，广泛地提倡自由借贷，贯彻自由借

①　华东生产救灾委员会编《华东的生产救灾工作》，华东人民出版社，1951，第182页。
②　中国国际贸易促进委员会编《三年来新中国经济的成就》，人民出版社，1952，第168页。
③　中南军政委员会民政部编《民政工作手册》第1辑，中南人民出版社，1951，第212页。

贷政策，在轻灾区内，政府不用大力支持，即可度过灾荒。"① 在借贷过程中，有的地区总结出了一些比较好的借贷形式，如合作信贷，即通过合作社吸收游资，再贷给群众解决生产资金和口粮问题。"这在胶东三千多处合作社，大部分是起了很大的作用，仅掖县四月份（1950 年 4 月份——笔者注）一〇八处合作社成立信贷所，群众存款五二三九四七〇〇元，贷出九八四六三〇〇〇元；信贷利息一般是存进一分，贷出一分二到一分五厘；存款户一般反映'既给别人用急，自己也生利'，借钱户也感到'活便'了。"② 这说明，合作信贷是深受广大群众欢迎的社会互济方式。针对各地灾情，人民政府号召灾民采集其他副食品，也号召全国各界开展节约粮食运动。在新中国成立初期应对各地灾荒的过程中，中央人民政府的工作人员率先发起了每人每天节约一两米的运动。1949 年 11 月 29日，内务部成立了中央人民政府机关节约救灾委员会，在中央机关开展"一两米节约救灾运动"，其主要内容包括：中央政府各部门工作人员每人每日节约小米一两，自 1949 年 11 月起至 1950 年 2 月止，暂定为 4 个月，且为便于计算起见，每人每月按二斤小米扣除（旧制 16 两为 1 斤）。同时通知各省、市开展节约救灾运动。③ 1949 年 12 月 19 日，中央人民政府政务院发出《关于生产救灾的指示》，要求机关干部带头节约救灾，响应中央人民政府每人节约一两米的运动。④ 在这种背景下，中央和各级地方机关、部队，迅速掀起了一两米节约救灾的热潮。1950 年 2 月 23 日，中央人民政府机关节约救灾委员会决定继续"一两米节约救灾运动"4 个月。同年 2 月 27 日，中央救灾委员会成立，董必武强调，为准备应付春荒，应继续号召中央及各地机关团体与非作战部队每人每日节约一两或二两米的节约救灾运动。地方各级人民政府根据中央指示精神广泛开展了"一碗米""一两米""一把菜"等节约互助救灾运动。1950 年 6 月 26 日，中央机关节约救灾委员会决定把节约救灾运动再一次延期 3 个月。⑤ 在中央机关开展"一两米节约救灾运动"的同时，各地纷纷响应。当时，河北省发

① 中南军政委员会民政部编《民政工作手册》第 1 辑，中南人民出版社，1951，第 213 页。
② 华东生产救灾委员会编《华东的生产救灾工作》，华东人民出版社，1951，第 111 页。
③ 张岳、许明堂：《建国初期的"一两米节约救灾运动"》，《中国民政》2015 年第 4 期。
④ 中华人民共和国内务部办公厅编印《民政法令汇编 1949－1954》，1954，第 116 页。
⑤ 张岳、许明堂：《建国初期的"一两米节约救灾运动"》，《中国民政》2015 年第 4 期。

起了"一碗米运动",号召每人节约一碗米以救助灾区人民;华东地区提出了亲帮亲、邻帮邻、非灾区帮灾区、富者帮助灾民的口号,积极推动社会互济活动的开展。社会互济运动的开展,动员了全社会力量,产生了巨大的社会效益。灾情较重的河北省在 1950 年年初就募集到救济粮 1250 万斤[①];山东省各直属机关、部队,徐州市、济南市及鲁中南区 1949 年 12 月至 1950 年 2 月三个月内节约及捐助粮食 48 万斤,人民币 3 亿余元[②];苏北党政军单位节约捐粮 1000 余万斤,捐献及清理旧衣物 50 余万斤,苏北人民政府公署还在全区进行整编节约,整编出 3 万名富裕人员全部投入生产,大大节约了财政支出,全区被整编节约紧缩各种事业费用共 1 亿斤粮食,投入治沂以工代赈救济灾胞,结合淮阴区根除水患。[③] 所有这些,都对当地战胜灾荒起到了积极作用。

(3)积极开展以工代赈。以工代赈是借助兴修公共基础工程,招募灾区流民贫农赴工,给予其劳动报酬的有偿赈济方式。该方式与钱粮赈济这类无偿性的直接赈济方式相比,具有帮助灾民缓解饥馑之困、增修公共工程以保百姓生计、驱使灾民生产自救以去屈辱之感等多重社会功效。在中国历史上,每值灾荒年月,以工代赈都为当时的政府所重视。新中国成立初期,面对肆虐的自然灾害,党和国家除了倡导发展生产、社会互济等,还积极开展以工代赈。这方面成绩很突出。1950 年 7 月,内政部副部长陈其瑗在第一届全国民政工作会议上作题为《一年来的救灾工作总结》的报告,指出:"一年来经过以工代赈完成水利工程共达五亿八千万公方以上,参加兴修水利工程的灾民超过三百万人,连其家属计算约有一千万人赖以生活。"[④] 据统计,华东为治水修堤,从 1949 年冬至 1950 年春就支付以工代赈经费约 7 亿斤粮食,其中皖北赈粮 1.9 亿斤,仅江淮干堤就动员了 63 万人赈工,维持了 120 万人两个月的生活;苏北动员民工 140 万人参加导沂工程,发放粮食 3 亿余斤;山东为治理黄河拨款 1.42 亿斤,动员民工 70 万人,护田 612 万亩;皖南动员民工 14 万余人修堤。[⑤] 至 1950 年 7 月,

① 宋士云等:《新中国社会保障制度结构与变迁》,中国社会科学出版社,2011,第 41 页。
② 华东生产救灾委员会编《华东的生产救灾工作》,华东人民出版社,1951,第 196 页。
③ 华东生产救灾委员会编《华东的生产救灾工作》,华东人民出版社,1951,第 243 页。
④ 中南军政委员会民政部编《民政工作手册》第 1 辑,中南人民出版社,1951,第 213 页。
⑤ 华东生产救灾委员会编《华东的生产救灾工作》,华东人民出版社,1951,第 190 页。

全国各地以灾民为主兴修的水利工程主要有：潮白河、沭河、沂河、淮河、黄泛区、辽河、长江、汉水、苏浙海塘、洞庭湖、珠江等工程。① 以工代赈的积极开展，既解决了部分灾民的生活困难，又修建、修复了一些基础水利工程，大大提高了防洪抗旱能力，同时也为以后根治水患打下了基础。

（4）及时发放救济物资。人民政府非常重视救济物资的发放工作。1951 年 3 月，内务部在《关于春荒期间加强生产救灾工作的指示》中要求："现有的救济粮、贷粮等，要及时发下，推动生产。"② 1950～1953 年的三年时间里，国家共发放农村救济款近 10 亿元，使农村贫困对象的基本生活得到了保障。③ 这其中就包括了大量的救灾款。灾荒期间，各灾区人民政府根据中央精神，及时发放了大批救济物资。如山东省政府于 1949 年冬发放库存旧棉花 27.8 万斤、衣片 17.65 万斤及各种衣物 3.43 万件，帮助各地灾民御寒。1950 年 1 月华东军政委员会批拨山东 1950 年救济粮 5000 万斤小米，1950 年春华东生产救灾委员会拨给原粮 1000 万斤，5 月下旬再拨原粮 500 万斤。上级支持山东救灾力量共计折合小米 6072.5 万斤。山东省政府于 1950 年 1 月中旬起，陆续批拨各地小米 3423 万斤，主要用于春节前后急救及灾民的春耕口粮，且于分拨时着重照顾烈、军、工属。待到青黄不接之际，又于 5 月 5 日拨付各地小米 600.6 万斤，主要用于麦前急救及扶持灾民度过春荒。5 月 10 日再拨各地小米 886.6 万斤，明确指示各地，此批救济粮在切实检查灾情及救济粮发放情况后，以一部分补救个别县、区前发救济粮之缺陷外，主要用以扶助种麦少或麦子受灾地区的群众生产自救，及时预防夏荒。④ 救济物资的及时发放，对于扶助灾民度荒和促进生产起到了重要作用。

（5）及时保护和抢救灾区人民群众的生命财产。及时保护和积极抢救灾区人民群众生命财产，是党领导下的抗灾救灾工作的首要原则和任务。新中国成立初期有过几次规模宏大的抢险救灾。1953 年冬至 1954 年春，内蒙古自治区锡林郭勒盟连降大雪 17 次，18 万平方公里的牧场惨遭雪灾，

---

① 赵朝峰：《简评建国初期的救灾渡荒工作》，《中共党史研究》2000 年第 4 期。
② 中华人民共和国内务部办公厅编印《民政法令汇编 1949–1954》，1954，第 153 页。
③ 李本公、姜力主编《救灾救济》，中国社会出版社，1996，第 159 页。
④ 华东生产救灾委员会编《华东的生产救灾工作》，华东人民出版社，1951，第 203～204 页。

数万牧民和 80 万头牲畜被困。内蒙古全区干部群众全力抗灾，向锡林郭勒盟紧急调去粮食、饲草 66 万多公斤。党中央派出飞机向牧区空投饲料 14 万多公斤。1954 年，安徽、湖北、湖南、江西、江苏、河南、河北等省遭受严重洪涝灾害。党和人民政府对溃堤、破坝、溃水地区的灾民和牲畜开展了大规模的转移工作。据统计，转移到非灾区的灾民达 1300 多万人，牲畜 129 万多头。①

新中国成立初期的救灾度荒，离不开党中央的坚强领导。党中央调动了全国各方面力量，做出了空前的努力。董必武 1950 年 4 月 26 日在中国人民救济代表会议上的报告中说："据陈云副总理最近在中央人民政府委员会上的报告，政府直接拨给救灾和拨给可以利用于救灾的粮食，超过了十五亿斤，其中紧急救济粮差不多有四亿斤，政府还打算对个别灾情特重的地区予以必需的补充救济。政府又从有余粮的地区调运粮食输往缺粮地区……东北今年有一百零三万吨粮食运入关内，其他各地亦有五十余万吨的粮食准备调用。并且准备在必要时增加东北的粮食入关。调度这样巨大数字的粮食，完全依靠我们国内的力量，这在中国历史上是空前的。为了使这些粮食及时送到缺粮区和灾区，我们组织了庞大的运输网，除了利用解放后我们迅速恢复了的铁道、公路和航运外，我们还动员和组织了劳动力和落后的运输工具，这就保证了一定数量的粮食能达到偏僻的灾区。"②这段话表明，党中央几乎是在举全国之力积极救灾。此外，各地还根据具体情况采取了其他一些措施，如向发生疫情的灾区派遣医疗队、在新解放区开展减租退押运动、设法安置逃荒灾民等。

上述举措对于改善灾区人民生活和发展生产都卓有成效。它们使各地的灾情得到遏制并趋于缓和，为新中国经济的全面恢复和发展奠定了基础。由于措施得力，这一时期的灾荒没有出现中国历史上饿殍遍野的悲惨景象。1950 年，全国绝大部分被淹田地排水之后都得到及时补种，有的地区还新开了不少耕地，农业生产逐步恢复。到 1952 年，情况更有好转。1952 年 6 月 24 日，陈云在中华全国工商业联合会筹备代表会议上指出："两三年来，我国农业和工业生产的恢复，已达到了我们预期的要求。在农业生产方面，

---

① 李本公、姜力主编《救灾救济》，中国社会出版社，1996，第 36 页。

② 中南军政委员会民政部编《民政工作手册》第 1 辑，中南人民出版社，1951，第 203～204 页。

我们大体上已恢复并部分地超过了抗日战争前的水平。就粮食来讲，如以一九四九年的总产量为一〇〇，则一九五一年的总产量已增加到一二八，今年预期可以达到一三七，将要恢复到抗日战争前的平均年产量，其中小麦和大米等主要粮食将要超过抗日战争前的平均年产量。"① 新中国成立初期的救灾度荒工作巩固了新生政权，有力地配合了全国剿匪、反霸斗争和土地改革工作的开展。

4. 积极做好优抚安置工作

在遥远的古代中国大地上就有了优待士卒、犒劳将士、奖励军功等做法，这些其实就是优抚安置工作。历朝历代统治者都把优抚安置作为一项国策加以推行。本书所说的优抚安置工作，主要是指党和国家以对中国革命和建设做出牺牲、奉献的革命军人及其家属为主要对象的优待、抚恤、褒扬和退役安置的工作和制度，同时也包括了对革命工作人员因工伤亡和民兵民工因参战致残或牺牲者及其家属的优待、抚恤、褒扬等内容。国家对军烈属等的优抚安置，也是一种防止其家属陷入贫困的手段。从这个意义上来看，它无疑属于贫困治理的一个重要内容。

中国共产党在领导中国革命的过程中，有过大量的牺牲和伤残。新中国成立之初，"全国有烈属、军属三千余万人，复员转业回乡军人二百余万人，其中有残废军人约六十万。"② 党和人民政府十分关心这些为国家、民族独立解放事业牺牲和奉献的人及其家属，非常重视对他们的优抚安置工作。《中国人民政治协商会议共同纲领》明确规定："革命烈士和革命军人的家属，其生活困难者应受国家和社会的优待。参加革命战争的残废军人和退伍军人，应由人民政府给以适当安置，使能谋生立业。"③ 新中国成立伊始，党和人民政府在较短时间内在全国范围内建立起了相对完备、系统的优抚安置制度。当时国家的优抚安置制度主要是通过颁布实施优抚安置方面的法令法规建立起来的。这些法令法规包括：有关优抚的基本法令和一般规定，如《革命烈士家属革命军人家属优待暂行条例》(1950)、《革命残废军人优待抚恤暂行条例》(1950)、《革命军人牺牲、病故褒恤暂行条例》(1950)、《革命工作人员伤亡褒恤暂行条例》

① 中国国际贸易促进委员会编《三年来新中国经济的成就》，人民出版社，1952，第94页。
② 转引自尹传政《抗美援朝时期北京地区的代耕制度》，《北京社会科学》2013年第3期。
③ 《建国以来重要文献选编》第1册，中央文献出版社，1992，第7页。

（1950）、《民兵民工伤亡抚恤暂行条例》（1950）、《关于经济建设工程民工伤亡抚恤问题的暂行规定》（1954）、《抗美援朝无军籍工资制人员病、伤、残、亡优抚暂行办法》（1954）、《中华人民共和国兵役法》（1955）等；有关享受抚恤优待的革命牺牲、病故人员和革命烈士家属、革命军人家属方面的法规，如《关于革命烈士的几点解释》（1950）、《关于年久无音信的老红军家属待遇和介绍烈、军属等就业问题函》（1951）、《关于革命烈士、革命军人旁系亲属如何优待函》（1952）、《关于革命烈士、革命军人家属优待范围问题的批复》（1953）、《关于革命烈士褒扬抚恤及革命烈士家属优待问题的综合批复》（1954）、《关于海丰、陆丰革命烈士褒恤问题的批复》（1954）、《关于优抚条例中所定革命烈士、革命军人弟妹年龄计算标准的批复》（1954）等；有关革命烈士家属、革命军人家属享受的代耕和各项优先权的法规，如《关于加强代耕工作的指示》（1951）、《关于各级劳动部门应尽量先予烈属、军属、革命残废军人介绍职业并协助就业的通知》（1951）、《关于合作社工作人员服代耕勤务及家属优待问题函》（1952）、《国营贸易部门优待烈、军属暂行办法》（1952）、《合作社优待革命烈士家属、革命军人家属办法》（1952）、《关于烈、军属实物补助费及烈士、军人子女入学补助费使用办法的联合通知》（1953）等；革命残废军人的抚恤和优待方面的法规，如《关于荣誉军人及荣校学员乘坐火车优待办法》（1950）、《执行革命残废军人优待抚恤暂行条例注意事项》（1951）、《革命残废军人、革命残废工作人员、民兵、民工伤口复发治疗办法》（1952）、《关于二等以上革命残废军人的伤口复发治疗手续及各项费用开支的规定》（1953）等；有关革命残废军人学校和革命残废军人教养院的法规，如《关于加强革命残废军人学校正规教育的决定》（1952）、《伤病员治愈成残后转入革命残废军人学校及教养院的规定》（1953）、《关于革命残废军人学校毕业学员工作分配的指示》（1954）等；有关复员转业军人安置的法规，如《关于照顾已退伍安家的外籍老红军生活困难的指示》（1950）、《关于军队转业人员的待遇问题及其他由供给制（包干制）改工资制的工作人员生活困难补助问题的规定》（1952）、《关于适当照顾荣誉军人病困及生产困难的联合通知》（1953）、《关于安置复原建设军人工作的决议》（1955）等。上述法令法规的出台和贯彻执行，构建起了较为系统、完备、统一的优抚安置制度，也在一定程度上缓解了烈、军属的生活困难问题。

　　鉴于新中国成立初期优抚安置工作内容繁多，本书在这里仅选取其中之一的代耕作点说明。1950 年 12 月 11 日，内务部公布了政务院 1950 年 11 月 25 日批准的《革命烈士家属革命军人家属优待暂行条例》，其中的第七条明确规定："对军、烈属生活的照顾，以组织其参加生产建立家务为主。在农村，可尽量组织其参加各种农、副业生产，对土地较少而又缺乏劳动力者，得采用代耕或其他办法帮助其解决生产中的困难，使其土地产量不低于当地一般农民的收获量。"① 在人民政府的号召下，全国各地都组织了代耕，对军烈属予以优待，取得了显著成绩。以抗美援朝期间的北京为例，代耕制度当时在北京地区得到了普及，取得了良好效果。1950 年，北京市郊区享受代耕的户数为 1868 户，代耕地亩数为 5993.18 亩；1951 年，北京市郊区享受代耕的户数为 1860 户，代耕地亩数为 6606 亩，占烈军属耕地比例为 11.7%；1952 年，北京市郊区享受代耕的户数为 3665 户，代耕地亩数为 17675 亩，占烈军属耕地比例为 27.6%；1953 年，北京市郊区享受代耕的户数为 2811 户，代耕地亩数为 10873 亩，占烈军属耕地比例为 20.67%。② 当时全国各地的代耕都很有成绩。当然，问题也是有的，如有的村干部、乡干部作风不好，家里不缺劳力，但也将自家的田地列入代耕田地的范围。不过，总体来看，各地政府组织做好代耕优抚工作，对于缓解烈军属的贫困问题起到了积极作用。

　　代耕优抚仅仅是新中国成立初期优抚工作很小的一部分，在其他方面如转业、疗养等方面，人民政府也有突出的表现。据统计，1950 年 6 月至 1958 年基本结束，共安置了复员志愿兵 482 万余人，从 1950 年至 1957 年底国家共支出复员费 15 亿元，医疗补助费约 1 亿元。③ 抗美援朝期间，全国创办了 67 所革命残废军人学校，使 26 万多名革命残废军人陆续走上了工作岗位；创办了 22 所革命残废军人休养院，为 1 万多名重残军人提供了专门的治疗休养场所；创办了 80 所复员军人慢性病疗养院，接收了 1.1 万多名复员军人入院疗养；兴办了 22 所烈士子弟学校，使 4000 多烈士遗

---

①　中华人民共和国内务部办公厅编印《民政法令汇编 1949－1954》，1954，第 394 页。
②　尹传政：《抗美援朝时期北京地区的代耕制度》，《北京社会科学》2013 年第 3 期。
③　董华中主编《优抚安置》，中国社会出版社，2009，第 25～26 页。

孤得到照顾。①

5. 建立和实施社会保障制度

新中国成立初期，党和国家除了通过土地改革实现"耕者有其田"，满足广大农民的土地要求，以及救灾、救济失业人口和对烈军属的优抚等办法来缓解广大贫困人口的贫困问题外，还通过采取各种社会保障措施来避免广大城乡居民陷入贫困。新中国成立至1956年社会主义改造基本完成这段历史时期，国家实行新民主主义经济制度。在这种经济制度基础之上，党和国家建立起了新中国的社会保障制度。

（1）城市社会保障制度的建立。第一，建立了企业职工的社会保障制度。1951年2月，政务院公布实行了《中华人民共和国劳动保险条例》（以下称《劳动保险条例》）。该条例共7章34条，自同年3月1日起施行。该条例是新中国制定和实施的第一部社会保障法规，对当代中国社会产生了重要影响。它的颁布与实施，被认为是新中国社会保障制度正式建立的标志。《劳动保险条例》的实施范围包括：雇佣工人与职员人数在100人以上的国营、公私合营、私营及合作社经营的工厂、矿场及其附属单位与业务管理机关；铁路、航运、邮电的各企业单位及附属单位。② 该条例于1953年经政务院修正，进一步扩大了社会保险的范围，具体来说主要是，除原来已经施行的铁路、邮电、航运及有职工100人以上的工厂、矿厂外，把工厂、矿场及交通事业的基本建设单位和国营建筑公司纳入了社会保险的范围；新修订的《劳动保险条例》也适当提高了某些社会保险的待遇标准，主要是废止了停工医疗以6个月为限的规定，适当提高了职工疾病医疗期间待遇标准，规定了贵重药费的酌情补助，增加了养老补助费，放宽了养老条件，其他如生育待遇、丧葬费、丧葬补助费、非因公死亡家属救济费也酌情予以增加。1956年，该条例的覆盖范围又扩大到了商业、外贸、金融等13个部门。《劳动保险条例》是一部专门面向城市企业职工的社会保障法规。它涉及社会保险的管理体制、覆盖范围、筹资方式以及待遇资格和水平等问题，对企业职工的生、老、病、死、伤、残等的保险，各项劳保待遇和费用开支，以及劳动保险金的征集与管理都

① 董华中主编《优抚安置》，中国社会出版社，2009，第31~32页。

② 劳动部保险福利司编《我国职工保险福利史料》，中国食品出版社，1989，第131页。

作出了具体规定。第二，建立了政府机关、事业单位工作人员的社会保障制度①。新中国成立后，国家在实施城市企业职工劳动保险制度的同时，也对政府机关、事业单位工作人员的退休、退职、医疗、疾病、生育等待遇作了规定。1950 年 12 月，国家颁布了《革命工作人员伤亡褒恤暂行条例》，对革命工作人员因公伤亡者的褒扬抚恤作了明确规定。1952 年 6 月，国家颁布了《政务院关于全国各级人民政府、党派、团体及所属事业单位的国家工作人员实行公费医疗预防的指示》，指出：现在根据国家卫生人员力量与经济条件，决定将公费医疗预防的范围，自 1952 年 7 月份起，分期推广，使全国各级人民政府、党派、工青妇等团体、各种工作队以及文化、教育、卫生、经济建设等事业单位的国家工作人员和革命残废军人，享受公费医疗预防的待遇。同年，还颁布了《国家工作人员公费医疗预防实施办法》《关于各级人民政府工作人员在患病期间待遇暂行办法的规定》《各级人民政府工作人员退职处理暂行办法》。1954 年颁布了《关于各级人民政府工作人员病假期间待遇的暂行规定》，同时废止 1952 年颁布的《关于各级人民政府工作人员在患病期间待遇暂行办法的规定》。1955 年，国家颁布《关于女工作人员生产假期的通知》《关于国家机关工作人员子女医疗问题的通知》《国家机关工作人员退休处理暂行办法》《国家机关工作人员退职处理暂行办法》《国家机关工作人员病假期间生活待遇试行办法》等。随着上述法规的颁布和实施，中国建立起了面向政府机关、事业单位工作人员的比较全面的社会保障制度。第三，建立了城市社会福利制度②。新中国成立初期，党和国家建立起了城市社会福利制度。它主要包括政府包办的民政福利和单位包办的职工福利两大部分。民政福利主要面向无依无靠的城镇孤寡老人、孤儿或弃婴、残疾人等，它分为社会福利事业与社会福利企业两大类，前者主要包括各种福利院、精神病院等收养性机构，后者则是指那些吸收残疾人就业解决其生活问题的企业。新中国成立之初，民政福利主要通过两条途径建立起来：一是民政部门在全国各大中城市创办了一大批救济福利事业单位，包括残老教养院、儿童教养院、精神病人疗养院等，以及一部分生产教养院；二是接收、调

---

① 曹立前、殷永萍：《农村社会保障制度建设与发展研究》，山东人民出版社，2014，第 4 页。
② 宋士云等：《新中国社会保障制度结构与变迁》，中国社会科学出版社，2011，第 63～70 页。

整、改造国民政府官办的救济院、劳动习艺所及地方民办的慈善堂、外国教会举办的慈善机构等。① 1951 年 5 月，内务部在北京召开全国城市救济福利工作会议，会议的主题：团结改造旧有的救济福利团体，以扩大救济福利事业的反帝爱国统一战线。陈其瑗副部长和中国人民救济总会秘书长伍云甫分别作了题为《关于城市救济福利工作报告》和《关于旧有社会救济福利团体的团结改造问题》的报告，这两个报告为改造旧有的福利设施、发展福利事业等指明了方向。1953 年 11 月 10 日，内务部和中国人民救济总会联合召开城市救济工作会议。会议确定了生产教养工作的方针、性质和任务及教养院收容的范围。1956 年 1 月，中共中央发出《关于各省、市均应立即着手筹办劳动教养机构的指示》，确定调整、整顿生产教养，将其中的残老、儿童划分出来，另设残老教养院和儿童教养院，并明确二者是社会福利机构。新中国成立初期，为帮助残疾人就业而组织起来的各项生产经营活动，即社会福利生产业发展起来。1955 年，这类生产单位全国有 3300 多个。此外，一些全国性民间社会福利团体也建立起来，如 1950 年 4 月成立了中国人民救济总会，1953 年 3 月成立了中国盲人福利会，1956 年 2 月成立了中国聋哑人福利会等。职工福利由职工所在单位举办，针对的是本单位的正式职工。它是新中国社会福利制度最重要的组成部分，其内容主要有三大类：一是为职工生活提供方便、减轻家务劳动而举办的集体福利设施，如宿舍、食堂、浴室、理发室、托儿所、幼儿园等；二是为减轻职工生活费用开支而建立的福利补贴，如生活困难补助、冬季宿舍取暖补贴、探亲补贴等；三是为丰富职工生活而建立的文化福利设施和组织的活动，如文化宫、俱乐部及其开展的各种文娱体育活动等。为举办好上述职工福利事业，国家出台了一些政策法规。例如，1953 年 1 月，劳动部公布了《劳动保险条例实施细则修正草案》，其中的第 13 章就是关于疗养所、业余疗养所、托儿所的规定；1953 年 5 月，财政部、人事部发布了《关于统一掌管使用多子女补助费与家属福利费等的联合通知》，初步确立了面向城镇居民家庭的津贴政策；1954 年 3 月，政务院发布了《关于各级人民政府工作人员福利费掌管使用办法的通知》，对机关事业单位工作人员的福利待遇及经费来源、管理和使用等作了规

---

① 宋士云等：《新中国社会保障制度结构与变迁》，中国社会科学出版社，2011，第 64 页。

定；1955 年 9 月，财政部、卫生部、国务院人事局联合发布了《关于国家机关工作人员子女医疗问题的通知》，规定家属享受半费医疗待遇；1956 年 12 月，国务院发布了《关于国家机关和事业、企业单位 1956 年职工冬季宿舍取暖补贴的通知》，确立了城镇职工家庭的冬季取暖福利政策，等等。

（2）农村社会保障制度的建立。新中国成立初期，党和国家在农村建立起了社会保障制度。第一，建立起了农村五保供养制度。五保供养制度是新中国成立后面向农村无依无靠、无生活来源、无劳动能力的残疾人、老年人和孤儿等特定群体的一项具有代表性的社会保障制度。新中国成立后，党和国家十分关心鳏寡孤独及残疾人的生活。1953 年，毛泽东提出了走农业合作化道路的思想，希望通过农村集体组织来解决贫困农民的生产生活问题。他认为，当时农村"互助组、合作社可以给他们帮点忙"[1]。他指出："一二百户的大合作社带几户鳏寡孤独，问题就解决了。"[2] 1955年，他在《中国农村的社会主义高潮》一书的按语中进一步指出："一切合作社有责任帮助鳏寡孤独缺乏劳动力的社员（应当吸收他们入社）和虽然有劳动力但是生活上十分困难的社员，解决他们的困难。"[3] 1956 年 1月，中共中央重要文件《一九五六年到一九六七年全国农业发展纲要（草案）》首次提出了"五保"的概念，规定："农业生产合作社对于社内缺少劳动力，生活无依靠的鳏寡孤独的农户和残废军人，应当在生产上和生活上给以适当的安排，做到保吃、保穿、保烧（燃料）、保教（儿童和少年）、保葬，使这些人的生养死葬都有指靠。"[4] 同年 6 月 30 日，国家又发布了《高级农业生产合作社示范章程》，再次对五保户的生活保障问题作了明确的政策规定。[5] 《一九五六年到一九六七年全国农业发展纲要

---

① 《毛泽东文集》第 6 卷，人民出版社，1999，第 304 页。
② 《毛泽东文集》第 6 卷，人民出版社，1999，第 299 页。
③ 《建国以来重要文献选编》第 7 册，中央文献出版社，1993，第 241 页。
④ 《建国以来重要文献选编》第 8 册，中央文献出版社，1994，第 47～48 页。
⑤ 它的具体表述是："农业生产合作社对于缺乏劳动力或者完全丧失劳动力、生活没有依靠的老、弱、孤、寡、残疾的社员，在生产上和生活上给以适当的安排和照顾，保证他们的吃、穿和柴火的供应，保证年幼的受到教育和年老的死后安葬，使他们生养死葬都有依靠。"（《建国以来重要文献选编》第 8 册，中央文献出版社，1994，第 422～423 页）

（草案）》和《高级农业生产合作社示范章程》是新中国最早提出农村五保户供养的两个法规性文件。随着这两个文件的贯彻执行，广大农村普遍建立起了针对老、弱、孤、寡、残疾社员的五保制度，即对生活没有依靠的老、弱、孤、寡、残疾社员给予保吃、保穿、保烧，给予年幼的保教和年老的死后保葬五个方面的保障制度。从此，五保供养制度成了党和人民政府在广大农村地区实施的一项长期政策。第二，创办了农村合作医疗制度①。早在抗日战争时期，抗日革命根据地的一些地方曾出现过医药合作的做法。新中国成立后，随着农业互助合作运动的开展，一些地方的农民群众受其启发，自发集资创办了具有公益性质的医疗机构——保健站和医疗站，以解决自身的看病吃药问题。1952 年东北地区举办的 1290 个农村卫生所中，由合作社举办的有 85 个，群众集资举办的有 225 个。东北一些农村地区通过以实物入股的形式创办了一批医药合作社，这些都是具有互助性质的医疗保障机构。②事实证明，这是一种适合我国国情的农村医疗保障模式，引起了相关部门和领导的重视。1956 年 6 月 30 日，国家发布了《高级农业生产合作社示范章程》，其中规定："合作社对于因公负伤或者因公致病的社员要负责医治"③。这个章程的公布，等于是以国家法令法规的形式明确规定了集体要负担起农村社会成员的医疗。在该章程有关精神的指导下，中国农村许多地方创办了集体保健医疗站、合作医疗站。此后，农村合作医疗制度在全国农村逐步建立并推广开来。第三，建立起了农村社会救助制度。新中国成立之初，国家经济破败，灾荒频发，社会救济形势非常严峻。为此，党和国家积极开展社会救助工作。1950 年 4 月，董必武在《新中国的救济福利事业》的报告中确立了在人民政府领导下"以人民自救自助为基础而进行的人民大众的救济福利事业"④ 的救济工作方针。1953 年以后，农村社会救助工作开始进入经常化和规范化阶段，为适应形势发展需要，1953 年 11 月，内务部和中国人民救济总会联合召开了救济工作会议，提出新形势下社会救济工作的方针：生产自

①　曹立前、殷永萍：《农村社会保障制度建设与发展研究》，山东人民出版社，2014，第 7 页。
②　贾博：《新型农村合作医疗中的主体角色及其关系研究》，河南人民出版社，2012，第 46 页。
③　《建国以来重要文献选编》第 8 册，中央文献出版社，1994，第 422 页。
④　中南军政委员会民政部编《民政工作手册》第 1 辑，中南人民出版社，1951，第 205 页。

救，群众互助，并辅之以政府的必要救济。不过，新中国成立初期，国家对农村的救济主要属于临时性救济，很少有国家提供的定期、定量救济。但不管怎么样，新中国成立初期党和国家建立起了农村社会救助制度，这是不争的事实。

二　社会主义革命时期贫困治理的显著成就

新中国成立初期，党和国家在贫困治理方面取得了显著的成就。尽管到1956年社会主义改造基本完成之时，中国同世界发达国家相比，总体上还处于很贫困的状态，中国的人均收入和消费水平等指标无法跟世界发达国家相比，甚至跟一些发展中国家相比也有差距，但是新中国成立初期中国贫困治理仍然取得了显著成就。

新中国刚成立时，国家的经济非常落后。关于这一点，可以通过国际比较得出大致的判断。1950年，中国的人均国民收入只有31美元，而美国的人均国民收入是1746美元，苏联是339美元，联邦德国是437美元，英国是687美元，法国是621美元，中国的人均国民收入分别占美国、苏联、联邦德国、英国、法国人均国民收入的1.8%、9.1%、7.1%、4.5%、5.0%。[①] 毫无疑问，新中国刚成立时，经济落后，人均国民收入同世界其他国家相比差距大，这就能说明国家和人民的贫困程度。但是，经过几年的艰苦奋斗，新中国的情况就有了巨大改变。这种巨大的改变能够反映新中国成立初期中国贫困治理的显著成就。

1. 人口死亡率显著下降

人口死亡率往往与人们的严重营养不良和恶性传染疾病流行有关。营养不良是导致人们体质衰弱、免疫力下降和过早死亡的一个重要原因。而营养不良又是人们处于贫困状态的一个重要表现。一般来讲，如果一个人或一个家庭处于营养不良状态，我们就基本可以断定这个人或这个家庭处在贫困状态。严重营养不良的地方往往就是贫困的地方，这些地方相对于其他地方，人口死亡率要高一些。因此，人口死亡率能够反映一个地方的

---

① 张磊主编《中国扶贫开发历程（1949－2005年）》，中国财政经济出版社，2007，第6页。

贫困程度。如果一个地方人口死亡率低，大致就能说明，这个地方的贫困程度相对而言不是太严重。在旧中国，由于战乱、疾病流行以及贫困等原因，人口死亡率一直居高不下。在国民党统治时期，中国的人口粗死亡率应该在25‰~30‰。[①] 但是，随着新中国成立，中国社会开始稳步地迈向进步和繁荣，人民的健康水平有了很大的提高，人口死亡率也随之大幅度下降。全国人口死亡率从1949年的20‰左右下降到1952年的17‰，平均每年下降1个千分点，到1957年，又迅速下降到10.80‰，从1949年到1957年的八年间，普通死亡率几乎下降了一半。从世界范围来看，中国此时期人口死亡率的下降速度是非常罕见的。日本1920年的人口死亡率为20.3‰，1950年为10.9‰，即从20‰左右下降到10‰花了30年时间。20世纪50年代上半期，世界人口的粗死亡率大约为20.3‰，直到20世纪80年代上半期，世界人口的粗死亡率才降到10.3‰。[②] 显然，如果没有国家强大的物质力量作后盾，中国的人口死亡率要下降如此之快，那肯定是解释不通的。

2. 人口增长迅速

据统计，1949年底，中国大陆人口为54167万人，但到1956年，中国大陆人口已经达到62826万人。[③] 显然，这样大规模的人口增长，一定是建立在新中国经济社会发展的基础之上的。也就是说，人口增加必须要有坚实的物质基础，这种物质基础最根本的就是国家经济的迅速发展，因为只有经济发展了，才会有足够的粮食供人民生活消费，维持其生命的健康运转，也只有经济发展了，国家才有经济实力去改善医疗卫生等条件。如果没有经济的巨大发展和民生的巨大改善，国家要养活如此多的人口，肯定也是缺乏现实可能性的。毫无疑问，新中国成立初期人口的迅速增长，正是中国贫困治理所取得的一个成绩。

3. 人口平均预期寿命显著提高

新中国成立前，国家积贫积弱，经济凋敝，医药卫生条件落后，人口

---

① 翟振武主编《新中国60年·学界回眸　人口发展卷》，北京出版社，2009，第95页。

② 翟振武主编《新中国60年·学界回眸　人口发展卷》，北京出版社，2009，第97~98页。

③ 中国大陆1949~1956年的人口总数分别为54167万人、55196万人、55300万人、57482万人、58796万人、60266万人、61465万人和62826万人。（黄永昌主编《中国卫生国情》，上海医科大学出版社，1994，第44页）

平均预期寿命只有 35 岁。[①] 新中国成立后，随着经济建设和各项事业的大力开展，人民生活条件和医药卫生条件不断改善，中国人口的平均预期寿命逐步提高。新中国成立后全国人口平均预期寿命提高速度最快的时期是1949～1957 年，这一时期人口平均寿命从 35 岁提高到了 57.0 岁。[②] 新中国成立初期，中国的人均预期寿命为什么会有如此大幅度的提高？当然有多种原因，如国内已经没有了战乱，社会稳定，经济得到了发展，人们的收入有了明显提高，生活有了明显改善，国家的医疗卫生事业蓬勃发展，等等。事实上，一个国家的贫困程度与国民的人均预期寿命是有密切关系的，这是一种正相关的关系。国家富裕，国民的人均预期寿命相对要高；国家贫穷，国民的人均预期寿命相对要低。从世界范围来看，人均预期寿命低的国家，最主要的是经济不发达的贫穷国家；人均预期寿命高的国家，最主要的是经济发达的国家。当然，也有例外的情况。像中国，到基本完成社会主义改造，同世界发达国家相比，中国肯定不能算是经济发达的国家，但是中国人的人均预期寿命就不算低。笔者认为，出现这种情况，最重要和最主要的原因在于，新中国成立伊始就大力发展国民经济和医疗卫生事业，在很短的时间内就建立起了覆盖面广并且切实有效的社会保障制度体系。从贫困治理的角度来看，中国人口平均预期寿命的显著提高，也可以认为主要原因在于国民经济的发展，因为只有国民经济发展起来之后，国家才会有财力物力去发展医疗卫生和其他民生事业。

---

① 新中国成立前，国家缺乏全面完整的人口死亡统计资料，无法准确知道当时的人口预期寿命。但有些研究可作参考。1933 年，肖浮德（H. E. Seifert）等根据南京金陵大学对 17 个省 101 个区域 1929～1931 年的农业人口调查资料，对 2718 名男性死亡人口和 2682 名女性死亡人口分别计算平均寿命，得出出生期望寿命男子为 34.85 岁，女子为 34.63 岁。学术界常称之为中国农民预期寿命。1935 年，南京市计算过人口平均寿命，得出结果男子为 29.82 岁，女子为 38.22 岁，学术界称之为中国城市人口出生预期寿命。1940～1944 年，陈达根据云南省呈贡县死亡人口资料制成两类六种寿命表。一类是包括霍乱死亡人数在内的寿命表，男女合计平均寿命是 32.80 岁，男子是 31.90 岁，女子是 34.20 岁；另一类是不包括霍乱死亡人数的寿命表，男女合计平均寿命为 36.00 岁，男子为 33.80 岁，女子 38.00 岁。赵锦辉对日伪时期东北的人口统计资料进行整理得出，1938 年，东北中国人的预期寿命男性为 39.23 岁，女性为 38.50 岁。（翟振武主编《新中国 60 年·学界回眸　人口发展卷》，北京出版社，2009，第 104 页）我国学术界根据相关研究认为，20 世纪 30～40 年代中国人均预期寿命在 30～40 岁之间，取平均值 35 岁，并认为这是一个符合中国实际的人均预期寿命。

② 李华、杨泉主编《最新计划生育实用百科》，中国国际广播出版社，1991，第 73 页。

4. 全国人民的物质和文化生活水平明显提高

从 1949 年新中国成立到 1952 年，在中国共产党的坚强领导下，经过三年的艰苦努力，中国人民克服了重重困难，奇迹般地恢复和发展了国民经济。社会主义革命时期中国人民生活水平的提高是建立在国民经济发展基础之上的。1952 年我国工农业产值大大高于 1949 年，超过了历史最高水平，工农业总产值达到 810 亿元，比 1949 年的 466 亿元增长 73.8%，其中工业总产值增长 149%，农业总产值增长 41.4%。1952 年钢产量达到 135 万吨，比新中国成立前最高年产量多 42.7 万吨；原煤产量 0.66 亿吨，比新中国成立前最高年产量多 0.04 亿吨；发电量 73 亿度，比新中国成立前最高年发电量多 13 亿度；原油产量 44 万吨，比新中国成立前最高年产量多 12 万吨；水泥产量 286 万吨，比新中国成立前最高年产量多 57 万吨；棉纱产量 65.6 万吨，比新中国成立前最高年产量多 21.1 万吨；粮食产量 16392 万吨，比新中国成立前最高年产量多 1392 万吨；棉花产量 130.4 万吨，比新中国成立前最高年产量多 45.5 万吨。三年间，全国修复和新建铁路通车线路达 2.4 万多公里，公路 12.7 万多公里。内河航运、民用航空、邮电事业也都有很大发展。随着国民经济的恢复与发展，国家财政收支有很大增长并达到了财政收支平衡。国家的文化、教育、卫生事业也都有了较大的发展。随着我国经济的恢复与发展，人民的物质文化生活也有了显著的改善。从 1949 年到 1952 年的三年中，全国职工的平均工资提高了 70% 左右，全国农民的收入也增长了 30% 以上，工人的工资收入已达到或超过全面抗日战争前的水平；就业人数逐年增加，1952 年全国职工人数达到 1584.4 万人，比 1949 年增加了 97.5%。[①] 1956 年，国家提前完成了第一个五年计划所规定的一些主要指标。按 1952 年不变价格计算，1956 年国家工业总产值达到 703.6 亿元，比上年增长 28.2%，超过了"一五"计划规定的 1957 年所要达到的水平。按 1952 年不变价格计算，1956 年国家农业总产值为 583 亿元，比上年增长 5.0%；粮食产量为 3855 亿斤，比上年增长 4.8%，接近"一五"计划规定的 1957 年所要达到的水平。1956 年，国家工业总产值（包括手工业）在工农业总产值中

---

① 曾璧钧、林木西主编《新中国经济史 1949 – 1989》，经济日报出版社，1990，第 39 ~ 41 页。

占 51.3%。① 1956 年，全国居民的消费水平比 1952 年提高了 21.3%，其中农民提高了 14.6%，非农业居民提高了 28.6%。②

随着"一五"计划的结束，我国人民的物质文化生活水平得到了很大提高。"一五"期间，旧社会遗留下来的 1300 多万失业人员基本上得到了安置，就业人数大大增加。五年中，全国农民收入比 1952 年增加 30%；而农业税率一直稳定在 1953 年 13% 的水平上。由于在此期间农产品收购价格有所提高，而向农民销售工业品的价格基本保持不变，又使农民通过工农业产品价格剪刀差的缩小而增加了收入。据计算，"一五"期间，农民从这一渠道多增加收入 110 亿元。由于城乡居民收入的普遍提高，城乡居民储蓄额由 1952 年的 8.6 亿元增加到了 1957 年的 35.2 亿元，增长 3 倍以上。就文化生活而言，主要体现在居民的医疗卫生条件的明显改善以及文化水平的提高等方面。1957 年，全国各医院有病床位 29.5 万张，比 1952 年增长 84%。五年内医疗预防网迅速扩大，1957 年已实现县县有医院，乡乡有诊所，卫生人员达到 190.8 万人，比 1952 年增长 83.5%。"一五"期间，我国高等院校由 1952 年的 201 所增加到 1957 年的 229 所，在校学生由 1952 年的 19.1 万人上升到 1957 年的 44.4 万人。1957 年，全国科研机构约 600 个，研究人员 2.5 万人左右，比 1952 年增加 2 倍。此外，出版、广播、电影、戏剧等文化艺术事业都有很大发展。③

---

① 中共中央党史研究室：《中国共产党历史—第二卷（1949–1978）》上册，中共党史出版社，2011，第 360 页。

② 中共中央党史研究室：《中国共产党历史—第二卷（1949–1978）》上册，中共党史出版社，2011，第 363 页。

③ 曾璧钧、林木西主编《新中国经济史 1949–1989》，经济日报出版社，1990，第 88~89 页。

第七章 社会主义建设时期中国的贫困治理

1956 年，随着社会主义改造的基本完成，社会主义基本制度在中国建立起来。1957 年底，随着国民经济发展的第一个五年计划的全面完成，独立完整的工业体系的基础得以奠定。1957～1978 年是中国社会主义建设时期，是新中国历史上发展最为艰难曲折的时期。不过，中国共产党的贫困治理活动虽然受到严重影响，但并没有因此中断。1957～1978 年，中国实行高度集中的计划经济体制。在贫困治理方面，国家走的是依靠社会保障缓解贫困的路子，但是随着国家政治经济形势的变化，社会保障制度也有相应的调整和变化。

第一节 社会主义建设时期中国社会保障制度的变迁

一 社会主义建设时期中国社会保险制度的变迁

1. 1957～1966 年国家社会保险制度的调整[①]

1957 年 9 月 20 日至 10 月 9 日，党的八届三中全会在北京召开，周恩来就劳动工资和劳保福利问题作了报告，指出了新中国成立八年来国家在劳动工资和劳保福利工作方面取得的重大成绩，也指出了所存在的问题，如某些项目办多了，某些规定不切合实际和不够合理，与我国农民生活水平现状不相适应，以及有些制度不合理等。[②] 由于国家劳动工资和劳保福利工作存在上述严重问题，周恩来要求国家的劳动工资和劳保福利政策"必须从统筹兼顾全国人民生活首先是工农生活、适当安排城乡关系这个基本观点出发，实行合理的低工资制，尽量使大家都有饭吃，并且在发展

---

① 该部分参考了严忠勤主编的《当代中国的职工工资福利和社会保险》（中国社会科学出版社，1987）第 314～322 页的内容。

② 劳动部保险福利司编《我国职工保险福利史料》，中国食品出版社，1989，第 400～402 页。

生产的基础上，使工农业生活能够逐步地得到改善"①。在国家整体经济水平相对低的情况下，宁愿实行低工资制，也要保证广大人民群众有饭吃。为贯彻落实党的八届三中全会精神和周恩来对社会保障工作的意见，劳动部会同中华全国总工会等有关部门，在对原来社会保障制度中享受条件和待遇规定等方面进行调整的同时，还根据国家实际情况健全了管理制度，出台了一些新的社会保险办法。

（1）统一退休退职规定，完善养老保险制度。新中国成立后，国家虽然在较短时间内建立起了社会保险制度，但存在的问题其实还是比较突出的。比如，国家虽然分别在 1951 年、1955 年颁行了《劳动保险条例》和《国家机关工作人员退休处理暂行办法》，但因为没有适应新需要的统一规定，在实际操作过程中处理极不一致，问题很多。这些问题具体表现在有的参照《劳动保险条例》处理，有的参照《国家机关工作人员退休处理暂行办法》或《国家机关工作人员退职处理暂行办法》处理，有的参照前政务院财政经济委员会 1952 年发布的《国营企业工人职员退职处理暂行办法》处理，有的按其主管部门临时作出的规定处理，有的自行拟定办法报请省人民委员会审核批准后执行。在处理方式上，有退休回籍养老的，有退休留原单位养老的，有组织参加副业生产的，等等。退休费有一次发放的，也有逐月发放的。逐月发放的，其比例又彼此不同。原规定适用范围存在某些限制，所设计的退休条件较严，某些待遇不够适当导致相当大一部分本来应该退休的年老的和身体衰弱丧失劳动能力的工人、职员退不下来。而且随着时间的推移，企业和机关中这种人员愈来愈多。②

为此，国家于 1957 年 11 月 20 日公布了《国务院关于工人、职员退休处理的暂行规定（草案）》③。该规定在退休的条件、退休以后的待遇、

---

① 劳动部保险福利司编《我国职工保险福利史料》，中国食品出版社，1989，第 402 页。

② 周启贤：《欢迎国务院关于工人、职员退休处理的暂行规定草案》，《劳动》1957 年第 24 期。

③ 与该规定草案一同公布的还有《国务院关于企业、事业单位和国家机关中普通工和勤杂工的工资待遇的暂行规定（草案）》、《国务院关于国营、公私合营、合作社营、个体经营的企业和事业单位的学徒的学习期限和生活补贴的暂行规定（草案）》和《国务院关于工人、职员回家探亲的假期和工资待遇的暂行规定（草案）》。（《国务院关于在企业、事业和机关单位中组织工人、职员广泛讨论退休处理暂行规定等四个草案的通知》，《中华人民共和国国务院公报》，1957 年第 51 期）

退休费的支付和适用范围等几个主要方面作了重要调整。第一，在退休条件的问题上，新规定的退休条件比《劳动保险条例》的规定有所放宽。第二，在退休以后的待遇问题上，对于有特殊贡献的人员的优惠待遇，新规定为可以增加不超过本人工资的 15%，比《劳动保险条例》的规定高了 5%。第三，在退休费的支付方面，新规定也有一些调整。第四，在适用范围问题上，新规定较《劳动保险条例》中的有关退休养老的规定有所放宽。①

《国务院关于工人、职员退休处理的暂行规定（草案）》在全国 1.2 万个重点企业 310.3 万名职工中征求意见后，于 1958 年 2 月 6 日国务院全体会议修改通过，并于 1958 年 2 月 9 日公布实施。为了贯彻落实该暂行规定，劳动部于 1958 年 4 月 23 日发布施行了《国务院关于工人、职员退休处理的暂行规定实施细则（草案）》。② 这次政策调整最大的突破是使国家社会保障制度体系中的退休退职规定更趋于合理和符合国家发展需要，并且将企业职工养老保险与机关干部养老保险纳入一个共同的公共养老保险计划之中，使企业职工和机关干部两套社会保险体系中的养老保险制度趋于统一，有利于社会的安定团结与和谐稳定。

新中国成立后，中国共产党领导全国各族人民在建立和巩固社会主义公有制过程中，除了发展起了国营经济，还发展起了集体经济。随着《劳动保险条例》的颁布实施，各地的集体经济组织一般都签订集体劳动保险合同。而实行集体劳动保险合同的单位，其劳动保险合同中一般没有退休退职的相关规定，于是，这些集体单位职工的退休养老问题也成了一个较为突出的社会问题。为了解决这个问题，第二轻工业部、全国手工业合作总社于 1966 年 4 月 20 日颁布了《关于轻、手工业集体所有制企业职工、社员退休统筹暂行办法》和《关于轻、手工业集体所有制企业职工、社员退职处理暂行办法》。《关于轻、手工业集体所有制企业职工、社员退休统筹暂行办法》是"为了妥善安排轻、手工业集体所有

---

① 马文瑞：《关于"国务院关于工人、职员退休处理的暂行规定（草案）"的说明》，《中华人民共和国国务院公报》1957 年第 51 期。

② 严忠勤主编《当代中国的职工工资福利和社会保险》，中国社会科学出版社，1987，第 315 页。

制企业中的年老、体弱、因工残废而丧失劳动能力的职工、社员生活"①而制定的。《关于轻、手工业集体所有制企业职工、社员退职处理暂行办法》则是"为了妥善地处理职工、社员的退职问题"②而制定的。一般认为,在《劳动保险条例》颁布和实施后的十多年里,它以及国家根据社会发展实际又陆续颁布的一系列关于养老保险的"规定"和"办法"③奠定了中国计划经济时期养老保险的基本框架结构。

在养老保险的基本框架结构形成之后,中国在贫困治理问题上迈进了一大步,但这并不意味着消除了长期困扰中国人民的贫困问题。"大跃进"停止后,中国共产党在致力于调整和恢复国民经济的同时,依旧有序地开展贫困治理工作,不断完善养老保险制度。当时,不少企业退休人员和精简退职的老职工的生活还存在一些困难。为此,《内务部、财政部关于解决企业职工退休后生活困难救济经费问题的通知》(1964年3月6日)、《国务院关于精减退职的老职工生活困难救济问题的通知》(1965年6月9日)相继出台。这些措施在一定程度上弥补了养老保险制度中的一些不足之处,也属于退休养老保障的一项内容。此外,《国务院关于现役军官退休处理的暂行规定》(1958年7月5日)和《内务部、中国人民解放军总政治部关于执行〈国务院关于现役军官退休处理的暂行规定〉的通知》(1959年11月6日)的出台,在全国范围内确立起了军官退休制度。

总之,自1957年党的八届三中全会一直到"文化大革命"前夕,中国退休养老保险制度得到了一定的发展与完善,形成了按照所有制区分退休制度的格局。④

(2)改进公费医疗与劳保医疗制度。1961年12月27日卫生部函发修订并于1962年1月1日起实行的《关于中央级机关司局长及行政十级以上干部公费医疗报销的规定》,1962年8月20日卫生部颁布实施的《关于严格控制病人转地治疗的通知》,都明确了享受公费医疗的国家工

---

① 劳动部保险福利司编《我国职工保险福利史料》,中国食品出版社,1989,第532页。
② 劳动部保险福利司编《我国职工保险福利史料》,中国食品出版社,1989,第538页。
③ 这些"规定"和"办法"出台了不少,如《劳动保险条例实施细则》《国家机关工作人员退休处理暂行办法》《国务院关于工人、职员退休处理的暂行规定》《关于轻、手工业集体所有制企业职工、社员退休统筹暂行办法》《关于轻、手工业集体所有制企业职工、社员退职处理暂行办法》等。
④ 宋士云等:《新中国社会保障制度结构与变迁》,中国社会科学出版社,2011,第79页。

作人员经批准到外地就医路费可参照差旅费的规定报销，未经批准不予报销，并明确了干部公费报销与自费的界限等；1964 年国务院批转卫生部、财政部《关于计划生育工作经费开支问题的规定》（同年 4 月 4 日颁布并实行）对计划生育工作经费的开支问题作了具体规定。上述措施都是国家改进公费医疗制度和劳保医疗制度的具体表现，它们在遏制浪费方面起到了一定作用，但是离预期的目标还是有不小的差距。①

　　1965 年 6 月 26 日，毛泽东针对我国农村医疗卫生事业的落后面貌，发出"把卫生工作重点放到农村"②的重要指示（又称"六二六指示"）。该指示立足于中国农村缺医少药的现实情况，要求国家卫生事业应该为占人口绝大多数的农村人民群众服务。这对于推进农村医疗卫生工作，解决我国农村长期以来缺医少药的困境和保证农民群众的身体健康，产生了积极和重要的影响。根据毛泽东的指示，卫生部党委积极行动，很快就提出了《关于把卫生工作重点放到农村的报告》，对如何把卫生工作重点放到农村去作了规划和部署。1965 年 9 月 21 日，中共中央批转了卫生部党委的报告，认为公费医疗制度应作适当改革，劳保医疗制度的执行也应适当整顿。同年 10 月 27 日，卫生部、财政部在认真调查研究的基础上发出了《关于改进公费医疗管理问题的通知》，对国家机关工作人员的医疗制度作了适当改进。③ 1966 年 4 月 5 日，劳动部会同中华全国总工会联合发出《关于改进企业职工劳保医疗制度几个问题的通知》，规定企业职工患病或非因工负伤就诊时要自费一部分；因工负伤或因职业病住院期间的膳费，改由本人负担 1/3，企业行政负担 2/3；职工供养直系亲属的医疗补助，仍维持药费和手术费的规定。④

　　根据中央有关精神，劳动部和全国总工会于 1966 年 4 月 15 日联合颁

---

① 国家在公费医疗这一块的浪费问题表现为全国公费医疗经费年年增长、年年超支。如 1960 年国家规定公费医疗费用平均每年每人 18 元，但实际用了 24.6 元；1964 年国家规定公费医疗费用平均每年每人 26 元，但实际用了 34.4 元。（郑功成等：《中国社会保障制度变迁与评估》，中国人民大学出版社，2002，第 121 页）

② 《建国以来重要文献选编》第 12 册，中央文献出版社，1998，第 525 页。

③ 改进的主要内容：一是享受公费医疗待遇的人员治病的挂号和出诊费，改由个人缴纳，不允许在公费医疗经费中报销；二是实行营养滋补药品（包括可以药用的食品）自费的办法。

④ 贺洪明：《企业职工工伤保险实务全书》，四川人民出版社，1997，第 23 页。

发了《关于改进企业职工劳保医疗制度几个问题的通知》（以下简称《通知》），这是针对企业劳保医疗制度包得过多、医疗工作紧张和药品浪费严重等情况而发出的，目的是要求对企业职工的医疗保险进行整顿。《通知》规定企业职工患病和非因工负伤，在指定医院（包括分设的和独立的门诊）或本单位附设的医院医疗时，其所需的挂号费和出诊费均由职工本人负担；企业职工患病和非因工负伤，在指定的医院或本单位附设的医院、医务室（所）、保健室（站）医疗时，所需的贵重药费，由企业行政方面负担，但服用营养滋补药品（包括药用食品）的费用由职工个人负担；企业职工因工负伤或患职业病住院医疗期间的膳费由本人负担 1/3，企业行政方面负担 2/3。企业职工供养直系亲属患病医疗时，除了手术费和药费仍然实行半费外，挂号费、检查费、化验费等均由个人负担。①

对国家机关和企业的医疗制度的调整和改进是符合当时实际情况的，也是必要的。实践证明，它对于保障国家工作人员与职工的身体健康，抑制因病致贫的情况以及促进社会主义建设等方面，起到了积极作用。但是，医疗待遇规定总体变化并不大，只是将一般情况下的门诊挂号费、出诊费等以及职工亲属半费医疗的一些项目改为由个人承担，这种机制在事实上很难起到有效阻止受保护对象对稀缺的医疗资源的过度消费以及由此造成的社会性浪费。

（3）规定职业病范围和职业病患者处理办法。1956 年后，国家先后颁行了一些保护工人健康的法规。1956 年 5 月，国务院颁布了《关于防止厂、矿企业中矽尘危害的决定》，要求制造石英的工厂采取湿式作业，生产设备要机械化、密闭化；矿山应采用湿式凿岩和机械通风。为保护职工的身体健康，改进劳动条件，做好职业病防治工作，合理解决职工患职业病后的社会保险待遇问题，卫生部制定了《职业病范围和职业病患者处理办法的规定》并于 1957 年 2 月发布实施。这一规定的发布实施，对加强职业病防治和督促企业改善劳动卫生条件发挥了积极作用。1957 年 11 月，卫生部、劳动部、全国总工会召开了第一次全国防止矽尘危害工作会议，检查贯彻落实国务院决定的执行情况，在总结交流经验的基础上，草拟了《工厂、矿山防止矽尘危害技术措施暂行办法》《矽尘作业工人医疗

---

① 劳动部保险福利司编《我国职工保险福利史料》，中国食品出版社，1989，第 529~530 页。

预防措施实施办法》《产生矽尘的厂矿企业防痨工作的暂行办法》和《生产场所粉尘测定办法》等五个文件，并于 1958 年批准公布实施。1963 年初，劳动部、卫生部、中华全国总工会、冶金工业部、煤炭工业部联合召开了防治矽尘危害工作会议，对解决矽尘危害、矽肺病人的安置和生活待遇、还乡退休待遇等提出了具体要求。这次工作会议对进一步推动职业病防治工作的开展起到了积极作用。①

（4）重点试行《批准工人、职员病、伤、生育假期试行办法》和《医务劳动鉴定委员会组织通则》。为便于《劳动保险条例》更好地服务于广大职工，保护他们的身体健康，特别是保证他们在病伤或生育时获得合理的休养和正确地支付其享受的保险待遇，以及做好他们因病伤而丧失劳动能力的鉴定工作，卫生部和中华全国总工会根据当时各地的实际情况，共同研究制定了《批准工人、职员病、伤、生育假期试行办法（草案）》和《医务劳动鉴定委员会组织通则（试行草案）》，并于 1957 年 2 月 26 日发布试行。《批准工人、职员病、伤、生育假期试行办法（草案）》共 4 章 18 条，它针对批准工人、职员病、伤、生育假期作了一系列重要规定，如工人、职员在病伤或者生育的时候，必须按照医疗单位所批准的病、伤、生育假期证明书进行休息，该证明书是工人、职员领取劳动保险待遇的合法证明文件；对门诊患者，医师每次给假一般不得超过 5 天，对同一病例连续给假不得超过 15 天；对住院患者，医师可根据病情的实际需要给假；女工人、女职员生育或怀孕不满 7 个月而小产的假期，按照《劳动保险条例》第 16 条规定的期限给假；工人、职员病、伤休假连续在 15 天以上仍需继续治疗或休养的，或者在医师初诊时即确定必须休假 15 天以上的，由负责治疗的医师提出意见，交本企业的医务劳动鉴定委员会或者医务劳动鉴定小组审查批准后，发给病、伤假期证明书等。②《医务劳动鉴定委员会组织通则（试行草案）》共 5 章 17 条，就医务劳动鉴定委员会的组织与制度、任务与工作程序、经费等问题作了规定，如医务劳动鉴定委员会由厂矿企业的医疗单位、行政、工会、人事和技术安全等有关部门的负责人组成。其主要任务是审批和发给工人、职员患病、受

---

① 宋士云等：《新中国社会保障制度结构与变迁》，中国社会科学出版社，2011，第 82 页。
② 详情请见劳动部保险福利司编《我国职工保险福利史料》，中国食品出版社，1989，第 384 页。

伤需要休假 15 天以上的病、伤假期证明书；对经过治疗确定为丧失劳动能力或者医师认为继续治疗无效者，医务劳动鉴定委员会应及时给予鉴定，并根据鉴定的结果按照相关规定处理；监督企业行政方面对处理病、伤职工的复工、疗养、调换工作等的执行情况；了解职工的劳动条件，对有害职工身体健康的状况提出改善意见；监督检查医师是否正确对待病、伤职工的治疗和批准休假的工作等。① 卫生部和中华全国总工会在重点试行上述两个法规的通知中指出："因为我们在这方面还缺乏经验，所以将这两个办法的草案发给你们，请你们根据本地区、产业的具体情况共同研究选择重点试行；在试行中可根据具体情况制定补充细则。希望你们在试行过程当中，随时把意见告诉我们；同时还要求你们在 7 月底以前最好能做一次总结，报告我们，以便对该两项办法作进一步的研究补充修改。"②

（5）调整学徒工的社会保险待遇。新中国成立后，国家百废待兴，各行各业需要大量建设人才。为了适应国家的这种建设需要，各企业和事业单位曾经采用短期的师傅带徒弟和技工训练班的办法，训练了大批技术工人。短训班培养出来的这些技术工人，由于学习期限太短，在由学徒转为正式工人以后，大都技术水平很低，但他们在学习期间的生活待遇又过高，学习期满后又升级太快，这导致了新老工人之间团结困难和师徒之间合作困难的问题。更有甚者，许多手工业、服务性行业以及个体劳动者根本就不愿意招收和培养学徒。③

1958 年 2 月 6 日，国务院发布实施《国务院关于国营、公私合营、合作社营、个体经营的企业和事业单位的学徒的学习期限和生活补贴的暂行规定》（以下简称《暂行规定》）。《暂行规定》把学徒的工资制改为生活补贴制，规定学徒在学习期限内，由所在单位按月发给生活补贴；生活补贴的标准，按照当地或者本行业一般低级职工的伙食费另加少数零用钱的标准计算。同时，国家根据当时的实际情况对学徒的社会保险待遇也相应作了一些调整。在《暂行规定》发布以前招收的学徒，其本人及其直系亲

---

① 劳动部保险福利司编《我国职工保险福利史料》，中国食品出版社，1989，第 388～389 页。

② 劳动部保险福利司编《我国职工保险福利史料》，中国食品出版社，1989，第 383 页。

③ 国务院经济法规研究中心办公室，中国社会科学院法学研究所民法、经济法研究室编《城镇非农业个体经济法规选编》，工人出版社，1982，第 63 页。

属的保险待遇仍按《中华人民共和国劳动保险条例》的有关规定执行。《暂行规定》发布以后招收的学徒及其直系亲属的社会保险待遇规定作了一些调整。[①] 值得指出的是，国家对学徒工的社会保险待遇的调整，不是让他们的待遇变得更好了，而是将他们的社会保险待遇标准调低了。之所以要这样做，并非不让学徒工过上更好的生活，而是当时实际情况在客观上需要国家这样做。这其实还是出于有饭大家吃、生活水平不要有太大悬殊方面的考虑。

（6）规定被精减职工的社会保险待遇。1962 年 5 月 7 日至 11 日的中共中央工作会议（通常称"五月会议"）着重讨论了《关于讨论一九六二年调整计划的报告（草案）》，研究了进一步压缩城镇人口、精减职工、缩短工业战线以及粮食和外汇问题。此后，党中央对国民经济进行全面调整。大力精减职工，减少城镇人口，就是当时的一个重要举措。"经过努力，1962 年实际减少城镇人口 1048 万，其中精减职工 850 万人。从 1961 年到 1963 年 6 月，全国共精简职工 1887 万人，减少城镇人口 2600 万人。"[②] 为妥善安置这些精减职工，国务院于 1962 年 6 月 1 日发布了《关于精减职工安置办法的若干规定》，分几种情况分别进行安置。一种是凡是符合退休条件的精减下来的老、弱、残职工，按 1958 年 2 月公布施行的《国务院关于工人、职员退休处理的暂行规定》作退休安置；一种是全部或者大部分丧失劳动能力、不符合退休条件的，作退职处理。这又分为几种情况，一是家庭生活有依靠的，发给退职补助费；二是家庭生活无依靠的，由当地民政部门按月发给相当于本人原标准工资 30% 的救济费；三是他们的家属生活有困难的，另按社会救济标准给予救济。还有一种是，对于 1945 年 8 月底以前参加革命工作的干部和副教授以上的高级知识分

---

① 这些调整主要包括：学徒因病或非因工负伤连续停止学习不满 6 个月的，生活补贴照发；休学超过 6 个月后，生活补贴停发；因病或非因工负伤医疗所需要的医药费、住院费以及住院伙食费，本人负担有困难时，由所在单位酌情给予补助，结束休学以后，停止享受医疗补助待遇。除此之外，学徒本人的其他保险待遇，均按《劳动保险条例》有关规定执行。学徒的直系亲属，除学徒因工死亡可享受抚恤待遇外，不享受其他保险待遇。（严忠勤主编《当代中国的职工工资福利和社会保险》，中国社会科学出版社，1987，第 319 页）

② 中共中央党史研究室：《中国共产党历史——第二卷（1949—1978）》下册，中共党史出版社，2011，第 602 页。

子，因年老体弱不能工作，又不宜作退休退职处理的，列为编外，按照《国家机关工作人员病假期间生活待遇试行办法》的规定享受工资福利待遇。对于精减下来回乡、下乡的职工，凡1957年年底以前参加工作的，发给退职补助费；对于安置到外乡的职工，原来生活在城市自愿下乡落户的职工，以及因工部分丧失劳动能力、原来享受因工残废补助费的回乡、回家职工，除发给生产补助费或退职补助费外，另酌情一次加发1~3个月的本人标准工资的安家补助费；职工本人及其随行供养亲属回乡、下乡时所需的车旅费和途中伙食补助费由原工作单位按照规定标准发给。① 鉴于妥善安置和处理老、弱、残职工的复杂性和艰巨性，党和国家高度重视此项工作，先后又出台了一些有针对性的措施。例如，1963年4月1日，国务院发布了《关于老、弱、残职工暂列编外的通知》，同日批转了由劳动部、内务部和全国总工会颁布的《关于安置和处理暂列编外的老、弱、残职工的意见》，为各企业、事业单位和国家机关、群众团体安置和处理暂列编外的老、弱、残职工规定了具体的实施办法。② 上述规定，对当时顺利完成精减任务起到了积极作用。

此外，国家除了采取上述措施对社会保障制度进行适当调整之外，还建立起了易地支付社会保险待遇的制度。随着新中国社会主义建设事业的蓬勃开展，享受长期保险待遇的职工人数不断增多，其中有的迁居外地。为了保证和方便易地居住的职工及时领取待遇，中华全国总工会于1960年7月颁布了《关于享受长期劳动保险待遇的易地支付试行办法》③。这一办法的

① 严忠勤主编《当代中国的职工工资福利和社会保险》，中国社会科学出版社，1987，第319~320页。

② 关于安置和处理暂列编外的老、弱、残职工的办法，此处不作罗列。详细情况可参看劳动部、内务部、全国总工会联合提出的《关于安置和处理暂列编外的老、弱、残职工的意见》（该文件见于劳动部保险福利司编《我国职工保险福利史料》，中国食品出版社，1987，第503~505页）。

③ 该办法1963年1月13日又重新发布过。它规定，凡享受退休费、因工残废抚恤费、非因工残废救济费和因工死亡职工供养直系亲属抚恤费的职工、家属转移居住点时，经本人自愿申请，可以办理易地支付手续，到易地地点的工会组织领取应得的待遇。易地支付的职工死亡时，其丧葬费、丧葬补助费和供养直系亲属抚恤费、救济费，均由易居地点的工会组织按照有关规定发给。易地领取待遇的职工患病时，可在易居地点指定的医疗机构就医，所需费用由支付待遇的工会组织按规定给予报销（严忠勤主编《当代中国的职工工资福利和社会保险》，中国社会科学出版社，1987，第320页）。

实施，既方便了易地居住的职工、家属，也减轻了原工作单位的负担。

总之，1957～1966 年，中国政府根据国情对社会保险制度作了一些调整，使之得到了改进。

2. "文化大革命"时期社会保险制度的受挫和停滞

"文化大革命"时期，中国社会保险制度处于停滞和倒退状态。具体表现在以下几个方面。首先，社会保险管理机构被撤销。在这种情况下，社会保险的群众工作也受到影响，职工的许多实际困难得不到解决。其次，企业职工社会保险费用统筹制度被迫废止。由于各项保险待遇由企业开支，那么退休人数多的老企业，费用开支很大，而新工人多的新建、扩建企业，一般开支较少，这造成企业间负担的畸重畸轻现象；一些经营不好或亏损的企业，各项保险待遇的开支更是成了它们沉重的负担。原来运行良好的保险费用统筹方式被改变之后，集体保险事业的经费来源受到严重影响，不利于疗养休养事业的巩固和发展。易地支付社会保险待遇的办法此时也不能继续执行，给易地居住的退休人员领取退休金、报销医药费造成了很大不便。再次，正常的退休制度遭到破坏。据 1978 年的统计，企业职工应退而未退者达 200 万人，国家机关工作人员有 60 万人。[①]

3. 在徘徊中前进时期国家社会保险制度的恢复和延续

1977 年 10 月 18 日，卫生部、财政部、国家劳动总局联合发布《享受公费医疗、劳保医疗人员自费药品范围的规定》。该规定是"根据卫生部、财政部一九七四年颁发的《享受公费医疗人员自费药品范围》试行的情况，并研究了各地提出的意见和要求"[②] 而拟定的。这说明，党和国家正逐步着手恢复过去的一些好的做法。同年 12 月 14 日，轻工业部、财政部、国家劳动总局发出《关于手工业合作工厂劳动保险福利待遇标准和劳保费用列支问题的通知》，规定手工业合作工厂的劳动保险费用可在营业外列支。1978 年 2 月 5 日，财政部、国家劳动总局发出《关于建立职工上下班交通费补贴制度的通知》。该通知确定自 1978 年起，在全国有计划地逐步建立职工上下班交通费补贴制度，它对职工上下班交通费补贴实行的

---

① 严忠勤主编《当代中国的职工工资福利和社会保险》，中国社会科学出版社，1987，第323～324 页。

② 劳动部保险福利司编《我国职工保险福利史料》，中国食品出版社，1989，第 544 页。

范围、条件和补贴标准作了明确规定。同年 2 月 26 日，五届人大一次会议通过《中华人民共和国宪法》（修订），对劳动者的福利、劳动者在年老、疾病或者丧失劳动能力时的物质帮助，革命残疾军人、革命烈士家属等生活保障问题作出了原则规定，同时决定重新设置民政部。1978 年 6 月 2 日，国务院颁布《关于安置老弱病残干部的暂行办法》和《关于工人退休、退职的暂行办法》。这两个办法是对 1958 年颁布的退休办法的全面修订，是"文化大革命"结束后国家恢复重建退休制度的重要标志。[①] 这两个办法同 1958 年的规定相比较，主要的变化在于：对干部和工人分别制定了办法，对原来企业和机关、事业单位实行的统一退休、退职制度分别作了规定；放宽了养老金的享受条件，提高了待遇标准；提高了退职生活费标准；实施了最低养老金保证线制度。[②] 应该说，国家在 1978 年这一年里，在恢复和延续社会保险制度方面所做出的努力是很大的，先后颁布了一系列关于社会保险制度的重要法规，如：1978 年 8 月 2 日，财政部、卫生部联合发出《关于整顿和加强公费医疗管理工作的通知》；8 月 19 日，交通部、财政部、国家劳动总局发布《关于集体所有制企业劳动保险金和福利基金提取、列支问题的通知》；9 月 29 日，国务院批准商业部、财政部、供销合作总社、国家劳动总局《关于合作商店实行退休办法的报告》，开展集体企业实行退休制度试点；12 月 18 日，财政部发出《关于计提职工福利基金等所根据的工资总额的范围问题的通知》；12 月 20 日，民政部、财政部重新印发 1962 年由内务部、财政部发布的《抚恤、救济事业费管理使用办法》[③]；12 月 29 日，国家劳动总局、财政部发布《关于实行职工宿舍取暖补贴制度的乙类地区的县和县以下全民所有制单位实行取暖补贴制度的通知》；等等。

二 社会主义建设时期中国社会救济制度的变迁

社会救济又称社会救助，是指国家和社会对陷入生活困境的公民，给

---

① 郑功成等：《中国社会保障制度变迁与评估》，中国人民大学出版社，2002，第 378～379 页。

② 宋士云等：《新中国社会保障制度结构与变迁》，中国社会科学出版社，2011，第 87～88 页。

③ 该办法在 1984 年民政部、财政部发布《民政事业费使用管理办法》后废止。

予物质接济和扶助，以保障其最低生活标准的社会制度。这是国家和社会为保证每个公民享有基本生活权利而对贫困者提供物质帮助的一种做法，主要包括自然灾害救济、失业救济、孤寡病残救济和城乡困难户救济等。新中国成立初期，党和国家就探索和建立起了较为完整和切实可行的社会救济职能机构和组织体系；与此相呼应，国家出台了不少关于社会救济的法律法规。这些社会救济职能机构和组织体系与社会救济的法律法规，在具体的运行或执行过程中起到了重要作用。

1. 中国社会主义建设时期灾害救济制度的发展

1956 年，国家三大改造完成之后，各地集体经济不断壮大，农村集体组织积累了一定的公共财产，逐步具备了一定的救灾能力和保障功能。这与新中国成立初的国情相比，已经有了巨大变化。特别是经过 1962 年的国民经济调整之后，中国农村经济发展走上了正轨，各地出现了一些可喜的局面。在这种情况下，中共中央、国务院于 1963 年 9 月 21 日发布《关于生产救灾工作的决定》，明确救灾工作的根本方针是"依靠群众，依靠集体力量，生产自救为主，辅之以国家必要的救济"[①]。并认为上述方针有两个要点：一是充分发动群众救灾；二是从积极方面着手救灾，首先是要抓生产，认为救灾不能单纯依赖国家救济，而应该通过采取发展生产、增加收入的办法渡过灾荒，救济也要与扶持灾区生产相结合。这样，相对于长期以来所奉行的救灾工作方针，增加了"依靠集体力量"的内容。从当时的情况来看，这一救灾工作方针是符合客观实际的，既能有效指导集体和群众战胜自然灾害，大规模地组织生产自救，又能减轻国家财政负担。

在计划经济背景下，国家更加强化了民政部门的灾害救济工作。其实，从 1955 年起，内务部和各级民政部门就把工作重心转移到了优抚、复员、救灾和社会救济上来。在党和国家领导下，内务部具体牵头负责和部署各项救灾工作，形成了相对稳定的一整套救灾制度，如灾情调查与汇报制度、救灾政策制定与实施制度、组织救灾和发放救灾款物制度、救灾款物管理制度、救灾方针政策贯彻执行情况检查制度等。

---

① 《建国以来重要文献选编》第 17 册，中央文献出版社，1997，第 81 页。

同时，国家对救灾工作适时地进行了改革，如对救灾款物发放制度的改革，就是比较典型的例子。新中国成立初期，国家提出的救灾方针是"节约防灾，生产自救，群众互助，以工代赈"，在救济款使用上主张与生产相结合，使救济粮款变为生产的资金，具体办法是以工代赈。1956 年社会主义改造完成后，社会生产力得到解放，国营和集体经济得到发展，国家抵御自然灾害的能力大幅提高，投向灾区的款物年年递增。在这种情况下，内务部对救灾款的发放工作进行了第一次改革，规定救灾款原则上只能用于灾荒救济。这次改革克服了过去生产用款过度的弊病，也有利于解决灾民的生活问题。1960 年，国家自然灾害非常严重，全国缺粮人口急剧上升。为此，内务部对救灾款的使用进行了第三次改革，确定了"国家扶助集体，集体保证个人"的救灾款使用原则，要求救济款的发放必须落实到户，专款专用，专物专用。此次改革对于保障灾民基本生活起到了积极作用。[①] 显然，这些改革在一定程度上促进了国家灾害救济制度的发展和进步。

2. 中国社会主义建设时期城乡困难户救济制度的确立与适时调整

1958 年之后国家遭受了连续三年的严重自然灾害，国民经济遭到严重破坏，人民生活水平急剧下降。针对这种情况，国家开始对国民经济进行调整，积极争取国家财政经济的根本好转。为减轻国家负担和城市压力，党和国家出台了精减城镇职工等重要举措。这在减轻国家负担的同时，也给城市社会救济带来了新问题，主要是使城市的救济对象增加了。新增的救济对象主要包括被精减退职的职工、被取缔的小商贩和社会闲散人口。为此，国务院发布了《关于精减职工安置办法的若干规定》（1962年 6 月 1 日国务院全体会议第 116 次会议通过）、《关于精减退职的老职工生活困难救济问题的通知》（1965 年 6 月 9 日）。1966 年 2 月 1 日，中共中央、国务院还批转了《五省精减安置巩固工作座谈会纪要》。这些措施的出台，在减轻国家负担和解决精减退职职工生活困难的同时，还在某种程度上减少了对他们生活的支持。《关于精减职工安置办法的若干规定》出台后，大批职工被精减，其中就包括一些年轻职工，他们变成编外人员或回到农村进行安置。

---

① 李本公、姜力主编《救灾救济》，中国社会出版社，1996，第 48 页。

随着社会主义改造的基本完成，国家计划经济体制随之建立起来。从这里开始，中国农村社会救济随着集体经济体制的建立与运行，由单纯依靠国家救济演变成了依靠集体开展社会互助互济和扶持生产自救、辅之以国家必要救济的模式。特别是 1958 年人民公社化运动以后，中国农村社会救济形成了集体补助与国家救济相结合的模式。1962 年 9 月，党的八届十中全会通过了《农村人民公社工作条例修正草案》，它对农村人民公社的性质、结构、管理、运行等事项都作了原则性的规定，同时也把对贫困社员的救济工作予以制度化。例如它规定生产队对于生活没有依靠的老、弱、孤、寡、残疾的社员，遭到不幸事故、生活发生困难的社员，经过社员大会讨论和同意，实行供给或者给以补助；对于生活有困难的烈士家属、军人家属和残废军人给以适当优待；对于家庭人口多劳动力少的社员，生产队适当安排他们的工作，增加他们的收入，还可以在经过社员大会讨论和同意的情况下给他们必要的补助。显然，这种规定的出台，为农村贫困户的救济工作提供了法律法规上的依据和实践操作层面的原则。为贯彻落实《农村人民公社工作条例修正草案》有关精神，1963年 3 月，内务部召开全国民政和人事厅局长会议，讨论并通过了《认真贯彻农村人民公社工作条例，进一步做好农村社会救济工作》的文件，该文件对各级民政部门和各社队在社会救助工作方面的职责以及社会救济款的使用原则作了具体说明，这对于推进农村社会救济工作起到了积极作用。

3. 中国社会主义建设时期对城乡特殊对象的救济

新中国成立初期，全国有不少特殊人员（如麻风病人，散居归侨、侨眷、侨生以及因冤假错案而导致其本人和家属贫困等）需要救助。针对他们的救济工作，就是所谓的城乡特殊对象救济工作。中国计划经济体制建立起来后，这项工作继续开展。无论是对麻风病人的救济，还是对散居归侨、侨眷、侨生的救济以及对其他特殊人员的救济，中国政府都做出了巨大努力。例如，关于对麻风病人的救济工作，政务院其实早在 1954 年就在关于民政部门与有关部门的业务范围划分问题上作了明确的规定：麻风病院由卫生部门领导管理，革命残废军人和等待复员转业军人中之麻风病患者，由卫生部门负责接收治疗；已建立之麻风村，由卫生部门领导者仍归卫生部门管理，由民政部门领导者，其医药治疗及对收容病人的鉴别等，由卫生部门协助办理；麻风病人生活困难的救济问题，由民政部门负责解决。① 为了加强对麻风病人的管理与治疗，1975 年 3 月，国务院和中央军委批转了卫生、公安、财政、农林、商业、解放军总后勤部等有关部门《关于加强麻风病防治和麻风病人管理工作意见的报告》，该报告明确规定：卫生部门负责对麻风病的调查、防治和科学研究工作；农业部门负责帮助指导麻风病村农副业生产；公安部门负责处理社会上对麻风病人残害和麻风病人的违法犯罪行为；民政部门负责麻风病村病人的生活救济；商业、粮食部门负责麻风病人口粮、食油不足部分的供应补助，以及病人和工作人员的副食品、防护物资和其他生活物资的供应。再如国家对散居归侨、侨眷、侨生的救济工作，1959 年 12 月 9 日，国务院发出《关于归侨、侨眷和归国华侨学生因国外排华所引起的生活困难问题解决办法的通知》，根据国务院通知精神，1960 年 1 月 11 日内务部、教育部、华侨事务委员会、人民银行总行联合下发了《关于对因国外排华而引起生活困难的归侨、侨眷和侨生给予低利小额贷款的几点意见》，积极帮助归侨、侨眷和侨生解决生活困难问题。20 世纪 60 年代初的国家困难时期，一些散居的归国华侨享受当地社会救济后生活上仍有一定的困难。为解决他们的生活困难问题，内务部于 1962 年 7 月 7 日发出《关于适当提高散居在城市和农村的归国华侨的救济标准的通知》，对提高归国华侨救济标准作了统一部署，加强了对归侨的生活保障。同时，国家还很重视对有一定贡献的老归侨的生活保障。1975 年 6 月，外交部、财政部发出《关于对原在国外侨团、侨校、侨报长期工作的老归侨生活补助问题的规定》，民政部门又对在侨居国反华、排华时由中国驻外使馆安排回国，长期未作安置的老归侨，以及归国前在国外爱国侨团、侨校、侨报担任专职工作人员连续十年左右，拥护社会主义制度，执行中国侨务政策的，给予了定期救济，发给每人每月 25 ~ 30 元。②

中国社会主义建设时期政府对城乡特殊对象的社会救济，不少只是属于某个历史阶段由于国内外政治经济形势等原因所造成的"临时性"的问

---

① 《中央人民政府政务院关于民政部门与各有关部门的业务范围划分问题的通知》，《山西政报》1954 年第 4 期。
② 李本公、姜力主编《救灾救济》，中国社会出版社，1996，第 183 ~ 184 页。

题，它们并不具备长期性和常规性的特征。比如，归侨、侨眷和侨生的生活困难问题，就不是一个长期的需要解决的问题。不过，国家针对他们的生活困难问题所制定的政策措施，与其他社会救济政策措施一起构成了中国特色的社会救济制度体系。

三　社会主义建设时期中国社会福利制度的变迁

中国社会主义建设时期的社会福利制度主要有三大部分：针对城镇职工的福利制度、针对城镇特殊群体的民政福利制度、针对农村的社会福利制度。从总体的运行上看，它们在改革开放前虽然有所调整，但实质性的改变并不明显。

1. 中国社会主义建设时期职工福利的调整、受挫与发展

新中国成立初期建立起来的社会福利制度对于改善城乡居民生活起到了积极作用。但是，由于社会主义事业处于初创时期，各级党政干部在建设社会主义过程中对现实国情以及对统筹兼顾、在发展生产基础上逐步改善职工生活的方针领会不深，所以职工福利事业的发展与当时国家的经济发展不相适应，某些待遇偏高，不少单位福利名目繁多。这种情况加大了城市和农村生活水平的差距。针对这种情况，1957 年 1 月 11 日，国务院发布《关于职工生活方面若干问题的指示》指出："各级领导机关对于职工生活问题，一定要经常注意，根据需要和可能作适当的解决。但是必须了解到，我们的国家在经济上还很落后，人民生活的改善还不可能太多和太快，职工的生活水平也不应和广大农民的生活水平距离太远。一九五六年下半年以来有些地区、部门新实行的一些有关职工生活福利的措施，有开支公费过松过多的情况，应该注意适当的收缩。"① 1957 年 5 月 22 日，国务院发布《关于国家机关工作人员福利费掌管使用的暂行规定》，这是将原政务院颁布的《关于各级人民政府工作人员福利费掌管使用办法的通知》修订而成的规定。

自 1957 年开始，各地区、各有关部门根据中央和国务院的精神，对职工的福利制度作了必要的调整。这些调整包括暂缓建立房租及上下班交通费补贴，整顿奖励、福利、津贴制度，降低福利费标准，取消不合理的

① 劳动部保险福利司编《我国职工保险福利史料》，中国食品出版社，1989，第 382 页。

房贴制度等。① 这些调整从总体上看属于缩减福利的调整，尽管有的方面是增加出来的福利措施（如上面提到的《关于工人、职员回家探亲的假期和工资待遇的暂行规定》），但国家和单位在职工福利方面的总体开支无疑是大大缩减了。这些针对中国国情而采取的缩减职工福利的做法，看似损害了职工福利，但是从国家发展的长远大局考虑，这种做法是必要的。

"大跃进"时期，党和国家采取各种措施帮助职工渡过困难。这些措施包括四个方面。①加强针对困难职工的补助和救济工作。1962 年，中共中央、国务院在城市工作会议上对职工生活困难补助工作作了部署，要求各地重视和加强职工的困难补助工作，适当提高补助标准。随后劳动部、财政部、全国总工会联合发出通知，规定了困难补助的具体标准，适当增加了困难补助的经费。②搞好食堂工作，帮助职工渡过灾荒。1960 年，中央发出管好粮食办好食堂生产渡荒节约渡荒和关于开展大规模采集、制造代食品运动的指示，以应对当时的艰难局面。③允许职工开展农副业生产。如大庆油田 1961 年创建了大庆北安职工农场，为职工渡过暂时困难起了积极作用。④1962 年，国务院规定职工回家探亲所需的往返车船费全部改由职工所在单位负担。在"大跃进"后的国民经济调整时期，国家对职工福利也进行了调整②。

2. 中国社会主义建设时期城市民政福利制度的发展、受挫与新生

中国国家民政部门主管的社会福利事业，即民政福利。它主要由两

---

① 劳动部于 1957 年 3 月通知各省、自治区、直辖市劳动局暂缓建立房租及上下班交通费补贴；同时向国务院各部门，各省、自治区、直辖市劳动局发出报送整顿奖励、福利、津贴制度情况及意见的通知。根据通知要求，有的单位取消了一些不合理的补贴制度，如向职工发火柴、黄烟、茶叶等；属于变相工资待遇的，通过增加工资并入工资中。1957 年国务院还规定，中央各机关工作人员的福利费，由过去按工资总额 5% 提取改为按 2.8% 提取，区以上各机关和中央各机关驻外地的机构按 3%、乡镇机构按 1% 提取。有的产业部门取消了不合理的房贴制度。此外，为了动员广大职工去外地参加建设，国务院 1958 年颁发了《关于工人、职员回家探亲的假期和工资待遇的暂行规定》。（严忠勤主编《当代中国的职工工资福利和社会保险》，中国社会科学出版社，1987，第 197 ~ 198 页）

② 这些调整包括：提高非生产性基本建设投资所占基建总投资的比重，使集体福利设施有所增加；在国家机关工作人员福利费的提取使用上作了相应调整，如 1963 年将中央国家机关工作人员的福利费从 1958 年按工资总额的 1% 提取提高为按 2% 提取，1964 年确定省、自治区、直辖市以下地方各级机关工作人员福利费按工资总额的 2.5% 提取，等等。（严忠勤主编《当代中国的职工工资福利和社会保险》，中国社会科学出版社，1987，第 198 ~ 202 页）

个方面构成：一是各类以收养无依无靠、无劳动能力、无正常生活来源的孤寡老人、孤残儿童、精神病人、残疾人等为主要内容的福利事业机构；二是各种以组织安排具有一定劳动能力的残疾人劳动就业使之自食其力的社会福利企业。不论是福利事业机构还是福利企业，都主要是靠国家投资兴建，享受国家一定的优惠政策，其运行都归各级民政部门管理。

1957 年国家计划经济体系建立起来后，城市的福利事业有较大发展，但随着中国社会主义建设遭受曲折，城市福利事业发展也相应地经历了发展、受挫和新生的历程。1957～1965 年，国家的城市福利事业发展比较顺利。随着 1958 年 4 月第四次全国民政会议的召开，全国从城市到县兴办了许多孤寡残幼的社会福利事业单位。此后，针对孤寡残幼的社会福利事业在全国各地城镇发展起来，各地新建或扩建了不少养老院、精神病人疗养院、儿童福利院和残疾儿童福利院，城市社会救济福利事业呈现可喜局面。

1957～1965 年，国家的城市社会福利事业通过多次调整，提高了管理水平，不仅使被收养人员吃饱穿暖，还使婴幼儿童得到了健康成长，先后有 10 万多名儿童长大后走上国家建设岗位。有 4 万多名婴儿被领养，有 1 万多名精神病人逐步康复。[①]

"文化大革命"结束以后，特别是到 1978 年国家成立民政部后，中国的社会福利事业焕发生机，此后，城市民政福利也获得新生。

3. 中国社会主义建设时期农村社会福利制度的受挫与发展

自新中国成立时开始，农村和城市在社会保障方面就是有明显差别的。相比较而言，城市社会福利项目多，农村则很少。对中国广大农村来说，在计划经济时期，如果真要说有什么社会保障，最主要的其实是土地保障——农民有田地可种，除此以外，就是农村的合作医疗制度和五保供养制度了。

农村合作医疗于 1955 年出现在农业合作化高潮时期，并在"文化大革命"期间得到推广和普及。这是一种以农村居民为对象，以解决农民群众看不上病、看不起病的问题为目的，按照自愿、受益、适度的原则，由

---

①　崔乃夫主编《当代中国的民政》下，当代中国出版社，1994，第 210～212 页。

农村集体生产组织或行政组织和个人共同出资购买基本医疗保障服务、实行健康人群和患病人群之间医药费用再分配的一种互助共济组织形式，是在经济发展水平较低的情况下建立起来的一种广覆盖、低水平的集资医疗保障制度。① 1958 年人民公社化以后，合作医疗组织形式在中国农村得到了较快发展。1959 年 11 月，卫生部在写给中央的报告及其附件《关于人民公社卫生工作几个问题的意见》中指出：关于人民公社的医疗制度，目前主要有两种形式，一种是谁看病谁出钱，一种是实行人民公社社员集体保健医疗制度；根据目前的生产力发展水平和群众觉悟等实际情况，以实行人民公社集体保健医疗制度为宜。1960 年 2 月，中共中央在充分肯定的基础上转发卫生部的报告及其附件，并要求各地参照执行。这样，合作医疗从此成为人民政府在农村开展医疗卫生工作的一项基本制度。在以后的几年里，该制度得到了进一步的发展与贯彻执行。到 1965 年，全国已有10 多个省、市、自治区的一部分县实行了合作医疗制度。1965 年 6 月 26日，毛泽东在同医务人员谈话时指示："把卫生工作重点放到农村。"② 该指示在全国各界引起了强烈反响。同年 9 月 1 日，《人民日报》发表题为《切实把医疗卫生工作的重点放到农村去》的社论。该社论指出："党和毛泽东同志一再教导我们，卫生工作必须面向工农兵，为绝大多数劳动人民服务。这是卫生部门在整个社会主义革命和社会主义建设时期的首要任务，是有关医药卫生工作的根本方向的问题。"社论认为，"摆在各级卫生部门面前的头等重要的任务，就是必须用革命精神，迅速地大力加强农村医疗卫生工作，切实地把医疗卫生工作的重点放到农村去"，"农村的医疗卫生力量必须为农民服务，城市医疗卫生力量的重点也要转向农村"③。在城市医疗卫生力量的重点如何转向农村的问题上，社论提出："要把医疗卫生工作的重点转向农村，就要从实际出发，进一步把医院办到农民的家门口，把医药给农民送上门去。专区医院、县医院、地区医院、公社卫生院，等等，都要把医疗力量组织好，采取各种形式，把医药送到农民群众中去，把广大农村的卫生工作加强起来，支持农村的三大革命运动，支

---

① 参见宋士云等《新中国社会保障制度结构与变迁》，中国社会科学出版社，2011，第 137 页。

② 《建国以来重要文献选编》第 20 册，中央文献出版社，1998，第 525 页。

③ 《切实把医疗卫生工作的重点放到农村去》，《人民日报》1965 年 9 月 1 日。

持建设社会主义新农村的伟大斗争。"① 这样，一个"到农村去，为五亿农民服务"的热潮，从首都北京，从全国各大城市，迅速向农村、牧区、边疆涌动。② 与此同时，在广大农村大办合作医疗的热潮也蓬勃兴起，合作医疗事业很快在中国农村迅速得到普及，绝大多数地区的县、公社和生产大队都建立了合作医疗卫生机构。到 1976 年，全国 90% 以上的生产大队都办起了合作医疗，基本解决了农村人口在医疗保健方面缺医少药的问题。1978 年 12 月，"合作医疗"被写入《中华人民共和国宪法》。③ 中国农村合作医疗制度的建立和运行，在很大程度上解决了广大农村地区缺医少药的问题，它对于提高农民的健康卫生水平以及遏制农民群众贫困，起到了积极作用。

由以上对中国社会主义建设时期社会保险制度、社会救济制度、社会福利制度以及农村合作医疗制度等的梳理可以看出，随着中国社会的发展，上述社会保障制度都是动态变化的。

第二节　社会主义建设时期中国的贫困治理

一　社会主义建设时期农村社会保障的实施情况

随着人民公社体制的确立，集体经济成为我国农村占主导和统治地位的经济形式。生产队是农村集体经济的基本核算单位。我国农村社会保障也随之发生了重要变化，即由原来的以家庭自我保障为主、国家救济为辅的社会保障变成了以农村集体保障为主、国家救济为辅。

1. 农村社会优抚的实施情况

农村社会优抚是我国农村社会保障的一种，是指国家出台相关政策优待、抚恤和安置农村革命烈军属、退伍军人、伤残军人以确保他们的生活不低于当地群众平均水平的社会保障。这是一种带有褒扬和补偿性质的特殊的社会保障。它对于巩固国防、保证人民安居乐业、维护社会稳定以及

---

① 《切实把医疗卫生工作的重点放到农村去》，《人民日报》1965 年 9 月 1 日。
② 姬广武：《历史深处："六二六"医疗队在陇原》，甘肃科学技术出版社，2013，第 2 页。
③ 宋士云等：《新中国社会保障制度结构与变迁》，中国社会科学出版社，2011，第 137 ～ 139 页。

在一定程度上缓解农村革命烈军属、退伍军人、伤残军人家庭贫困具有积极的意义。1956 年 8 月 2 日，国务院颁布了《关于安置复员建设军人工作的奖励办法》。该办法对各级人民委员会及机关、团体、学校、企事业单位在安置复员建设军人工作及解决他们住房、治病、生活困难方面做出显著成绩的如何奖励进行了具体的规定。1962 年，内务部、财政部联合发布了《抚恤、救济事业费管理使用办法》，该办法对于保障国家的民政工作和民政事业发展，加强民政事业费的管理和正确使用，都起到了积极作用。1963 年 2 月 25 日，全国民政、人事厅、局长会议在北京召开，会议着重讨论了认真贯彻执行《农村人民公社工作条例（修正草案）》有关社会保险的规定，要求进一步加强对军烈属、残废军人的优待补助工作。①根据国家有关社会优抚政策的规定，全国各地农村积极开展优抚工作。这方面的具体做法主要有以下四个方面。

（1）优待劳动日。优待劳动日其实就是补助劳动日或工分。这种做法早在 1956 年起就在全国农村普遍进行了推广。②优待劳动日针对的不是全体烈军属、残废军人，而是无劳动力或缺乏劳动力的烈士家属、无劳动力或缺乏劳动力的士兵家属，以及在乡二等以上的革命残废军人及其家属、生活困难的三等革命残废军人、退伍的老红军、生活有困难的复员军人。为了做好优待劳动日工作，各地先后制定和颁布了一些具体的、富有针对性的实施办法。优待劳动日政策的贯彻落实，对于缓解农村革命烈军属、退伍军人、伤残军人的生活困难，起到了一定的积极作用。

（2）定期定量补助。定期定量补助是中国政府为了保障优抚对象的生活，由财政下拨专款，按照一定的标准定期向优抚对象发放一定生活补助费或实物的社会优抚措施。早在 1955 年 4 月 5 日，内务部、财政部联合发布了《优抚、社会救济事业费管理使用暂行办法》，其中规定：在县（市）以上民政部门建立单位会计，在区、乡建立简易的账簿制度，重视财务管理，

---

① 中华人民共和国民政部大事记编委会编《中华人民共和国民政部大事记（1949~1986）》，中国社会出版社，2004，第 134 页。

② 1950~1955 年，我国农村群众优待的主要形式是代耕，即以村或互助组为单位，发动青年或其他有劳动能力的人帮助优抚对象代耕土地。1956 年农村合作化后，代耕改为优待劳动日。优待劳动日的做法是：参加一般的农业劳动收入除去优待对象自己参加农业劳动的分红所得，不足部分由合作社"填齐补平"。

并依靠群众力量进行监督。① 此后，各地人民政府按照这个办法对优抚对象实施定期定量补助。1962 年，内务部规定，享受定期定量补助的对象是孤老的烈属和孤老的病故、失踪军人家属，烈士、病故军人的遗孤和虽有亲属而无力抚养的烈士、病故失踪军人的未成年子女，已经失去劳动能力而其子女又确实无力供养的烈士、病故军人的父母和配偶，生活有困难的在乡三等残废军人，生活困难的退伍红军、年老体弱丧失劳动能力生活经常有困难的复员军人；补助标准一般是每人每月 2～4 元。② 参照这一标准，各省根据实际情况制定了具体的补助办法并贯彻落实。显然，定期定量补助这种优抚措施能够起到缓解社会一部分人贫困的作用。

（3）伤残、死亡抚恤。伤残、死亡抚恤是国家和社会对革命烈士家属、因公牺牲军人家属、病故军人家属、伤残军人以及其他革命伤残人员（伤残人民警察、伤残国家机关工作人员、伤残民兵民工）所采取的具有生活保障性质的抚慰措施。一般由居住地的县、市、市辖区人民政府发给一次性或年度抚恤。新中国成立后，国家先后于 1952 年、1953 年和 1955 年对伤亡抚恤标准进行了适当调整。进入社会主义建设时期，国家在伤残、死亡抚恤方面沿用的是 1955 年调整后的标准。内务部在《公布 1955 年几项优抚标准的通知》中指出："凡在 1955 年 1 月 1 日以后已按旧标准发给的抚恤，其少发的部分，应予补发。其中享受在职残废金、优待金和在乡二等以上残废抚恤金的，可于下半年发放抚恤金时再予补发。"③

（4）义务兵退伍安置。早在 1954 年，我国第一部宪法就明确规定了有关保障残废军人的生活、优抚革命烈士家属、优待革命军人家属等的内容。从 1958 年起，我国开始有义务兵退伍。1958 年 3 月，国务院发布了《关于处理义务兵退伍的暂行规定》，确定了从哪里来回到哪里去的安置原则，并指出：入伍时原是家居农村或者城市郊区的农民，退伍后都应当回到原居住地区参加农业生产；当地人民委员会和农业生产合作社应当对他们做好生产上的安排，帮助他们熟悉农业生产技术，给他们从事农业生产的便利。

2. 灾荒救济工作情况

我国是灾害多发国家，水、旱等自然灾害几乎每年都有。在社会主义

---

① 《优抚、社会救济事业费管理使用暂行办法》，《光明日报》1955 年 5 月 28 日。
② 周士禹、李本公主编《优抚保障》，中国社会出版社，1996，第 55 页。
③ 中华人民共和国内务部办公厅编印《民政法令汇编（1954 - 1955）》，1956，第 73 页。

建设时期，国家的主要做法有以下两个方面。

（1）发放救灾资金和物资。中国地域广大，每年都有程度不一的自然灾害发生。面对灾害频繁的客观现实，国家要求各级政府积极抗灾救灾，不允许饿死人；政府每年都投入大量的物资用于解决灾民的吃饭、穿衣、住房和治病等方面的基本生存问题。社会主义建设时期国家最严重的灾害莫过于三年自然灾害了。除了三年自然灾害，其他年份都存在或轻或重的水、旱、风、霜、雹、虫、地震等自然灾害，它们往往会使全国大面积的农作物受灾。1957~1978 年（缺 1964、1967、1968、1969、1975 年数据）全国农作物受灾面积都很大（见表 7-1）。

表 7-1　1957~1978 年全国农作物受灾面积一览

单位：万亩

年份	受灾面积	其中			
		水	旱	风雹	霜冻
1957	43723	12124	25807	2116	3676
1958	46444	6419	33541	2845	3639
1959	62198	7219	50710	2896	1373
1960	80374	15232	57187	5884	2071
1961	80346	13307	56770	6667	3602
1962	52050	14715	31212	3562	2561
1963	48822	21107	25298	1871	546
1965	31206	8381	20446	1637	742
1966	36311	3770	30022	2519	—
1970	14961	4693	8585	1683	—
1971	46576	5983	37574	3019	
1972	60867	6125	46049	4488	4205
1973	54740	9352	40803	4232	353
1974	58019	9646	38330	5394	4649
1976	63749	6296	41238	10043	6172
1977	78032	13643	44778	7589	12022
1978	79667	19807	59860	—	—

资料来源：孟昭华、彭传荣《中国灾荒史（现代部分）1949－1989》，水利电力出版社，1989，第 124~125 页。

农作物受灾面积大，意味着国家抗灾救灾任务重。仅 1959～1961 年，国家先后发放了 12.428 亿元救灾款和 5.1258 亿元的救济费，并调集大量木材、棉布、食品和医药等物资，有效地支援了灾区人民开展生产自救，度过艰苦的三年困难时期。① 据统计，1958～1978 年（缺 1968、1969、1970 年三年的数据），国家财政用于救灾的支出累计达 96.09 亿元之多。② 大灾之后必有大疫，国家在抗灾救灾的同时，也注重对灾区灾民的救治工作。1961 年 1 月，卫生部党组在《关于防治当前主要疾病的报告》中指出，由于特大自然灾害，"以及卫生工作赶不上形势的要求，以致有几种疾病特别是浮肿病和妇女病、小儿营养不良病，自一九六〇年以来，急剧增加，已成为当前严重危害人民健康、影响生产、工作和学习的主要疾病"③，因此，当地的卫生工作要以治病防病为中心，"病人的治疗费用，原则上免收。此项费用，可由救济费中开支"④。1964 年 11 月 14 日，财政部、内务部、卫生部联合下发了《关于灾区医药救济费从 1965 年底由民政部统一安排管理的联合通知》，明确规定了灾区医药救济费的开支范围，只"限于灾区解决'四病'（即浮肿、小儿疳积、妇女子宫脱垂、闭经——笔者注）以及因灾引起的临时性疾病治疗补助"⑤。对于广大灾民来说，国家有限的救灾支出在一定程度上满足了他们的基本生活需要。

（2）号召和组织灾民生产自救。号召和组织灾民生产自救是新中国成立以来党和国家抗灾救灾的一贯做法。1963 年 9 月 21 日，中共中央、国务院发出《关于生产救灾工作的决定》，明确提出了"依靠群众，依靠集体力量，生产自救为主，辅之以国家必要的救济"的救灾方针。组织农村生产自救的措施主要包括：一是组织灾民恢复生产；二是实行以工代赈，兴修水利，防洪抗旱，排涝减渍；三是因地制宜发展见效快的副业生产以及组织劳务输出。在社会主义建设时期，上述措施得到广泛实施。如针对

---

① 崔乃夫主编《当代中国的民政》上，当代中国出版社，1994，第 35 页。
② 该数据是根据国家统计局国民经济综合统计司编《新中国五十年统计资料汇编》（中国统计出版社，1999）第 17 页的数据加总所得出的结果。
③ 《建国以来重要文献选编》第 14 册，中央文献出版社，1997，第 153 页。
④ 《建国以来重要文献选编》第 14 册，中央文献出版社，1997，第 156 页。
⑤ 中华人民共和国民政部大事记编委会编《中华人民共和国民政部大事记 1949～1986》，中国社会出版社，2004，第 157 页。

全国多省遭受不同程度的水、旱、风、虫等自然灾害的情况，党和国家要求救灾工作首先抓生产，除了抓紧时机抢种秋菜外，还要求把灾区的中心工作放在排水种麦上，"在切实保证完成一九六四年棉花等主要经济作物的种植计划的前提下，争取多种冬麦，多种早熟作物，早接口粮，缩短春荒"①。1978 年，长江中下游和淮河、海河流域发生罕见旱灾，受灾地区各级政府组织抗旱大军达 1.2 亿人次，运水量相当于 3 条黄河的年径流总量，灌溉了 5.8 亿多亩土地。② 很显然，号召和组织灾民生产自救是缓解受灾农民贫困的切实有效的重要途径。

3. 农村贫困救济工作情况

农村贫困救济是新中国成立以来一直在坚持实施的农村社会保障措施。在社会主义建设时期，农村贫困救济是作为国家的一项常规性工作进行的。其具体做法主要如下。

（1）集体补助。这是农村贫困救助的主要方式。人民公社初期，许多地方的农村取消了贫困救济。农民们的基本生活资料实行供给制，有的地方甚至取消了货币，农民的衣、食、住、行、生、老、病、死、学、育、婚、乐全由公社包干，实行"按需分配"。此后，这种做法得到了纠正。1962 年 9 月，八届十中全会通过的《农村人民公社工作条例修正草案》指出，人民公社在一个很长的历史时期内，是社会主义的互助、互利的集体经济组织；生产队对于生活没有依靠的老弱孤寡残疾的社员、遭到不幸事故、生活发生困难的社员，经社员大会讨论和同意，实行供给或者给以补助。在人民公社时期的大部分时间内，对贫困人口进行补助的做法总体上得到了较好的实施，在一定程度上确实缓解了贫困人口的生活压力。

（2）国家救济。国家救济这种方式主要是针对"那些集体经济比较薄弱的、集体无力补助的贫困对象"③。在人民公社集体经济条件下，通过安排生产、增加收入和集体供给、补助等救助之后，农村仍然存在一些生活困难的贫困对象，这些贫困对象包括：①丧失劳动能力或缺乏劳动能力、生活无依无靠的鳏、寡、孤、独、残疾人；②家庭人口多劳力少、收入不能维持基本生活的困难户；③家庭主要劳动力长期患病，生活有困难

① 《建国以来重要文献选编》第 17 册，中央文献出版社，1997，第 82 页。
② 易新涛：《人民公社时期农村基本公共服务研究》，中共党史出版社，2010，第 285 页。
③ 李本公、姜力主编《救灾救济》，中国社会出版社，1996，第 160 页。

的农户；④遭受临时灾害或其他不幸事故造成全年基本生活有困难的农户等。针对上述集体经济无力补助的贫困对象，国家将他们纳入临时救济的范围，有针对性地发放救济款物解决他们的吃饭、穿衣和修补房屋等困难。① 在这方面，国家的救济力度很大。据统计，1958～1978 年（不含 1968～1972 年），国家用于救济农村贫困对象的款项总计达 23.78 亿元。其中，为了保障贫困对象的生活，帮助他们度过三年困难时期，1960～1963 年，国家总共提供农村社会救济款达 5.02 亿元，超过此前 10 年救灾款的总和。② 在社会主义建设时期，国家救济与集体补助得到了较好的结合，大大增强了农村社会救济的力量，它对于绝大多数农村贫困户的生活起到了一定的保障作用。

（3）扶持困难户生产自救。扶持困难户生产自救这种做法，自新中国成立以来就一直存在，它是新中国成立以来一直坚持实施的扶贫方式，也是新中国农村社会救济工作的一项重要内容。自新中国成立到 20 世纪 70 年代末，从国家层面一直到公社、生产大队这样的基层机构，均对生活困难的农户采取无偿的扶持办法，促使他们发展农副业生产，以实现生产自救，解决生活困难问题。在扶持困难户生产自救的过程中，自留经济发挥着一定的积极作用。不过，1959 年 5 月 7 日，中共中央发布了《关于农业的五条紧急指示》和《关于分配私人自留地以利发展猪鸡鹅鸭问题的指示》。这两个指示对农村集体喂养家禽作了明确规定。③ 1959 年 6 月 11 日中共中央发布的《关于社员私养家禽、家畜和自留地等四个问题的指示》中明确提出，"允许社员私人喂养家禽家畜""恢复自留地制度""鼓励社员利用零星空闲的时间，把屋旁、村旁、水旁、路旁的零星闲散土地充分利用起来""屋前屋后的零星树木（包括竹木果树）仍然归还社员私有，

---

① 易新涛：《人民公社时期农村基本公共服务研究》，中共党史出版社，2010，第 287 页。

② 国家统计局国民经济综合统计司编《新中国五十年统计资料汇编》，中国统计出版社，1999，第 17 页。

③ 《关于农业的五条紧急指示》明确规定"养猪头数大量减少的局面必须迅速扭转，集体喂养和社员私人喂养应该并重，应当以百分之八十到九十放于承包单位和私人喂养"，"对私人养猪要在饲料、劳动时间等方面给以必要的安排和照顾"。（《建国以来重要文献选编》第 12 册，中央文献出版社，1997，第 293 页）《关于分配私人自留地以利发展猪鸡鹅鸭问题的指示》则明确指出："要社员私养猪、鸡、鹅、鸭，就要给社员一定数量的自留地。"（《建国以来重要文献选编》第 12 册，中央文献出版社，1997，第 294 页）

由社员负责经营陪护，其收益也完全归社员自由处理"①。上述举措，其实就是针对当时农村的贫困状况而采取的发展生产的措施，也是扶持困难户生产自救的措施。1962 年 9 月，中共中央发布《农村人民公社工作条例（修正草案）》，规定"人民公社应该允许和鼓励社员利用剩余时间和假日，发展家庭副业"②，"社员家庭副业的产品和收入，都归社员所有，都归社员支配"③。家庭副业和自留经济使农民有了新的生活来源，这对于防止饥荒、缓解农村贫困起到了积极的保障作用。

4. "五保户"供养制度实施情况

"五保户"供养制度是中国农村社会保障制度之一，特指对农村生活没有依靠的老、弱、孤、寡、残疾社员实行以保吃、保穿、保医、保住、保葬（孤儿为保教）为内容的集体供给制度。该制度始于 1956 年农业合作化时期。五保制度主要依靠农民群众集体的力量，在灾区和贫困乡村，农民群众力量不足时，由国家对"五保户"给予适当救济。它是国家社会主义建设时期农村社会保障的一个重要组成部分。

人民公社建立后实行了"三级所有，队为基础"的管理体制，这就为"五保户"供养提供了稳固的平台和坚实的物质基础。生产大队和生产队是"五保户"供养的基本单位。五保制度建立起来后，成了中国共产党在农村的一项长期的政策，成了各级党和政府民政部门的一项经常性的工作。据统计，1958 年全国农村享受"五保"的有 413 万户、519 万人。④对于保障"五保户"生活的经费支出，国家 1961 年 6 月 15 日发布的《农村人民公社工作条例（修正草案）》和 1962 年 9 月 27 日中共八届十中全会通过的《农村人民公社工作条例（修正草案）》均有明确规定。⑤ 五保供养制度是根据实际情况而设计的符合中国国情的社会保障制度，它在很大程度上能保障"五保户"的基本生活。

从 1976 年到 1978 年十一届三中全会召开前夕，国家在"五保户"供养方面虽有改善，但成绩并不显著。主要的原因是，在这两年里，国家在

---

① 《建国以来重要文献选编》第 12 册，中央文献出版社，1997，第 382 ~ 383 页。
② 《建国以来重要文献选编》第 15 册，中央文献出版社，1997，第 636 页。
③ 《建国以来重要文献选编》第 15 册，中央文献出版社，1997，第 637 页。
④ 崔乃夫主编《当代中国的民政》下，当代中国出版社，1994，第 105 页。
⑤ 参见《建国以来重要文献选编》第 14 册，中央文献出版社，1997，第 396 页；《建国以来重要文献选编》第 15 册，中央文献出版社，1997，第 633 ~ 634 页。

指导思想上还没有出现重大改变，这种情况制约了国家各方面的发展进步。

党的十一届三中全会后，随着中国共产党实事求是思想路线的恢复和各条战线的拨乱反正，"五保户"供养制度得到了改善和深入落实。

值得指出的是，尽管"五保户"供养在我国经历了一些曲折，社会保障的水平和层次也不高，但是，作为这一时期农村基本公共服务的一部分，人民公社时期农村"五保户"供养保障了"五保户"的基本生活，使这个农村困难群体中最缺乏生存能力、最需要帮助照顾的弱势群体彻底摆脱了旧中国流离失所、无依无靠的悲惨境况。

5. 对精减退职回乡职工救济的情况

"大跃进"时期，各地企业多招收了大量职工。1958 年年底，全国县以上企业各类职工人数达 4532 万，比 1957 年年底的 2450 万人增加了 2082 万人。[①] 这种情况导致社会购买力的增长速度大大超过了商品生产的增长速度。为此，中央决定："为了缓和目前的市场紧张状态，除了必须继续努力增加工农业生产、积极安排副食品和其他日用必需品的生产以外，必须大力控制城乡消费量的增长。"[②] 中央认为，要解决当时的市场问题，需要采取一系列措施。这些措施包括：坚决压缩公用开支，紧缩集团购买力；控制企业职工人数和工资总额；按照国家计划严格控制农村货币投放；大力开展储蓄工作。[③] 如何做到控制企业职工人数和工资总额呢？那就要精减职工。为此，中共中央在 1959 年 6 月 1 日发布的《关于大力紧缩社会购买力和在群众中解释当前经济情况的紧急指示》中提出："全国县以上企业职工人数，必须在去年职工增加过多的基础上，减少八百万到一千万人（包括第一季度已经减少的三百万人），能够减到一千万人以上更好"，"减少人员首先是减那些来自农村的临时工、合同工，使他们回乡参加农业生产。"[④] 指示发出后，一些城镇职工被动员返乡支援农业生产，缓解城市粮食问题和吃饭压力。但在当时，国家经济非常困难，各方面矛盾都陆续凸显出来，这些矛盾都集中表现在粮食问题上。1961 年 6 月

①　《建国以来重要文献选编》第 12 册，中央文献出版社，1997，第 375 页。
②　《建国以来重要文献选编》第 12 册，中央文献出版社，1997，第 376 页。
③　《建国以来重要文献选编》第 12 册，中央文献出版社，1997，第 376～378 页。
④　《建国以来重要文献选编》第 12 册，中央文献出版社，1997，第 377 页。

28 日，中共中央下发了《关于精减职工工作若干问题的通知》，表示对回乡的职工，要"认真安排，负责到底"，"切实负责安排好他们的生产和生活"①。显然，这些措施的出台和实施，其实就是针对被精减的城镇职工贫困问题的治理工作。1962 年 5 月 27 日中共中央、国务院发布的《关于进一步精减职工和减少城镇人口的决定》指出："对于一切精减下来的职工，都要采取各种补助和帮助的办法，妥善安置，务使他们能够逐步习惯于新的生活。"② 从 1961 年 1 月到 1963 年 6 月，全国职工共减少了 1887 万人，全国城镇人口共减少 2600 万人，全国净减吃商品粮的人口数共约 2800 多万人。③ 精减职工返回农村后，在生产和生活上难免会遇到不少困难。1963 年 7 月 31 日，中共中央批转中央精减小组《关于精减任务完成情况和结束精减工作的意见的报告》，要求各地区、各部门做好结束精减工作，切实解决被减人员的户口、住房、口粮、生活困难，以及回乡、下乡人员的生产安排和不安心从事农业生产等问题。④ 此后，党和国家都一直重视被精减职工的生产生活问题。1965 年，内务部、劳动部、财政部发出《关于贯彻执行国务院〈关于精减退职的老职工生活困难救济问题的通知〉的联合通知》，同年 9 月，内务部还发布了《关于精减退职的老职工生活困难救济工作中若干问题的解答》。各地民政部门根据国务院和内务部的历次指示，积极开展精减退职老职工的救济工作，对 1961 年 1 月 1 日到 1965 年 6 月 9 日精减退职的 1957 年底前参加工作的国营、公私合营、事业单位和国家机关、人民团体、民主党派、军事系统而无军籍并领过一次性退职补助金的职工，全部或大部分丧失劳动能力或长期患病影响劳动较大的家庭生活无依无靠的职工，办理了原标准工资 40% 的救济，并给报销本人医疗费的 2/3。对原来按《国务院关于精减职工安置办法的若干规定》已享受原标准工资 30% 救济的，一律改按 40% 发放救济金，并给报销本人医疗费的 2/3。对不符合享受 40% 救济而生活困难的，尽可能安排他们参加生产自救，生活仍有困难的，给予定期或临时的社会救济，使他们的生活不低于当地一般居民。据不完全统计，截至 1965 年底，全国有

---

① 《建国以来重要文献选编》第 14 册，中央文献出版社，1997，第 508 页。
② 《建国以来重要文献选编》第 15 册，中央文献出版社，1997，第 470 页。
③ 《建国以来重要文献选编》第 16 册，中央文献出版社，1997，第 551～552 页。
④ 《建国以来重要文献选编》第 16 册，中央文献出版社，1997，第 554 页。

4.66 万人享受了原标准工资 40% 的救济。①

6. 农村合作医疗实施情况

农村合作医疗是人民公社时期农村基本公共服务中的重要内容。这是一种以农村集体经济为主要依托，在自愿互助的基础上建立起来的社会主义性质的医疗制度，是公社社员群众的集体福利事业。从本质意义上看，这其实也是党和国家贫困治理的一项重要举措。众所周知，造成人们贫困的原因很多，而因病致贫、因病返贫却是现实生活中非常常见的。农村合作医疗是在农业合作社试办的基础上，由国家号召和强力推进，广大农村在人民公社集体经济的基础上依靠城市支持和农民全员参与而建立起来的惠及广大农民群众的民生事业。其具体做法和运行模式是：依托县医院，建立由人民公社卫生院、生产大队卫生所和生产队卫生室构成的医疗组织体系；在自我培养的基础上逐步形成以"赤脚医生"为主体的医疗队伍；坚持"预防为主"的方针，积极开展卫生宣传、爱国卫生、医疗救治、预防接种、中医中药、妇幼保健和计划生育工作。农村合作医疗切合中国农村的实际情况，有效缓解了农民看不上病、看不起病的问题。因此，它受到了农民群众的热烈欢迎并很快发展起来。1959 年 11 月，卫生部在山西省稷山县组织召开了全国农村卫生工作现场会议。同年 12 月 16 日，卫生部党组在向中共中央上报的《关于全国农村卫生工作山西稷山现场会议情况的报告》及其附件《关于人民公社卫生工作几个问题的意见》中，充分肯定了人民公社集体保障制度，推动了农村合作医疗制度的发展。1965 年 6 月 26 日，毛泽东在同医务人员的谈话中，作出了"把卫生工作重点放到农村"② 的重要指示。同年 9 月 3 日，卫生部党委在报送给毛泽东和中央的报告《卫生部党委关于把卫生工作重点放到农村的报告》中指出"卫生部领导上长期把人力、物力、财力主要用在城市，以致农村缺医少药的问题，迄今未能很好地解决"，"卫生部领导上确实犯了严重忽视农村卫生工作的错误"③。为此，卫生部党委提出了详细的整改措施。1965 年 9 月 21 日，中共中央批转了卫生部党委《关于把卫生工作重点放到农村的报告》，要求"必须把卫生工作的重点放在农村"，"建立和健全农村基层

---

① 崔乃夫主编《当代中国的民政》下，当代中国出版社，1994，第 79～80 页。
② 《建国以来重要文献选编》第 20 册，中央文献出版社，1998，第 525 页。
③ 《建国以来重要文献选编》第 20 册，中央文献出版社，1998，第 527 页。

卫生组织，有计划有步骤地解决农村医药卫生问题"，"同时大力改革城市医疗卫生工作，把城市卫生工作的革命化和建设农村卫生工作结合起来"。① 这一指示对我国集中力量办好农村合作医疗起到了重要的推动作用。此后，在各级党委和人民政府的重视下，农村卫生工作迅速改观，合作医疗遍地开花。至 1965 年，全国山西、湖北、江西、江苏、福建、广东、新疆等 10 余个省、自治区及直辖市的部分县实行了这种制度。②

1968 年 12 月 5 日，《人民日报》加编者按发表了湖北省宜昌地区革委会、长阳县革委会、长阳县人民武装部调查组《深受贫下中农欢迎的合作医疗制度》一文和《黄村、良乡公社对乐园公社实行合作医疗制度的意见——贫下中农、农村基层干部、公社医务人员座谈会纪要》③。随后，一批又一批的参观者从全国各地来到乐园公社参观学习。据不完全统计，1968~1976 年，全国所有省、市、自治区都先后有人来乐园观摩，共计 5 万多人。④ 1968 年 12 月 8 日到 1969 年 12 月 4 日，《人民日报》先后组织了 23 期 "关于农村医疗卫生制度的讨论"，盛赞合作医疗制度的优越性，交流发展合作医疗的各种经验。在参观学习和大讨论的推动下，从 1969 年起，全国各地农村出现了大办合作医疗的热潮。1976 年 6 月 15 日到 23 日，全国赤脚医生工作会议在上海市川沙县江镇公社召开。这次会议促进了以赤脚医生为主要力量的农村合作医疗的进一步发展。据统计，1977 年底全国有 85% 的生产大队实行了合作医疗，人口覆盖率达 80% 以上。⑤

农村合作医疗作为一种福利事业，贯穿了中国整个人民公社时期。它对于治理当时的农村贫困，无疑也起到了积极的作用。

二 社会主义建设时期城市社会保障的实施情况

社会主义建设时期中国城市的社会保障是新中国成立初期所建立起来的社会保障体系的继续发展。诚如前面已经提到的，早在 1951 年 2 月 26

---

① 《建国以来重要文献选编》第 20 册，中央文献出版社，1998，第 524 页。
② 黄树则、林士笑主编《当代中国的卫生事业》下，中国社会科学出版社，1986，第 65 页。
③ 《建国以来毛泽东文稿》第 12 册，中央文献出版社，1998，第 604 页注释 [1]。
④ 胡振栋：《"无名英雄"力推农村合作医疗走向全国》，《就业保障》2006 年第 10 期。
⑤ 转引自蔡天新《新中国成立以来我国农村合作医疗制度的发展历程》，《党的文献》2009 年第 3 期。

日，政务院就公布实施《中华人民共和国劳动保险条例》，1953 年 1 月 2
日，政务院修订并重新公布《中华人民共和国劳动保险条例》，进一步扩
大了社会保险的范围，并提高了某些社会保险的待遇标准。进入社会主义
建设时期后，城市社会保障制度得到了进一步完善和贯彻落实。

1. 企业劳动保险制度得到了进一步完善与落实

新中国成立后建立起来的社会保障制度体系，在实施过程中不断地根
据实际情况进行调整。这方面的例子是很多的。比如，1951 年 2 月 26 日，
政务院颁布了《中华人民共和国劳动保险条例》，但在 1953 年、1956 年
曾两次修订。这种修订其实就是对企业劳动保险制度的进一步完善，也是
对国家社会保障制度体系的进一步完善。1966 年 4 月 20 日，第二轻工业
部、全国手工业合作总社颁布《关于轻、手工业集体所有制企业职工、社
员退休统筹暂行办法》和《关于轻、手工业集体所有制企业职工、社员退
职处理暂行办法》，首次尝试了建立集体所有制单位职工的退休统筹制度。
其规定的退休待遇低于国营企业和机关事业单位职工的退休待遇，退休养
老金相当于发给本人工资的 40% ~65%。[1]

2. 城镇机关、事业单位人员的社会保险制度得到了进一步完善与
落实

在人民公社建立之前，针对在机关和事业单位工作的人员，国家先后
建立起了退休养老制度、公费医疗制度、女工作人员的生产假期保障制
度、国家机关工作人员子女医疗制度。1958 年 7 月 5 日，国务院公布了
《关于现役军官退休处理的暂行规定》，1959 年 11 月 6 日，内务部、中国
人民解放军总政治部联合发出了《关于执行〈国务院关于现役军官退休处
理的暂行规定〉的通知》，确认军官退休制度，由民政部门与军队政治机
关共同负责。[2]

3. 社会福利制度得到了进一步完善与落实

1957 年，周恩来在中国共产党第八届中央委员会第三次全体会议上
所作的《关于劳动工资和劳保福利问题的报告》提出了很多进一步完善社

---

[1]　胡晓义主编《安国之策——实现人人享有基本社会保障》，中国劳动社会保障出版社，
2011，第 68 页。

[2]　胡晓义主编《安国之策——实现人人享有基本社会保障》，中国劳动社会保障出版社，
2011，第 71 页。

会福利制度的观点和措施。周恩来在报告中说：对劳保福利工作和制度开展整顿的方针是"简化项目，加强管理，克服浪费；改进不合理的制度，适当降低过高的福利待遇；同时提倡少花钱、多办事；提倡依靠群众集体的力量，举办福利事业；提倡用互助互济的办法，解决职工生活中的某些困难问题"①。同时，他就劳动保险、医疗问题、职工住宅收费问题、企业和机关福利费都作出了明确指示。周恩来的指示都得到了较好的落实。

第三节　社会主义建设时期中国贫困治理得失评析

中国社会主义建设时期是中国共产党积极探索社会主义建设道路的时期，也是一个充满艰辛曲折和经历重大挫折的时期。自新中国成立以来，中国共产党一直重视国家的贫困治理工作，也取得了不少成绩。但是总体上看，社会主义建设时期中国的贫困治理有得有失，有值得肯定之处，也有不尽如人意的方面。

一　社会主义建设时期中国在贫困治理方面有值得肯定之处

社会主义建设时期，党和国家在贫困治理方面确实做出过巨大努力，取得了不少成绩。虽然从国家整体层面上看，这一时期农民的温饱问题一直没有得到全面、有效的解决，但是究其原因，与这一时期国家在贫困治理方面仅仅停留在以社会保障托底的思路和做法上有关——除了对贫困人口开展各种社会救济、实施必要的低水平的社会保障之外，国家在事实上并没有开辟更为有效的贫困治理的办法和途径。但是不管怎么样，这一时期中国在贫困治理方面仍然有值得肯定之处。毕竟比较有效地实施了社会保障政策，并正常发挥了它的贫困治理功能。

1. 积极开展农村社会保障，保障了农民的基本生活，缓解了贫困，维护了农民的基本生存权

在新中国成立后的相当长时间内，解决农民吃、穿、住、行等基本生活问题，维护农民的生存权，是一个十分突出的问题。造成这一现状的原因是多方面的。一是中国是一个农业大国，农业人口占绝大多数。二是中

---

① 《建国以来重要文献选编》第10册，中央文献出版社，1994，第586页。

国农业基础落后、生产力不发达、农业经济发展缓慢、农村生存环境恶劣。由于中国农业以传统农业耕作业为主，又脱胎于半殖民地半封建，即使经历了国民经济的三年恢复和个体农业的社会主义改造，但到了人民公社时期，这种贫困落后的状况依然没有得到好转。三是国家涉农投资力度不够。"一五"计划以后，国家实施"工业优先"战略，重点投资工业化建设，对农业投入严重不足，甚至是"以农补工"。国家对农业的投入，绝大部分又用在江河湖海的治理等大中型水利工程建设方面。四是自然灾害严重。在1956～1978年的20多年间，由于全国农村连年遭遇水、旱、风、虫等自然灾害，规模大，危害严重，原本落后的农业生产遭到更大的破坏。此外，在长期的革命和建设过程中，有一大批为革命战争和保卫国家做出巨大贡献的军烈属、伤残军人和复员退伍军人分布在广大农村地区，需要抚恤、救济和救助；50年代末60年代初，在国家压缩工业建设战线的过程中，一批企业职工、城镇人口和吃商品粮的人积极响应国家号召，被精减后来到农村，也需要在生产生活上得到救助。在此背景下，农民，尤其是广大社会保障对象日益贫困，吃穿住行等基本生活问题的矛盾日益突出，农民基本生存权受到严重的威胁。因此，人民公社时期，国家和公社集体将农民基本生存问题作为重要工作加以对待。

人民公社建立后，作为公社的社员，农民的生产活动全由集体统一安排，他们的生活福利和生老病死等生活服务理所当然地全由公社、生产大队和生产队无偿提供。特别是在"三级所有，队为基础"的管理体制下，生产队几乎成了农民生活唯一或最直接的依靠力量。依靠农村集体经济和公益金，人民公社、生产大队和生产队向社员提供了大量的农村社会优抚、灾荒赈济、贫困救助、"五保户"供养、麻风病人救治、回乡精减职工救济、下乡知识青年安置等基本公共服务，提供必要的生活物资，以保障他们生存的基本需要。与此同时，为了抵御自然灾害，最大限度地减少灾害带来的损失和社会动荡，集中精力发展我国的工业，国家在投入一定的资金用于大江大河综合治理的同时，也制定了许多政策，采取了一些救助措施，投入了一部分资金，用于农村社会优抚、灾荒赈济、贫困救助等，力求在短时间内迅速解决严重自然灾害给各地农民带来的生产、生活困难，满足灾区人民的基本生产生活需要。这些救灾、救济和救助资金虽然在整个国民经济开支中所占的份额很小，但对于正面临基本生存权受到威胁的社会保障对象来说，无疑是雪中送炭。国家的救济和扶持使农村广大优抚对象、灾民、贫困人口、老、弱、孤、寡、残疾人及特殊人群的生产生活问题得到了基本解决。

2. 社会主义建设时期的社会保障有助于调动农民的生产积极性，促进农业生产的发展和农村社会的稳定

人民公社初期，农村社会稳定形势十分严峻。由于当时农业生产力水平低下，又适逢连年自然灾害，农民面临生存危机。而且，在"工业优先"战略中，农村负担着为国家工业化提供大量的生活资料、生产资料和资金积累的重任。而这一时期国民经济发展的重点是工业化且农村优抚、特殊人群救助也全部或大部分转嫁给农村集体经济。但是农业合作化以后特别是人民公社时期，家庭的保障功能急剧退化。在人民公社体制下，集体经济成为农村中占主导地位和统治地位的经济形式，即使存在自留地或自留畜，所占比例也极小，且受到集体经济的强烈制约。国家实行农副产品的统购统销，又直接向生产队下达各种农业生产的指令性指标。生产队是基本核算单位，首先要保证国家对农产品的征购，再进行集体提留进行积累，最后以工分为依据为社员进行近乎平均主义的分配。此外，国家还制定了严格的户籍制度，形成了农村严格的社会管理体系。在这种情况下，农民家庭社会保障功能逐渐消失，为集体经济基础上的集体保障所代替。

因此，社会主义建设时期的农村社会保障在化解农村矛盾、稳定农村社会上无疑发挥了重要作用。这一时期农村社会保障走的是一条依托集体经济，以集体保障为主、国家必要救济为辅的新路子，实行的是"依靠群众，依靠集体力量，生产自救为主，辅之以国家必要的救济"[①] 的方针。一方面，集体保障超越了家庭保障的范围，将农民的生老病死都纳入集体经济力量的保障体系。根据社员身体状况，集体进行统一的劳动分工和调整，使其参加劳动，并通过劳动成果的分配，来维持其基本生活需要；对于缺乏劳动能力或者完全丧失劳动能力，无依无靠的老、弱、孤、寡、残疾社员，在从事力所能及的劳动的同时，实行"五保"政策；对于优抚对

---

① 《建国以来重要文献选编》第 17 册，中央文献出版社，1997，第 81 页。

象、灾民、农村贫困人员和特殊人群，则采取国家救济与集体补助相结合的办法；在集体经济的基础上，各地兴起和发展的合作医疗制度解决农民看不上病、看不起病的问题。另一方面，对优抚对象、灾民，以及那些集体经济比较薄弱的、集体无力补助的贫困户、"五保户"和特殊人群，国家给予必要的救济。农村社会保障的实施，在一定程度上解决了这些保障对象的基本生活问题，缓解了他们的生存危机，长时间地维护着农村社会的稳定。

3. 社会主义建设时期的农村社会保障缓解了国家的压力，有力地支援了国家工业化建设

农村社会保障的实施，有效地缓解了国家投资的压力。我国农村人口众多，农业基础落后，自然灾害频繁，农民生活水平极低，迫切需要国家的扶持。但是，在相当长的时间内，整个国家基础薄弱，积累不足，又要重点发展工业，加大农业、农村和农民的投资力度显然困难重重，压力巨大。因此，由农村集体经济、农民自身努力、国家必要的救济所形成的人民公社时期独具中国特色的农村社会保障，客观上弥补了国家农业投入不足的缺陷，也缓解了国家的压力，并使国家重点发展工业化成为可能。而且，农村社会保障消化了国家工业化过度膨胀带来的矛盾。更重要的是，农村社会保障在促进农业发展的基础上，通过高积累和统购统销，为国家工业化建设提供了大量的生产资料、生活资料和巨额资金。正是在农业的大力支援下，新中国的工业化基础才得以迅速建立。

二 社会主义建设时期中国贫困治理存在明显的体制缺陷

1957～1978年，中国的贫困治理事实上仍然与新中国成立初期的贫困治理没有明显区别，都是依靠社会保障这个途径或维度缓解贫困。这其实很好地说明了在社会主义建设时期，中国贫困治理存在着明显的体制缺陷。这种体制缺陷与中国社会主义根本制度并无必然联系，而是中国贫困治理本身的体制缺陷。

1. 社会主义建设时期中国贫困治理只有"托底"机制，只能防止贫困人口生活水平"往下走"

新中国成立以来所建立的社会保障制度体系，就国家贫困治理而言，只是形成了一种"托底"的反贫困机制，即避免贫困人口的生活水平继续

往下掉或往下走。这种机制治标不治本，不太可能使贫困人口从此摆脱贫困。相反，可能还会对贫困人口产生负面影响，如养成他们不思进取、依赖国家救济的消极心理等。而中国共产党贫困治理的目标其实并不是为了"托底""保底"，而是要彻底改变贫困人口的生活处境和提高他们的生活水平。因此，从长远来看，在贫困治理过程中如果只有"托底"机制在发挥作用，就很不可取。

2. 社会主义建设时期中国贫困治理没有形成推动贫困人口生活水平"向上走"的"推进"机制

在社会主义建设时期，中国社会生产力水平比较落后，贫困治理方式单一，政府基本上都是围绕"托底""保底"想办法去从事贫困治理活动，始终没有形成对解决贫困人口的贫困问题起"治本"作用的治理手段。要把贫困人口从贫困中解救出来，政府需要探索推动贫困人口生活水平、生活状态"向上走"的"推进"机制。不过，在改革开放之前，中国在这方面一直没有起色。这与当时国家的政治环境有关，也与当时人们的思想僵化、思想不解放、很难做到实事求是等有关。

3. 在社会主义建设时期，作为中国贫困治理重要维度的社会保障制度体系本身也有严重缺陷

社会保障城乡有别，而且农村社会保障制度化程度低。在农村，除了社会优抚和"五保户"供养外，其他如灾民救济、贫困救助、特殊人员救助、合作医疗等都在不同阶段出现过波动起伏，有时还会停止。也就是说，农村社会保障制度稳定性比较差，且制度执行的随意性比较大。农村人民公社体制下的社会保障虽然普遍开展了对贫困农民（主要是"五保户"）、烈军属及复员退伍军人进行救济和优抚的工作，但是，农民却没有城市居民所能享受的退休、医疗等社会保险，没有城市居民所能得到的各种社会福利，社会优抚、灾民救济、贫困救助、合作医疗等的覆盖面、保障水平都远远低于城市。

三　社会主义建设时期中国贫困治理的经验和教训

（一）社会主义建设时期中国在贫困治理方面最主要的经验

1. 重视社会保障制度体系的建设和完善

社会保障制度体系建设属于法制建设范畴。中国共产党是代表最广大

人民根本利益的马克思主义革命政党，它从来就没有忘记自己的初心以及自己全心全意为人民服务的根本宗旨。在计划经济体制时期，党和国家始终很关心人民群众的生活。关于这一点，可以从国家所出台的一系列建设和完善社会保障的措施看出来。如：1958 年 4 月经国务院批准，劳动部发布了《国务院关于工人、职员退休处理的暂行规定实施细则（草案）》；1962 年 4 月，国务院发布了《关于企业职工福利补助费开支办法的规定》；1962 年 7 月，内务部针对散居城乡的归侨在获得社会救济后生活仍有困难的情况发布了《关于适当提高散居在城市和农村的归国华侨的救济标准的通知》；中华全国总工会于 1963 年 1 月发布了《关于享受长期劳动保险待遇的移地支付暂行办法》；1965 年 8 月，内务部发布了《关于国家机关和事业单位工作人员福利费掌管使用问题的通知》；第二轻工业部、全国手工业合作总社于 1966 年 4 月发布了《关于轻、手工业集体所有制企业职工、社员退休统筹暂行办法》《关于轻、手工业集体所有制企业职工、社员退职处理暂行办法》；等等。上述措施的出台，能够说明党和国家确实重视社会保障制度体系的建设和完善。

2. 注重有关民生方面的基础设施建设

关注民生是党和国家的一贯做法。社会主义建设时期，党和国家在有关民生方面的基础设施建设方面，做出了巨大成绩。这种成绩的取得，既有中国当时所处的时代背景的原因，更有中国共产党的性质和它的根本宗旨的原因。就时代背景而言，当时中国急于赶超西方发达资本主义国家，这使中国政府把建设重心放在了重工业和一些尖端科技方面，同时还注重在文化、教育、科技、卫生等方面拿自己同西方发达国家比较，紧紧追赶西方发达国家。正是在这种背景之下，有关民生方面的基础设施建设也相应地开展起来。以中国农村为例，为了建设社会主义强国，中国广大农村以农村集体经济为主要依托，辅之以国家的必要投入和广大农民的积极参与，一些基本公共设施比较快和比较好地建设了起来。如在农业生产建设方面：在江、河、湖、海得到治理的同时，还大兴水利工程；各地根据实际情况推进农业机械化、工业化、化学化和电力化建设；推进农村公路建设，发展邮电事业。在农村文化建设方面，与基础教育、扫盲和业余教育、职业教育等相配套的硬件设施均得到了某种程度的改善。再如农村合作医疗实施过程中，乡村诊所普遍建立起来。上面所说的民生措施，并不完全是针对贫困治理的，但是很显然，这些民生方面的基础设施建设，客观上为国家治理贫困打下了坚实的物质基础。

3. 注重发挥农村集体经济在贫困治理中的作用

农村集体经济又叫"农村集体所有制经济"，是指主要生产资料归农村社区成员共同所有，实行共同劳动，共同享有劳动果实的经济组织形式。农村集体经济作为社会主义经济的一种重要形式，在农村社会福利和保障的建设方面有着较大优势。也正因如此，"五保"供养制度才得以比较好地全面实施，并取得显著成绩。事实证明，只要善于发挥农村集体经济的优势，是能够将它在治理贫困中的某些积极作用很好地发挥出来的。不过，要很好地发挥农村集体经济的优势，也并不完全取决于制度因素，还与各地农村集体经济机构的领导班子的能力、水平、作风等因素密切相关。

（二）计划经济体制时期中国贫困治理最主要的教训

1. 贫困治理主要依靠社会保障，无法从根本上使广大贫困人口的生活得到明显的改善

社会保障的目的通常只是维持人们的最低生活水平，维持人们基本的生存权利。因此，社会保障作为一种社会安全制度，它不是为了让人们走向富裕——也不可能是为了让人们过上富裕的生活，而仅仅是为了满足人们最基本的生存需求。尽管如此，社会保障在客观上依然能够起到缓解人们贫困的作用。相对于人们因物质缺乏而陷入绝对贫困的状态而言，社会保障显然可以使陷入绝对贫困中的人们的贫困状态有所好转。但要这部分人的生活与社会上大部分人的生活水平齐平，也是不可能和不现实的。而1956～1978年，中国解决贫困问题最主要的手段却是社会保障。可见，这一时期中国在贫困治理问题上缺乏有效途径——依靠社会保障去解决社会上最贫困的那一部分人口的吃饭穿衣等问题，虽然也算得上是贫困治理范畴，但事实上根本就不能让他们的生活得到根本性的改善。

2. 采取城乡差别性的福利政策，而不是普惠性的福利政策，这种情况本质上不利于从根本上解决中国社会的贫困问题

新中国成立后，就城乡差别性的福利政策来说，基本上是城市（镇）

的福利政策要好于农村的福利政策。正因为这样，长期以来中国的农村人口都希望成为非农人口。在改革开放以前，中国的贫困最主要的是农村的贫困。之所以出现这样的情况，就在于国家针对城镇人口有一系列的福利政策。采取城乡差别性的福利政策无形当中造成或扩大了城乡差距，这不利于国家的贫困治理事业的发展。

第八章 中国特色社会主义现代化
建设时期的贫困治理

　　新中国成立一直到十一届三中全会召开前夕，中国在贫困治理方面虽然很努力，也取得了不少成绩，但总体来看，贫困治理的效果很难令人满意。到1978年，中国农村仍然有近2.5亿人属于绝对贫困人口。党的十一届三中全会后，国家实行改革开放政策：对内实行改革，强调以经济建设为中心，通过改革推动国家各项建设事业发展与进步；对外实行开放，吸引外资、引进国外先进设备发展经济，同时学习国外先进技术和管理经验等。改革开放政策的实施，标志着中国特色社会主义的开创和中国特色社会主义现代化建设时期的到来。改革开放后，中国在贫困治理问题上逐渐探索出了新的路子，实行"两条腿走路"的贫困治理模式：一条腿是社会保障，另一条腿是扶贫开发。

第一节　中国共产党在新的历史时期对贫困治理的新探索

　　在中国特色社会主义现代化建设时期，中国共产党适应新的时代发展要求，对国家的贫困治理进行了新的探索。在这一历史时期，党和国家领导人在贫困治理问题上显示出了更为突出的紧迫感和使命感。与此同时，党在理论上的与时俱进和开拓创新，也推动着中国的贫困治理不断迈上新台阶。

一　中国共产党在新的历史时期更加重视贫困治理

　　随着党的十一届三中全会的胜利召开，中国历史发生了重大转折，从此走上了一条适合中国现实国情的改革开放之路。这是一条建设中国特色社会主义现代化的伟大道路，是一条将中国引向富强、给中国人民带来美好生活的伟大道路。

1976年10月"文化大革命"结束后，中国共产党和中国人民痛定思痛，深刻总结中国社会主义革命和社会主义建设的经验教训，牢记党的初心使命，认为必须建设名副其实的强大的社会主义国家。事实上，早在1976年10月10日，胡耀邦就对如何治理国家给出了"顺应民心"、"停止批邓"、清理冤狱以及狠抓生产的建议。① 陈云、万里等老一辈无产阶级革命家面对中国依旧十分贫困的现状，都极力主张以经济建设为中心，大力发展生产，改善人民生活。他们认为，新中国成立快30年了，国家还有很多人吃不饱饭，这是很不应该的。② 这种局面必须彻底改变。邓小平于1979年7月29日提出"社会主义如果老是穷的，它就站不住"③ 的论断，继而又在1984年6月30日提出"社会主义要消灭贫穷"，"贫穷不是社会主义"④ 等光辉论断。老一辈无产阶级革命家之所以会提出这些论述，是党的初心使命使然——正是由于他们从来没有忘记党的初心使命，所以他们能够时刻想到人民群众的疾苦，能够从理论上阐明中国贫困治理的重要性和紧迫性。在邓小平看来，"不发展生产力，不提高人民的生活水平，不能说是符合社会主义要求的"⑤。显然，发展生产力，消除贫困，这对中国共产党来说至关重要。

党的十一届三中全会后，党中央高度重视贫困治理问题。邓小平在总结中国社会主义建设的经验教训时说，过去"我们没有真正集中主要精力搞经济"，"实际上我们是不断地搞阶级斗争，偏离了要集中主要精力搞经济建设这个方向"⑥。之所以造成这种局面，与中国共产党当时对国际国

---

① 《胡耀邦文选》，人民出版社，2015，第72页。
② 1978年12月10日，陈云在中央工作会议东北组的发言中说："建国快三十年了，现在还有讨饭的，怎么行呢？""如果老是不解决这个问题，恐怕农民就会造反。"（《陈云文选》第3卷，人民出版社，1995，第236页）1979年3月21日，陈云在中央政治局会议上说："革命胜利三十年了还有要饭的，需要改善生活。"（《陈云文选》第3卷，人民出版社，1995，第251页）1979年1月8日，万里在同新华社记者谈话时说："当前首要的问题是解决群众的温饱问题。解放快三十年了，还有那么多人吃不饱饭，还有大批群众外流讨饭，这说得过去吗？"（《万里文选》，人民出版社，1995，第113~114页）
③ 《邓小平文选》第2卷，人民出版社，1994，第191页。
④ 《邓小平文选》第3卷，人民出版社，1993，第63~64页。
⑤ 《邓小平文选》第3卷，人民出版社，1993，第116页。
⑥ 《胡耀邦文选》，人民出版社，2015，第150页。

内形势的看法密切相关。1956年9月，中国共产党召开了第八次全国代表大会。这是一次胜利的大会。它提出了把我国建设成为发达的工业国的战略目标。为了实现这一战略目标，大会提出的战略方针是积极稳妥，稳步前进。具体来说包括三方面主要构想：首先要兼顾国家建设和人民生活的改善，其次是坚持建设规模必须和国力相适应，最后是要根据需要和可能，合理地规定国民经济发展速度。大会明确了国家进行社会主义建设的战略布局，即以经济建设为中心，促进政治经济文化全面进步。大会还提出了国家的主要建设任务是保护和发展社会生产力。中国共产党第八次全国代表大会所提出的战略目标、战略方针、主要任务、战略布局等，是符合中国实际的，是正确的。"文化大革命"结束后，以邓小平同志为主要代表的中国共产党人把马克思主义普遍原理与中国实际相结合，摸索出了一条适合中国国情的社会主义伟大道路——中国特色社会主义。在建设社会主义问题上，他们坚持解放思想，实事求是；不搞无谓的争论，坚持用事实说话，用实践检验；他们"不折腾"，主张埋头苦干，主张先行在小范围试验，取得经验，试验成功后再在全国范围内进行推广；他们更重视贫困治理工作，把贫困治理工作与是否真正坚持社会主义道路联系起来，主张把社会主义的优越性充分发挥出来。进入改革开放新时期之后，中国共产党在继续加强和完善国家的社会保障制度体系的基础上，逐步探索出扶贫开发这一贫困治理的新路子，这正是中国共产党不忘初心使命，更加重视贫困治理的必然结果。

二　党的理论创新推动中国贫困治理不断迈上新台阶

中国共产党是一个善于开展理论创新的马克思主义政党。自成立以来，中国共产党始终坚持理论创新，在实践中发展马克思主义。正是在这个过程中，中国共产党将马克思主义与中国革命与建设的实际相结合，不断推进马克思主义的中国化，形成了一系列创新性的理论成果。早在新民主主义革命和社会主义建设时期，以毛泽东同志为主要代表的中国共产党人，对如何实现新民主主义革命的胜利进行了艰苦探索，形成了正确的反帝反封建的革命纲领，明确了要走农村包围城市、武装夺取政权的革命道路，提出了新民主主义革命理论，深刻阐明了中国新民主主义革命的对象、任务、性质、动力、领导者与同盟军以及中国革命的前途等问题，产生了毛泽东思想这一伟大理论成果。在新民主主义革命胜利后，中国共产党又与时俱进，创造性地提出了中国特色的社会主义改造理论，并对怎样建设社会主义进行了艰辛探索，提出了从中国实际出发独立自主地建设社会主义、正确处理人民内部矛盾等光辉思想，把马克思列宁主义推向了一个新的高度。在毛泽东思想的指引下，彻底改变中国"一穷二白"的落后面貌成为党和国家的奋斗目标。毛泽东指出，"我们是一个一穷二白的国家"，"根本改变中国的经济面貌需要一个很长的时间"①。改变国家"一穷二白"的面貌，客观上要求党和国家积极开展贫困治理工作，大力发展社会生产力，创造更多的物质财富和精神财富，让广大人民群众充分享有社会主义的发展成果，不断向真正实现共同富裕的、消灭了剥削压迫的共产主义社会阔步前进。新中国成立后一直到改革开放前夕，党和国家致力于社会保障体系的探索与建设，其动力事实上正是源于党的理论创新和中国共产党渴望尽快改变国家"一穷二白"落后面貌的强烈愿望。

　　1978 年 12 月，党的十一届三中全会作出把党和国家工作重心转移到经济建设上来、实行改革开放的重大决策，丰富和发展了马克思主义科学社会主义理论。党中央在总结我国社会主义建设中的教训的基础上提出的"建设有中国特色的社会主义"的重大命题和一系列关于社会主义的光辉论断标志着党在理论创新方面进入了一个崭新的历史时期。邓小平关于"什么是社会主义"的一系列论断最能体现这种理论创新。从 1980 年 5 月提出"社会主义本质"概念到 1992 年初在南方谈话中对社会主义的本质进行深刻揭示，邓小平提出了一系列关于社会主义的重要观点。这些重要观点包括"贫穷不是社会主义，更不是共产主义"②，"社会主义要消灭贫穷"③，"社会主义阶段的最根本任务就是发展生产力，社会主义的优越性归根到底要体现在它的生产力比资本主义发展得更快一些、更高一些，并且在发展生产力的基础上不断改善人民的物质文化生活"④ 等。到 1992 年初，邓小平科学地把社会主义的本质概括为"解放生产力，发展生产力，

①　《毛泽东文集》第 8 卷，人民出版社，1999，第 216、217 页。
②　《邓小平文选》第 3 卷，人民出版社，1993，第 64 页。
③　《邓小平文选》第 3 卷，人民出版社，1993，第 63～64 页。
④　《邓小平文选》第 3 卷，人民出版社，1993，第 63 页。

消灭剥削，消除两极分化，最终达到共同富裕"①。这样，邓小平从解放和发展生产力的高度揭示了社会主义的本质，对科学社会主义理论做出了重大贡献。党中央提出的一系列关于社会主义的重要观点标志着中国共产党在改革开放新时期对社会主义理论的重大创新。这种理论创新纠正了中国人民在社会主义问题上的错误认识，客观上要求党和国家不能仅仅满足于依靠建立社会保障缓解中国的贫困问题，而是应该进一步探索贫困治理的有效之策。正是在这样的背景下，党和国家摸索出了扶贫开发这一贫困治理模式，这样，党和国家的贫困治理事业也因此迈上了新的台阶。值得指出的是，党和国家的贫困治理工作是不断深入推进的。20 世纪 80 年代中期，党和国家在进一步建立健全国家社会保障体系的基础上，有计划、有步骤、大规模地开展农村扶贫开发，不断地改变着中国的贫困落后面貌，到 20 世纪结束之际，中国经济社会发展已经达到了总体小康的水平，国家的贫困面貌得到了实质性的改变。

第二节　中国特色社会主义现代化建设时期的
社会保障制度改革与贫困的缓解

改革开放以来，中国共产党领导下的各项改革，如财政金融体制改革、教育科技改革等，对国家的贫困治理都起到了重要作用。因为改革能推动社会生产力的发展与进步。社会生产力发展与进步了，自然会对国家的贫困治理起到积极作用。鉴于本书主要是研究和探讨中国贫困治理的宏观结构及其历史演变的，出于对本书框架结构和行文逻辑等方面的考量，笔者在这一部分里仅对作为中国贫困治理之一维的社会保障作一些探讨，探讨它的改革对于缓解国家贫困所起到的积极作用。

一　1978～2002 年中国社会保障制度改革与贫困的缓解

1978～2002 年是中国全面改革和社会主义现代化建设的新时期。党的十一届三中全会后，中国进入改革开放和社会主义现代化建设的新时期。在这一时期，中国共产党领导全国各族人民做过很多事情，深刻影响了中

①　《十七大以来重要文献选编》下，中央文献出版社，2013，第 636 页。

国社会。其中有三件大事对中国社会的影响特别重大和特别深远，即全面推进经济体制改革、实行全方位的对外开放、建立社会主义市场经济体制。到 2002 年，党和国家在这三件大事的扎实推进过程中取得了实质性的成效，为积极推进社会保障制度改革创造了丰厚的物质条件。

在改革开放和社会主义市场经济体制建立时期，伴随着各项改革的不断展开，中国社会保障制度改革也在深入进行。为行文方便，笔者把这一时期中国社会保障制度改革粗略地分为两个阶段来考察：一是社会保障制度初步改革阶段，具体时间是从 20 世纪 80 年代中期到 1992 年；二是社会保障制度全面改革阶段，具体时间是 1993 年至 2002 年。

在初步改革阶段，中国政府把社会保障改革作为企业改革的配套措施来进行，其总体思路是，企业改革需要什么样的社会保障措施配合，就探索、制定与企业改革相适应的社会保障改革办法。从改革步骤上看，国家先改革城镇企业养老保险制度，再随着有关企业改革政策的出台，陆续制定与之相适应的社会保障改革措施。这一阶段的社会保障改革主要是为了保证企业改革的顺利进行而实行的。国家对社会保障改革的这种定位决定了这方面的改革不太可能有突出的成绩。

在全面改革阶段，中国社会保障改革既被当作国有企业改革的配套措施，又被看成社会主义市场经济体制的一个重要组成部分。国家对社会保障改革的这种定位使它的改革得以全面铺开。改革开放和社会主义市场经济体制建设时期国家的社会保障改革，成效最突出的是在全面改革阶段。鉴于此，笔者接下来对改革开放和社会主义市场经济体制建设时期中国社会保障制度全面改革阶段的举措及其对国家贫困的缓解作一些概括性论述。

（一）1993~2002 年国家社会保障制度改革的举措

1. 推进社会保障制度建设

国家推进社会保障制度建设，靠的是两条：一是依据国家发展的实际情况出台一系列社会保障政策；二是不断抓已出台的政策的贯彻落实。20世纪 90 年代，为了解决当时许多国有企业严重亏损和资不抵债的问题，国家为了减轻负担，对它们进行了破产重组改革；对于当时效益一般的企业，国家想通过改革、裁减冗员，提高企业生产效率，从而提升效益。深化企业改革有不少好处，但这样也带来了一些严重后果，大批职工下岗失业就是其中之一。

　　1993～2002 年是国家在邓小平理论指导下大力建设社会主义市场经济体制的重要阶段。1992 年年初，邓小平率先提出建立社会主义市场经济体制，同年 10 月，党的十四大正式提出了建立社会主义市场经济体制的目标。为此，国家需要在各领域进行相应的改革，以创造与社会主义市场经济体制相适应的政治、经济和社会环境。在社会保障领域，国家相继对职工基本养老保险、基本医疗保险、失业保险和城市居民最低生活保障制度等进行了改革。1997 年 7 月，国务院发布《关于建立统一的企业职工基本养老保险制度的决定》，要求到 20 世纪末"基本建立起适应社会主义市场经济体制要求，适用城镇各类企业职工和个体劳动者，资金来源多渠道、保障方式多层次、社会统筹与个人账户相结合、权利与义务相对应、管理服务社会化的养老保险体系"[①]。在党和人民政府的坚强领导下，国家很快统一了企业养老保险制度。1998 年 8 月 6 日，国务院又下发了《关于实行企业职工基本养老保险省级统筹和行业统筹移交地方管理有关问题的通知》，将原来铁道部等 11 个行业部门的"基本养老保险行业统筹移交地方管理"[②]，要求"到二〇〇〇年，在省、区、市范围内，要基本实现统一企业缴纳基本养老保险费比例，统一管理和调度使用基本养老保险基金，对社会保险经办机构实行省级垂直管理"[③]。1998 年 12 月 14 日，"在认真总结近年来各地医疗保险制度改革试点经验的基础上"[④]，国务院发布了《关于建立城镇职工基本医疗保险制度的决定》，明确了城镇职工基本医疗保险制度改革的任务和原则、城镇职工基本医疗保险制度改革覆盖范围和缴费办法，要求"建立基本医疗保险统筹基金和个人账户"[⑤]，"健全基本医疗保险基金的管理和监督机制"[⑥]，"加强医疗服务管理"[⑦]，"妥善解决有关人员的医疗待遇"[⑧]，"加强组织领导"[⑨]，从而确定了城镇职工

---

① 《十四大以来重要文献选编》下，人民出版社，1999，第 2581～2582 页。
② 《十五大以来重要文献选编》上，人民出版社，2000，第 509 页。
③ 《十五大以来重要文献选编》上，人民出版社，2000，第 509 页。
④ 《十五大以来重要文献选编》上，人民出版社，2000，第 665 页。
⑤ 《十五大以来重要文献选编》上，人民出版社，2000，第 666 页。
⑥ 《十五大以来重要文献选编》上，人民出版社，2000，第 667 页。
⑦ 《十五大以来重要文献选编》上，人民出版社，2000，第 668 页。
⑧ 《十五大以来重要文献选编》上，人民出版社，2000，第 669 页。
⑨ 《十五大以来重要文献选编》上，人民出版社，2000，第 670 页。

基本医疗保险的制度模式和改革框架。1999 年 1 月 22 日，国务院发布了由 1998 年 12 月 16 日国务院第 11 次常务会议通过的已经修订的《失业保险条例》，明确了失业保险费征缴对象、失业保险基金构成、失业保险费征缴比例、失业保险费统筹办法等。1999 年 9 月 28 日，国务院第 21 次常务会议通过《城市居民最低生活保障条例》并予颁布，自 1999 年 10 月 1 日起施行。该条例是为了规范城市居民最低生活保障制度、保障城市居民基本生活而制定的，极大地推动了城市居民最低生活保障工作的开展，将城市居民最低生活保障制度纳入了法制化发展轨道。《城市居民最低生活保障条例》的出台，进一步规范了城市贫困居民的社会救济工作。其实早在这一年 1 月 22 日，国务院第 259 号令发布了《社会保险费征缴暂行条例》并从发布之日起实施。该条例为强化社会保险费征缴提供了依据，对失业保险费的征收、缴纳工作作了进一步规范，确立起了几项重要制度：一是对包括失业保险费在内的社会保险费实行集中、统一征收的制度；二是对包括失业保险费在内的社会保险费进行失业保险登记制度；三是对包括失业保险费在内的社会保险费实行申报、缴纳制度；四是对包括失业保险费在内的社会保险费实行收支两条线管理的制度；五是对包括失业保险基金在内的各类社会保障金实行监督检查的制度；六是违反社会保险费征缴的处罚制度。另外，1993～2002 年，劳动部还于 1994 年和 1996 年分别制定了《企业职工生育保险试行办法》（1994 年 12 月 14 日发布，自 1995 年 1 月 1 日起试行）和《企业职工工伤保险试行办法》（1996 年 8 月 12 日公布，自 10 月 1 日起试行）。上述这一系列社会保障法规和政策的出台，推进了国家社会保障制度框架体系建设。

　　1993～2002 年，农村社会保障制度也得到了推进。改革开放后，农村家庭联产承包责任制的广泛推行使人民公社时期所建立起来的"三级所有、队为基础"的分配原则和社会保障机制丧失了存在的根基，导致农村无依无靠的老、弱、病、残、孤等弱势人群的生活难以得到保障。一些经济比较发达的地区根据当地实际情况逐步探索出了集体养老的办法。对于改革开放后农村社会保障所出现的实际问题，党和政府给予了高度关注。民政部早在 20 世纪 80 年代中期就初步形成了农村社会保障制度改革的基本思路。1991 年，在国务院统一领导下，国家在部分农村开展了农村社会养老保险试点工作；1992 年形成和制定了《县级农村社会养老保险基本方案（试行）》，明确了农村社会养老保险的指导思想和基本原则，对农民群众如何参保以及保险资金如何管理等诸事项作了明确规定。该方案出台后，农村社会养老保险试点工作得到了大力响应和积极推进。但是在推进此项工作的过程中，有的地方出现了急于求成、急躁冒进等问题。1995年，国务院办公厅要求各地积极稳妥地推进农村社会养老保险工作。

2. 完善社会保障体系

1993～2002年，国家在完善社会保障体系方面主要做好了两方面的重要工作。

首先是实施"两个确保"。"两个确保"是党中央为保障企业离退休人员和国有企业下岗职工的基本生活而提出的工作目标。它具体是指：确保企业离退休人员基本养老金按时发放以及确保国有企业下岗职工基本生活费按时足额发放。这是20世纪末21世纪初我国社会保障工作的重点任务。1998年6月9日，中共中央、国务院发布《关于切实做好国有企业下岗职工基本生活保障和再就业工作的通知》（以下简称《通知》）。《通知》提出："争取用五年左右的时间，初步建立起适应社会主义市场经济体制要求的社会保障体系和就业机制。"[1] 同时对如何切实做好国有企业下岗职工基本生活保障和再就业工作作了具体规定。由于党和政府对国有企业下岗职工基本生活保障和再就业问题的高度重视，大批国有企业下岗职工的生活得到了保障，避免了陷入贫困的境地。到2000年底，国家基本实现了"两个确保"，使2300多万名下岗职工的基本生活得到了保障，其中1500多万人通过各种渠道和方式实现了再就业；到2002年底，企业离退休人员养老金社会化发放全面实现，确保了3200多万名离退休人员养老金的按时足额发放。[2]

其次是完善社会保障体系试点。2000年12月25日，国务院把《关于完善城镇社会保障体系的试点方案》（以下简称《方案》）印发给了各省、自治区、直辖市人民政府以及国务院各部委、各直属机构。《方案》明确了完善社会保障体系的总目标、原则和主要任务。《方案》决定2001年在辽宁省及其他省、自治区、直辖市确定的部分城市和地区进行试点。与此

---

①　《十五大以来重要文献选编》上，人民出版社，2000，第396页。

②　胡晓义主编《安国之策——实现人人享有基本社会保障》，中国劳动社会保障出版社，2011，第112页。

同时（2000年12月），国务院召开了全国社会保障工作会议，对继续做好"两个确保"工作，对完善城镇社会保障体系试点工作作了部署。这次会议被认为是我国社会保障建设史上具有里程碑意义的重要会议，标志着中国社会保障体系建设进入了系统设计、全面推进的新时期。①

3. 扩大社会保险覆盖面，拓宽社会保障筹资渠道

1993～2002年，国家在扩大社会保险覆盖面和拓宽社会保障筹资渠道方面花了很大工夫，取得了不俗的成绩。

（1）扩大社会保险覆盖面。这是国家在1993～2002年社会保障体系建设方面的基础工作。1999年1月14日，国务院第13次常务会议通过了《社会保险费征缴暂行条例》。该条例于1999年1月22日由国务院发布实施。它明确规定了基本养老保险费、基本医疗保险费和失业保险费的征缴范围。各地纷纷响应国务院的精神指示，趁《社会保险费征缴暂行条例》出台的有利时机，采取各种措施宣传、教育和引导，努力扩大社会保险的覆盖面。各地的努力还是很有成绩的。到2002年年底，职工基本养老保险和失业保险覆盖的职工人数分别达到1.47亿人和1.02亿人；基本医疗保险参保职工人数达到9401万人，工伤保险参保职工人数达到4406万人，生育保险参保职工人数达到3488万人。②

（2）拓宽社会保障筹资渠道。在建立社会主义市场经济的过程中，党和国家依据国情，积极探索中国特色的社会保障制度。在社会保障资金来源上，形成了由企业、职工个人和政府共同负担的模式。社会保障资金的主要来源是企业和职工个人缴纳的社会保险费。政府负担的社会保障资金虽然不是社会保障资金的主要来源，但是这笔资金数额也相当大。1998年以来，中央财政大幅度提高了社会保障的资金投入。这些投入主要用于两个方面：一是弥补地方下岗职工基本生活保障，二是填补养老金支付缺口。到2002年，中央财政对上述两项投入的资金达547亿元。③中央财政的这种做法带动了许多地方政府，促使它们也相应地增加了对社会保险的

① 胡晓义主编《安国之策——实现人人享有基本社会保障》，中国劳动社会保障出版社，2011，第113页。
② 胡晓义主编《安国之策——实现人人享有基本社会保障》，中国劳动社会保障出版社，2011，第113页。
③ 胡晓义主编《安国之策——实现人人享有基本社会保障》，中国劳动社会保障出版社，2011，第113页。

投入。此外，还值得一提的是，2000 年 8 月，国家为了应对人口老龄化高峰时的社会保障资金需求，由国务院建立了作为战略储备的全国社会保障基金。

4. 理顺社会保障管理体制

长期以来，我国的社会保险事业缺乏统一管理。这实质上是社会保障管理体制的问题。因此，理顺社会保障管理体制就成了关键。1998 年，全国人大九届一次会议通过《国务院机构改革方案》，决定在原劳动部的基础上成立劳动和社会保障部，统一管理全国劳动和社会保障工作。这样，社会保障统一管理体制确立了下来，过去存在的社会保险事业缺乏统一管理的问题得到了解决。

（二）1993～2002 年国家社会保障制度改革对贫困的缓解

1993～2002 年国家社会保障制度的改革对于国家贫困的缓解是明显的。据国家统计局统计，到 2002 年年末，全国参加基本养老保险的人数达到 14731 万人。其中，职工 11128 万人，离退休人员 3603 万人。离退休人员实行社会化管理人数达到 1434 万人。全国参加失业保险的人数为 10182 万人，领取失业保险金的人数为 440 万人，比 2001 年增加 127 万人。全国参加基本医疗保险的人数为 9400 万人，增加 1770 万人。全国共有 2054 万城镇居民得到政府最低生活保障救济。[①] 别的不说，至少城镇 2054 万居民的贫困问题有了托底性的保障，他们的贫困程度得到了缓解。1993 年，全国人口死亡率为 6.64‰，而到了 2002 年，全国人口死亡率为 6.41‰，降低了 0.23 个千分点。[②] 一般来讲，在和平年代，人们的生活水平提高了，贫困程度减轻了，他们的死亡率就会下降。所以人口死亡率越低，说明人口贫困程度相应地也在降低。

二　2003～2012 年中国覆盖城乡居民的社会保障体系建设与贫困的缓解

2003～2012 年是我国全面建设小康社会时期。随着新世纪的到来，我国进入建立健全覆盖城乡居民的社会保障体系的新阶段。此阶段我国社会保障体系建设的重点主要包括：一是解决社会保障制度缺失的问题；二是

---

① 中华人民共和国国家统计局：《中华人民共和国 2002 年国民经济和社会发展统计公报》，《中华人民共和国国务院公报》2003 年第 9 期。

② 上述全国人口死亡率数据来自国家 1993 年和 2002 年国民经济和社会发展统计公报。

解决社会保障覆盖范围窄的问题；三是解决农民工和农村居民没有社会保障的问题。为了维护社会稳定，也为了彰显公平正义，在社会保障制度体系建设上，国家提出了"人人享有社会保障"的宏伟目标。2008年，十一届全国人大一次会议通过《国务院机构改革方案》，在原人事部和劳动保障部基础上组建了人力资源和社会保障部，由它统筹管理全国的社会保障政策，建立健全从就业到养老的服务和保障体系。

（一）2003～2012年覆盖城乡居民的社会保障体系建设的举措

　1. 建立新的社会保障制度，完善已有的社会保障制度

　　首先，新建了一系列社会保障制度。党的十六大以来，国家新建立了一系列社会保障制度，主要有：城镇居民基本医疗保险（简称居民医保）、城乡医疗救助、新型农村合作医疗保险（简称新农合）、新型农村社会养老保险（简称新农保）、城镇居民社会养老保险等。这些都属于国家重大保障制度，它们对于国家改善民生，提高人民生活质量，起到了积极作用。就社会保障制度体系建设而言，它们的出台与贯彻实施，填补了新中国自成立以来多项社会保障制度建设的空白，初步形成了覆盖城乡居民的社会保障体系框架。众所周知，一个人缺乏知识、技能，是容易陷入贫困的。对于这一类人，有针对性地开展知识、技能培训和其他方面的帮扶，他们往往就能摆脱贫困。但是容易陷入贫困的人，也不仅仅是指那些缺乏知识、技能者，知识水平高、技能突出的人有时也会陷入贫困——他们往往因为不幸得了一场大病，就完全可能从中产生活水平而陷入赤贫。同样的道理，一些很富有的家庭，在大病面前往往也都是很脆弱的。上述新建立的和已有的各项社会保障制度，事实上等于为中国社会的各类民众织就了一张防止滑入贫困境地的保障网络，对于中国社会的贫困治理起到了难以估量的作用。

　　其次，完善了已有的社会保障制度。在完善已有的社会保障制度方面，国家在完善养老保险制度、完善医疗保险制度、完善失业保险制度、完善工伤保险制度等方面做出了巨大努力。

　　就完善养老保险制度方面而言，一是扩大完善城镇社会保障体系试点。在党中央和国务院的关心和指导下，辽宁省自2001年开始在全省进行完善城镇社会保障体系试点。到2003年，全省累计有158.7万国企职工实现并轨，4801个企业再就业服务中心全部关闭；拖欠并轨人员债务

总额 54.3 亿元，到 6 月底，已偿还 41.3 亿元，偿债率达到 76.1%；全省符合城市低保条件的困难居民均被纳入保障范围，保障人数由 2000 年底的 71.5 万人，增加到 152 万人，占全省非农业人口总数的 7.8%，实现了应保尽保。2003 年前 6 个月，全省征缴基本养老保险费 77.4 亿元，比上年同期增长 23.5%。征缴失业保险费 6.6 亿元，比上年同期增长 25.3%。社保管理和服务社会化工作也取得较大进展。全省共有 228.3 万名企业退休人员实现了社会化管理，占总人数的 85.6%。两年多试点期间，地方财政和企业共筹集资金 382.5 亿元。① 2004 年 5 月，国务院将完善城镇社会保障体系试点扩大到吉林和黑龙江两省，要求它们"切实做好'三条保障线'的衔接"，"进一步提高就业和社会保障工作的管理服务水平"②。二是提出逐步做实个人账户的工作任务。2005 年 12 月，国务院发布《关于完善企业职工基本养老保险制度的决定》（国发〔2005〕38 号），提出逐步做实个人账户的工作任务，明确了完善养老保险制度的基本原则、主要政策和目标任务，建立基本养老金待遇与缴费年限、缴费基数和退休年龄挂钩的激励约束机制。这一时期，在基本养老保险制度基本稳定、定型的基础上，突出特点是完善制度运行的体制机制和政策，着力增强制度的公平性、衔接性和可持续性。三是提高统筹层次，实现省级统筹。针对统筹层次不高的问题，国务院要求尽快提高统筹层次，实现省级统筹。2007 年年初，劳动保障部、财政部联合下发《关于推进企业职工基本养老保险省级统筹有关问题的通知》，规定了省级统筹标准，加快推进工作。2009 年年底，全国 31 个省份和新疆生产建设兵团全部出台了省级统筹办法，实现了向全国人民承诺的目标，还为下一步基础养老金全国统筹奠定了基础。制定实施了基本养老保险关系跨地区转移接续政策，第一次真正实现"不论你在哪里干，养老保险接着算"，维护了流动人员特别是参保农民工的权益。2009 年，国务院印发《关于开展新型农村社会养老保险试点的指导意见》（国发〔2009〕32 号）。2011 年 6 月，国务院印发《关于开展

---

① 《初步形成社会保障体系　辽宁百万国企职工大转移》，南方新闻网，2003 年 9 月 28 日，最后访问日期：2020 年 5 月 29 日。

② 《国务院关于同意吉林省完善城镇社会保障体系试点实施方案的批复》，《中华人民共和国国务院公报》2004 年第 20 期；《国务院关于同意黑龙江省完善城镇社会保障体系试点实施方案的批复》，《中华人民共和国国务院公报》2004 年第 21 期。

城镇居民社会养老保险试点的指导意见》（国发［2011］18 号），从 2011年 7 月 1 日起正式启动城镇居民养老保险制度试点。企业补充养老保险迅速发展起来。2004 年，劳动保障部发布《企业年金试行办法》，会同银监会、证监会和保监会发布《企业年金基金管理试行办法》，正式建立市场化运营的企业年金制度。2010 年年底，建立企业年金的企业已达 3.7 万家，基金规模达到 2809 亿元，已有 33 万人享受到了企业年金待遇，多层次养老保险的功效开始显现。

就完善医疗保险制度而言，在进一步完善职工基本医疗保险制度的基础上，国家着力解决城乡居民的制度缺失问题，通过建立城乡医疗救助制度和城乡居民基本医疗保险制度，从制度上实现了基本医疗保险对城乡居民的全面覆盖。2003 年，国务院办公厅转发《关于建立新型农村合作医疗制度的意见》（国办发［2003］3 号），启动新农合试点，2007 年全面推开，2010 年年底实现基本全覆盖。到 2006 年年初，全国所有含有农业人口的县（市、区）都基本建立了农村医疗救助制度。2007 年我国城市医疗救助全面推开。2007 年 7 月，国务院印发《关于开展城镇居民基本医疗保险试点的指导意见》（国办发［2007］20 号），2009 年城镇居民基本医疗保险工作在全国范围内得到了全面推开。同期，各地加快探索建立多层次医疗保障体系，普遍实行了大额医疗费用补助办法，多数地区落实了公务员医疗补助措施，部分效益好的企业实行了企业补充医疗保险。

就完善失业保险制度而言，国家自 2003 年起就把控制失业率和增加就业岗位作为宏观调控的重要指标，纳入国民经济和社会发展计划。2004年 4 月，劳动保障部下发《关于进一步做好失业调控工作的意见》（以下简称《意见》），提出失业调控要"紧紧围绕国民经济和社会发展计划确定的控制失业率的目标"，"全面完成四项基本任务：一是有效控制失业人数过快增长，使失业人员数量不超过经济活动人口的一定比例；二是尽力缩短失业周期，将长期失业者所占比例控制在一定幅度；三是积极调控失业群体出现的时间及地区分布，避免过于集中，保持各地就业局势稳定；四是切实保障失业人员基本生活，按规定提供失业保险待遇，并采取措施促进再就业，或将其组织到再就业的准备活动中"。《意见》还提出了"积极稳妥推进国有企业下岗职工基本生活保障向失业保险并轨""支持国有大中型企业做好主辅分离、辅业改制分流安置富余人员工作""规范企业裁员行为""切实做好关闭破产企业职工安置工作""建立失业预测预警机制""加强对失业调控工作的组织领导"① 等措施。2005 年 11 月，国务院向各省、自治区、直辖市人民政府和国务院各部委、各直属机构发出《国务院关于进一步加强就业再就业工作的通知》（以下简称《通知》），提出了六个进一步努力的方向，即进一步明确目标任务，多渠道开发就业岗位；进一步完善和落实再就业政策，促进下岗失业人员再就业；进一步促进城乡统筹就业，改进就业服务，强化职业培训；进一步开展失业调控，加强就业管理；进一步完善社会保障制度，建立与促进就业的联动机制；进一步加强组织领导，动员全社会力量广泛参与就业再就业工作。② 与此同时，国家作出决定，自 2006 年 1 月起在北京、上海、江苏、浙江、福建、山东、广东 7 省、直辖市开展适当扩大失业保险基金支出范围试点工作，探索建立失业保险与促进就业的良性互动机制。

就完善工伤保险制度而言，国务院 2003 年 4 月颁布了《工伤保险条例》，规定自 2004 年起生效实施。《工伤保险条例》明确了国内企业、事业单位、社会团体、民办非企业单位、基金会、律师事务所、会计师事务所等组织和有雇工的个体工商户应依照条例规定参加工伤保险，确定了包括工伤保险基金、工伤认定、劳动能力鉴定、工伤保险待遇、监督管理及相关法律责任等内容的工伤保险制度框架。为保障事业单位、民间非营利组织工作人员因工作遭受事故伤害或者患职业病的工作人员依法享受工伤保障待遇，2005 年 12 月，劳动保障部、人事部、民政部和财政部联合发布《关于事业单位、民间非营利组织工作人员工伤有关问题的通知》，对参照国家公务员制度管理和不属于财政拨款支持范围或没有经常性财政拨款的事业单位、民间非营利组织工作人员的工伤待遇作了明确规定。2010 年 12 月，国家颁布了修订后的《工伤保险条例》，进一步扩大了制度覆盖范围，把事业单位全部纳入工伤保险，大幅度提高待遇水平，增加了保障项目，并明确了工伤预防和工伤康复的方向，体现了工伤保险制度的不断发展和深化改革。这一时期，被征地农民社会保障、生育保险等各项工作也在加快推进。2006 年 4 月，国务院办公厅转发劳动保障部《关于做好

---

① 《关于进一步做好失业调控工作的意见》，《中华人民共和国国务院公报》2005 年第 4 期。

② 《国务院关于进一步加强就业再就业工作的通知》，《中华人民共和国国务院公报》2005 年第 35 期。

被征地农民就业培训和社会保障工作的指导意见》（国办发［2006］29号，以下简称《意见》），明确了做好被征地农民就业培训和社会保障工作的基本思路、原则要求和基本政策，要求各地相关部门根据《国务院关于深化改革严格土地管理的决定》（国发［2004］28号）的有关要求，切实做好被征地农民就业培训和社会保障工作，解决城市化进程中被征地农民的社会保障制度建设问题。《意见》就如何努力促进被征地农民就业、如何积极做好被征地农民社会保障工作、如何落实被征地农民就业培训和社会保障资金以及加强领导、精心组织等问题，给出了具体的指导建议。

2. 扩大社会保障覆盖范围，解决历史遗留问题

在社会主义建设过程中，由于种种原因，国家在不同发展阶段产生了不少历史遗留问题。特别是社会保障方面留下的历史问题尤为突出，如关闭破产国有企业的退休人员参加医保问题、老工伤待遇问题、集体企业退休人员参加养老保险的问题等等。为了解决上述历史遗留问题，国家有关部门做出了积极的努力。

在养老保险方面，国家相继制定和实施了社会组织专职人员、到村任职和被科研单位接纳的大学生、归侨、宗教教职人员、港澳台人员、供销社系统职工、家庭服务业从业人员等的参保政策，尽可能地把社会各类群体都纳入社会保障的范围。国家考虑实际情况，制定了一些补缴政策，把集体企业里的因为各种原因没有参加基本养老保险统筹的职工和退休人员、"五七工"、"家属工"① 等人员都陆续纳入了社会保障的范围。

在医疗保险方面，为适应经济发展和就业结构的变化，国家采取措施，使城镇职工基本医疗保险制度的覆盖范围由单位扩大到全体从业人员。2003 年 5 月，劳动和社会保障部办公厅印发《关于城镇灵活就业人员参加基本医疗保险的指导意见》，把灵活就业人员纳入了基本医疗保险制度的覆盖范围。2004 年 5 月，劳动和社会保障部办公厅印发《关于推

---

① "五七工"是指 20 世纪 60 ~ 70 年代，曾在石油、煤炭、化工、建筑、建材、交通、运输、冶金、有色、制药、纺织、机械、轻工、农、林、水、牧、电、军工这 19 个行业的国有企业中从事生产自救或企业辅助性工作的，具有城镇常住户口、未参加过基本养老保险统筹的人员。这些人员多数是在当时响应毛主席"五七"指示，走出家门参加生产劳动，进入企业不同岗位的城镇职工家属，因此统称为"五七工"。"家属工"是指正式职工的妻子或子女在没有劳动部门指标又未开具临时工介绍信的情况下，经其工作单位同意接收并实际参加了工作的这部分人，是"文化大革命"后期的产物。

进混合所有制企业和非公有制经济组织从业人员参加医疗保险的意见》，明确了混合所有制企业从业人员和非公有制经济组织从业人员参加医疗保险诸事项。2006 年 1 月，国务院发出《关于解决农民工问题的若干意见》，要求"逐步建立城乡统一的劳动力市场和公平竞争的就业制度，建立保障农民工合法权益的政策体系和执法监督机制，建立惠及农民工的城乡公共服务体制和制度"①。同年 5 月，劳动和社会保障部发布的《关于开展农民工参加医疗保险专项扩面行动的通知》，要求各级劳动保障部门"按照国务院 5 号文件的要求"，"全面推进农民工参加医疗保险工作，争取 2006 年底农民工参加医疗保险的人数突破 2000 万人""争取 2008 年底将与城镇用人单位建立劳动关系的农民工基本纳入医疗保险"②。2009 年，中央财政安排 509 亿元资金，决定用三年时间将关闭破产国有企业未参保退休人员 600 万人全部纳入城镇职工基本医疗保险，并统筹解决其他关闭破产企业退休人员和困难企业职工 200 多万人的基本医疗保险问题。③

在工伤保险方面，2006 年 1 月，国务院发布的《关于解决农民工问题的若干意见》指出要"依法将农民工纳入工伤保险范围""所有用人单位必须及时为农民工办理参加工伤保险手续，并按时足额缴纳工伤保险费"④，把农民工参加工伤保险放在突出位置。2011 年 1 月 20 日，国家人力资源和社会保障部、财政部、国务院国资委、监察部联合发出《关于做好国有企业老工伤人员等纳入工伤保险统筹管理有关工作的通知》，决定 2011 年内将国有企业等"老工伤"人员全部纳入工伤保险统筹管理。

这些历史遗留问题的解决，对维护社会公平正义、促进社会和谐与稳定，发挥了重要作用。这在一定程度上避免了社会弱势人员因伤因病致贫和因伤因病返贫。

3. 提高社会保障水平，解决保障公平问题

国家着力做好了几个方面的工作。一是大幅度提高了城镇企业参保退休人员的基本养老金。二是在新医改中大幅提高了基本医疗保障待遇水

---

① 《十六大以来重要文献选编》下，中央文献出版社，2008，第 246 页。
② 《关于开展农民工参加医疗保险专项扩面行动的通知》，《劳动和社会保障法规政策专刊》2006 年第 6 期。
③ 《社会保障事业应转入巩固、完善、优化的新阶段》，江苏人力资源和社会保障网，2011 年 11 月 7 日，最后访问日期：2020 年 5 月 29 日。
④ 《十六大以来重要文献选编》下，中央文献出版社，2008，第 250 页。

平。三是依据新修订的《工伤保险条例》大幅度提高了工伤保险待遇标准。四是进一步提高了失业保险金和生育保险待遇标准。提高的情况到底怎么样呢？可以从一些数据上反映出来。像城镇企业参保退休人员的基本养老金，2005～2011 年，国家连续七年统一对之进行调整，企业退休人员月人均基本养老金从 2005 年的 700 元提高到了 2011 年的 1500 多元，增长了 1 倍多；像基本医疗保障待遇水平，不仅城乡基本医疗保险报销比例逐步提高，而且城镇职工医疗保险最高支付限额由职工年平均工资的 4 倍提高到 6 倍以上，城镇居民医疗保险、新农合的最高支付限额分别达到城镇居民年人均可支配收入、农民年人均纯收入的 6 倍以上，各级财政对城镇居民医疗保险、新农合的补助标准从最初的 20 元、40 元逐步提高到 120 元，2011 年进一步提高到 200 元；像工伤保险待遇标准，因工死亡职工的一次性工亡补助金标准从原来的 40～60 个月的统筹地区上年度职工月平均工资提高至按上年度全国城镇居民人均可支配收入的 20 倍发放，比原标准增长了 2 倍多，同时对伤残职工的一次性伤残补助金也作了调整提高。[①]　各项社会保险待遇水平的稳步提高，显然会改善广大群众特别是低收入群体的生活，在一定程度上使他们缓解或远离了贫困。

4. 加强基金监管

随着社会保险事业的发展，社会保险基金规模迅速扩大，从 2001 年的 1622.8 亿元增加到了 2010 年的 23886 亿元。为确保基金安全完整，国家相继建立了社会保险经办机构内控制度、要情报告制度和信息披露制度等基金监管制度，健全了包括各级政府社会保障监督委员会和劳动保障系统基金监督机构在内的组织体系，形成了普遍检查与重点检查相结合，主管部门行政监督、财政审计部门专门监督与社会监督相结合的工作机制，并在全国广泛建立了监督举报网络。[②]

5. 大力推进社会保障立法

2003～2012 年，国家在社会保障立法方面取得了突破性进展。2010

---

① 胡晓义主编《安国之策——实现人人享有基本社会保障》，中国劳动社会保障出版社，2011，第 202～203 页。

② 胡晓义主编《安国之策——实现人人享有基本社会保障》，中国劳动社会保障出版社，2011，第 203～204 页。

年 10 月 28 日，全国人大常委会审议通过并颁布了《中华人民共和国社会保险法》。为配合该法的贯彻实施，国务院修订颁布了《工伤保险条例》。国务院、人力资源和社会保障部为此拟定了一系列与《社会保险法》和《工伤保险条例》相配套的法规，如《工伤认定办法》（人力资源和社会保障部令第 8 号）、《非法用工单位伤亡人员一次性赔偿办法》（人力资源和社会保障部令第 9 号）、《部分行业企业工伤保险费缴纳办法》（人力资源和社会保障部令第 10 号）、《国务院关于开展城镇居民社会养老保险试点的指导意见》（国发〔2011〕18 号）、《人力资源和社会保障部、财政部关于做好 2011 年城镇居民基本医疗保险工作的通知》（人社部发〔2011〕26 号）、《实施〈中华人民共和国社会保险法〉若干规定》（人力资源和社会保障部令第 13 号）、《社会保险个人权益记录管理办法》（人力资源和社会保障部令第 14 号）、《社会保险基金先行支付暂行办法(2011)》（人力资源和社会保障部令第 15 号）、《"中华人民共和国社会保障卡"管理办法》（人社部发〔2011〕47 号）、《人力资源和社会保障部关于领取失业保险金人员参加职工基本医疗保险有关问题的通知》（人社部发〔2011〕77 号），等等。这些法规的出台，进一步完善了国家社会保险法律体系。

6. 公共服务体系得到了加强

"十一五"期间，国家社会保障制度建设取得突破性进展。截至 2010 年年底，国家形成了以各级社会保险经办机构为主干、以银行及各类定点服务机构为依托、以社区劳动保障工作平台为基础的社会保障管理服务组织体系和服务网络，以及逐步向乡镇、行政村延伸的社会保障公共服务体系。全国县和县以上政府设立的社会保险经办机构达到 7000 多个，到 2010 年年底已建立的基层服务站所超过 19 万个。①"十一五"期间，信息技术广泛应用于各级各项社会保险管理服务业务，"金保工程"一期建设任务顺利完成，建立了中央、省、市三级网络，各省级地区全部实现与人力资源和社会保障部联网。社会保险标准化工作全面启动，社会保险的业务档案管理、基金预算管理

---

① 《中国社会保障体系趋完善　覆盖范围扩大》，国务院新闻办公室网站，2011 年 3 月 17 日，最后访问日期：2020 年 5 月 29 日。

和经办机构能力建设初见成效。全面实现了企业离退休人员基本养老金的社会化发放。①

（二）2003~2012 年覆盖城乡居民的社会保障体系建设对国家贫困的缓解

2003~2012 年覆盖城乡居民的社会保障体系的建设对国家贫困的缓解起到了明显作用。2003 年年末，全国参加基本养老保险的人数为15490 万人，其中参保职工 11638 万人，参保的离退休人员 3852 万人；全国参加失业保险的人数为 10373 万人；全国参加医疗保险的人数为10895 万人，其中参保职工 7977 万人，参保离退休人员 2918 万人；全国企业参加基本养老保险离退休人员 3551 万人，绝大部分实现了养老金按时足额发放；全国有 195 万国有企业下岗职工进入再就业服务中心，进入再就业服务中心的人员全部按时足额领到了基本生活费和代缴了社会保险费；全国领取失业保险金的人数为 415 万人；全国共有 2235万城镇居民得到政府最低生活保障。② 到了 2012 年年末，国家社会保障增加了不少项目，而且更多的人被纳入社会保障体系，从而免受贫困的折磨。2012 年年末，全国共有 2142.5 万人纳入城市居民最低生活保障，5340.9 万人纳入农村居民最低生活保障，545.9 万人纳入农村五保供养。2012 年，国家全年救助城市医疗困难群众 666.4 万人次，救助农村医疗困难群众 1908.4 万人次，资助了 1158.9 万城镇困难群众参加城镇医疗保险，资助了 3915.1 万农村困难群众参加新型农村合作医疗。2012 年年末，全国参加城镇职工基本养老保险的人数为 30379 万人，其中，参保职工 22978 万人，参保离退休人员 7401 万人；全国参加城乡居民社会养老保险的人数为 48370 万人，其中享受待遇人数 13075 万人；参加城镇基本医疗保险的人数为 53589 万人，其中，参加城镇职工基本医疗保险的人数为 26467 万人，参加城镇居民基本医疗保险人数27122 万人；参加城镇基本医疗保险的农民工 4996 万人；参加失业保险的人数为 15225 万人，增加了 908 万人。2012 年年末，全国领取失业保

---

① 胡晓义主编《安国之策——实现人人享有基本社会保障》，中国劳动社会保障出版社，2011，第 205 页。

② 中华人民共和国国家统计局：《中华人民共和国 2003 年国民经济和社会发展统计公报》，《统计方略》2003 年第 3 期。

险金的人数为 204 万人；参加工伤保险的人数为 18993 万人，增加 1297
万人，其中参加工伤保险的农民工有 7173 万人；参加生育保险的人数
为 15445 万人。2566 个县（市、区）开展了新型农村合作医疗工作，
新型农村合作医疗参合率 98.1%；2012 年 1 ~ 9 月新型农村合作医疗基
金支出总额为 1717 亿元，11.5 亿人次受益。① 上述数据给人眼花缭乱之
感。不过，有一点肯定谁都能感觉到，到 2012 年年末，国家城乡居民的
社会保障体系更完善，受到社会保障支持而免受贫困折磨的人更多了。显
然，全面建设小康社会时期覆盖城乡居民的社会保障体系建设对国家贫困
的缓解作用是明显而突出的。

第三节　中国特色社会主义现代化建设
时期的扶贫实践与成就

　　为行文方便，下面笔者把中国特色社会主义现代化建设时期这一历史
时期分为体制改革阶段（1979 ~ 1985 年）、解决温饱阶段（1986 ~ 2000
年）、巩固温饱阶段（2001 ~ 2010 年）来对国家的扶贫实践及其成就依次
进行概要性的探讨。

一　体制改革阶段的扶贫实践与成就（1979 ~ 1985 年）

　　1978 年 12 月 22 日通过的《中国共产党第十一届中央委员会第三次全
体会议公报》指出："全党工作的着重点应该从一九七九年转移到社会主
义现代化建设上来。"② 为了实现社会主义现代化建设的伟大任务，党和
国家需要"采取一系列新的重大的经济措施，对经济管理体制和经营管理
方法着手认真的改革，在自力更生的基础上积极发展同世界各国平等互利
的经济合作，努力采用世界先进技术和先进设备，并大力加强实现现代化
所必需的科学和教育工作"③。党中央决定把全党工作的着重点转移到社
会主义现代化建设上来，实质上是要求以经济建设为中心；党中央决定对

---

① 中华人民共和国国家统计局：《中华人民共和国 2012 年国民经济和社会发展统计公报》，
《人民日报》2013 年 2 月 23 日。
② 《三中全会以来重要文献选编》上，人民出版社，1982，第 1 页。
③ 《三中全会以来重要文献选编》上，人民出版社，1982，第 5 ~ 6 页。

经济管理体制和经营管理方法进行改革，积极发展同世界各国平等互利的经济合作，实质上是要实行改革开放。自 1979 年开始，中国共产党和人民政府实施改革开放伟大发展战略。与此相适应，各种围绕改革开放和发展生产力的政策措施纷纷出台，其中包括了一系列关于农村经济体制改革和促进农村生产力发展的政策措施。它们的出台，极大地调动了中国农民的生产积极性，给中国农村带来了巨大改变，把亿万农民带上了脱贫致富的道路。

在体制改革阶段，国家的扶贫实践主要是通过实施改革政策来推进的，效果主要也是通过实施改革政策来获得的。主要包括五个方面。①实行家庭联产承包责任制。家庭联产承包责任制的推行使农户获得了土地经营自主权，他们的经营收入，除按合同规定上交一部分给集体及缴纳国家税金外，其余全归农户所有和支配。这样就大大提高了农户在农业生产上的积极性和主动性，解放了农业生产力，促进了农村经济的发展，改善了农民的生活状况，从而也缓解了农村的贫困状况。②实行有利于农民和农村经济发展的土地政策。改革开放决策实施后，党和国家适应时代要求、顺应广大农民群众的呼声，将"土地集体所有、统一经营"的模式改为"土地集体所有、家庭承包经营"的模式。这样，农民对土地的使用权得到了保证，土地则成为农民最基本的生产资料和脱贫致富的重要来源。国家的这些有利于农民和农村经济发展的土地政策的顺利实施，充分调动了亿万农民的生产积极性，促进了农业生产和农村经济的巨大发展。③实行有利于发展农业的农村分配政策和农产品流通政策。改革开放前，国家实行土地集体经营，农产品市场由国家控制，实行农产品统购统销政策。这种情况制约了农业的发展和农民生产积极性的发挥。改革开放后，为了保护农民利益，促进农业生产的发展进步，解决中国农产品的供求矛盾问题，中国政府对粮食、棉花等农产品价格进行了调整，大幅度提高了主要农产品的收购价格。1979 年 9 月 28 日党的十一届四中全会通过的《中共中央关于加快农业发展若干问题的决定》明确指出："粮食统购价格从一九七九年夏粮上市起提高百分之二十，超购部分在这个基础上再加价百分之五十。棉花、油料、糖料、畜产品、水产品、林产品等的收购价格，也要分别情况，逐步作相应的提高。农业机械、化肥、农药、农用塑料等农用工业品，在降低成本的基础上逐步降低出厂价格和销售价格，把降低成本的好处基本上给农民。"① 这对于改善农民群众的生活状况、缓解和摆脱贫困，无疑是一种利好的政策。④实行有利于农村劳动力流动的政策。农村经营体制的改革，直接影响了中国农村劳动力流动政策的变化。在 1983 年之前，中国政府对农村劳动力流动实行严格控制的政策，农村劳动力被严格限制在农业生产领域。进入 1983 年，这种情况已经有所松动和改变。1982 年 12 月 31 日由中共中央政治局讨论通过的《当前农村经济政策的若干问题》指出，今后"对农民完成统派购任务后的产品（包括粮食，不包括棉花）和非统购派购产品，应当允许多渠道经营。国营商业要积极开展议购议销业务，参与市场调节。供销社和农村其他合作商业组织，可以灵活购销。农民私人也可以经营。可以进城，可以出县、出省"②。这其实给农村劳动力流动给予了政策上的大力支持。也可以说，到了 1983 年，国家已经不再把农村劳动力严格限制在农业生产领域了，而是允许农民在商业领域发挥自己的聪明才智。显然，这给农民充分发挥自己的主观能动性、脱贫致富奔小康创造了十分有利的条件。⑤农村金融支农政策。1979 年 2 月，国务院下发的《关于恢复中国农业银行的通知》（国发〔1979〕56 号）指出，恢复中国农业银行是为了加强对支农资金的管理，更好地为高速度发展农业生产和实现四个现代化服务。它规定，中国农业银行直属国务院，自上而下建立各级机构，省、市、自治区设分行，地区设中心支行，县设支行。农村营业所、农村信用社一律划归农业银行领导。农村信用合作社是集体所有制的金融组织，又是农业银行的基层机构。据此，中国农业银行成为以农业为主要服务对象的专业银行。中国农业银行在贯彻国家金融支农政策方面做了大量卓有成效的工作，逐步开发了开发性贷款、商品粮棉基地贷款、林业贷款、丰收计划贷款、星火计划贷款、扶贫贷款、农业综合开发贷款、山区综合开发贷款、节水灌溉贷款等大量的专项贷款，大力支持了家庭承包经营、乡镇企业和国有农业企业的发展。③

　　1984 年 9 月，中共中央、国务院发布《关于帮助贫困地区尽快改变

---

① 《三中全会以来重要文献选编》上，人民出版社，1982，第 186 页。

② 《十二大以来重要文献选编》上，人民出版社，1986，第 261 页。

③ 张磊主编《中国扶贫开发政策演变（1949 – 2005 年）》，中国财政经济出版社，2007，第 70 页。

面貌的通知》（以下简称《通知》），针对贫困地区的落后面貌，提出了"进一步放宽政策""减轻负担、给予优惠""搞活商品流通，加速商品周转""增加智力投资""加强领导"①等措施。这些措施对帮助中国贫困地区尽快改变贫穷落后面貌具有重要意义。如在《通知》里，"进一步放宽政策"又细化为七条具体措施②，"减轻负担、给予优惠"细化为五条具体措施③，它们所开的"政策口子"确实都非常大。上述种种措施都显示了国家政策对于贫困地区的帮助力度。尤其值得注意的是，该《通知》明确指出，过去国家为解决贫困地区的困难，"花了不少钱，但收效甚微。原因在于政策上未能完全从实际出发，将国家扶持的资金重点用于因地制宜发展生产，而是相当一部分被分散使用、挪用或单纯用于救济。为此，必须认真总结经验，明确改变贫困地区面貌的根本途径是依靠当地人民自己的力量，按照本地的特点，因地制宜，扬长避短，充分利用当地资源，发展商品生产，增强本地区经济的内部活力"④。"国家对贫困地区要有必要的财政扶持，但必须善于使用，纠正单纯救济观点"。"解决贫困地区的问题要突出重点，目前应集中力量解决十几个连片贫困地区的问题……国家用于贫困地区的资金和物资，不能采取'撒胡椒面'的办法平均使用，更要严禁挪作他用"⑤。《通知》虽然从头至尾都没有明确提到"扶贫"这个概念，但是很显然，它已经明确要求改变过去那种单纯救济式的扶持贫困地区的做法，提出了一种新的扶贫方式——开发式扶贫。该《通知》的出台与贯彻实施，标志着我国治理贫困的方式开始发生根本性转变：过去把社会救济（助）、社会保障作为治理贫困的主要手段，现在则探索出并增加了另一种贫困治理的重要手段——开发式扶贫。

在体制改革阶段，中国的扶贫实践突出表现在对农村经济体制的改革上。这一时期并没有提出"扶贫开发"的概念，但是国家的扶贫实践却是

---

① 《十二大以来重要文献选编》中，人民出版社，1986，第540～544页。
② 七条措施的具体表述请见《十二大以来重要文献选编》中，人民出版社，1986，第540～541页。
③ 五条措施的具体表述请见《十二大以来重要文献选编》中，人民出版社，1986，第541～542页。
④ 《十二大以来重要文献选编》中，人民出版社，1986，第539～540页。
⑤ 《十二大以来重要文献选编》中，人民出版社，1986，第540页。

实实在在的——党和国家从中国农村全局着眼进行经济体制改革，并以此为突破口促进中国社会生产力的巨大发展与进步，从而达到提高农民生活水平的目的。事实上，党和国家确实也达到了目的。正是农村经济体制改革和国家其他改革的不断推进，使 1978~1985 年成为中国历史上减缓贫困最为显著的时期。据统计，在这个时期，农村人均粮食产量增长 14%，棉花增长 73.9%，油料增长 176.4%，肉类增长 87.8%；农民人均纯收入增长了 2.6 倍；没有解决温饱的贫困人口从 1978 年的 2.5 亿人减少到 1985 年的 1.25 亿人，占农村人口的比例下降到 14.8%，贫困人口平均每年减少 1786 万人。[①] 不论是根据世界银行标准还是根据中国自己的标准，这一时期中国的贫困人口都是大规模减少的，贫困发生率也是显著下降的（见表 8-1）。

表 8-1　1978~1985 年中国贫困人口规模变化

	1978 年			1985 年		
	扶持标准	贫困人口（亿人）	贫困发生率（%）	扶持标准	贫困人口（亿人）	贫困发生率（%）
世界银行标准	99 元/（人·年）	2.6	33.0	193 元/（人·年）	0.96	11.9
中国国家统计局标准	100 元/（人·年）	2.5	30.8	206 元/（人·年）	1.25	14.8

资料来源：参见周彬彬、高鸿宾《对贫困的研究和反贫困实践的总结》，载中国扶贫基金会编《中国扶贫论文精粹》，中国经济出版社，2001，第 485 页。

二　解决温饱阶段的扶贫实践与成就（1986~2000 年）

就中国的扶贫实践而言，解决温饱阶段事实上可以粗略分为两个阶段，第一个阶段的具体时间是 1986~1993 年，这是中国成立专门扶贫机构并取得重大扶贫成就的阶段。事实上，随着家庭联产承包责任制的实施，中国农村经济发展取得了显著成绩，广大农民的生活也有了巨大变

[①] 有冬：《改革开放以来我国扶贫的历程与成就》，中国社会科学网，2018 年 6 月 6 日，最后访问日期：2020 年 5 月 17 日。

化。到 1984 年，中国农村的贫困已经由过去的普遍贫困转向局部贫困。具体来说就是此时国家的绝对贫困人口因为农村经济的巨大发展而大幅度减少；贫困人口的分布区域也因此发生了相应的改变——贫困人口由过去的连片分布转变为主要聚集在自然条件恶劣的"老少边穷"① 地区。受历史、自然等各种因素的影响，"老少边穷"地区人口的思想观念、受教育程度一般不如东部沿海地区，他们在经济活动中缺乏创新思维和发展能力，因此，这些地区的经济总体上发展相对滞后，贫困的发生率也较高。党中央高度重视"老少边穷"地区的贫困治理工作。1986 年 4 月 12 日，六届人大四次会议通过的《中华人民共和国国民经济和社会发展第七个五年计划（1986 - 1990）》正式将"老、少、边、穷地区的经济发展"作为一项重要内容列入了国家经济社会发展目标。同年 5 月 16 日，国家成立了专门的扶贫领导机构——国务院贫困地区经济开发领导小组，并首次划定了 258 个国家级贫困县，国家对它们给予重点扶持。1987 年 10 月 30 日，国务院发布《关于加强贫困地区经济开发工作的通知》（以下简称《通知》），《通知》指出："全国农村贫困地区的脱贫致富工作，经过一系列调整和改革，已经初步完成了从单纯救济向经济开发的根本转变，开始进入一个新的发展阶段。"它要求各地政府和相关部门"在坚持改革的基础上，千方百计提高开发资金的使用效益，扎扎实实地实现'七五'期间解决贫困地区大多数群众温饱问题的目标"，在实际工作中，它要求"明确工作重点，扶贫落实到户"②。1991 年 4 月，国务院办公厅转发了国务院贫困地区经济开发领导小组《关于"八五"期间扶贫开发工作部署的报告》（以下简称《报告》），要求各省、自治区、直辖市人民政府以及国务院各部委、各直属机构贯彻执行。《报告》明确指出，"八五"期间扶贫开发工作的基本目标是在"七五"期间工作的基础上实现两个稳定：一是加强基本农田建设，提高粮食产量，使贫困地区的多数农户有稳定解决温饱问题的基础；二是发展多种经营，进行资源开发，建立区域性支柱产

---

① "老少边穷"中的"老"是指革命老区，如瑞金、延安等地区；"少"是指少数民族集中居住的地区，如东北、西北、西南等地区；"边"是指边远地区，如云南、西藏、新疆等省区；"穷"是指贫困地区。由于地理、历史、社会等原因，"老少边穷"地区较为贫穷落后，是国家扶贫开发和脱贫攻坚的重点地区。

② 《国务院关于加强贫困地区经济开发工作的通知》，《云南政报》1988 年第 2 期。

业，使贫困户有稳定的经济收入来源，为争取到 20 世纪末贫困地区多数农户过上比较宽裕的生活创造条件。为此，《报告》对"八五"期间扶贫开发工作作出了重要部署：进一步贯彻分级负责的原则；保证扶贫开发工作的连续性和稳定性；继续增加对贫困地区的投入；贯彻全面开发、综合治理的方针；扶贫开发工作要不断深化改革，完善办法，提高效益；继续组织经济发达地区对口帮助贫困落后地区；继续动员国家机关和社会各界帮助、支持贫困地区的开发建设；"八五"期间科技扶贫工作的重点是围绕贫困地区区域性支柱产业的系列开发，引进和推广适应技术；加强干部培训和农民实用技术培训。《报告》进一步创新了扶贫开发的方式。通过各方面的努力，国家在扶贫开发方面取得了巨大成绩。到 1993 年，农村贫困人口由 1.25 亿人减少到 8000 万人，占农村总人口的比重从 1986 年的 14.8% 下降到 8.7%。[①]

第二个阶段是"八七"扶贫攻坚阶段，具体时间是 1994～2000 年。随着农村经济体制改革的不断深入和扶贫开发力度的不断加大，我国的贫困人口分布进一步呈现地缘性特征。具体表现为，贫困人口集中分布在西南大石山区、西北黄土高原区、秦巴贫困山区以及青藏高寒区等几类地区。为了让上述地区的贫困人口尽快脱贫，1994 年 4 月 15 日，国务院下发了《关于印发〈国家八七扶贫攻坚计划〉的通知》，公布了《国家八七扶贫攻坚计划（1994 - 2000 年)》。《国家八七扶贫攻坚计划（1994 - 2000 年)》是新中国历史上第一个有明确目标、明确对象、明确措施和明确期限的扶贫开发行动纲领，以它的公布实施为标志，中国的扶贫开发进入了攻坚阶段。在党和国家的坚强领导下，在广大贫困地区党员干部和群众的不懈努力下，到 2000 年年底，国家"八七"扶贫攻坚目标基本实现，解决了大量农村贫困人口的温饱问题，明显改善了农村贫困地区人口的生产生活条件，贫困地区经济发展速度明显加快，各项社会事业取得巨大成绩，解决了一些集中连片贫困地区贫困人口的温饱问题。据统计，农村尚未解决温饱问题的贫困人口由 1993 年年底的 8000 万人减少到 2000 年的 3000 万人；到 2000 年，贫困地区通电、通路、通邮、通电话的行政村分

---

① 国务院扶贫开始领导小组办公室编《中国农村扶贫开发概要》，中国财政经济出版社，2003，第 3 页。

别达到了 95.5%、89%、69% 和 67.7%。"八七"计划执行期间，国家重点扶持的贫困县农业增加值增长 54%，年均增长 7.5%；工业增加值增长 99.3%，年均增长 12.2%；地方财政收入增加近 1 倍，年均增长 12.9%；粮食产量增长 12.3%，年均增长 1.9%；农民人均纯收入从 648 元增加到 1337 元，年均增长 12.8%。592 个国家重点扶持贫困县中有 318 个实现了基本普及九年义务教育和基本扫除青壮年文盲的目标。职业教育和成人教育发展迅速；大多数贫困地区乡镇卫生院得到改造或重建，缺医少药状况得到缓解；推广了一大批农业实用技术，农民科学种田的水平明显提高。沂蒙山区、井冈山区、大别山区、闽西南地区等革命老区群众的温饱问题已经基本解决。甘肃定西地区和宁夏的西海固地区的贫困状况大为缓解。① 根据国家统计局用综合评分方法进行测算，到 2000 年，全国小康实现程度为 96%，人民生活总体上达到了小康水平。但是这种总体小康是一个低水平、不全面、发展很不平衡的小康。

三　巩固温饱阶段的扶贫实践与成就（2001～2010 年）

2000 年，国家虽然宣布已经实现总体小康，基本上解决了温饱问题，但是接下来还存在一个如何巩固温饱的问题。从贫困治理的角度来看，2001～2010 年可以看成是中国巩固温饱的阶段。随着"八七"扶贫攻坚计划的如期完成，中国农村贫困人口的温饱问题基本得到解决。2001 年 5 月，中央制定并颁布了《中国农村扶贫开发纲要（2001－2010 年）》，明确提出了今后十年扶贫开发的奋斗目标、基本方针、对象和重点以及主要政策措施。② 以此为标志，中国的扶贫开发工作进入了一个新阶段，即巩固温饱的阶段。在这个阶段，以整村推进深化细化扶贫开发工作为重要特征。之所以如此，在于进入 21 世纪，尽管国家的贫困人口数量减少了，但扶贫工作难度却加大了。主要原因在于恶劣的自然条件、薄弱的社会保障系统和较差的自身综合能力等因素很容易使已经解决温饱问题的人返贫；贫困地区社会、经济、文化落后的状况还没有根本改观；中国人口基

---

① 国务院扶贫开发领导小组办公室编《中国农村扶贫开发概要》，中国财政经济出版社，2003，第 4～5 页。

② 国务院扶贫开发领导小组办公室编《中国农村扶贫开发概要》，中国财政经济出版社，2003，第 20 页。

数很大，就业压力会长期存在，这必然会影响贫困人口的就业和脱贫；尚未解决温饱问题的贫困人口一般都生活在自然条件恶劣、社会发展程度低和社会服务水平差的地区，这些地区投入与产出效益的反差大，扶贫成效不够明显。① 2000 年年底，东、中、西部农村未解决温饱问题的绝对贫困人口分别占全国的 5.43%、34.00% 和 60.57%（1993 年分别为 10%、39% 和 51%）。从贫困人口的集中度来看，没有解决温饱问题的贫困人口呈现分散化的趋势。《中国农村扶贫开发纲要（2001－2010 年）》根据我国全面进入建设小康社会、加快推进现代化建设新阶段的特点，结合多年扶贫开发工作经验，提出了四个工作原则：一是坚持综合开发、全面发展；二是坚持可持续发展；三是坚持自力更生、艰苦奋斗；四是坚持政府主导、全社会共同参与。

　　2001～2010 年，国家扶贫开发工作的首要对象是贫困地区尚未解决温饱问题的贫困人口，同时，继续帮助初步解决温饱问题的贫困人口增加收入，进一步改善生产生活条件，巩固扶贫成果。扶贫开发工作的重点是贫困人口相对集中的中西部少数民族地区、革命老区、边疆地区和一些特困地区。根据集中连片的原则，在中西部的上述四类地区内，综合考虑全县农民的收入水平、贫困人口数量、基本生产生活条件等因素，确定了 592 个国家扶贫开发重点县，中央予以重点支持。这 592 个县全部集中在中西部的 21 个省（区、市），全部属于少数民族地区、革命老区、边境地区和特困地区，其中老少边县的比例分别为 17%、45%、7.3%。重点县覆盖的贫困人口（625 元）占全国的 61.9%，低收入人口（865 元）占 63.3%。中央扶贫资金主要用于扶贫开发工作重点县、用于重点县的贫困乡村，同时对中西部上述四类贫困地区的其他县的贫困乡村也给予适当支持。2001～2010 年，中国扶贫开发的主要政策措施概括起来有如下十个大的方面：一是切实加强对国家扶贫开发重点县的领导和管理；二是继续把发展种养业和改善贫困地区的基本生产生活条件作为扶贫开发的重点；三是继续加大科技扶贫力度；四是继续做好贫困地区干部培训工作；五是继续稳步推进自愿移民搬迁和劳务输出；六是进一步增加扶贫投入；七是密

---

① 国务院扶贫开发领导小组办公室编《中国农村扶贫开发概要》，中国财政经济出版社，2003，第 20～23 页。

切结合西部大开发，促进贫困地区发展；八是继续开展社会扶贫工作；九是发展扶贫开发领域的国际交流与合作；十是切实落实扶贫工作责任制。[①]

2001～2010 年的十年间，国家扶贫开发事业取得了巨大成就。[②]

1. 农村贫困人口大幅度减少

农村贫困人口从 2000 年底的 9423 万人减少到 2010 年的 2688 万人，贫困发生率从 2000 年的 10.2% 下降到 2010 年的 2.8%。国家扶贫开发工作重点县（以下简称"重点县"）贫困人口从 2001 年末的 5677 万人减少到 2010 年的 1693 万人，农民人均纯收入从 1277 元增加到 2010 年的 3273 元，年平均递增 8.07%。

2. 贫困地区农民生活质量明显提高

2001～2010 年，重点县农村居民人均生活消费支出从 1018 元增加到 2662 元，年均实际增长率为 8.5%。2010 年，重点县农户人均住房面积 24.9 平方米，比 2002 年扩大了 4.8 平方米。重点县农户每百户拥有彩色电视机 94.8 台，比 2003 年增长 1 倍；冰箱、冰柜 23.8 台，比 2002 年增长 4 倍；摩托车 45 辆，增长 2.49 倍；固定电话和移动电话 128.4 部，增长 5.1 倍。2010 年，重点县农户使用旱厕和水冲式厕所的比重为 88.4%，比 2002 年提高 6.1 个百分点。21 世纪以来截至 2010 年，770 余万人实施易地扶贫搬迁。

3. 基础设施状况明显改善

2002～2010 年，重点县饮用自来水比重从 30.2% 提高到 41.7%，自然村通路比例从 72.2% 提高到 88.1%，通电比例从 92.8% 提高到 98.0%，通电话比例从 52.6% 提高到 92.9%，通广播电视比例从 83.9% 提高到 95.6%。

4. 社会事业水平全面发展

2010 年，适龄儿童在校率达到 97.7%，接近全国平均水平。因贫困而失学的比例从 2002 年的 9% 下降到 2.3%。2010 年，青壮年劳动力平均受教育年限达到 8 年，青壮年文盲率为 7%，比 2002 年下降了 5.4%。

---

① 国务院扶贫开发领导小组办公室编《中国国务院农村扶贫开发概要》，中国财政经济出版社，2003，第 24～32 页。

② 以下文字和数据主要来自国务院扶贫开发领导小组办公室主管、《中国扶贫开发年鉴》编委会编的《中国扶贫开发年鉴 2011》，中国财政经济出版社，2011，第 19 页。

2010 年，重点县身体健康的人口占被调查人口的 93.1%，比 2002 年上升了 1.4 个百分点。重点县乡乡有卫生院，绝大多数贫困村有卫生室，新型农村合作医疗普及率达到 93.3%。有病能及时就医的比重达到 91.4%，比 2002 年提高了 7.6 个百分点。

5. 初步建立了全国农村社会保障体系

到 2010 年年底，全国农村最低生活保障制度覆盖人口达到 5228.4 万，农村五保救济制度覆盖人口为 554.8 万，529.5 万人次得到农村临时救济，813.8 万人次得到医疗救助。开展新型农村养老保险试点，到 2010 年年底已经覆盖 24% 的县。截至 2010 年年底，《中国农村扶贫开发纲要（2001 - 2010 年)》所确定的目标和任务已经全面完成。

第九章　中国特色社会主义进入新时代以来的贫困治理

2011 年，中共中央、国务院印发今后十年国家扶贫开发工作的纲领性文件《中国农村扶贫开发纲要（2011－2020 年）》，要求各地区、各部门认真贯彻执行。该文件的出台，对于保障和改善民生、促进全体人民共享改革发展成果、确保实现全面建成小康社会奋斗目标具有重大意义。2012 年，党的十八大产生了以习近平同志为核心的党中央。中国特色社会主义进入新时代后，随着全面建成小康社会目标时间节点的日益临近，国家的贫困治理工作显得尤为紧迫。

第一节　中国特色社会主义进入新时代后贫困治理的紧迫形势

中国特色社会主义进入新时代之后，国家贫困治理依然面临十分严峻和紧迫的形势。

一　新的扶贫标准下国家贫困人口数量依然庞大

改革开放以来，中国在扶贫方面取得了举世瞩目的成就，贫困人口数量不断减少，贫困人口的生活水平和生活质量不断提高。但是改革开放以来，中国根据自己的发展实际所确定的贫困标准与国际通用的贫困标准相比，明显有些偏低。[①] 诚然，中国制定自己的贫困标准，依据的是国内经

---

① 目前世界银行主要使用每天 1.25 美元和每天 2 美元两个标准进行贫困测量，其中前者用于衡量联合国千年发展目标中的极端贫困。根据中国现行的贫困标准，按照 2010 年不变价每人（人均纯收入／年）2300 元计算，中国贫困标准为每天 6.3 元，依然不能同国际通行的贫困标准相比。

济社会发展的实际情况，而不是生搬硬套世界银行的贫困标准。事实上，中国作为世界上最大的发展中国家，由于自然条件和历史文化等多方面的原因，它的东、中、西部的发展状况差异很明显，发展相对落后的中、西部地区特别是一些革命老区、边远山区、边境地区，长期存在一定数量的贫困人口，这是毫不奇怪的。这些地区的贫困人口脱贫的难度，确实比东部地区要大得多。值得庆幸的是，中国是共产党领导的社会主义国家，而中国共产党又是一个全心全意为人民服务的马克思主义政党，因此，中国的贫困一直是中国共产党致力于消灭的对象。在贫困治理问题上，中国共产党也从来不满足于过去的成绩。随着时代的发展进步，中国共产党会与时俱进地对自己的贫困治理目标提出新要求。在新时代来临之际，为了加大贫困治理力度，使广大人民共享经济社会发展的成果，2011 年，党和人民政府确定 2011～2020 年的农村贫困标准为每人每年 2300 元（按 2010 年不变价）。按照新的农村贫困标准，全国农村贫困人口一下子就由 2010 年的 2688 万扩大到了 1.28 亿。① 提高贫困标准，意味着党和人民政府接下来要切实解决这 1.28 亿人口的贫困问题。这是一个异常艰巨的历史任务。全世界 200 多个国家和地区的总人口才 70 多亿，但是按照新的扶贫标准，中国农村的贫困人口就已经过亿，要解决这么庞大数量人口的贫困问题，得需要多大的担当、勇气和决心！在新时代来临之际确定新的扶贫标准，充分彰显了党和国家的责任心和使命感。

二　中国贫困治理面临"两个一百年"奋斗目标本身的巨大压力

中国特色社会主义进入新时代之后，国家贫困治理形势的紧迫性还来自中国共产党所确定的"两个一百年"伟大奋斗目标。这是党的十五大报告中明确提出的奋斗目标，要求到建党 100 周年时，要"使国民经济更加发展，各项制度更加完善"，到新中国成立 100 周年时，要"基本实现现代化，建成富强民主文明的社会主义国家"②。此后，中国共产党在十六大、十七大、十八大和十九大报告中都谈到了"两个一百年"奋斗目标。党的十八大报告强调"在中国共产党成立一百年时全面建成小康社会"，

---

① 汪三贵主编《当代中国扶贫》，中国人民大学出版社，2019，第 50 页。
② 《十五大以来重要文献选编》上，人民出版社，2000，第 4 页。

"在新中国成立一百年时建成富强民主文明和谐的社会主义现代化国家"①。党的十九大报告强调，2017～2020年"是全面建成小康社会决胜期"②，到21世纪中叶，要"把我国建成富强民主文明和谐美丽的社会主义现代化强国"③。这两个奋斗目标本身对于中国共产党来说就是巨大的压力。从党的十八大算起，距离实现党的第一个百年奋斗目标只有9年，距离实现党的第二个百年奋斗目标也只有37年。而今，党的第一个百年奋斗目标已经如期实现，中国已经全面建成小康社会，历史性地解决了长期困扰中国人的绝对贫困问题。这表明，中国在贫困治理方面已经取得了历史性的伟大成就。尽管如此，中国的贫困治理任务仍然是艰巨的，因为接下来中国共产党要带领全国各族人民实现共同富裕，把中国完全建成社会主义现代化强国。而实现这个伟大奋斗目标的时间却只有20多年了。可见，新时代中国的贫困治理显得非常紧迫。它客观上要求党和国家在新时代继续探索适合中国国情与经济社会发展的有效的贫困治理之路。

第二节　新时代中国城乡居民社会保障体系的全面完善

在新时代，以习近平同志为核心的党中央把人民对美好生活的向往作为奋斗目标，把保障和改善民生作为重要工作来抓，继续解放思想，不断解放和发展社会生产力，坚定不移带领全国各族人民走共同富裕道路。习近平强调："要按照守住底线、突出重点、完善制度、引导舆论的思路做好民生工作。"④"要坚持全覆盖、保基本、多层次、可持续方针，加强城乡社会保障体系建设，继续完善养老保险转移接续办法，提高统筹层次。"⑤

进入新时代，国家社会保障体系在改革与发展中走向全面完善。⑥ 国

---

① 《十八大以来重要文献选编》上，中央文献出版社，2014，第13页。
② 《十九大以来重要文献选编》上，中央文献出版社，2019，第19页。
③ 《十九大以来重要文献选编》上，中央文献出版社，2019，第20页。
④ 《习近平关于全面建成小康社会论述摘编》，中央文献出版社，2016，第129页。
⑤ 《习近平关于全面建成小康社会论述摘编》，中央文献出版社，2016，第129～130页。
⑥ 本部分一至四根据邱玥《织就世界最大的社会保障网——党的十八大以来社会保障事业发展成就述评》（《光明日报》2018年12月12日）、《2020年度人力资源和社会保障事业发展统计公报》和《中华人民共和国2020年国民经济和社会发展统计公报》相关文字和数据整理而成。

家相继出台并贯彻落实了一系列完善城乡居民社会保障体系的有效措施。自 2013 年 7 月 1 日起，国家施行了《中华人民共和国劳动合同法》；2015 年 4 月 24 日，国家修订了《中华人民共和国就业促进法》；根据 2018 年 12 月 29 日十三届全国人大常委会通过的《关于修改〈中华人民共和国劳动法〉等七部法律的决定》对《中华人民共和国劳动法》作了第 2 次修正；根据 2018 年 12 月 29 日第十三届全国人民代表大会常务委员会第七次会议《关于修改〈中华人民共和国社会保险法〉的决定》对《中华人民共和国社会保险法》作了修正。此外，国家还出台了一系列有关完善城乡居民社会保障体系的行政法规，如《事业单位人事管理条例》①《全国社会保障基金条例》②《保障农民工工资支付条例》③ 等。2014 年年初，新型农村和城镇居民基本养老保险制度开始合并。2015 年 1 月，国务院发布《关于机关事业单位工作人员养老保险制度改革的决定》，终结了国家一直以来实行的养老金"双轨制"。2016 年 1 月，国家全面整合城镇居民基本医疗保险和新型农村合作医疗两项制度，城乡居民按照统一的政策参保缴费和享受待遇。2017 年 10 月，党的十九大报告对国家社会保障工作提出了"按照兜底线、织密网、建机制的要求，全面建成覆盖全民、城乡统筹、权责清晰、保障适度、可持续的多层次社会保障体系"的重要目标，要求"全面实施全民参保计划"④。目前，国家的社会保障覆盖范围持续扩大，待遇水平稳步提高，世界上覆盖人数最多的社会保障安全网已经建立起来。

一　基本保障基本实现全覆盖

进入新时代以来，中国社会保障体系改革不断推进，参保人数逐年增多，覆盖范围越来越广。2018 年年底，国家基本养老保险覆盖人数已超过 9.33 亿人，基本医疗保险覆盖人数已超过 13.5 亿人。但到 2020 年年底，全国参加基本养老保险人数已经达到 9.9865 亿人，基本实现全民参保。2020 年末全国参加失业保险、工伤保险和生育保险人数分别为 2.1689 亿人、2.6763 亿人和 2.3546 亿人，覆盖了绝大多数职业群体。国家社会保障制度

---

① 该条例于 2014 年 2 月 26 日国务院第 40 次常务会议通过，2014 年 7 月 1 日起施行。
② 该条例于 2016 年 2 月 3 日国务院第 122 次常务会议通过，2016 年 5 月 1 日起施行。
③ 该条例自 2020 年 5 月 1 日起施行。
④ 《十九大以来重要文献选编》上，中央文献出版社，2019，第 33 页。

实现了由"从无到有"向"从有到好"的转变，这对于保障和改善民生、促进社会和谐、助力脱贫攻坚和实现共同富裕发挥了积极作用。

二　社会保障待遇不断提高

2019 年年初，国家宣布上调 2018 年退休人员养老金，1 亿多退休人员从中受益。全国企业退休人员月人均基本养老金从 2005 年的 700 元增长至 2017 年的 2490 元。城乡居民养老保险基础养老金最低标准也在持续提高，2018 年达到每人每月 88 元。职工医保和居民医保基金也在提高，其最高支付限额分别为当地职工年平均工资和当地居民年人均可支配收入的 6 倍，政策范围内住院医疗费用报销比例分别达到 80% 和 70% 左右。居民医保财政补助标准从 2007 年的人均 40 元增长到了 2018 年的 490 元。大病保险实现了城乡居民医保参保人员全覆盖，政策范围内费用报销比例超过 50%。失业、工伤、生育保险待遇稳步提高。

三　社会保障改革突破城乡分割的局面

2014 年年初国务院发布《关于建立统一的城乡居民基本养老保险制度的意见》，将新型农村社会养老保险和城镇居民社会养老保险合并实施。2015 年 1 月，国务院发布《关于机关事业单位工作人员养老保险制度改革的决定》，终结了养老金"双轨制"。2016 年，国家启动建立统一的城乡居民基本医疗保险制度改革，全面整合城镇居民基本医疗保险和新型农村合作医疗两项制度。改革后，城乡居民按照统一的政策参保缴费、享受待遇。2018 年 5 月，国务院发布《关于建立企业职工基本养老保险基金中央调剂制度的通知》，开始实行养老保险全国统筹。与此同时，实施全民参保计划，开展基本养老保险基金投资运营，启动划转部分国有资本充实社保基金，做强做大全国社会保障基金。

四　互联网信息技术助力社保全面升级

截至 2018 年 11 月底，全国医保异地就医结算网基本建成，国家结算系统与所有省、区、市连通，开通 14761 家跨省异地就医定点医疗机构，其中基层医疗机构开通规模持续扩大，二级及以下定点医疗机构 12170 家，备案人员达 342 万人，符合条件的参保人员跨省异地就医结算时无须垫钱、跑腿。互联网信息技术使社会保险转移接续更顺畅。2016 年全国办理基本养老保险关系跨省转移接续 200 万人次，较 2012 年增长 74.4%。截至 2018 年 11 月底，90% 以上省级和 77% 地、市级人力资源和社会保障部门开通网上服务，12333 电话咨询服务实现地、市全覆盖。社会保障卡持卡人数超过 11.5 亿人。到 2020 年年末，全国社会保障卡持卡人数达到 13.35 亿人，覆盖所有地、市和 95.4% 的人口。电子社保卡在所有地、市共 425 个渠道开通申领服务，累计签发 3.66642 亿张，形成了社会保障卡线上线下"一卡通"服务。全国 12333 电话服务全年来电总量约 1.55 亿次，其中接听总量约 1.27 亿次，综合接通率为 81.7%，人工服务实现了地、市级全覆盖。

五　新时代城乡居民社会保障体系的"兜底"作用明显

新时代城乡居民社会保障体系的全面完善对国家贫困的缓解作用是很明显的。接下来笔者拿 2013 年和 2020 年的相关数据来作点说明。2013 年年末，全国参加城镇职工基本养老保险 3.2212 亿人，参加城乡居民基本养老保险 4.9750 亿人，参加基本医疗保险 5.7322 亿人，参加失业保险 1.6417 亿人，参加生育保险 1.6397 亿人。2489 个县（市、区）实施了新型农村合作医疗制度，新型农村合作医疗参合率 99.0%。按照年人均纯收入 2300 元（2010 年不变价）的农村扶贫标准计算，2013 年农村贫困人口为 8249 万人。[①] 但是到 2020 年年末，全国参加城镇职工基本养老保险人数达到 4.5638 亿人，参加城乡居民基本养老保险人数达到 5.4244 亿人，参加基本医疗保险人数 13.6101 亿人，参加失业保险人数 2.1689 亿人，参加生育保险人数 2.3546 亿人。[②] 从上述数据可以看出，2020 年全国参加城镇职工基本养老保险、城乡居民基本养老保险、基本医疗保险、失业保险和生育保险的人数都大大高于 2013 年。这说明，2013～2020 年，参加各类社会保障的人数都有大幅增长，这些人从社会保障制度体系中得到的实惠也越来越多。2020 年年末，全国共有 805 万人享受城市最低生活保障，3621 万人享受农村最低生活保障，447 万人享受农

① 中华人民共和国国家统计局：《中华人民共和国 2013 年国民经济和社会发展统计公报》，《人民日报》2014 年 2 月 25 日。

② 中华人民共和国国家统计局：《中华人民共和国 2020 年国民经济和社会发展统计公报》，《人民日报》2020 年 3 月 1 日。

村特困人员救助供养。① 这些人的贫困在国家织就的社会保障网的有力支持下，避免了滑向绝对贫困境地。到 2021 年 7 月 1 日，习近平总书记庄严宣布："我们实现了第一个百年奋斗目标，在中华大地上全面建成了小康社会，历史性地解决了绝对贫困问题，正在意气风发向着全面建成社会主义现代化强国的第二个百年奋斗目标迈进。"② 新中国的这一伟大成就，自然也包含新时代城乡居民社会保障体系的"兜底"保障的功劳。

第三节　新时代中国精准扶贫政策的实施及其巨大成就

中国特色社会主义进入新时代以来，国家在扶贫开发方面最引人注目的行动是实施精准扶贫政策。精准扶贫政策是针对过去很长时间国家在扶贫开发方面存在的扶贫对象弄不准、措施到户不准确、项目安排存在偏差、资金使用不够准等现实问题而制定和实施的。

一　新时代中国精准扶贫政策的实施

2011 年，国家颁布《中国农村扶贫开发纲要（2011–2020 年）》，对 2011～2020 年中国农村扶贫开发的总体要求、目标任务、对象范围、专项扶贫、行业扶贫、社会扶贫、国际合作、政策保障、组织领导等方面作了具体规定，目标是将 14 个连片特困地区定为扶贫开发主战场，要在 2020 年消除绝对贫困。2012 年党的十八大召开，产生了以习近平同志为核心的新一届中央领导集体。这届中央领导集体接过上一届中央领导集体的接力棒，在新的历史条件下继续推进中国特色社会主义伟大事业。随着新一届中央领导集体的诞生，中国共产党进一步明确了中国发展的历史方向，中国特色社会主义迈入新时代。在新时代，中国共产党要求到建党一百年时在中国全面建成小康社会，到新中国成立一百年时，在中国基本实现现代化，把中国建设成社会主义现代化强国。随着第一个百年奋斗目标实现日期的临近，中国共产党在国家贫困治理方面更加大了力度。针对新的贫困标准下国家上亿贫困人口的贫困问题需要解决的严峻现实，党和国家迎

---

① 中华人民共和国国家统计局：《中华人民共和国 2020 年国民经济和社会发展统计公报》，《人民日报》2020 年 3 月 1 日。

② 习近平：《在庆祝中国共产党成立 100 周年大会上的讲话》，《人民日报》2021 年 7 月 2 日。

难而上，决心啃掉脱贫攻坚的"硬骨头"。

2012 年，国家全面启动集中连片特困地区的扶贫攻坚工作，把那些处在贫困标准以下的具备劳动能力的农村人口作为扶贫工作的主要对象，将 14 个连片特困地区①作为扶贫攻坚主战场。为了使这些地区脱贫，中央专门设立了跨省协调机构和片区联系单位②，建立起了国务院 13 个部门联系 11 个片区的工作机制。截至 2012 年年底，国务院全部批复了 11 个集中连片特殊困难地区区域发展与扶贫攻坚规划，还批准了"十二五"支持西藏、新疆、新疆建设兵团以及四川、云南、青海四省藏区经济社会发展规划建设项目方案。有关部门陆续出台了一系列支持片区发展的政策措施、指导意见和行业规划，部分民生工程和基础设施项目率先开启。2012 年，国家完成了对扶贫标准和重点县的调整工作。17 个省（区、市）执行 2300 元标准，14 个省（区、市）制定了高于 2300 元的地方扶贫标准；全国重点县总量仍为 592 个，其中片区内重点县由 431 个增加到 440 个。在党中央的坚强领导下，国家扶贫开发投入力度不断加大，专项扶贫工作扎实开展，社会扶贫和国家减贫交流合作不断深入，扶贫开发管理水平不断提高。③

2013 年 11 月，习近平总书记在湖南湘西花垣县十八洞村考察时首次提出了"精准扶贫"概念，强调扶贫要实事求是，因地制宜；要精准扶贫，切忌喊口号，也不要定好高骛远的目标。此后，他在山区、革命老区、少数民族地区等贫困人口集中的地区调研考察时，经常提到精准扶贫。④ 同年 12 月 18 日，中共中央办公厅、国务院办公厅印发《关于创新机制扎实推进农村扶贫开发工作的意见》（以下简称《意见》），提出了改进贫困县

---

① 这些连片特困地区是指六盘山区、秦巴山区、武陵山区、乌蒙山区、滇桂黔石漠化区、滇西边境山区、大兴安岭南麓山区、燕山－太行山区、吕梁山区、大别山区、罗霄山区以及西藏、四省（即四川、云南、甘肃、青海）藏区、新疆南疆三地州。

② 这些片区联系单位负责联系的片区是：科学技术部、中国铁路总公司联系秦巴山区，水利部、国家林业局联系滇桂黔石漠化区，国家民族事务委员会联系武陵山区，工业和信息化部联系燕山－太行山区，民政部联系罗霄山区，国土资源部联系乌蒙山区，农业部联系大兴安岭南麓山区，教育部联系滇西边境山区，国家卫生和计划生育委员会联系吕梁山区，交通运输部联系六盘山区，住房和城乡建设部联系大别山区。西藏、四省藏区、新疆南疆三地州没有指定片区联系单位。

③ 国务院扶贫开发领导小组办公室主管、《中国扶贫开发年鉴》编委会编《中国扶贫开发年鉴 2013》，团结出版社，2013，第 27 ~ 28 页。

④ 文建龙：《新时代反贫困思想研究》，社会科学文献出版社，2020，第 198 页。

考核机制，建立精准扶贫工作机制，健全干部驻村帮扶机制，改革财政专项扶贫资金管理机制，完善金融服务机制，创新社会参与机制六项机制改革；明确了村级道路畅通工作，饮水安全工作，农村电力保障工作，危房改造工作，特色产业增收工作，乡村旅游扶贫工作，教育扶贫工作，卫生和计划生育工作，文化建设工作，贫困村信息化工作十项重点工作。2013年，国家在片区扶贫攻坚方面取得积极进展，专项扶贫工作稳步推进，中央财政专项扶贫投入继续增加，《扶贫开发整村推进"十二五"规划》和《易地扶贫搬迁"十二五"规划》得到顺利实施。按照 2300 元的扶贫标准（2010 年不变价），全国农村扶贫对象从 2012 年年底的 9899 万人下降到 2013 年底的 8249 万人，减少了 1650 万人，贫困地区农村居民收入比上年增幅高 4.2 个百分点。①

2014 年是国家全面贯彻落实《中共中央办公厅　国务院办公厅印发〈关于创新机制扎实推进农村扶贫开发工作的意见〉的通知》的第一年，也是精准扶贫的开局之年。从此，国家在习近平精准扶贫理论的指导下，不断制定、出台和贯彻落实精准扶贫的相关具体政策，不断推动国家的脱贫攻坚事业走向深入。

二　新时代中国精准扶贫的巨大成就

精准扶贫政策实施后，国家的扶贫开发事业可谓一年一个样，年年上台阶，取得了巨大成就。为了更好地说明问题，笔者将国家 2014～2020 年实施精准扶贫政策所取得的成就作一些简要叙述与罗列。

2014 年，国家在扶贫开发机制创新上取得突破：推进了贫困县关于扶贫开发的三项机制改革②，推进建立了精准扶贫工作机制，推进健全了干部驻村帮扶机制，改革了财政专项扶贫资金管理机制，推进了金融扶贫方式创新，推进创新了社会扶贫机制。2014 年，全国农村贫困人口从 2013 年的 8249 万人减少到 7017 万人，减少了 1232 万人，贫困发生率由

① 国务院扶贫开发领导小组办公室主管、《中国扶贫开发年鉴》编委会编《中国扶贫开发年鉴 2014》，团结出版社，2014，第 15～16 页。

② 具体而言是印发了《关于改进贫困县党政领导班子和领导干部经济社会发展实绩考核工作的意见》，修订了《扶贫开发工作考核办法》，印发了《关于建立贫困县约束机制的通知》，用以指导和推进扶贫开发工作。

8.5%下降到7.2%，超额完成了2014年政府工作报告中提出的再减少农村贫困人口1000万以上的年度减贫任务。国家扶贫开发工作重点县农民人均收入达6090元，比2013年增长13%。[①]

2015年，党中央、国务院把脱贫攻坚上升到事关全面建成小康社会、实现第一个百年奋斗目标的高度，纳入"五位一体"总体布局和"四个全面"战略布局安排部署，全力推进脱贫攻坚重点工作。中共中央、国务院发布了《关于打赢脱贫攻坚战的决定》，对"十三五"脱贫攻坚作了全面部署，确定了到2020年"确保我国现行标准下农村贫困人口实现脱贫，贫困县全部摘帽，解决区域性整体贫困"[②]的总体目标，推动了脱贫攻坚事业。2015年，国家在健全完善精准扶贫机制、加大财政专项扶贫投入力度、实施精准扶贫十项工程、稳步推进行业扶贫重点工作、积极进展重点区域脱贫攻坚、不断深化社会扶贫等方面做出了巨大努力，成绩斐然。2015年，全国减少贫困人口1442万人，超额完成千万减贫任务。[③]

2016年是打赢脱贫攻坚战的首战之年。习近平总书记高度重视脱贫攻坚工作，他多次赴地方考察扶贫，多次主持中央全面深化改革领导小组会议，研究贫困退出、资产收益扶贫、脱贫攻坚责任制等，对做好建档立卡工作、扶贫供给侧结构性改革、产业扶贫以及解决扶贫工作中的形式主义问题等，多次作出重要批示。这一年，国家在扶贫开发方面强化了顶层设计，建立起了脱贫攻坚政策框架；创新了体制机制，为脱贫攻坚提供了新的动能；突出攻坚重点，将脱贫攻坚作为促进区域协调发展的有效途径；实施分类施策，将精准扶贫作为保障民生的主要手段；加强基层基础，提高脱贫攻坚效益；加大动员力度，调动社会力量广泛参与脱贫攻坚。2016年，国家脱贫攻坚取得良好开局，全年减少农村贫困人口1240万人。[④]

2017年是国家扎实推进脱贫攻坚的重要一年，是精准扶贫、精准脱贫的深化之年。习近平总书记先后主持中央政治局第39次集体学习、中央政

---

① 国务院扶贫开发领导小组办公室主管、《中国扶贫开发年鉴》编委会编《中国扶贫开发年鉴2015》，团结出版社，2015，第21~22页。

② 《十八大以来重要文献选编》下，中央文献出版社，2018，第54页。

③ 国务院扶贫开发领导小组办公室主管、《中国扶贫开发年鉴》编委会编《中国扶贫开发年鉴2016》，团结出版社，2016，第31~34页。

④ 国务院扶贫开发领导小组办公室主管、《中国扶贫开发年鉴》编委会编《中国扶贫开发年鉴2017》，团结出版社，2017，第45~48页。

治局常委会议、中央政治局会议、十九届中央全面深化改革领导小组会议，研究部署脱贫攻坚工作。这一年，国家扎实推进脱贫攻坚，采取了许多举措，取得了重要成绩。第一，分解落实减贫任务。按照中央统筹、省负总责、市县抓落实的工作机制，各省（区、市）依据向中央签署的《脱贫攻坚责任书》，确定2017年贫困人口脱贫和贫困县脱帽计划，报领导小组批准后实施，逐级分解任务、压实责任。第二，稳步推进分类施策。深入实施精准扶贫、精准脱贫举措，因村因户因人施策，推进了产业扶贫、易地搬迁扶贫、就业扶贫、生态保护扶贫、教育扶贫、健康扶贫、危房改造、农村低保与扶贫开发有效衔接。第三，着力改善贫困地区基础设施。进一步完善了贫困地区交通、水利、电力、通信网络等基础设施。贫困地区全年新改建农村公路14多万公里，98%的乡镇和96%的建制村实现通硬化路，巩固提升350多万建档立卡贫困人口饮水安全水平，改造升级1.2万个贫困村宽带网络覆盖和通信基础设施。第四，大力支持深度贫困地区攻坚。中共中央办公厅、国务院办公厅印发《关于支持深度贫困地区脱贫攻坚的实施意见》，指导各地推进脱贫攻坚。第五，加强扶贫资金投入和监管力度。中央和省级财政专项扶贫资金突破1400亿元，其中中央财政专项扶贫资金比2016年增长30%，省级财政专项扶贫资金比2016年增长22%。修订完善了财政专项扶贫资金管理办法，开展财政扶贫资金专项检查，违纪违规问题明显减少。第六，强化督查巡查和考核评估。把全面从严治党要求贯穿到扶贫攻坚全过程各环节。第七，动员各方面力量合力攻坚。中央单位及各级单位选派干部深入扶贫开发第一线，与此同时，"携手奔小康"行动、"百县万村"帮扶行动、"万企帮万村"精准扶贫行动等大力开展，带动了贫困人口增收。第八，夯实精准扶贫工作基础。为规范驻村帮扶工作，中共中央办公厅、国务院办公厅印发《关于加强贫困村驻村工作队选派管理工作的指导意见》，积极推进精准脱贫工作。到2017年年底，全国累计选派驻村干部277.8万名，在岗77.5万名。大量干部深入扶贫开发第一线，攻坚以来，有200多扶贫干部牺牲在扶贫一线。2017年，国家减少贫困人口1289万，超额完成年度减贫任务。[①]

---

① 国务院扶贫开发领导小组办公室主管、《中国扶贫开发年鉴》编委会编《中国扶贫开发年鉴2018》，中国农业出版社，2018，第35～36页。

　　2018 年是全面贯彻党的十九大精神开局之年，是打赢脱贫攻坚战三年行动起步之年。这一年，国家的脱贫攻坚工作形成了八个亮点：打赢脱贫攻坚战三年行动开局良好；深度贫困地区脱贫攻坚步伐加快；东西部扶贫协作和定点扶贫强力推进；精准扶贫举措落地落实；脱贫攻坚投入保障更加有力；作风建设和干部培训成效明显；考核监督进一步完善；宣传舆论氛围更加浓厚。2018 年，国家在脱贫攻坚取得决定性进展的基础上，继续迈出重大步伐，取得新成绩。全年减少 1386 万建档立卡贫困人口，完成 280 万人易地扶贫搬迁建设任务，283 个贫困县摘帽。①

　　2019 年是新中国成立 70 周年，是打赢脱贫攻坚战的攻坚克难之年。在党中央的坚强领导下，深度贫困地区脱贫攻坚取得重大进展，“两不愁三保障”（即稳定实现农村贫困人口不愁吃、不愁穿，保障其义务教育、基本医疗和住房安全）突出问题基本解决，精准帮扶举措持续落实见效，扶贫资金投入监管力度持续加大，社会各方力量合力攻坚成效显著。经各方共同努力，2019 年国家减少贫困人口 1109 万人，344 个贫困县摘帽，“十三五”易地扶贫搬迁规划建设任务基本完成。但是形势不容乐观。到 2019 年年底，全国还有 52 个贫困县未摘帽、2707 个贫困村未退出、551 万贫困人口未脱贫。全国已脱贫人口中有近 200 万人存在返贫风险。易地扶贫搬迁的近 1000 万贫困人口稳得住、能致富任务艰巨。②

　　2020 年是国家脱贫攻坚战的收尾之年。在党中央和全国人民的共同努力下，到这年年底，现行标准下 9899 万农村贫困人口全部脱贫，832 个贫困县全部摘帽，12.8 万个贫困村全部出列，区域性整体贫困得到解决。这不仅改写了中国人权事业发展史，也创造了世界人权保障新奇迹，提前十年实现了联合国 2030 年可持续发展议程减贫目标。中国对全球减贫贡献率超过 70%。③

---

① 国务院扶贫开发领导小组办公室主管、《中国扶贫开发年鉴》编委会编《中国扶贫开发年鉴 2019》，中国农业出版社，2019，第 33~34 页。
② 国务院扶贫开发领导小组办公室主管、《中国扶贫开发年鉴》编委会编《中国扶贫开发年鉴 2020》，知识产权出版社，2020，第 67~68 页。
③ 中华人民共和国国务院新闻办公室：《中国共产党尊重和保障人权的伟大实践》，国务院新闻办公室网站，2021 年 6 月 24 日，最后访问日期：2021 年 7 月 29 日。

第十章　中国贫困治理的主要特征与宝贵经验

新中国的全部历史，是一部中国共产党带领全国各族人民探索和坚持社会主义光辉道路的历史，是一部党带领全国各族人民解放生产力、发展生产力，不断摆脱贫困，向着共同富裕目标迈进的历史。在这个历史过程中，中国共产党始终不忘初心，始终坚持全心全意为人民服务的根本宗旨，走出了一条具有中国特色的贫困治理道路，解决了数亿中国人民的温饱问题，不仅创造了中国历史的奇迹，也创造了人类历史的奇迹，为全球反贫困事业做出了重大贡献。中国贫困治理有自己的特色，这种特色也是自己的特征，不仅如此，中国贫困治理还留下了宝贵的经验。

第一节　中国贫困治理的主要特征

中国共产党坚持马克思列宁主义，带领全国各族人民艰辛探索，终于找到了适合自己的有中国特色的社会主义光辉道路，使"一穷二白"的中国逐步摆脱了贫困，逐步富裕起来，并坚定地向着实现全体中国人民共同富裕的目标前进。这要归功于党和国家对贫困的有效治理。中国的贫困治理不同于世界其他国家，有着自己鲜明的特征。

一　贫困治理目标远大崇高

截至 2019 年，地球上共有 233 个国家和地区，其中国家 197 个（其中拥有主权的国家是 195 个），地区 36 个。在这些国家和地区中，除了个别国家和地区常年处在战火中无暇顾及反贫困这类民生事业外，其余国家和地区都在不同程度上开展着贫困治理活动。在贫困治理这个问题上，中国共产党领导下的社会主义中国最为特殊，因为它的贫困治理目标既远大又崇高，在这一点上，世界上很少有国家能够与中国相提并论。中国是中国共产党领导下的国家。中国共产党是全心全意为人民服务的马克思主义政党，它除了人民群众的利益，没有自己的任何私利。中国贫困治理不仅仅是要实现社会的公平正义，更重要的是，它要消除贫困，实现全体中国人民的共同富裕。在中国共产党那里，实现全体中国人民共同富裕是它的责任。正如习近平总书记在十八届中央政治局常委同中外记者见面时所说的那样："我们的责任，就是要团结带领全党全国各族人民，继续解放思想，坚持改革开放，不断解放和发展社会生产力，努力解决群众的生产生活困难，坚定不移走共同富裕的道路。"①

二　贫困治理领导强劲有力

中国贫困治理是在中国共产党领导下进行的。中国共产党是一个有力量的真正的马克思主义政党。它的力量来自自己对共产主义的信仰和艰苦卓绝的为共产主义事业奋斗牺牲的历史。对中国共产党来说，崇高的理想和信念就是它坚不可摧的、能战胜一切困难的力量源泉。中国共产党自始至终都坚守一个理想，即为共产主义而奋斗，建立一个没有剥削、没有压迫、人人自由平等富裕的美好社会。中国共产党始终信仰马克思主义，信仰共产主义，并坚定不移地推进马克思主义中国化，与时俱进地开展理论创新，不断开拓前进，不断把中国特色社会主义事业推向新的历史高度。中国共产党始终重视抓好党的建设这个伟大工程，不断将之向纵深推进，以思想建设"加油""补钙"，以组织建设打造坚强战斗堡垒，以作风建设正风肃纪，以纪律建设"打虎拍蝇"，以"刀口向内"的勇气不断清除肌体里的"毒瘤"，使自己永远焕发生机与活力，始终走在时代的前列、赢得人民的衷心拥护。因此，中国共产党是一个有着强大力量的马克思主义政党。正因如此，它对国家贫困治理的领导也是强劲有力的。中国共产党对中国贫困治理强劲有力的领导，不仅仅体现在中国共产党自执政以来一直牢牢地将国家贫困治理的主导权抓在自己的手里，矢志不渝、坚定不移地领导国家的贫困治理活动，还在于发动全国各族人民、各阶层、各政党、各人民团体积极加入国家的贫困治理活动中来。长期以来，中国共产党都能凝聚人心、汇聚各种社会力量办大事，办对最广大人民群众有益之

---

① 《十八大以来重要文献选编》上，中央文献出版社，2014，第70页。

事，显示了无比强大的动员能力和领导能力。在中国贫困治理问题上，中国共产党也同样显示了它在领导上的强劲有力。

三　贫困治理规划紧扣国情

中国共产党最讲究实事求是。实事求是是中国共产党的思想路线和思想作风的重要内容。中国共产党领导人反复强调要实事求是。中国共产党领导人所讲的实事求是，就是指从实际出发，探求事物的内部联系及其发展的规律性，认识事物的本质。简单说，就是按照事物的实际情况办事。中国共产党在贫困治理问题上，也像它领导全国各族人民展开新民主主义革命、社会主义革命和社会主义建设事业那样，从来都是在调查研究、掌握实际情况的基础上作出符合国情的规划，然后按照规划组织力量逐步实施的。新中国成立之初，中国共产党从国民党手中接下来的是一副千疮百孔的烂摊子，当时山河破碎，民生凋敝，人民群众处于水深火热之中。从1949 年 10 月新中国成立到 1952 年年底，中国共产党采取了一系列方针、政策和措施：一方面，控制恶性通货膨胀，稳定市场物价，恢复被常年战争破坏的国民经济；另一方面，基本上完成了对封建土地制度的改革，解放了农村生产力，同时没收官僚资本，发展国营经济，确立起了国营经济对资本主义经济和个体经济的领导地位，为有计划地开展经济建设创造了条件。中国从 1953 年开始实施第一个五年计划。此后，一个五年计划接着一个五年计划，中国都是按照五年计划所确定的国家战略意图、经济社会发展目标、主要任务等开展社会主义建设事业的。"七十年来，全世界没有一个国家像中国这样，坚持不懈、与时俱进地编制实施计划规划，引领国民经济和社会发展。"① 从本质意义上讲，中国的五年计划（规划）实质上就是国家为摆脱贫困落后面貌而依据现实国情所制定的国家未来五年的行动纲领，其最根本的目的，就是要尽早改变中国"一穷二白"的落后面貌。具体到治理贫困的问题上，国家也是在了解实际情况的基础上制定行动计划，然后付诸实施的。比较典型的例子如《国家八七扶贫攻坚计划（1994 – 2000 年）》《中国农村扶贫开发纲要（2001 – 2010

---

① 张琰：《礼赞 70 年：从"一五"计划到"十三五"规划》，中青在线，2019 年 9 月 23 日，最后访问日期：2020 年 5 月 19 日。

年）》《中国农村扶贫开发纲要（2011－2020年）》，它们都是紧扣国情而制定的国家贫困治理规划。中国在贫困治理方面之所以能取得举世瞩目的成就，与上面这种紧扣国情制定规划并将它们严格贯彻实施有着密切的关系。

四　贫困治理步骤稳妥扎实

中国在贫困治理上，步骤稳妥扎实。中国共产党和人民政府从来都高度重视国家的贫困问题，并把它当成事关民生甚至事关国家前途命运的大事来抓。因此，贫困治理在党和人民政府那里从来都是一项伟大的事业。就推进作为民生事业的贫困治理工作来说，中国共产党采取的步骤是稳妥而扎实的。稳妥扎实地推进国家的各项建设事业是中国共产党重要的工作方法和工作思路。为说明上述观点，下面谨以中国共产党对过渡时期总路线的表述为例作点说明。早在1948年9月，毛泽东在《中共中央政治局会议上的报告和结论》中说："我国在经济上完成民族独立，还要一二十年时间。我们要努力发展经济，由发展新民主主义经济过渡到社会主义。"① 1953年，毛泽东提出了过渡时期总路线。他说："从中华人民共和国成立，到社会主义改造基本完成，这是一个过渡时期。党在过渡时期的总路线和总任务，是要在十年到十五年或者更多一些时间内，基本上完成国家工业化和对农业、手工业、资本主义工商业的社会主义改造。"② 针对国内有些错误倾向，毛泽东说："有人认为过渡时期太长了，发生急躁情绪。这就要犯'左'倾的错误。"③ 在国家贫困治理问题上，中国共产党人也强调要稳妥扎实，一步一步地来。例如，改革开放后，邓小平所提倡的由先富的人带动未富的人最后实现共同富裕的主张，实际上也是强调贫困治理步骤要稳妥扎实。后来，国家颁布《国家八七扶贫攻坚计划（1994－2000年）》《中国农村扶贫开发纲要（2001－2010年）》《中国农村扶贫开发纲要（2011－2020年）》，都体现了中国贫困治理步骤稳妥扎实的特点。

---

① 《毛泽东文集》第5卷，人民出版社，1996，第146页。
② 《毛泽东年谱（一九四九——一九七六）》第2卷，中央文献出版社，2013，第116页。
③ 《毛泽东年谱（一九四九——一九七六）》第2卷，中央文献出版社，2013，第116页

五 贫困治理力量大而多元

中国贫困治理的力量是多元的，正是多元力量汇聚才显示出中国贫困治理力量的巨大。在中国，贫困治理的力量之所以巨大，就在于它是中国共产党领导的伟大事业，在于它是亿万人民群众自己的事业。中国共产党是一个特别有力量的马克思主义政党，它的力量不仅仅蕴含在它的全心全意为人民服务的根本宗旨里，蕴含在广大党员和干部的思想里与行动里，更蕴含在亿万人民群众渴望过上共同富裕生活的美好追求和向往里。中国共产党是一个以马克思主义理论为指导的人民政党，人民的利益高于一切；人民是自己的根基，是自己的上帝，是自己的生命之源。中国共产党坚定地认为，人民是"皮"，自己是"毛"，自己只有牢牢地附着在人民这张坚实而宽广的皮上，才能真正地拥有未来和希望。正因如此，中国共产党无比相信人民，自觉地依靠人民群众。毛泽东曾经指出："应该使每一个同志懂得，只要我们依靠人民，坚决地相信人民群众的创造力是无穷无尽的，因而信任人民，和人民打成一片，那就任何困难也能克服，任何敌人也不能压倒我们，而只会被我们所压倒。"[①] 之所以说中国贫困治理的力量是巨大的，首先在于中国共产党是伟大的马克思主义政党、全心全意为人民服务的政党，这样的政党有崇高的理想和信念，有最广大的群众基础，有最多数人口的坚决支持和拥护，因而它必然会拥有巨大的力量。其次在于中国贫困治理的主体力量是人民群众，这决定了中国贫困治理的力量必然是巨大的。马克思主义认为，人民群众是社会物质财富的创造者，是社会精神财富的创造者，是社会变革的决定力量。在当今世界，中国人口约占了世界人口总数的1/5，而他们正是我们所说的中国的"人民群众"。中国贫困治理的力量是多元的，这种多元体现在它们是中国共产党领导下的多元的贫困治理力量。在中国共产党的旗帜下，国家的贫困治理汇聚了各阶层、各人民团体、港澳台同胞、海外华侨等力量，因此中国贫困治理的力量实际上是上述各种力量向着全体中国人民共同富裕目标汇集或聚焦的伟大力量。中国贫困治理的成就举世瞩目，与它的这种力量大而多元是有密切关系的。

---

① 《毛泽东选集》第3卷，人民出版社，1991，第1096页。

六　贫困治理手段不断创新

笼统地说，中国贫困治理的手段，最根本的一条，不外乎发展社会生产力，发展经济，促进中国经济社会的全面发展与进步。但是笼统地谈论中国贫困治理的手段其实是没有意义的，因为这样体现不出中国贫困治理的手段与世界其他国家有什么区别。只有历史地、具体地考察中国贫困治理的手段，我们才能更清楚地把握中国贫困治理的特征。从新中国成立之初一直到改革开放前夕，中国贫困治理的手段，从大的方面或宏观的角度来看，是较为单一的——党和人民政府主要是把社会保障作为治理贫困的一种最主要和最重要的维度和手段。改革开放后，党和人民政府在继续保留和建设社会保障制度体系的基础上，又探索出扶贫开发这种贫困治理的维度和手段。从小的方面或微观的角度来看，无论是社会保障的手段还是扶贫开发的手段，都得到了与时俱进的发展和不断创新。比如就社会保障制度体系而言，过去长时间都没有城市和农村的最低生活保障，但是进入21世纪后，中国共产党根据国情和综合国力等，建立起了城市居民和农村居民的最低生活保障制度。这其实就是贫困治理的手段创新。再如就扶贫开发而言，20世纪80年代，党和国家倡导以工代赈、科技扶贫、机关定点扶贫等，进入90年代，在已有扶贫手段和方式的基础上，又摸索出了横向联合与对口帮扶、社会公益扶贫、劳务输出、异地搬迁移民、国际合作扶贫（主要是世界银行贷款）以及扶贫到村、到户等扶贫方式。可见，中国治理贫困的手段是不断创新和增多的。

七　贫困治理主体结构"一而为二"

中国贫困治理的结构是演变的，其主体结构的演进脉络可以概括为"一而为二"。所谓"一而为二"，顾名思义，就是中国贫困治理在主体结构上先是"一"，后来为适应时代发展变化的要求，这个"一"变成了"二"。具体来说，就是指从宏观角度上看，中国贫困治理最初就是走社会保障这一条主要的路子，这就是"一"。随着时代的发展、中国改革开放和新的历史时期的到来，中国共产党意识到在贫困治理这个问题上只走社会保障这一条道是不行的，因为它根本无法解决中国的贫困问题，在这种情况下，党和国家摸索出了另一条路子，即扶贫开发，于是，中国贫困治理由过去主要走社会保障的路子演变成了既走社会保障的路子，又走扶贫开发的路子，这就是"二"。如今，中国在贫困治理问题上，可以说遵循的是"社会保障托底、扶贫开发推进"的模式。所谓社会保障托底，就是说，国家要牢牢守住民生保障的底线，要在义务教育、医疗、养老等方面为人们提供基本的保障，满足其基本的生存和发展需要，同时对社会特殊困难人群进行特殊扶持和救助，守住它们的生活底线。诚然，中国在社会保障托底这一方面要立足中国社会主义初级阶段这个最大的国情，改善民生不能脱离这个最大的实际提出过高的目标，而只能根据经济发展和财力状况逐步提高人民生活水平。所谓扶贫开发推进，就是说，中国在贫困治理的道路上，在坚持社会保障托底的同时，还应该积极搞扶贫开发，通过扶贫开发不断提高贫困人口的发展能力、生产技能、文化素质、生活水平等。这是一种立足于"社会保障托底"基础之上的进一步改善贫困人口生产生活条件，提高他们生存能力、各种素质和维护他们权益的扶持方式，而且可以说这是一种从根本上使贫困人口摆脱贫困、向着共同富裕迈进的扶持方式。说扶贫开发是一种贫困治理的"推进"模式，就是从这种意义上说的。事实证明，中国在贫困治理上坚持的社会保障托底、扶贫开发推进的路子是适合中国国情的贫困治理道路。在贫困治理主体结构上一而为二，也正是中国贫困治理的重要特征之一。

八　贫困治理成就辉煌瞩目

相对于世界上其他国家，中国在贫困治理方面所取得的成就是辉煌和瞩目的。中国经过长期不懈的贫困治理，使生活在自己国土上的最贫困人口的脱贫规模成为人间奇迹：中国对全球的减贫贡献率超过70%，创造了人类有史以来规模最大、持续时间最长、惠及人口最多的减贫奇迹。党的十八大以来中国的贫困人口从2012年年底的9899万人减到2019年年底的551万人，贫困发生率由10.2%降至0.6%，连续七年每年减贫1000万人以上。到2020年2月底，全国832个贫困县中未摘帽的县只有52个，区域性整体贫困基本得到解决。[①] 如今，全国贫困地区基础设施和公共服务得到明显改善，发展能力明显增强，特色优势产业迅速发展，生态环境

---

① 辛向阳：《如期完成脱贫攻坚目标的信心从哪里来》，《北京日报》2020年3月16日。

显著改善，贫困群众的生活质量也稳步提升。到 2020 年年底，中国政府要解决千百年来一直困扰人们的绝对贫困问题，提前十年实现了联合国 2030 年可持续发展议程的减贫目标。① 中国贫困治理成就得到国际社会的高度认可和称赞。2019 年 12 月 9 日，联合国开发计划署发布 2019 年人类发展报告，指出，中国的人类发展指数从 1990 年的 0.501 跃升至 2018 年的 0.758，增长了近 51.1%，中国的人类发展水平取得巨大进步。联合国开发计划署驻华代表白雅婷称，"自 1990 年引入人类发展指数以来，中国是唯一一个从'低人类发展水平'跃升到'高人类发展水平'的国家"。报告显示，1990~2018 年，中国人预期寿命从 69 岁提高到 76 岁。在此期间，中国预期受教育年限从 8.8 年增加到 13.9 年。以 2011 年购买力平价标准计算，中国人均国民总收入从 1530 美元增加到 16127 美元。2000~2018 年，中国收入最底层 40% 人口的收入以 263% 的惊人速度增长，这为快速减少极端贫困做出了贡献。② 到 2020 年年底，国家如期地历史性地解决了绝对贫困问题，创造了人类历史的伟大奇迹。

第二节　中国贫困治理的宝贵经验

中国在长期的贫困治理实践中，探索出了符合自身国情、具有中国特色的贫困治理之路，积累了宝贵经验。

一　坚持制度自信，发挥制度优势

中国贫困治理能够取得举世瞩目的成就，与中国特色社会主义制度密不可分。中国特色社会主义制度最本质的特征是中国共产党的领导，中国特色社会主义制度最大的优势也在于中国共产党的领导。中国特色社会主义制度优势在贫困治理方面有着不可估量的作用。中国特色社会主义制度是经过中国共产党几代人的艰辛探索、历经数十年社会主义制度的自我发展和完善，在中国政治、经济、文化、社会发展等各个方面形成的相互衔

---

① 杨继奎：《讲好扶贫故事　提振攻坚信心》，新浪网，2020 年 4 月 29 日，最后访问日期：2020 年 5 月 19 日。

② 陈尚文、程是颉：《联合国 2019 年人类发展报告——中国的人类发展水平取得巨大进步》，《人民日报》2019 年 12 月 10 日。

接、相互联系的制度体系。这是一种以人民根本利益为核心的制度，在国家遇到重大困难的时候——不论是遇到重大自然灾难还是其他困难的时候，社会主义制度都能够发挥出它不可估量的制度优势。60 多年前，中国人民挺过三年特大自然灾害，靠的是中华民族同舟共济、自强不息的精神，更靠的是社会主义制度能够集中力量办大事和克服特大困难的制度优势。在社会主义制度里，中国共产党及其领导下的人民力量，总是能够把人民生命财产安全放在第一位，总是能够把全心全意地为人民谋福利放在第一位。再如 2008 年汶川大地震发生后，中国的人民子弟兵在 20 分钟内就赶到了地震灾害现场拼死抢救人民生命财产。中国特色社会主义制度是当代中国发展进步的根本制度，它符合中国国情，符合历史发展规律，符合中国最广大人民群众的根本利益，是一个比资本主义制度更为优越的制度。充分发挥中国特色社会主义制度优势，能够使中国人民在任何灾难和困难面前做到战无不胜。事实已经证明，中国之所以能够在贫困治理方面取得举世瞩目的成就，在很大程度上依靠的就是中国特色社会主义制度。因此，坚持对中国特色社会主义制度的自信，充分发挥中国特色社会主义制度优势是中国贫困治理的经验和法宝。

二　坚持解放思想，深化改革开放

中国的贫困治理是伴随着解放思想和改革开放的历史进程而取得决定性成绩的。党的十一届三中全会以后，党和国家在贫困治理方面取得了巨大成绩。原因在于，十一届三中全会以后，中国共产党坚持解放思想，坚定不移地走改革开放之路。正是由于解放思想，中国共产党和人民政府才能放开手脚，不断创新社会主义建设方面的体制机制，不断发展和完善经济政策，强化推动国家经济社会发展的有效手段；正是由于改革开放，党和国家才能消除阻碍国家发展的各种顽症痼疾，理顺国家发展的体制机制，才能放眼世界、广泛学习世界先进管理经验和科学技术，包括西方发达国家的一些反贫困经验教训，等等。党的十一届三中全会之后，中国很快就探索出了扶贫开发这种行之有效的贫困治理方式，这正是中国共产党坚持解放思想和深化改革开放的产物。在中国这样拥有 14 亿人口的国家开展贫困治理工作，客观上确实需要解放思想和不断深化改革开放。

三　发展宏观经济，促进农村发展

新中国成立至今 70 多年来，尤其是改革开放 40 多年来，中国国民经济稳步增长，综合国力不断增强，工业化、城镇化、信息化、现代化水平迅速提高，人民生活从温饱不足发展到总体小康，再到今天的全面小康，靠的主要是两条，一是发展宏观经济，二是促进农村发展。发展宏观经济，意味着要促进宏观经济增长，意味着国家国民经济总体及其经济活动运行良好，这是国家开展贫困治理的物质基础。没有宏观经济的较高速度的增长，国家开展贫困治理势必缺乏物质基础。在中国，促进农村发展极为重要，因为中国是农民占人口绝大多数的国家，农村发展与否，直接关系到农村的稳定，从而关系到国家的稳定。只有农村稳定了，才有机会发展；只有宏观经济发展了，农村才能更稳定，才能发展得更好。中国今天在贫困治理上的成就主要是通过中国农民生活水平的提高体现出来的。因为他们的贫困就代表了中国的贫困，他们贫困问题的解决，就代表了中国贫困问题的解决。事实上，中国改革开放 40 余年来之所以能在贫困治理方面取得举世瞩目的成就，正是因为一方面注意了如何促进国家宏观经济的增长，另一方面注意了如何保持农村的稳定发展。

四　社会保障"托底"，扶贫开发"提升"

在贫困治理这个事关民生的重大问题上，党和国家有一个较长的探索过程。党和国家最初想到的是如何大力发展社会生产力，促进经济社会发展，在此基础上建立起较为完善的社会保障制度体系，力图使贫困人口能够有一个最基本的生存和发展条件。建立和完善社会保障制度体系，这是人类社会自古以来就关注并不断探索的事情。历史证明，建立社会保障制度体系是人类社会开展贫困治理的一种有效方式。只不过，这种贫困治理方式只着眼于如何避免贫困人口的贫困程度不再加深，是一种维持贫困人口基本生存的"托底"方式。这显然是必要的。国家贫困治理如果缺少了社会保障这一块，也就意味着贫困人口缺少了最基本、最起码的生存保障。但是，国家要进步，要走上繁荣富强之路，光靠社会保障的"托底"去缓解社会的贫困程度，显然是不够的。一个国家要走向文明进步和繁荣强盛，如果只注重避免贫困程度进一步加深，而没有采取有效办法使国家的贫困得到更为有效的减少和消除，肯定是不行的。中国共产党在领导国家建设的过程中，始终不忘初心，牢记使命，始终把人民群众的利益放在第一位，因此它能够在贫困治理过程中发现自身的不足，能够在国家建设过程中探索更为有效的贫困治理方式。改革开放以来，中国共产党在坚持社会保障"托底"的基础上，探索出了扶贫开发这种适合于中国国情的贫困治理办法，这是一种在社会保障"托底"基础上，在大力发展生产力、促进经济社会发展的基础上提升贫困人口生活水平和生活质量的更为积极、效果更为突出的贫困治理方式。新中国贫困治理的实践有力地证明，只有将"托底"的社会保障和"提升"的扶贫开发有机结合起来，才能取得贫困治理的更大成绩。而今，社会保障"托底"，扶贫开发"提升"，理所当然地成为中国贫困治理的宝贵经验。

五　坚持政府主导，强化政府责任

贫困治理是党和国家的神圣职责。中国政府从来都是把摆脱贫困、改善民生当成国家战略问题来思考和积极推进的；国家在制定国民经济和社会发展中长期规划时，始终都把解决中国农村的贫困问题放在突出的地位。不仅如此，国家还制定了贫困治理的战略规划和纲领性的文件，如《国家八七扶贫攻坚计划（1994－2000年）》《中国农村扶贫开发纲要（2001－2010年）》《中国农村扶贫开发纲要（2011－2020年）》，始终都把实现全体中国人民共同富裕作为党和国家的奋斗目标，不断强化政府责任。目前，中国有着从中央到地方的健全的社会保障工作领导机构和扶贫开发工作领导机构，国家赋予各级领导的责任在不断加强，各级政府在贫困治理方面的投入也在不断增加，所取得的扶贫效果也越发显著。

六　动员社会参与，加强国际合作

在贫困治理问题上，中国共产党和人民政府强调全社会的积极参与，同时也争取国际援助与合作。中国共产党认为，贫困治理是人民群众自己的事业，广大人民群众自己必须参与进来，这样，国家的贫困治理工作才有希望和前途。当然，在中国共产党那里，人民的事业从来都是中国共产党自己的事业，中国共产党必须将人民事业扎扎实实领导起来、推动起来并不断取得实质性的成绩。因此，中国共产党强调全社会的积极参与。在扶贫开发方面，国家组织了近 300 个中央党政机关、民主党派、社会团体和大型国有企业定点帮扶国家扶贫开发重点县，组织东部相对发达省份、直辖市和计划单列市对口帮扶西部 10 多个较贫困的省（区、市）。党和国家还组织非公有制经济体参与扶贫事业，充分调动非政府组织参与扶贫事业的积极性，与有关国际组织、双边机构和国外非政府组织合作，联合实施多种形式的扶贫项目或开展相关活动。中国各级地方政府也开展了大量的对口帮扶活动。诚然，中国政府从来没有把自己国家的贫困治理寄托在某些非政府组织和国际合作上，但是中国政府重视它们在国家贫困治理中的积极作用。

七　实施精准扶贫，倡导自力更生

在改革开放前，中国贫困治理走的是依靠社会保障托底的单一的路子。由于当时中国人口基数大，社会生产力发展水平低，社会财富积累缓慢，即使是社会保障托底，国家也捉襟见肘；因此，改革开放前中国的贫困治理成效相对有限。进入改革开放和中国特色社会主义现代化建设新时期之后，中国共产党和人民政府总结经验教训，在贫困治理方面又很快探索出了另一种非常有效的贫困治理方式——开发式扶贫。开发式扶贫与社会保障托底的方式截然不同，它显得更加积极，它不是满足于制止贫困继续发展，而是把着重点放在如何提高贫困农民发展生产力和发展经济的能力等方面。在这方面，中国政府探索出了很多行之有效的途径，如帮助贫困乡村开展基础设施建设，让它们通路、通电、通邮、通广播电视；帮助农民搞好农田水利基本建设，提高贫困农户的经济生产能力和发展能力；帮助和支持贫困农户发展种植业、养殖业和小型加工业项目，让他们掌握农业技术和提高经营管理水平；有针对性地组织贫困农民参加各类职业技术培训，提高他们的农业生产技术和生产水平；开展大规模的劳务输出和自愿移民搬迁，为贫困农民创造就业和发展机会；实施整村推进扶贫开发规划；促进调整贫困地区产业结构；开展集中连片贫困地区治理的试点；探索深度贫困问题的解决途径等。但同时，要特别注意提倡精准扶贫，做到"六个精准"①，提高扶贫效率。还要始终强调自力更生，艰苦奋斗，

---

① "六个精准"是指：扶贫对象精准、措施到户精准、项目安排精准、资金使用精准、因村派人（第一书记）精准、脱贫成效精准。

让贫困人口摈弃"等""靠""要"等消极思想，发动他们积极参与开发项目，提高他们的自我积累和自我发展能力。

八　采取有效措施，关注特殊群体

采取有效措施，关注特殊群体，是中国贫困治理的又一条重要经验。中国有着各种特殊群体，如边远地区的少数民族、贫困妇女、残疾人等。这些人群的贫困问题得不到解决，意味着中国贫困治理不会取得成功。针对边远地区少数民族的贫困状况，国家不断加大对少数民族地区的扶贫开发力度，曾先后发布和贯彻实施富有针对性的发展规划①，使他们的贫困程度不断得到缓解。随着中国共产党第一个百年奋斗目标的实现，少数民族地区的贫困问题已经得到彻底解决。针对妇女的贫困问题，中国共产党和人民政府自新中国成立以来就予以高度重视。新中国成立 70 多年来，逐步形成并完善了以宪法为基础，以妇女权益保障法为主体，包括 100 多部单行法律法规在内的保障妇女权益的法律体系。中国高度重视妇女扶贫脱贫。《中国农村扶贫开发纲要（2011－2020 年）》《中国妇女发展纲要（2011－2020 年）》等都将缓解妇女贫困程度、减少贫困妇女数量作为优先事项，保障贫困妇女的资源供给，帮助、支持贫困妇女实施扶贫项目。党和国家一直高度关注残疾人的贫困问题，并采取有效措施加以解决。70 多年来，中国政府从国情和实际出发，走出了一条具有中国特色的残疾人事业发展道路。特别是党的十八大以来，残疾人工作成为"五位一体"总体布局和"四个全面"战略布局的重要内容。在国家层面建立起覆盖数千万残疾人口，包含生活补贴、护理补贴、儿童康复补贴等内容的残疾人专项福利制度；在全国范围内将数百万农村贫困残疾人脱贫作为打赢脱贫攻坚战的重点，精准施策、特别扶助；在实施"健康中国"战略中高度重视和关注每个残疾人的健康问题，加快实现"人人享有健康服务"的目标；将残疾人基本公共服务纳入国家基本公共服务体系，持续推进残疾人基本公共服务托底补短工作，不断提高残疾人基本公共服务供给水平；各行各业、社会各个方面都在努力

---

① 这些规划主要是《扶持人口较少民族发展规划（2005－2010 年）》《扶持人口较少民族发展规划（2011－2015 年）》《"十三五"促进民族地区和人口较少民族发展规划》。

消除障碍，越来越多的残疾人接受更好教育、实现就业创业、平等参与社会活动。残疾人"平等、参与、共享"的目标得到更好实现，关心帮助残疾人的社会氛围更加浓厚，残疾人事业发展进入了快车道，残疾人获得感、幸福感、安全感持续提升，残疾人事业整体发展水平迈上一个新台阶。①

九　坚持"四个全面"，落实共享发展

中国特色社会主义进入新时代以来，以习近平同志为核心的党中央提出了"四个全面"战略布局，即协调推进全面建成小康社会、全面深化改革、全面推进依法治国、全面从严治党②，还提出了五大发展理念，即创新发展、协调发展、绿色发展、开放发展、共享发展。党中央把全面建成小康社会看成实现中华民族伟大复兴征程中的关键一步，并且认为没有全面小康的实现，就不会有中华民族伟大复兴的真正实现。因此，中国共产党必须带领全国各族人民打赢脱贫攻坚战，谱写人类贫困治理历史的新篇章。五大发展理念是我国为全面建成小康社会、向着第一个百年奋斗目标迈进的理论指导和行动指南。落实共享发展，就是要着力增进人民福祉，增强人民获得感，切实解决社会公平正义问题，它是创新发展、协调发展、绿色发展、开放发展的出发点和落脚点。在中国共产党看来，人类社会的一切发展，都是为了人的发展，中国经济社会的一切发展，都是为了中国最广大人民根本利益的发展。中国是一个民族众多、经济发展很不平衡、拥有14亿人口的大国，东、中、西部历史条件和自然环境差异很大，贫困人口最主要分布在西部地区和边远山区，同时在东部和中部一些条件落后的地区也零散分布着一些贫困人口，这种状况客观上要求党和人民政府坚持"四个全面"，落实共享发展。也就是说，要在坚持创新发展、协调发展、绿色发展、开放发展的

---

① 此处关于残疾人的数据和文字均来自中华人民共和国国务院新闻办公室《平等　参与　共享：新中国残疾人权益保障70年》白皮书，国务院新闻办公室网站，2019年9月19日，最后访问日期：2020年6月1日。

② 2020年10月29日，党的十九届五中全会用"协调推进全面建设社会主义现代化国家、全面深化改革、全面依法治国、全面从严治党"替代了"协调推进全面建成小康社会、全面深化改革、全面依法治国、全面从严治党"。这意味着中国共产党在全面建成小康社会实现之后，为自己提出了又一个重要的奋斗目标。

基础上，推动全体中国人民共同进步，一起走上共同富裕和实现社会主义现代化之路。中国在贫困治理上之所以能取得今天这样的成就，在很大程度上就是坚持"四个全面"和落实共享发展的结果。中国全面建成小康社会的实践证明，坚持"四个全面"，落实共享发展，确实是中国贫困治理的重要经验。

主要参考文献

一　重要文献

《马克思恩格斯文集》第 1 卷，人民出版社，2009。

《列宁全集》第 1 卷，人民出版社，2013。

《列宁全集》第 4 卷，人民出版社，2013。

《列宁全集》第 6 卷，人民出版社，2013。

《列宁全集》第 13 卷，人民出版社，2017。

《列宁全集》第 29 卷，人民出版社，2017。

《列宁全集》第 37 卷，人民出版社，2017。

《毛泽东选集》第 1～4 卷，人民出版社，1991。

《毛泽东文集》第 1 卷，人民出版社，1993。

《毛泽东选集》第 2 卷，人民出版社，1991。

《毛泽东文集》第 3 卷，人民出版社，1996。

《毛泽东文集》第 5 卷，人民出版社，1996。

《毛泽东文集》第 6 卷，人民出版社，1999。

《毛泽东文集》第 7 卷，人民出版社，1999。

《毛泽东文集》第 8 卷，人民出版社，1999。

《毛泽东早期文稿》，湖南人民出版社，2008。

《建国以来毛泽东文稿》第 2 册，中央文献出版社，1988。

《建国以来毛泽东文稿》第 4 册，中央文献出版社，1990。

《建国以来毛泽东文稿》第 5 册，中央文献出版社，1991。

《建国以来毛泽东文稿》第 7 册，中央文献出版社，1992。

《建国以来毛泽东文稿》第 10 册，中央文献出版社，1996。

《建国以来毛泽东文稿》第 11 册，中央文献出版社，1996。

《建国以来毛泽东文稿》第 12 册，中央文献出版社，1998。

《毛泽东著作专题摘编》上，中央文献出版社，2003。

《毛泽东年谱（1893－1949）》上，中央文献出版社，1993。

《毛泽东思想年编（1921－1975）》，中央文献出版社，2011。

《刘少奇选集》上，人民出版社，1981。

《周恩来选集》下，人民出版社，1984。

《周恩来经济文选》，中央文献出版社，1993。

《邓小平文选》第 2 卷，人民出版社，1994。

《邓小平文选》第 3 卷，人民出版社，1993。

《邓小平年谱（1975－1997）》下，中央文献出版社，2004。

《陈云文选》第 3 卷，人民出版社，1995。

《万里文选》，人民出版社，1995。

《胡耀邦文选》，人民出版社，2015。

《江泽民文选》第 1 卷，人民出版社，2006。

《江泽民文选》第 3 卷，人民出版社，2006。

江泽民：《论党的建设》，中央文献出版社，2001。

江泽民：《论社会主义市场经济》，中央文献出版社，2006。

《江泽民论有中国特色社会主义（专题摘编)》，中央文献出版社，2002。

《胡锦涛文选》第 2 卷，人民出版社，2016。

《胡锦涛文选》第 3 卷，人民出版社，2016。

胡锦涛：《论构建社会主义和谐社会》，中央文献出版社，2013。

《习近平谈治国理政》第 2 卷，外文出版社，2017。

《习近平谈治国理政》第 1 卷，外文出版社，2018。

《习近平谈治国理政》，外文出版社，2014，第 4 页。

《习近平关于全面建成小康社会论述摘编》，中央文献出版社，2016。

《建党以来重要文献选编（1921～1949）》第 1 册，中央文献出版社，2011。

《建党以来重要文献选编（1921～1949）》第 5 册，中央文献出版社，2011。

《建党以来重要文献选编（1921～1949）》第 8 册，中央文献出版社，2011。

《建党以来重要文献选编（1921～1949）》第 23 册，中央文献出版社，2011。

《建党以来重要文献选编（1921～1949）》第 24 册，中央文献出版社，2011。

《建国以来重要文献选编》第 1 册，中央文献出版社，1992。

《建国以来重要文献选编》第 4 册，中央文献出版社，1993。

《建国以来重要文献选编》第 5 册，中央文献出版社，1993。

《建国以来重要文献选编》第 8 册，中央文献出版社，1994

《建国以来重要文献选编》第 10 册，中央文献出版社，1994。

《建国以来重要文献选编》第 12 册，中央文献出版社，1996。

《建国以来重要文献选编》第 14 册，中央文献出版社，1997。

《建国以来重要文献选编》第 15 册，中央文献出版社，1997。

《建国以来重要文献选编》第 16 册，中央文献出版社，1997。

《建国以来重要文献选编》第 17 册，中央文献出版社，1997。

《建国以来重要文献选编》第 19 册，中央文献出版社，1998。

《建国以来重要文献选编》第 20 册，中央文献出版社，1998。

《三中全会以来重要文献选编》上，人民出版社，1982。

《三中全会以来重要文献选编》下，人民出版社，1982。

《十二大以来重要文献选编》上，人民出版社，1986。

《十二大以来重要文献选编》中，人民出版社，1986。

《十三大以来重要文献选编》上，人民出版社，1991。

《十三大以来重要文献选编》中，人民出版社，1991。

《十三大以来重要文献选编》下，人民出版社，1993。

《十四大以来重要文献选编》上，人民出版社，1996。

《十四大以来重要文献选编》下，人民出版社，1999。

《十五大以来重要文献选编》上，人民出版社，2000。

《十五大以来重要文献选编》中，人民出版社，2001。

《十五大以来重要文献选编》下，人民出版社，2003。

《十六大以来重要文献选编》上，中央文献出版社，2005。

《十六大以来重要文献选编》下，中央文献出版社，2008。

《十七大以来重要文献选编》上，中央文献出版社，2009。

《十八大以来重要文献选编》上，中央文献出版社，2014。

《十八大以来重要文献选编》中，中央文献出版社，2016。

《十八大以来重要文献选编》下，中央文献出版社，2018。

《十九大以来重要文献选编》上，中央文献出版社，2019。

《改革开放三十年重要文献选编》上，中央文献出版社，2008。

《社会主义精神文明建设文献选编》，中央文献出版社，1996。

二　著作及资料汇编

劳动部保险福利司编《我国职工保险福利史料》，中国食品出版社，1987。

中共中央党史研究室：《中国共产党历史—第二卷（1949 – 1978）》上、下册，中共党史出版社，2011。

《陕甘宁边区政府文件选编》第 1 辑，档案出版社，1986。

《中国工会历史文献》（4），工人出版社，1959。

《中国工会历史文献》（5），工人出版社，1959。

《城镇非农业个体经济法规选编》，工人出版社，1982。

《新中国五十年统计资料汇编》，中国统计出版社，1999。

《中国扶贫开发年鉴 2011》，中国财政经济出版社，2011。

《中国扶贫开发年鉴 2013》，团结出版社，2013。

《中国扶贫开发年鉴 2014》，团结出版社，2014。

《中国扶贫开发年鉴 2015》，团结出版社，2015。

《中国扶贫开发年鉴 2016》，团结出版社，2016。

《中国扶贫开发年鉴 2017》，团结出版社，2017。

《中国扶贫开发年鉴 2018》，中国农业出版社，2018。

《中国扶贫开发年鉴 2019》，中国农业出版社，2020。

《中国扶贫开发年鉴 2020》，知识产权出版社，2020。

《中华人民共和国民政部大事记（1949 – 1986）》，中国社会出版社，2004。

《中国大百科全书（第 2 版）》第 17 册，中国大百科全书出版社，2009。

《中国大百科全书（第 2 版）》第 19 册，中国大百科全书出版社，2009。

刘同舫：《马克思的解放哲学》，中山大学出版社，2015。

马君武：《失业人及贫民救济政策》，商务印书馆，1925。

顾诗灵：《中国的贫穷与农民问题》，上海群众图书公司，民国时期。

丁建定：《西方国家社会保障制度史》，高等教育出版社，2010。

刘俊英：《项目制贫困治理理论与实践》，中国经济出版社，2019。

易中天：《奠基者》，浙江文艺出版社，2016。

计其迁：《黄宗羲》，新蕾出版社，1993。

孟昭华、谢志武、傅阳：《中国民政社会思想史》，上海交通大学出版社，2009。

董世明：《新民主主义革命理论与三民主义比较研究》，东北师范大学出版社，1995。

宋士云等：《新中国社会保障制度结构与变迁》，中国社会科学出版社，2011。

王文素：《中国古代社会保障研究》，中国财政经济出版社，2009。

康学伟：《先秦孝道研究》，吉林人民出版社，2000。

沈星棣、沈凤舞：《中国古代官吏退休制度史》，江西教育出版社，1992。

邓云特：《中国救荒史》，生活·读书·新知三联书店，1958。

孙安弟：《中国近代安全史》，上海书店出版社，2009。

骆传华：《今日中国劳工问题》，上海青年协会书局，1933。

多吉才让：《中国最低生活保障制度研究与实践》，人民出版社，2001。

樊怀玉、郭志仪等：《贫困论：贫困与反贫困的理论与实践》，民族出版社，2002。

〔印〕阿马蒂亚·森：《以自有看待发展》，中国人民大学出版社，2002。

〔德〕克劳斯：《形式逻辑导论》，金培文、康宏逵译，上海译文出版，1981。

曹立前、殷永萍：《农村社会保障制度建设与发展研究》，山东人民出版社，2014。

姬广武：《历史深处："六二六"医疗队在陇原》，甘肃科学技术出版社，2013。

袁伦渠主编《中国劳动经济史》，北京经济学院出版社，1990。

宋其超：《失业及其治理》，中国财政经济出版社，2004。

王卓：《中国贫困人口研究》，四川科学技术出版社，2004。

陈重伊：《国务院 24 部委组建实录》，中共党史出版社，2009。

贾博：《新型农村合作医疗中的主体角色及其关系研究》，河南人民出版社，2012。

郑功成等：《中国社会保障制度变迁与评估》，中国人民大学出版社，2002。

易新涛：《人民公社时期农村基本公共服务研究》，中共党史出版社，2010。

柳礼泉：《新中国民生 60 年》，湖南大学出版社，2009。

张静如主编《中国共产党思想史》，青岛出版社，1991。

金冲及、陈群主编《陈云传》，中央文献出版社，2015。

严忠勤主编《当代中国的职工工资福利和社会保险》，中国社会科学出版社，1987。

范小建主编《中国农村扶贫开发纲要（2011－2020 年）干部辅导读本》，中国财政经济出版社，2012。

崔乃夫主编《当代中国的民政》（上、下），当代中国出版社，1994。

李文海、夏明方主编《中国荒政全书》第 1 辑，北京古籍出版社，2002。

李文海、夏明方、朱浒主编《中国荒政书集成》第 1 册，天津古籍出版社，2010。

彭秀良、郝文忠主编《民国时期社会法规汇编》，河北教育出版社，2014。

王宗洲主编《中国劳动法规全书》，黄河出版社，1989。

《民国时期贫穷与社会救济问题丛编》第 2 册，全国图书馆文献微缩复制中心，2013。

孟昭华、王明寰：《中国民政史稿》，黑龙江人民出版社，1986。

俞可平主编《治理与善治》，社会科学文献出版社，2000。

中南军政委员会民政部编《民政工作手册》第 1 辑，中南人民出版社，1951。

曾璧钧、林木西主编《新中国经济史 1949－1989》，经济日报出版社，1990。

李本公、姜力主编《救灾救济》，中国社会出版社，1996。

周士禹、李本公主编《优抚保障》，中国社会出版社，1996。

李小云、唐丽霞、伍晋编著《国际发展援助概论》，社会科学文献出版社，2009。

曹荣桂主编《卫生部历史考证》，人民卫生出版社，1998。

张磊主编《中国扶贫开发历程（1949－2005 年）》，中国财政经济出版社，2007。

张磊主编《中国扶贫开发政策演变（1949－2005 年）》，中国财政经济出版社，2007。

翟振武主编《新中国 60 年·学界回眸　人口发展卷》，北京出版社，2009。

黄永昌主编《中国卫生国情》，上海医科大学出版社，1994。

中国国际贸易促进委员会编《三年来新中国经济的成就》，人民出版社，1952。

林凌等编《东方辉煌——新中国建设成就大写意》，国防大学出版社，1992。

华东生产救灾委员会编《华东的生产救灾工作》，华东人民出版社，1951。

董华中主编《优抚安置》，中国社会出版社，2009。

王国良主编《中国扶贫政策：趋势与挑战》，社会科学文献出版社，2005。

黄树则、林士笑主编《当代中国的卫生事业》（下），中国社会科学出版社，1986。

胡晓义主编《安国之策——实现人人享有基本社会保障》，中国劳动社会保障出版社、中国人事出版社，2011。

国务院扶贫开发领导小组办公室编《国务院农村扶贫开发概要》，中国财政经济出版社，2003。

汪三贵主编《当代中国扶贫》，中国人民大学出版社，2019。

亚太发展中心 I·P·盖托碧、卡利德·山姆斯主编《有效地摆脱贫困》，经济管理出版社，1996。

金双秋主编《中国民政史》下册，湖南大学出版社，1989。

三　报纸期刊文献

习近平：《在庆祝中国共产党成立 100 周年大会上的讲话》，《人民日报》2021 年 7 月 2 日。

《中国共产党章程》，《人民日报》2007 年 10 月 26 日。

中华人民共和国国家统计局：《中华人民共和国 2002 年国民经济和社会发展统计公报》，《统计方略》2003 年第 3 期。

中华人民共和国国家统计局：《中华人民共和国 2020 年国民经济和社会发展统计公报》，《人民日报》2020 年 3 月 1 日。

《国务院关于同意吉林省完善城镇社会保障体系试点实施方案的批复》，《中华人民共和国国务院公报》2004 年第 20 期。

《国务院关于同意黑龙江省完善城镇社会保障体系试点实施方案的批复》，《中华人民共和国国务院公报》2004 年第 21 期。

《中央人民政府政务院关于民政部门与各有关部门的业务范围划分问题的通知》，《山西政报》1954 年第 4 期。

《优抚、社会救济事业费管理使用暂行办法》，《光明日报》1955 年 5 月 28 日。

《国务院关于在企业、事业和机关单位中组织工人、职员广泛讨论退休处理暂行规定等四个草案的通知》，《中国劳动》1957 年第 23 期。

《切实把医疗卫生工作的重点放到农村去》，《人民日报》1965 年 9 月 1 日。

中华人民共和国国家统计局：《中华人民共和国 2002 年国民经济和社会发展统计公报》，《中华人民共和国国务院公报》2003 年第 9 期。

《关于进一步做好失业调控工作的意见》，《中华人民共和国国务院公报》2005 年第 4 期。

《国务院关于进一步加强就业再就业工作的通知》，《中华人民共和国国务院公报》2005 年第 35 期。

中华人民共和国国家统计局：《中华人民共和国 2012 年国民经济和社会发展统计公报》，《人民日报》2013 年 2 月 23 日。

《国务院关于加强贫困地区经济开发工作的通知》，《云南政报》1988年第2期。

中华人民共和国国家统计局：《中华人民共和国2013年国民经济和社会发展统计公报》，《人民日报》2014年2月25日。

中华人民共和国国家统计局：《中华人民共和国2020年国民经济和社会发展统计公报》，《人民日报》2020年3月1日。

《关于开展农民工参加医疗保险专项扩面行动的通知》，《劳动和社会保障法规政策专刊》2006年第6期。

周言：《以西方为中心的"全球治理论"》，《光明日报》2001年2月27日。

〔美〕鲍勃·杰索普、漆燕：《治理的兴起及其失败的风险：以经济发展为例的论述》，《国际社会科学杂志（中文版）》1999年第1期。

〔英〕格里·斯托克、华夏风：《作为理论的治理：五个论点》，《国际社会科学（中文版）》1999年第2期。

俞可平：《治理和善治引论》，《马克思主义与现实》1999年第5期。

潘春华：《闲话唐朝的尊老养老制度》，《中国人力资源社会保障》2017年第6期。

叶重豪：《革命老区红安县首次披露——我国已知最早的征收社会保险费文件》，《劳动月刊》2002年第10期。

邱玥：《织就世界最大的社会保障网——党的十八大以来社会保障事业发展成就述评》，《光明日报》2018年12月12日。

赵朝峰：《简评建国初期的救灾渡荒工作》，《中共党史研究》2000年第4期。

尹传政：《抗美援朝时期北京地区的代耕制度》，《北京社会科学》2013年第3期。

张岳、许明堂：《建国初期的"一两米节约救灾运动"》，《中国民政》2015年第4期。

周启贤：《欢迎国务院关于工人、职员退休处理的暂行规定草案》，《劳动》1957年第24期。

马文瑞：《关于"国务院关于工人、职员退休处理的暂行规定（草案）"的说明》，《中国劳动》1957年第23期。

辛向阳：《如期完成脱贫攻坚目标的信心从哪里来》，《北京日报》2020 年 3 月 16 日。

陈尚文、程是颉：《联合国 2019 年人类发展报告——中国的人类发展水平取得巨大进步》，《人民日报》2019 年 12 月 10 日。

胡振栋：《"无名英雄"力推农村合作医疗走向全国》，《就业保障》2006 年第 10 期。

蔡天新：《新中国成立以来我国农村合作医疗制度的发展历程》，《党的文献》2009 年第 3 期。

后　记

　　这部著作是我在潍坊医学院申报成功的第一个国家社科基金项目的结项成果。这个成果酝酿和写作历时较长。起心动念是在 2018 年，当时社会科学文献出版社曹义恒先生建议我写一部贫困治理方面的学术著作，我没想那么多就答应了。我虽然长时间关注国家扶贫问题，但其实很多问题我并没有搞清楚，也搞不清楚。最初是想对新中国的贫困治理作一个全面的梳理和论述，定名叫"中国贫困治理"。我很认真地拟定了写作提纲，按照提纲一章一章地写下去。写了一部分后才发现，如此写下去，没有什么新意。没有新意的学术活动只会浪费自己的时间和精力。在经过慎重考虑和多次与曹义恒先生交流后，觉得在中国贫困治理的宏观结构问题上做点研究可能更有意义，于是才确定了现在这个名称。本成果其实是在我以前所做的三个国家社科基金项目基础上的进一步拓展和延伸。2020 年书稿刚完成，我就拿它申报了当年的国家社科基金后期资助项目，结果很幸运，立项了。

　　本著作立项的时候，有五位通讯评审专家在充分肯定成果质量的同时提出了一些修改建议。我基本上按照他们的建议作了认真修改。结项材料提交上去之后，又有三位评审专家在充分肯定成果质量的同时提出了一些修改建议。现在呈献给大家的，就是在结项评审专家给出的修改意见基础上进行修改的最终供出版的书稿。上述八位评审专家指出了我著作中的优点和不足，对我进一步开展学术研究有积极的指导意义。在此，衷心地感谢他们。

　　本课题是 2022 年 3 月结项的，但由于疫情，成果出版就推迟了。本课题在申报和实施过程中，得到过社会科学文献出版社曹义恒先生的大力帮助和指导，他曾仔细审阅书稿，指出了不少需要修改的地方，并反复叮嘱我核对引文。

　　我要感谢社会科学文献出版社的吕霞云老师、刘俊艳老师，她们对本著作作了认真修改，纠正了不少错误。

　　本课题在研究过程中也得到过我单位领导和同事们的关心、帮助和鼓励。在此，我要向他们表示衷心的感谢。

　　我还要向我硕士期间的导师张劲教授、博士期间的导师黄立平教授、刘仲英教授致以衷心的感谢。正是他们的教导和帮助，我才慢慢走上学术之路。

　　本成果引用了很多学者的著作，从某种程度上说，如果没有他们的学术著作，我完成不了这部著作。所以，我这部著作其实也有他们的功劳。在此，也对这些学者表示我衷心的感谢。

　　我也要感谢我的爱人和孩子。我爱人工作很辛苦，承担了大部分家务，还要照顾孩子，为我撰写该著作创造了良好的条件。我的孩子安分守己，能管好自己，也算是对我的大力支持了。

　　在我做过的四个国家社科基金项目中，这个项目实际历时最长，花费精力最多。但我并没有感觉它的质量有多高，也没有觉得它的质量是我所完成的几个国家社科基金项目中最出色的。为此我深感惭愧，也深感自己还有待继续努力。本著作虽然经过多次修改，但是由于本人水平有限，著作中仍可能存在缺点、不足甚至错漏之处，真诚地欢迎大家批评指正。

　　最后要特别声明，本成果离不开课题组成员李笃武、刘建兰、王丹、李良的努力工作。在研究过程中，胡友利同志也加入了进来，他也做了不少工作。

文建龙

2023 年 2 月 15 日

图书在版编目（CIP）数据

中国贫困治理的宏观结构与历史演进／文建龙著
. -- 北京：社会科学文献出版社，2023.7
国家社科基金后期资助项目
ISBN 978 - 7 - 5228 - 1847 - 4

Ⅰ.①中…　Ⅱ.①文…　Ⅲ.①扶贫 - 研究 - 中国
Ⅳ.①F126

中国国家版本馆 CIP 数据核字（2023）第 097945 号

·国家社科基金后期资助项目·

中国贫困治理的宏观结构与历史演进

著　　者／文建龙

出 版 人／王利民
组稿编辑／曹义恒
责任编辑／刘俊艳　吕霞云
责任印制／王京美

出　　版／社会科学文献出版社·政法传媒分社（010）59367126
　　　　　地址：北京市北三环中路甲29号院华龙大厦　邮编：100029
　　　　　网址：www.ssap.com.cn
发　　行／社会科学文献出版社（010）59367028
印　　装／三河市龙林印务有限公司

规　　格／开　本：787mm×1092mm　1/16
　　　　　印　张：19.5　字　数：318千字
版　　次／2023年7月第1版　2023年7月第1次印刷
书　　号／ISBN 978 - 7 - 5228 - 1847 - 4
定　　价／138.00元

读者服务电话：4008918866